Handbuch für Kinder- und Jugendarbeit im Sport

Renate Zimmer (Hrsg.)

Handbuch für Kinder- und Jugendarbeit im Sport

Meyer & Meyer Verlag

Schriftleitung der Handbuchreihe:
Dr. Ulrich Becker, Kaiserslautern

Die Deutsche Bibliothek – CIP Einheitsaufnahme

Handbuch für Kinder- und Jugendarbeit im Sport/
Renate Zimmer (Hrsg.).
– Aachen : Meyer und Meyer, 1998
ISBN 3-89124-453-3

© 1998 by Meyer & Meyer Verlag, Aachen (Germany)
Olten (CH), Wien (A), Oxford (GB), Québec (CDN),
Lansing/ Michigan (USA), Findon/ Adelaide (AUS),
Auckland (NZ), Sandton/ Johannisburg (ZA)
Titelfoto: Renate Zimmer, Osnabrück
Fotos und Abbildungen: siehe Bildnachweis Seite 286
Grafiken: Almut Rusteberg, Wettringen, alle übrigen von den jeweiligen Autoren
Umschlaggestaltung: Walter J. Neumann N&N Design-Studio, Aachen
Umschlagbelichtung: frw, Reiner Wahlen, Aachen
Satzbelichtung und Lithos: frw, Reiner Wahlen, Aachen
Lektorat: Dr. Ulrich Becker, Kaiserslautern, Dr. Irmgard Jaeger, Aachen
Satz: Quai
Druck: Burg Verlag & Druck, Gastinger GmbH und Co. KG, Stolberg
ISBN 3-89124-453-3
Printed in Germany

Inhalt

Vorwort

Kinder und Jugendliche sind ständig auf der Suche nach Spannung, nach Abenteuer und Erlebnissen. Sie wollen sich selbst erfahren und ihrer Umwelt aktiv begegnen. Spiel und Sport bieten hierfür viele Gelegenheiten. Sie gehören zu den bevorzugten Freizeitbetätigungen von Kindern und Jugendlichen und können zur Stärkung ihrer Persönlichkeit, zum Erleben einer sinnerfüllten Gegenwart beitragen.

Hierfür will das vorliegende Buch Anregungen geben: Es werden Wege einer neuen Begegnung mit traditionellen Sportarten, wie z.B. Turnen, Leichtathletik, Schwimmen oder Judo aufgezeigt, die nicht auf Wettkampf und Leistungsmessung ausgerichtet sind, sondern eher erlebnis- und erfahrungsorientiert vermittelt werden. Hinzu kommen neue Sportformen und Bewegungsangebote „auf Rollen und Rädern", Akrobatik, Jonglieren oder Rope-Skipping, die bei Jugendlichen hoch im Kurs stehen und durch die neue Erfahrungsbereiche erschlossen werden.

Bei der Auswahl der Inhalte und Themengebiete musste notwendigerweise eine Auswahl getroffen werden: So sollte einerseits eine möglichst große Vielfalt der menschlichen Bewegungskultur vertreten sein, andererseits aber auch unterschiedliche Sinnerfahrungen, die mit Bewegung, Sport und Spiel verknüpft werden können, angesprochen werden.

Die Bandbreite des Sporttreibens und des Sich-Bewegens geht sicherlich weit über das im vorliegenden Band vorgestellte Spektrum hinaus. Damit den einzelnen Praxisbeispielen ausreichend Raum zur Darstellung blieb, wurden Inhalte ausgewählt, die exemplarisch für bestimmte Bereiche von Bewegungserfahrungen sind.

Nicht vertreten sind in diesem Band die Ballsportarten, die Mannschaftssportarten und Sportspiele. Auf sie wurde aus Platzmangel verzichtet. Vom Spielen ist jedoch in allen aufgenommenen Beispielen oft die Rede: vom Spiel mit Bewegungsideen, mit dem Gleichgewicht, mit Partnern und mit der Gruppe, mit Geräten und Objekten.

Gemeinsam ist den hier vertretenen Autoren die Abkehr von einer einseitigen Orientierung des Sich-Bewegens und Sporttreibens auf Wettkampf, auf genormte, vorgegebene Bewegungstechniken und Prinzipien der Überbietung. Bewusst wurden Formen der Vermittlung gewählt, die das Finden eigener Wege, das Problemlösen, das Miteinander, die Auseinandersetzung mit Objekten, dem Partner und der Gruppe unterstützen. Im Vordergrund steht dabei nicht die Hinführung zu bestimmten Formen des Sports, sondern vielmehr das Erleben von Spaß, Bewegungsfreude, der selbstbestimmte und verantwortliche Umgang mit dem eigenen Körper und darüber hinaus auch die Achtung des anderen.

Auf den ersten Blick werden Akrobatik, Gleichgewichtskünste und Zirkusprojekte bei Kindern und Jugendlichen vielleicht auf größeres Interesse stoßen als Geräturnen und Gymnastik. Doch auch hier – das zeigen die Beiträge von B. OBERSCHACHTSIEK und U. V. GRA-

BOWIECKI – muss geübt werden, sonst ist das Einrad oder die Rola kaum zu beherrschen und es stellt sich kein Erfolgsgefühl ein. Wichtiger als das Ergebnis des Übens sind jedoch die Erfahrungen, die beim Üben, Erproben und Experimentieren gemacht werden können. B. OBERSCHACHTSIEK zeigt, wie über das Spiel mit Bällen, Tüchern und Federn erste **Jonglierer-fahrungen** gemacht und von vornherein Partner und Gruppe in die kreativen Lernprozesse einbezogen werden. Das Gleichgewicht auf vielfältige Weise herauszufordern, Kinder und Jugendliche auf spielerische Weise zu **Gleichgewichtskünsten** zu führen, ist das Anliegen von U. v. GRABOWIECKI. Auf der Rola, dem Einrad, dem Drahtseil und der Laufkugel wird das Üben zu einem nie endenden, spannenden Bewegungserlebnis.

Am Beispiel des **Turnens** macht M. BRUCKMANN deutlich, wie kommunikative Formen des Sich-Bewegens auch in einer traditionellen Sportart zu neuen Erfahrungen führen können. Das Turnen erhält hier andere Orientierungspunkte als die im Kunstturnen vorzufindenden Fertigkeiten. Turnerische Elemente werden nicht dem Kunstturnen abgeschaut und auf ein niedrigeres Könnensniveau verlagert, es werden vielmehr Bewegungsaufgaben gestellt, für die individuelle Lösungen gefunden werden und die die Gruppe herausfordern.

Den Reiz des Laufens, Werfens und Springens neu entdecken – dazu regen G. TREUTLEIN, H. JANALIK und R. ULLMANN an. Ihre Beispiele lassen die Besonderheiten einer „leichten" Athletik erfahren, intensive Körpererfahrungen sind Ziele eines qualitativ orientierten **Leichtathletikangebots**.
JANALIK hat die Absicht, die fernöstliche Bewegungskunst **Judo** aus ihrer Rolle als Wettkampfsportart zu lösen. Von der ursprünglichen Bedeutung des Begriffes Ju-do (sanfter Weg) ausgehend beschreibt er Lehrmethoden und Inhalte, die er als Weg zum rücksichtsvollen Umgang mit sich selbst und mit anderen bezeichnet.

Eine problemorientierte und erfahrungsoffene Vorgehensweise bei der Begegnung mit dem Wasser steht im Mittelpunkt des Beitrages von R. HILDEBRANDT. An die Stelle des Trainierens von Schwimmtechniken stehen hier zum Experimentieren anregende Situationen, die Bewegungen **im, ins und unter** Wasser umfassen.
　　Beispiele aus dem Bereich des Street Dance stellt C. KLEINKE vor. Der **Tanzstil HIP-HOP** fordert aufgrund des dynamischen Bewegungsstils und der Musik sogar Jungen zur Präsentation ihrer Tanzleistungen heraus.
　　Einen Weg zum Aufbrechen geschlechtsspezifischen Rollenverhaltens beschreibt auch S. SCHUR **Rope-Skipping** als attraktive Form der Gymnastik mit dem Seil begeistert Jungen wie Mädchen gleichermaßen und wird besonders gern in gemischten Gruppen aufgenommen.
　　Mit solchen Akzenten und Schwerpunktsetzungen werden sportliche Inhalte nicht „verwässert", sondern erhalten einen neuen didaktischen Anspruch: Ziel ist nicht das „Sportlernen", die Einführung in einzelne Sportarten und die Verbesserung des motorischen Kön-

nens, sondern das Erfahren sinnvoller Tätigkeit und das Erleben von Freude, Lust und Spaß. Dies ist auf verschiedenen Wegen möglich, die Inhalte sind letztlich austauschbar. Wichtiger als immer neue Sportarten zu finden ist auch, welche Beziehung Kinder und Jugendliche zu ihnen gewinnen, wie sie sich selbst in ihnen wahrnehmen. Das Bewegungserlebnis sollte auch zu einem Selbsterlebnis, einem lustvollen **Selbsterlebnis** werden.

Ein Kernproblem scheint in diesem Zusammenhang die Frage zu sein, welche Rolle Bewegung, Spiel und Sport bei der Entwicklung des Selbst, beim Aufbau eines positiven Selbstkonzeptes einnehmen. Im Anschluss an die Diskussion der Frage, was Kinder und Jugendliche in Bewegung, Spiel und Sport suchen, wird im ersten Beitrag daher die Bedeutung von Körper- und Bewegungserfahrungen bei der **Entwicklung des Selbstkonzeptes** behandelt.

Der Grund für die Zunahme destruktiver und aggressiver Verhaltensweisen bereits bei Kindern und Jugendlichen sieht G. PILZ u.a. auch in einem erlebnis-, abenteuer- und spannungsarmen Alltag. Er fragt nach den Chancen körper- und bewegungsorientierter Konzepte in der Jugendarbeit und zeigt dabei Möglichkeiten, aber auch Grenzen sportbezogener Jugendsozialarbeit auf.

Der Zugang der Autoren zu den von ihnen vorgestellten Sport- und Bewegungsformen ist sehr unterschiedlich. Dementsprechend verschieden ist auch die Art ihrer Darstellung. Bewusst wurde diese nicht vereinheitlicht, um den persönlichen Stil beizubehalten.

Das Buch will Lehrern, Übungsleitern, Trainern und Sozialpädagogen zahlreiche Tips geben, wie sie neue, aber auch traditionsreiche Sportangebote so vermitteln können, dass Kinder und Jugendliche unabhängig von ihrer Leistungsfähigkeit viel Spaß daran haben, neue Erfahrungen machen, ihr Selbstwertgefühl steigern und über das Erleben einer sinnvollen Tätigkeit zu „starken" Persönlichkeiten werden.

Noch eine Anmerkung zum Sprachgebrauch: Aufgrund der besseren Lesbarkeit wird die männliche Anredeform verwendet, die selbstverständlich die weibliche mit einschließt.

Renate Zimmer

Foto 1.1

Renate Zimmer

Die Kinder stark machen! - Zur Bedeutung von Bewegung, Spiel und Sport für die Entwicklung von Kindern und Jugendlichen

Kinder, die nicht (mehr) rückwärts gehen können, die Haltungsschwächen und Übergewicht haben, deren Bewegungen unkoordiniert sind und die jede Anforderung im Sportunterricht meiden – das sind die einen.

Kinder, die in mehreren Sportvereinen Mitglied sind, sich früh auf eine Sportart spezialisieren und es hier bereits zu Höchstleistungen bringen, deren Trainingszeiten einen Terminkalender füllen – das sind die anderen.

Kindheit heute weist hinsichtlich der Bewegungserfahrungen der Kinder zwei extreme Pole auf: Bewegungsarmut, steigender Fernsehkonsum, sitzende Betätigungen vor Computer- und Videospielen auf der einen Seite – tägliches Training, vielfältig organisierte Sportangebote auf der anderen Seite. Das Spektrum der Bewegungserfahrungen und der körperlich-motorischen Leistungsfähigkeit der Kinder und Jugendlichen sieht heute sehr unterschiedlich aus, wobei die erstgenannte Gruppe – die zahlenmäßig größere – in ihrer Entwicklung gefährdeter zu sein scheint. Bedauernswert die einen – zu beneiden die anderen?

Kinder leben heute in einer Welt konkurrierender Freizeitangebote, sie können aus einem Riesenprogramm auswählen, wie sie ihre freie Zeit gestalten wollen, und in diesem Programm ist auch der Sport stark vertreten. Gleichzeitig leben sie aber auch in einer Welt eingeschränkter Bewegungsmöglichkeiten, reduzierter Spiel- und Gestaltungsräume. Wenn der Körper nur noch im Sportverein, in der Sportstunde, im Fitnesszentrum oder im Tanzstudio gefordert, ansonsten aber im Alltag stillgelegt und diszipliniert wird, entstehen Probleme, die nicht allein auf gesundheitlicher Ebene Folgen haben.

Brauchen Kinder in einer Welt, die sich durch Technik und Motorisierung, durch elektronische Medien und sich schnell verändernde Anforderungen auszeichnet, überhaupt noch Gelegenheiten zum Erleben ihres Körpers, all ihrer Sinne? Welche Erfahrungen können sie in Spiel und Bewegung machen, was können sie lernen, das über den Sport und seine Fertigkeiten hinausgeht? Wie wird ihre Persönlichkeitsentwicklung durch die handelnde bzw. durch die konsumierende Begegnung mit der Welt beeinflusst?

„Kinder stark machen" – gilt dieser Leitspruch in erster Linie für ihre körperlich-muskuläre Verfassung oder bezieht sich die Stärkung auch auf ihre emotionale Stabilität, ihr Bild von sich selbst und ihr Sozialverhalten?

Was bedeutet Bewegung, Spiel und Sport überhaupt für die Kinder und Jugendlichen selbst, welchen Sinn messen sie ihnen bei? Und wie müssen Spiel- und Sportangebote aussehen, wollen sie den Bedürfnissen und Interessen der Kinder und Jugendlichen entgegenkommen?

Fragen, die diejenigen interessieren, die um die Zukunft der Kinder besorgt sind, die deren Entwicklung gefährdet sehen, dabei aber nicht resignieren und Zuständigkeiten von sich weisen, sondern Wege, Auswege, vielleicht auch Umwege suchen, um Orientierungshilfen zu finden. Mit diesen Fragen und möglichen Antworten befasst sich das Einleitungskapitel dieses Buches.

1. Kindheit und Jugend im Wandel – Merkmale der Lebenswelt von Kindern und Jugendlichen

Vergleicht man die alltäglichen Lebensbedingungen von Kindern, die heute aufwachsen, mit den Bedingungen, unter denen ihre Eltern lebten, so lassen sich gravierende Unterschiede feststellen: Veränderungen der sozialen und ökologischen Umwelt haben dazu geführt, dass Kindern der natürliche Bewegungsraum genommen wird und damit auch viele Gelegenheiten für eine aktive, selbst bestimmte Aneignung ihrer Umwelt, für die Auseinandersetzung mit sich selbst und der sozialen Gruppe.

Charakteristisch für die heutige Kindheit ist:

- Der Rückgang der Straßenspielkultur und die zunehmende Verhäuslichung des Kinderspiels, (vgl. ZINNDECKER 1979);
- der Verlust natürlicher Spiel- und Bewegungsgelegenheiten und der Ersatz durch künstlich geschaffene Plätze zum Spielen, die von Kindern oft nicht selbständig erreicht werden können und wo zudem das Spielen ohne Aufsicht durch Erwachsene kaum möglich ist;
- die Ausgliederung der Bewegungsspiele aus dem Kinderalltag in den institutionalisierten, organisierten Sport. So entstehen funktionalisierte Spiel- und Bewegungsräume, die von den Kindern als zusammenhangslos erlebt werden;
- die Entdeckung der Kinder als Zielgruppe für die Konsumgüterindustrie, die selbst vor der Pädagogisierung des Spielzeugs nicht Halt macht;
- die Monofunktionalität des Spielmaterials, das meist nur für bestimmte Zwecke vorgesehen ist und den Kindern nur wenig Raum lässt für Veränderungen;
- die Abnahme an Bewegungs- und Spieltraditionen; der Rückgang altersübergreifender Spielgruppen bewirkt, dass Spielkultur nicht mehr von älteren Kindern an jüngere weitergegeben wird;

- die Zunahme des Medienkonsums und die damit einhergehende Verdrängung vieler für die Entwicklung des Kindes wichtiger Aktivitäten; dies führt zum Verlust an Eigentätigkeit – passives Konsumieren steht vor aktivem Tun. Die Wirksamkeit des eigenen Handelns – für Kinder eine wichtige Grundlage für die Entwicklung von Selbstvertrauen – wird in der Betätigung von Hebeln, Knöpfen und Steuertasten erfahren, Computerspiele vermitteln die Illusion der Beherrschbarkeit der Welt;
- der Körper – Mittel kindlicher Welterfassung und unmittelbarer Erfahrung – wird zunehmend aus dem Lebensalltag verdrängt.

Die moderne Lebenswelt wirkt sich offensichtlich auf das Raum- und Zeiterleben der Kinder aus und beeinflusst ihre sozialen Bezüge. ROLFF/ZIMMERMANN (1985) stellen als wesentlichstes Kriterium des Wandels heutiger Kindheit den Verlust an Eigentätigkeit und die „Mediatisierung" von Erfahrungen heraus. Die Reduzierung der im Alltag ständig zugänglichen, jederzeit verfügbaren und selbstbestimmt nutzbaren Spiel- und Bewegungsräume und die Delegierung der Bewegungsbedürfnisse an Sportinstitutionen stellt nicht nur eine Beeinträchtigung der motorischen Entwicklungsmöglichkeiten der Kinder dar, sie hat auch Folgen für ihr Körper- und Selbsterleben.

2. Bewegung, Spiel, Sport – Gemeinsames und Abgrenzbares

Bisher wurden Bewegung, Spiel und Sport in einem Atemzug genannt, sodass der Eindruck entstehen könnte, es handele sich hierbei um identische Begriffe, die synonym gebraucht werden können. Jeder der Begriffe liegt jedoch auf einer anderen Ebene, hat andere Akzente, beschreibt unterschiedliche Erscheinungsformen des menschlichen Handelns, die zwar voneinander abgrenzbar sind, im Erleben und Tun der Kinder jedoch auch oft zusammenfallen.

Bewegung ist der übergreifendere, allgemeinere und umfassendere Begriff, der aus physikalischer Sicht als Veränderung des Körpers im Hinblick auf Raum und Zeit beschrieben werden kann. Natürlich ist Bewegung aus der Sicht des Sich-Bewegenden aber noch viel mehr: Sie ist Grundlage menschlichen Daseins, vermittelt zwischen dem Menschen und seiner Welt, ist Erfahrungs- und Ausdrucksmedium gleichzeitig. Um den aktiven, konstruktiven Anteil an der Bewegung hervorzuheben und sie nicht auf den physikalischen Begriff der Ortsveränderung zu reduzieren, wird im Folgenden der Terminus „Sich-Bewegen" vorgezogen (vgl. TAMBOER 1979).

Das *Spiel* zeichnet sich durch Zweckfreiheit, Gegenwärtigkeit und Offenheit aus. Es wird um seiner selbst willen betrieben und als selbstbestimmte, unendliche, lustvolle Betätigung erlebt. Der Reiz des Spiels geht von seiner Ambivalenz, seinem ständigen Spannungswechsel aus. Ist die Spannung zu gering, entsteht Langeweile, ist sie zu groß, erwächst Angst oder Abwehr, das Spiel wird abgebrochen.

Auch beim *Sport* handelt es sich um eine Tätigkeit, die um ihrer selbst willen betrieben wird und als in sich selbst belohnende Tätigkeit wirkt. Auf den ersten Blick erscheinen Spiel und Sport als gegensätzliche, einander fast ausschließende Bereiche. Das Spiel stellt dabei die offenere, gegenwartsbezogene, zwecklose Form des Sich-Bewegens dar, während der Sport als festgelegteres, reglementiertes, geschlosseneres Bewegungshandeln aufgefasst wird.

Die Übergänge sind jedoch fließend: Eine ursprünglich vielleicht spielerische, spontane Bewegung, die dem Erproben der eigenen Kräfte gilt, kann zu einer sportlichen Bewegung werden, wenn der Bewegungsablauf festgelegt wird, wenn er wiederholbar und damit auch vergleichbar, messbar wird.

Der Sprung über eine Wasserpfütze oder das Balancieren über eine Mauer kann in sportliche Fertigkeiten – in den Weitsprung und das Turnen am Schwebebalken übergehen. Bewegungen werden hier genormt: Aus dem Springen hoch, weit und tief wird Weitsprung, Hochsprung, Dreisprung, das Balancieren wird mit Kunstfertigkeiten, mit Drehungen und Sprüngen verbunden. Die Handlungen werden genau definierten Regeln unterworfen, an die sich die Weitspringer und die Turner zu halten haben (der Absprung darf nur vom Absprungbalken erfolgen, auf dem Schwebebalken turnt man, ohne den Boden zu berühren), räumliche und zeitliche Abläufe werden festgelegt (jeder hat drei Versuche, der Anlaufraum ist begrenzt, der Balancierbalken hat eine bestimmte Höhe etc.).

Zur Ausübung der meisten sportlichen Bewegungen ist darüber hinaus eine speziell hergerichtete Umwelt erforderlich. Der Weitsprung erfordert eine Sandgrube und einen Absprungbalken, das Balancieren einen Schwebebalken in einer Turnhalle.

Obwohl nach außen Spiel und Sport als getrennte Bereiche wahrgenommen werden, fallen sie im Erleben des Sich-Bewegenden oft zusammen: als zweckfreies, um seiner selbst betriebenes, in sich erfüllendes Tun.

Zwar wird der Sportbegriff derzeit in der Fachliteratur sehr weit ausgelegt, z.T. umfasst er das gesamte Spektrum vom Spiel der Kinder mit einem Ball über das Fitnesstraining bis zum Spitzen- und Profisport. Eine solch umfassende Auffassung ist jedoch allenfalls bei Pädagogen und Sportwissenschaftlern anzutreffen, in der Öffentlichkeit und in den Medien dominiert ein eher enges Sportverständnis, das die sportliche Bewegung auf bestimmte Sportarten reduziert: Sich-Bewegen wird als Volleyballspielen, Bodenturnen oder Schwim-

Foto 1.2

men in bestimmten Techniken verstanden. Sport in diesem engeren Sinne ist also nur ein Teilbereich des menschlichen Bewegungslebens, die Vielfalt der Bewegungsmöglichkeiten geht weit über einen so verstandenen Sport und über die Sportarten hinaus.

Im vorliegenden Buch ist zwar von „Sport" die Rede, es sind auch solche Bereiche der Bewegungskultur enthalten, die nicht einem engen Sportbegriff unterzuordnen wären. Jonglieren und Skateboardfahren, Tanzen und Akrobatik deuten auf ein weites, mehrperspektivisches Sportverständnis hin.

Kinder fragen im Übrigen nicht nach Begriffen, Spielen ist für sie der Oberbegriff für alles, was sie mit Lust und Freude, mit Hingabe und Ausdauer tun. Ältere Kinder und Jugendliche können sich mit dem Begriff „Sport" besser identifizieren, er hat in ihrer Peergroup und ihrer Bezugswelt den höheren Stellenwert.

Bewegung – Spiel – Sport: Mit jedem Begriff gehen unterschiedliche Sinngebungen einher, Sich-Bewegen kann spielerisch und kann sportlich erfolgen. Bei den in diesem Buch aufgenommenen Praxisvorschlägen fallen Spiel und Sport meist zusammen - im Spiel mit Ausdrucksformen, Objekten und Geräten, mit Partnern, dem eigenen Körper und seinen Bewegungsmöglichkeiten.

3. Bedeutung von Bewegung, Spiel und Sport

Sich-Bewegen ist eine eigenständige Art und Weise menschlicher Weltbegegnung und Welterfahrung (GRUPE 1984). Welche Rolle Bewegung für ein Kind, für einen Jugendlichen einnimmt, ist insbesondere eine Frage nach dem Bild des Menschen. Aus anthropologischer Sicht ist der Mensch ein auf Spiel und Bewegung angewiesenes Wesen, das Bedürfnis nach Spiel und Bewegung gehört zu seinen Wesensmerkmalen.

Wie im vorangegangenen Abschnitt deutlich wurde, beeinträchtigen die Lebensbedingungen, unter denen Kinder heute aufwachsen, gerade deren Körper- und Bewegungserfahrungen in hohem Maße. Daher ist es wichtig, das Sich-Bewegen zu kultivieren, zu pflegen und anzuregen, es nicht nur dem Zufall zu überlassen, wie sich die Bewegungsbildung des Kindes vollzieht. Bewegungsbildung ist Menschenbildung.

Je jünger Kinder sind, umso mehr benötigen sie Bewegung, um sich ihre materielle und soziale Umwelt anzueignen, sie zu erkunden, sie zu erschließen. Sie setzen sich durch Bewegung mit sich selbst und ihrer Umwelt auseinander, machen vielfältige Sinneserfahrungen, die ihnen Informationen über den eigenen Körper, ihre räumliche und dingliche Umwelt geben.

Bewegung kann in Abhängigkeit vom Lebensalter und den jeweiligen situativen Bedingungen ganz unterschiedliche Erfahrungen vermitteln und damit auch unterschiedliche Bedeutungen für die Entwicklung haben:

Sich-Bewegen ist Selbsterfahrung

In und durch Bewegung gewinnt der Mensch ein Bild über sich selbst. Er erhält Rückmeldungen über die eigenen Fähigkeiten, über seine Stärken und Schwächen. Er lernt seinen eigenen Körper kennen, setzt sich mit ihm und damit auch mit sich selbst auseinander. Er lernt, seine Leistungsfähigkeit einzuschätzen, die eigenen Grenzen zu erkennen, sie zu akzeptieren bzw. sie zu erweitern.

In Bewegungssituationen erlebt er, was andere von ihm erwarten, wie seine Umwelt ihn sieht. Diese Kenntnisse und Informationen münden ein in Einstellungen und Überzeugungen zur eigenen Person.

Sich-Bewegen ist Gemeinschaftserfahrung, ist Sozialerfahrung

Durch Bewegung tritt der Mensch zu anderen in Beziehung, Regeln für gemeinsames Spiel werden vereinbart, soziale Rollen übernommen. Er setzt sich mit anderen über Spielidee und Spielregeln auseinander, verständigt sich mit ihnen. Grundlagen der Kommunikation werden erworben: nachgeben und sich durchsetzen, sich absprechen, sich einfühlen und Rücksicht nehmen. Bewegungshandlungen fordern auf zum sozialen Vergleich: Sich mit anderen messen, miteinander wettkämpfen, sich herausfordern. Hier entstehen Erfahrungen des Siegens und Besiegtwerdens, des Erfolgs und Misserfolgs.

Sich-Bewegen ist Sinneserfahrung

Bewegungserfahrungen sind immer auch verbunden mit Sinneserfahrungen. Der Mensch nimmt über die Sinnessysteme Informationen über seine Umwelt, aber auch aus seinem Körper auf, selektiert und koordiniert sie, ordnet sie ein und verarbeitet sie. Sinnesreize werden aber auch individuell gedeutet und entsprechend den bisherigen Erfahrungen oder Erwartungen interpretiert. Sinnliches Wahrnehmen ist also kein passiver Prozess, sondern ein aktiver Vorgang, bei dem der Mensch auch gestaltend auf seine Umwelt einwirken kann.

Im sinnlichen Wahrnehmen ist sowohl ein Sich-Spüren (insbesondere durch die körpernahen Sinne – durch taktile, kinästhetische, vestibuläre Erfahrungen) als auch ein Erspüren der Mit- und Umwelt gegeben.

Sich-Bewegen ist Welterfahrung

Über Bewegung eignet sich das Kind seine räumliche und dingliche Umwelt an, es setzt sich mit Objekten und Material auseinander und lernt deren Eigengesetzlichkeiten kennen. Es passt sich den Erfordernissen der materialen Umwelt an oder versucht, auf sie einzuwirken und sie sich passend zu machen. Dabei macht es Erfahrungen über räumliche und dingliche Gegebenheiten, kann sie zu Erkenntnissen verarbeiten und so die Welt für sich selbst rekonstruieren.

Foto 1.3

Sich-Bewegen ist Ausdruckserfahrung

In Bewegung drückt der Mensch Gefühle, Stimmungen, Empfindungen aus. Meist unbewusst tut er dies in seiner Körperhaltung, in Gestik und Mimik, bewusst kann er durch den Ausdruck von Gefühlen in Bewegung zu deren Verarbeitung beitragen.

Bewegung kann als Element der Darstellung genutzt werden: Die Körpersprache, Gestik und Mimik, aber auch stilisierte und parodierte Bewegungen dienen als Mittel der Darstellung und der Mitteilung. Alltägliche Bewegungs- und Ausdrucksmuster können bewusst gemacht und z.B. im Darstellenden Spiel als Mittel der Kommunikation verwendet werden.

Sich-Bewegen ist Kreativitätserfahrung

Eigene Einfälle in Bewegung umsetzen, selbst etwas schaffen, hervorbringen, verändern – dies führt zum Erleben von Kreativität. Die eigene Phantasie kann zur Lösung vorgefundener Probleme oder Bewegungsaufgaben eingesetzt werden, ebenso können mit dem eigenen Körper „Produkte" (z.B. eine Tanzidee, eine Ball-Jonglage) geschaffen werden, die für den Sich-Bewegenden neu und einmalig sind.

Sich-Bewegen ist emotionales Erleben

Freude an der Bewegung, Lust am Toben, Rennen und Klettern, am Bewältigen einer schwierigen Aufgabe oder am Gelingen einer neuen Bewegungsform, am Zusammenspiel in einer Gruppe – in und durch Bewegung werden Gefühle hervorgerufen. Die intensive emotionale Beteiligung ist ein besonderes Merkmal von Bewegungshandlungen. Dabei können positive wie negative Emotionen geweckt werden, denn Bewegungssituationen können nicht nur Lust und Wohlbefinden, sondern auch Unlust, Angst und Unsicherheit erzeugen.

Die vorgenannten Erfahrungen können sicherlich noch um weitere ergänzt werden, sie nehmen in den jeweiligen Entwicklungsstufen und Lebensabschnitten des Menschen eine unterschiedliche Gewichtung ein. Im Kleinkindalter herrscht z.B. die explorativ-erkundende Bedeutung der Bewegung vor – Bewegung wird zur Selbst- und Welterfahrung genutzt. Im Jugendalter steht die soziale Dimension im Vordergrund: Sportarten werden oft deswegen ausgewählt, weil die Freunde sie auch ausüben, weil man „dabei sein", „dazugehören" will (STRAUSS/ALFERMANN 1997), sind oft die Beweggründe für die Beteiligung an Mannschaftssportarten.

Darüber hinaus handelt es sich um unterschiedliche Sichtweisen derselben Sache, die in der Realität oft zusammenfallen. Z.T. ergänzen sich die Aspekte, sie können sich überlagern und oft sind mit einer Tätigkeit auch mehrere Erfahrungsmöglichkeiten zugleich verbunden.

Beim Judo lernt man z.B. den verantwortungsvollen Umgang miteinander, wird sensibili-
siert für die Kräfte des anderen. Man entwickelt ein Verhältnis zur eigenen Körperlichkeit,
gewinnt Mut und Selbstvertrauen, kann sich verausgaben und die eigenen Grenzen kennen lernen.

Was Kinder, Jugendliche, aber auch Erwachsene in und durch Bewegung erfahren,
muss nicht unbedingt auch deren Intention beim Sich-Bewegen sein. Ein Kind setzt sich
gewiss nicht auf eine Schaukel, um physikalische Grunderfahrungen mit Schwung und
Gleichgewicht zu machen. Es hat ganz einfach Spaß am Schaukeln und Schwingen,
genießt lustvoll das Fliegen und versucht, diese Gefühle durch Steigern des Anschwungs
oder durch plötzliches Abspringen vom Schaukelbrett zu erhöhen. Die oben beschriebenen
Erfahrungen werden also nicht immer bewusst aufgesucht, manchmal treten sie als „Neben-
effekte" ein und werden eher unbewusst wahrgenommen.

4. Was Kinder und Jugendliche im Sport suchen – Sinnperspektiven des Sports

Wenn auch höchst unterschiedliche Erfahrungs- und Erlebnisbereiche mit Bewegung verknüpft sein können, so gibt dies noch keine erschöpfende Auskunft darüber, welche
Bedeutung Kinder und Jugendliche ihren Bewegungsaktivitäten und ihrem sportlichen
Tun selbst beimessen. Während die im vorangehenden Abschnitt vorgenommene Beschreibung eher die *Außensicht* der Deutbarkeit von Bewegungshandlungen umfasst, bezieht
sich der zweite Aspekt auf die *Innensicht*: Welchen Sinn sehen die Sporttreibenden selbst
in ihrem Tun? Was suchen sie im Sport an Erfahrungen und Erlebnissen?

Nach dem „Warum" für ihr regelmäßiges Training in einer Fußballmannschaft gefragt,
gaben Zwölfjährige folgende Motive für ihr Sporttreiben an:

- *„weil Fußball eben Spaß macht",*
- *„weil ich hier mit meinen Kumpels etwas machen kann";*
- *„weil man allein nicht richtig Fußballspielen kann",*
- *„weil ich auch mal in der ersten Mannschaft spielen will";*
- *„weil es cool ist, jeden Sonntag ein Turnier oder ein Spiel zu haben".*

Beweggründe für Sporttreiben sind in erster Linie positive Emotionen wie Freude, Spaß,
Lust, Zufriedenheit und Wohlbefinden. Diese Gefühle werden auf höchst unterschiedliche
Art erlebt: Mal vermitteln intensive Sinneserfahrungen das Gefühl von Wohlbefinden und
Lust, mal ist es die Bewältigung einer schwierigen Situation oder das Sich-Messen mit
einem gleichrangigen Gegner, das den Spaß ausmacht.

Bewegungserlebnisse als „Flow-Erlebnisse"

Bewegungsaktivitäten ermöglichen die Erfahrung unmittelbar sinnvollen Handelns, ohne Zweckbestimmung und ohne auf die möglichen Ergebnisse des Tuns zu achten. Sport und Spiel – so war im ersten Abschnitt zu lesen – sind Tätigkeiten, die um ihrer selbst willen ausgeführt werden und in sich selbst belohnend wirken.

Voraussetzung hierfür ist, dass die Herausforderung durch die Situation und die eigenen Fähigkeiten sich in einem Gleichgewichtszustand befinden:

Das vollkommene Aufgehen im Tun und das damit verbundene Gefühl bezeichnet CSIKSZENT-MIHALYI (1985) als „Flow-Erleben". Der Begriff „flow" kennzeichnet, dass hier Bewusstsein und

Foto 1.4

Handeln ineinander fließen. In einer Art Selbstvergessenheit konzentriert sich die Person ganz auf die jeweilige Aktivität, die Aufmerksamkeit ist ganz auf das unmittelbare Tun gerichtet. „Flow" wird bei Tätigkeiten erreicht, bei denen

- ein ausgeglichener Spannungszustand von Herausforderungen und individuellen Fähigkeiten besteht,
- Befriedigung in der Handlung selbst erfahren werden kann,
- eine Situation als kontrollierbar erlebt wird,
- eindeutige Rückmeldungen zur Qualität der Handlungen erfolgen,
- das Motiv die Tätigkeit selbst ist, nicht das Ergebnis, der Erfolg oder eine damit verbundene äußere Belohnung.

Solche Merkmale treffen insbesondere auf sportliche Aktivitäten zu. So stammen CSIKSZENT-MIHALYIS Beispiele für das Erleben von „Flow" vor allem aus dem Sport: Er untersuchte Basketballspieler, Tänzer, Kletterer und Schachspieler, aber auch Komponisten und Chirurgen und fand heraus, dass selbst höchste Belastungen und größte Anstrengungen als freudvolle Betätigung und Entspannung erlebt werden, wenn sie um ihrer selbst willen betrieben werden.

Als wichtigste Befriedigungsquelle wird von den Beteiligten „Freude am Erlebnis" und „die Aktivität selbst" angeführt.

Sport als unmittelbar sinnvolle Tätigkeit

Nun kann es sein, dass verschiedene Menschen die gleiche Bewegungssituation ganz unterschiedlich deuten: Das regelmäßige Jogging kann für den einen eine Herausforderung an seine eigene Leistungsfähigkeit bedeuten, jeden Tag versucht er, die Laufstrecke zu verlängern oder „seine" des Vortages zu überbieten. Ein anderer empfindet das Laufen in der frischen Luft als wohltuende Entspannung, er genießt die Natur und den Duft der am Wege blühenden Sträucher. Ein Dritter schätzt die Geselligkeit des Laufens in der Gruppe, er verabredet sich mit seinen Freunden und freut sich eigentlich am meisten auf das anschließende Biertrinken. Der Vierte hat gerade eine Diät begonnen und sieht im Laufen eine etwas lästige, aber doch notwendige gesundheitliche Maßnahme. Was die Menschen im Sport suchen, ist also je nach Alter, nach Lebenslage und persönlichem Befinden sehr unterschiedlich. So kann „Gesundheit" zwar für den Erwachsenen ein Motiv für sportliche Betätigung sein; er sucht Ausgleich für die einseitigen Belastungen eines bewegungsarmen Alltags oder er hält sich gezielt fit, um sein Gewicht zu kontrollieren oder die Abwehrkräfte zu steigern. Für Kinder und Jugendliche ist Gesundheit jedoch weder Ziel noch Begründung für die sportliche Betätigung. Gesundheitsfördernde Wirkungen können allerdings als Nebeneffekt erreicht werden.

Die Frage nach dem Sinn des Sporttreibens kann also nicht für jeden allgemein gültig, sondern nur individuell beantwortet werden. VOLKAMER (1987) betont die subjektive Ebene des Sinnerlebens: Da Sport eine grundsätzlich zwecklose Sache ist, muss der Sinn dieser Sache im Spaß an der Betätigung liegen, ansonsten wird sie für denjenigen, der sie betreibt, sinnlos. Welchen Sinn könnte es wohl sonst haben, eine Runde auf der 400 m-Bahn zu laufen, nur um an der gleichen Stelle, an der man losgelaufen ist, wieder anzukommen?

   KURZ (1995, 45ff.) unterscheidet sechs Perspektiven, unter denen sich der Sinn des Sports fassen lässt:

- Leistung (Grenze erfahren, sich an Aufgaben messen)
- Spannung (Abenteuer, Risiko, Situationen mit offenem Ausgang)
- Soziales Miteinander (Geselligkeit, Gemeinschaft, Zusammensein mit anderen)
- Fitness und Gesundheit (etwas für die Figur, die Gesundheit tun, Wohlbefinden)
- Besondere Erfahrungen mit dem Körper (körperlicher Ausgleich, Beanspruchung)
- Ausdrucksqualität der Bewegungen (Bewegungen werden als „gekonnt", kunstvoll, schön wahrgenommen).

Parallelen zu der im vorhergehenden Abschnitt beschriebenen unterschiedlichen Bedeutung von Bewegung für Kinder und Jugendliche werden hier deutlich, wobei durch die jeweilige Sichtweise durchaus andere Schwerpunkte gesetzt werden können. Stand zunächst die Frage „Welche Erfahrungen können in Bewegung, Spiel und Sport gemacht werden?" im Vordergrund, geht es hier um die Frage, welchen Sinn das Kind, der Jugendliche seinen Bewegungsaktivitäten, seinem Sporttreiben selbst beimisst.

Gemeinsam sind den o.g. Erfahrungen und Sinnperspektiven die positiven Emotionen, die durch Bewegung, Spiel und Sport ausgelöst werden können und die auch bewusst aufgesucht werden. Der Spaß und die Freude am sportlichen Tun können daher als oberste Sinngebung verstanden werden (vgl. VOLKAMER 1987). Diese schließt andere Sinnerfahrungen keinesfalls aus, sie ist vielmehr als übergeordnete Sinnebene zu verstehen, durch die die anderen erst ihre besondere Bedeutung erhalten.

Foto 1.5

So kann man z.B. Lust haben, Freude empfinden

- an der Leistung: sich selbst herausfordern, Grenzen finden, Grenzen überwinden, durch Übung die eigene Leistungsfähigkeit verbessern;
- an körperlichem Wohlbefinden: ein tägliches Sportpensum absolvieren, sich regelmäßig körperliche Belastungen abverlangen, die eigene Gesundheit bewusst zu unterstützen versuchen;
- am geselligen Miteinander: sich mit einer Gruppe identifizieren, Mannschaftssportarten aufgrund der regelmäßigen sozialen Kontakte aufsuchen, Spaß am gemeinsamen Spielen haben;
- an den vielfältigen Möglichkeiten, sich durch Bewegung auszudrücken: im Tanz, im darstellenden Spiel, im Bewegungstheater;
- am Gestalten und Formen der eigenen Bewegung – im Gerätturnen, in der Gymnastik, beim Tanzen oder beim Erlernen fernöstlicher Bewegungstechniken und Kampfsportarten;
- am Erfinden, Erproben unbekannter Bewegungsformen: mehrere Bälle gleichzeitig in Bewegung versetzen, sich eine neue Sportart aneignen;
- am Risiko, Wagnis, Abenteuer: am Bestehen einer Situation, die Mut erfordert, in der die eigenen Grenzen überwunden werden.

Positive Emotionen durch körperliche Betätigung können auf unterschiedliche Weise geweckt und gesucht werden. Sie sind individuell verschieden und können auch nur subjektiv erfahrbar werden.

Zufriedenheit, Wohlbefinden, Glücksgefühle, Freude – all dies sind Bezeichnungen für lustvolle positive Emotionen, die mit Bewegung in Verbindung gebracht und durch sie erzeugt werden. Der ursprüngliche Wesensgehalt des Sports ist die Freude an der Bewegung.

„Spaß ist nicht alles im Sport, aber alles im Sport wäre nichts ohne Spaß" (PAWELKE 1995, 422).

Die Auswahl der Beiträge in diesem Buch erfolgte unter dem Aspekt, dass sich die Vielfalt der menschlichen Bewegungskultur widerspiegeln sollte, darüber hinaus aber auch möglichst unterschiedliche Sinnerfahrungen, die mit Bewegung, Sport und Spiel verknüpft werden, enthalten sein sollten.

So ermöglicht das Tanzen und Turnen das Erleben von Ausdruck und Gestaltung, das Miteinander steht im Vordergrund beim Rope-Skipping und beim Judo, Erlebnis und Abenteuer versprechen die vielfältigen Formen des Sich-Bewegens auf Rollen und Rädern, Jonglieren und Gleichgewichtskunststücke ermöglichen das Erproben neuer Bewegungsformen und das Erfinden eigener Kunststücke, das Schwimmen vermittelt intensive Körperwahrnehmungen, in der Leichtathletik werden Belastungsgrenzen erfahren, aber auch durch regelmäßiges Training erweitert.

Das Wichtigste an diesen Bewegungsangeboten – ob sie nun eher aus traditionellen Sportarten oder aus der neuen Bewegungskultur kommen – ist aber die Lust an der unmittelbaren Tätigkeit, sie ergibt den eigentlichen Sinn.

Das Gefühl, etwas Sinnvolles zu tun, eine Situation bewältigen zu können, sie „im Griff" zu haben, hat Auswirkungen auf das Selbsterleben des Menschen. Im folgenden Abschnitt geht es um die Faktoren, die die Entwicklung des „Selbst" beeinflussen.

5. „Die Kinder stark machen" – Körper- und Bewegungserfahrungen und ihr Einfluss auf die Entwicklung des Selbst

Ob sich Kinder und Jugendliche für stark oder für schwach halten, ob sie Vertrauen in ihre Fähigkeiten haben oder an sich selbst zweifeln, ob sie aktiv auf andere zugehen oder sich eher zurückziehen und sich abwartend verhalten, bei Schwierigkeiten schnell aufgeben oder sich durch sie geradezu herausgefordert fühlen – all das ist abhängig von dem Bild, das sie von sich selbst haben.

In diesem *Selbstbild* spiegeln sich die Erfahrungen wider, die sie in der Auseinandersetzung mit ihrer sozialen und materiellen Umwelt gewonnen haben, ebenso aber auch die Erwartungen, die von der Umwelt an sie herangetragen worden sind.

So entwickelt jeder Mensch im Laufe seiner Biografie ein System von Annahmen über seine Person, er gibt sich quasi eine Antwort auf die Frage „Wer bin ich?" In den ersten Lebensjahren gründen diese Annahmen vor allem auf Erfahrungen, die ein Kind über seinen Körper macht. Körpererfahrungen können als *früheste Stufe der Selbstentwicklung* angesehen werden.

Durch Bewegung, Sport und Spiel gewinnen Kinder eine Beziehung zur eigenen Person, sie lernen sich selbst kennen und erhalten Informationen über das, was sie können, was andere von ihnen erwarten, wie sie sich selbst sehen und wie die soziale Umwelt sie sieht. Diese Kenntnisse und Informationen münden ein in Einstellungen und Überzeugungen zur eigenen Person, die sich mit dem Begriff „Selbstkonzept" fassen lassen (vgl. ZINNECKER/SILBEREISEN 1996, 291).

Das Selbstkonzept beinhaltet das Wissen eines Kindes/eines Jugendlichen über sich selbst. Es entsteht aus

- Erfahrungen der eigenen *Kompetenz* (ich kann etwas, ich schaffe es);
- der Überzeugung, *Kontrolle* über eine Situation zu haben (wenn ich mich richtig anstrenge, kann ich etwas erreichen);
- dem Erleben sinnvollen Tuns (was ich mache, hat für mich auch Bedeutung).

Ein positives Selbstkonzept äußert sich z.B. in der Überzeugung, in neuartigen und schwierigen Situationen handeln zu können, Probleme zu meistern und die Situation „im Griff" zu haben. Wird eine schwierige Situation als Herausforderung oder als unüberwindliche Bedrohung erlebt? Wie werden die eigenen Kontrollmöglichkeiten und Bewältigungskompetenzen eingeschätzt?

Unter „Selbstkonzept" sind folgende Aspekte zusammengefasst:

- Die Selbsteinschätzung der eigenen Person hinsichtlich der eigenen Fähigkeiten und Verhaltensmerkmale.
- Die Vorwegnahme bzw. die Voraussage von Erfolg und Misserfolg bei konkreten Handlungen und Aktivitäten.
- Kompetenz und Selbstsicherheit in sozialen Situationen.

Das Selbstkonzept wird in der Literatur als die „kognitive Repräsentation" der eigenen Person oder als die Summe der Erfahrungen über sich selbst bezeichnet (vgl. SCHWARZER 1993, 69). Die Entwicklung des Selbst beruht auf der Verarbeitung komplexer Informationen über die eigene Person. Dabei darf aber nicht vergessen werden, dass der Aufbau des Selbst keine rein kognitive Leistung ist. In das Selbstkonzept münden auch emotionale Wahrnehmungen und soziale Erfahrungen ein.

Entstehung des Selbstkonzeptes

Um ein Bild über sich selbst zu erhalten, greift das Kind auf unterschiedliche Informations-
quellen zurück. Hierzu zählen:

- Informationen über die Sinnessysteme (das „Körperselbst" oder das „sensori-
  sche Selbst")
- Erfahrungen der Wirksamkeit des eigenen Verhaltens
- Folgerungen aus dem Sich-Vergleichen und Sich-Messen mit anderen
- Zuordnung von Eigenschaften durch andere.

Da insbesondere die beiden erstgenannten Aspekte eng mit den Körper- und Bewegungserfahrungen des Kindes zusammenhängen, sollen sie im Folgenden näher erläutert
werden.

Das „Körperselbst"

Die ersten Erfahrungen über die eigene Existenz macht das Kind über seine Sinnessysteme. „Die ersten entscheidenden Eindrücke zur Differenzierung zwischen dem eigenen Körper als Gegenstand und den übrigen Gegenständen setzen schon sehr früh ein. Von besonderer Bedeutung ist dabei die beginnende Unterscheidung zwischen dem eigenen Körper
und den übrigen Gegenständen, die Körperempfindungen hervorrufen (z.B. Schmerz, Kälte,
Wärme)" (NEUBAUER 1976, 72). Die Erfahrungen, die das Kind in den ersten Lebenswochen
über seine sensorischen Systeme macht, führen zur ersten Stufe in der Entwicklung des
Selbst, dem „Körperselbst". Das Kind lernt seinen Körper, seine Stimme, seine Körpergren-
zen und seine Lage im Raum kennen.
   Das Körperselbst bildet die Basis für das Bewusstsein der eigenen Person. Durch die
Wahrnehmung des Körpers ist dem Säugling und dem Kleinkind die Unterscheidung von
Ich und Umwelt möglich. Der Körper ist das Bindeglied zwischen dem Selbst und der
Umwelt, er vermittelt zwischen „innen" und „außen".

Über den Tastsinn nimmt das Kind z.B. seine Umwelt passiv mit Hilfe mechanischer Reize
(Berührungen) wahr, gleichzeitig findet jedoch auch eine aktive Erkundungswahrnehmung
statt. Der Körper wird zum Objekt der eigenen Wahrnehmung, gleichzeitig ist er Subjekt in
Bezug auf die Wahrnehmung der Welt.
   Wahrnehmung und Bewegung bilden bei diesem Prozess eine Einheit. In der Begegnung des Menschen mit der Welt entwickelt sich in der Verschränkung von Wahrnehmung
und Bewegung (v. WEIZÄCKER 1986, 10) das Körperselbst. STELTER (1996, 34) spricht in diesem Zusammenhang vom „Leibselbst", das als leiblich gespürtes Erleben und Wahrnehmen seiner selbst erklärt werden kann: „Das Leibselbst aktualisiert sich laufend durch Emp-

findungen, Wahrnehmungen und Kognitionen, die unmittelbar aus dem leiblichen Erleben innerhalb einer konkreten Umweltsituation entspringen und über Sinnesorgane, Propriozeptoren, kinästhetische Wahrnehmung und Vestibularsystem ins Bewusstsein gelangen. Das Leibselbst ist ein Konstrukt, das sich im Dialog mit der Umwelt konstituiert" (STELTER 1996, 53).

Erfahren der Wirksamkeit der eigenen Handlungen

Eine weitere Quelle, um Rückschlüsse auf seine Person zu ziehen, ist die Wahrnehmung der Wirksamkeit des eigenen Verhaltens und der eigenen Handlungen. Dies gilt sowohl für die Auseinandersetzung mit Dingen und die Lösung konkreter Probleme als auch für den Umgang mit anderen. Auch dieser Aspekt ist noch eng mit dem Körpererleben des Kindes verbunden.

Gerade in Bewegungshandlungen erleben Kinder, dass sie Ursache bestimmter Effekte sind. Im Umgang mit Dingen, Spielsituationen und Bewegungsaufgaben rufen sie eine Wirkung hervor und führen diese auf sich selbst zurück (z.B. einen hohen Turm aus Klötzen bauen, ihn umwerfen, wieder aufbauen etc.). Das Handlungsergebnis verbinden sie mit der eigenen Anstrengung, dem eigenen Können – und so entsteht ein erstes Konzept eigener Fähigkeiten. Sie lernen im Experimentieren und Ausprobieren: Ich habe etwas geschafft, ich kann es, und dieses Gefühl stellt die Basis für das Selbstvertrauen bei Leistungsanforderungen dar.

Die Selbstwirksamkeit ist daher ein wichtiger Teilaspekt des Selbstkonzeptes.

Unter *Selbstwirksamkeit* wird die subjektive Überzeugung, selbst etwas bewirken und verändern zu können, verstanden. Dazu gehört die Annahme, selbst Kontrolle über die jeweilige Situation zu haben, sich kompetent zu fühlen und durch die eigenen Handlungen Einfluss auf die materiale oder soziale Umwelt nehmen zu können.

Menschliches Handeln wird beeinflusst durch die eigene Erwartungshaltung, die Selbstwahrnehmung. Der Mensch bildet Hypothesen und stellt Erwartungen bezüglich des Auftretens von Ereignissen auf. Darüber hinaus nimmt er bevorzugt solche Ereignisse wahr, die mit seinen Erwartungen und Hypothesen übereinstimmen. Das Zustandekommen von Ereignissen erklärt er schließlich so, dass subjektiv die Welt als sinnhaft erlebt wird.

Die Wahrnehmung solcher Beziehungen steht im Mittelpunkt der Theorie der „gelernten Hilflosigkeit" von SELIGMAN (1979) sowie der Theorie der Selbstwirksamkeit von BANDURA (1977). Beide Ansätze beschäftigen sich mit der *Kontrollierbarkeit* von Situationen. Während die Hilflosigkeitstheorie mehr die Entwicklung subjektiver Unkontrollierbarkeit und ihre Folgen für das Individuum behandelt, zielt die Selbstwirksamkeitstheorie auf die Beseitigung defizitärer Verhaltensweisen ab, die ihren Ursprung in mangelnden Kontrollüberzeugungen haben.

Die Erwartung von Selbstwirksamkeit gehört zu den Kernsätzen kognitiver Theorien, die menschliches Verhalten erklären. Sie basieren auf Informationen, die das Kind durch direkte, stellvertretende oder symbolische Erfahrungen macht. Solche Erfahrungen generieren und verstärken das menschliche Verhalten. Situationsbewältigungen, aber auch indirekte Verstärkungen beeinflussen das Verhalten des Individuums in einem motivationalen Sinn: Situationen, die kontrollierbar erscheinen, werden erneut aufgesucht, die eigene Kompetenzerwartung hat selbstwertfördernde Wirkung. Ist dagegen die Erwartung eigener Handlungskompetenz zu gering ausgeprägt, ist mit Handlungsblockierung, Vermeidungsverhalten, negativen Selbsteinschätzungen zu rechnen.

Selbstwirksamkeitserfahrungen im Sport

Nicht alle Lebenssituationen bieten für den Aufbau eines positiven Selbstkonzeptes gleichrangige Chancen. Auswirkungen sind vor allem von den Situationen zu erwarten,

Foto 1.6

- die im Lebenskontext der Kinder und Jugendlichen eine besondere Bedeutung haben,
- in denen sie Gelegenheiten zum Erfahren von Selbstwirksamkeit und Kontrolle haben,
- bei denen Erfolg und Misserfolg auf die eigene Person zurückführbar sind,
- die in den Bereich der Eigenverantwortlichkeit der Kinder und Jugendlichen fallen.

Sport hat für Kinder und Jugendliche eine hohe Bedeutung; hier Erfolg zu haben, ist mit hohem sozialen Prestige verbunden. Niemand anders als man selbst ist für das Gelingen einer Bewegungshandlung verantwortlich; außerdem können durch Üben und Training, durch konstantes Bemühen und Kontinuität die eigenen Fähigkeiten stabilisiert, Leistungen verbessert werden. Insofern enthalten Bewegung, Spiel und Sport gute Gelegenheiten zum Aufbau eines stabilen Selbstkonzeptes.

Dies belegen auch Äußerungen von Schülerinnen und Schülern einer 8. Klasse auf die Frage, was Sport für sie bedeutet:

„Wenn ich mich im Sport anstrenge, sehe ich den Erfolg viel schneller als in anderen Fächern."

„Ich merke, wie ich besser werde, wenn ich regelmäßig übe."

„Es macht einfach Spaß zu spüren, dass man noch mehr aus sich herausholen kann. Als es mir zum ersten Mal gelungen ist, mit den Bällen zu jonglieren, konnte ich nicht mehr aufhören, ich musste es immer und immer wieder versuchen."

In Bewegungssituationen führen sie die gemachten Erfahrungen auf die eigene Person zurück:

*„Also, auf dem Trampolin – da bin ich es, der springt. Es ist nicht der Trainer oder der Lehrer, **ich** hab's gewagt und **ich** hab's auch geschafft. Das gibt ein unheimlich tolles Gefühl."*

Die Jugendlichen erleben, dass die Bewältigung einer Aufgabe nicht von Glück oder Zufall abhängt und dass der Erfolg auch nicht durch dritte Personen herbeigeführt wurde. Sie sind selbst dafür verantwortlich.

Misserfolg ist nicht überdauernd; durch Wiederholung und Übung hat man die Chance, dem Erfolg schrittweise näher zu kommen und damit selbst über das Handlungsergebnis zu bestimmen:

„Und wenn mir dann mal was danebengeht, dann kann man's noch mal versuchen, bis man es schafft."

Nicht immer ist diese günstige Ausgangsbasis gegeben. Es gibt auch Situationen, in denen sich das Gefühl von Hilflosigkeit einstellt:

„Nur beim Wettkampf, da fühle ich mich manchmal ohnmächtig. Da sagen die Kampfrichter, ob ich gut war oder nicht. Und manchmal hatte ich selbst das Gefühl, eine Kür gut geschafft zu haben, aber die Punktbewertung war eben anders. Dann kann ich richtig wütend werden und möchte am liebsten mit dem Turnen aufhören."

Sport **kann** Selbstwirksamkeitserfahrungen vermitteln, er **kann** auf das Selbstkonzept einwirken, das Selbstwertgefühl stärken – so gut wie kaum ein anderes Medium, es kann jedoch auch genau das Gegenteil eintreffen.

Folgende Äußerungen von Jugendlichen, die dem Sport gegenüber eine eher reservierte, ablehnende Haltung einnehmen, beweisen dies:

„Wenn ich schon in die Turnhalle hineinkomme, habe ich Hemmungen, irgendwie erinnern mich die Geräte immer an Folterinstrumente."

„Eigentlich kann ich mich anstrengen, wie ich will: Es kommt sowieso nichts heraus, die anderen nehmen mich nicht ernst und der Lehrer hat auch schon die passende Bemerkung parat, wenn ich mal tatsächlich krank bin oder nicht mitmachen kann."

Kinder- und Jugendarbeit im Sport muss diese Überlegungen berücksichtigen.

Das subjektive Erlebnis von Leistungsfähigkeit, von sinnvollem Handeln und selbst gesteuertem Tun stellt eine wichtige Grundlage für die Selbstwahrnehmung von Kindern und Jugendlichen dar. Selbstwirksamkeitsüberzeugungen können demnach auch für den Erfolg bei der Bewältigung einer Bewegungsanforderung entscheidender sein als objektive Leistungsvoraussetzungen.

Wer darauf vertrauen kann, eine Aufgabe zu bewältigen, wird anders an die Aufgabe herangehen, als wenn er an sich und seinen Fähigkeiten zweifelt. Wichtiger als die Verbesserung der motorischen Leistungsfähigkeit ist daher der Aufbau einer positiven Selbstwahrnehmung. Damit werden die Voraussetzungen für die Bereitschaft zur Lösung schwieriger Aufgaben, zur Arbeit an den eigenen Schwächen geschaffen.

Die Überzeugung, selbst wirksam zu sein, hat darüber hinaus einen stark motivierenden Effekt: Situationen, in denen das Gefühl, die konkrete Handlungssituation ganz unter Kontrolle zu haben, auftrat, werden immer wieder aufgesucht, da sie in sich selbst als belohnend erlebt werden. Darüber hinaus wird auch die eigene Erwartungshaltung hinsichtlich der Bewältigung von Aufgaben beeinflusst, der Gewinn an Selbstvertrauen ist möglich.

Selbstvertrauen ist die Grundlage innerer psychischer Stabilität. Diese persönlich empfundene „Stärke" befähigt dazu, selbstbestimmt zu handeln, eigene Positionen zu beziehen, sich auch einmal gegen die übliche Meinung durchsetzen zu können, eigene Normen und Wertmaßstäbe aufzustellen, Rücksicht auf Schwächere zu nehmen und sich für andere einzusetzen.

6. Konsequenzen für die Vermittlung von Bewegungs-, Spiel- und Sportangeboten

Positive Körpererfahrungen sind eine wesentliche Voraussetzung für Wohlbefinden und Gesundheit. Diese subjektiv befriedigende Wirkung von Bewegung, Sport und Spiel bietet aber auch gute Chancen zur emotionalen und sozialen Stabilisierung von Kindern und Jugendlichen. Bewegungshandlungen beeinflussen nicht nur die Entwicklung der körperlich- motorischen Fähigkeiten von Kindern und Jugendlichen, sie wirken sich immer auch auf ihre Einstellung zum eigenen Körper, auf das Bild von den eigenen Fähigkeiten, auf die Wahrnehmung der eigenen Person aus. Körper- und Bewegungserfahrungen sind also immer auch Selbsterfahrungen.

Ein wesentliches Ziel von Bewegung, Spiel und Sport sollte darin liegen, bei Kindern und Jugendlichen den Aufbau eines positiven Selbstkonzeptes zu unterstützen. Kaum ein anderer Bereich der Kinder- und Jugendarbeit hat so große Chancen, über das Erfahren von Kompetenz ein stabiles Selbstkonzept zu entwickeln und eine erfolgsorientierte, leistungszuversichtliche Haltung aufzubauen.

Das Gefühl der „selbst erfahrenen Kompetenz", die mit der Erfahrung „Ich kann es" einhergeht, führt dazu, dass die Betroffenen selbst Anstrengung als Lust und Freude erfahren, als selbst auferlegte Aufgabe, die zu bewältigen sie sich selbst zum Ziel gesetzt haben. Diese Erfahrungen wirken sich positiv auf das Selbstbild und das Selbstwertgefühl des Einzelnen aus.

CSIKSENTMIHALYI (1985, 216) weist darauf hin, dass das hervorstechendste Element des *Flow*-Zustandes das Gefühl ist, die Umwelt unter Kontrolle zu haben: „Man muss fühlen, dass das eigene Können genügt, um den vorhandenen Handlungsmöglichkeiten zu begegnen." „Inneres" Können und „äußere" Anforderungen müssen sich die Waage halten, damit *„Flow"* erlebt werden kann.

Bewegungsangebote sollten daher so geplant werden, dass sie lösbar sind, dass sie herausfordern, dass sie nicht überfordern, aber auch nicht unterfordern.

Für die Gestaltung von Angeboten im Bereich Bewegung, Spiel und Sport ist es wichtig, Wege zu finden, auf denen Kinder und Jugendliche positive Erfahrungen in und durch Bewegung machen können. Dabei ist weniger das Was als das Wie ausschlaggebend. Es kommt auf die Art der Vermittlung an, sie entscheidet darüber, ob die Sportart oder das Bewegungsangebot zu einer Herausforderung wird, bei dem ihr Interesse und ihre Neugier geweckt und ihre Aktivität angesprochen werden. Nicht im ständigen Erfinden neuer Sportarten und Bewegungsformen liegt die Lösung, sondern in der Art und Weise, wie Kinder und Jugendliche ihnen begegnen, wie sie sie als Herausforderung akzeptieren, wie sie sich selbst in ihnen wahrnehmen.

LITERATUR

BANDURA, A.: Self-effacy: Toward an Unifiying Theory of Behavioral Change. In: Psychological Review, 84 (1977), S. 192-215.

BRÄUTIGAM, M.: Spaß als Leitidee jugendlichen Sportengagements. Konsequenzen für die Sportdidaktik. In: Sportunterricht 43 (1994), S. 236- 244.

CSIKSZENTMIHALYI, M.: Das Flow-Erlebnis. Stuttgart: Klett-Cotta 1985.

FILIPP, S. (Hrsg.): Selbstkonzept-Forschung. Stuttgart: Klett-Cotta 1984.

GRUPE, OMMO: Grundlagen der Sportpädagogik, Schorndorf: Hofmann 1984.

KURZ, D.: Handlungsfähigkeit im Sport – Leitidee eines mehrperspektivischen Unterrichtskonzepts. In: ZEUNER, A./SENF, G./HOFMANN ,S. (Hrsg.): Sport unterrichten. St. Augustin: Academia 1995, S. 41-48.

MRAZEK, J.: Einstellungen zum eigenen Körper – Grundlagen und Befunde. In: BIELEFELD, J. (Hrsg.): Körpererfahrung. Göttingen: Hogrefe 1986, S. 223-251.

NEUBAUER, W.F.: Selbstkonzept und Identität im Kindes- und Jugendalter. München: Reinhardt 1976.

PAWELKE, R.: Das Traumfabrik-Konzept: Die Seele zum Klingen bringen. In: PAWELKE, R. (Hrsg.): Neue Sportkultur. Lichtenau: AOL 1995, S. 422-437.

ROLFF, H.G./ZIMMERMANN, P.: Kindheit im Wandel. Weinheim: Beltz 1985.

SCHWARZER, R.: Angst, Stress und Handlungsregulation. Stuttgart: Kohlhammer 1993.

SELIGMAN, M.E.P.: Erlernte Hilflosigkeit. München: Urban und Schwarzenberg 1979.

STELTER, R.: Du bist wie dein Sport. Schorndorf: Hofmann 1996.

STRAUSS, B./ALFERMANN, D.: Dabeisein und Dazugehören: Über identitätsbildende Prozesse im Sport. In: Leistung im Sport – Fitness im Leben. (Hrsg.: Brehm u.a.) Hamburg 1997, S. 30-33.

TAMBOER, J.: Sich-Bewegen – ein Dialog zwischen Mensch und Welt. In: Sportpädagogik 3 (1979), S. 14-19.

VOLKAMER, M.: Von der Last mit der Lust am Schulsport. Schorndorf: Hofmann 1987.

VOLKAMER, M./ZIMMER, R.: Vom Mut, trotzdem Lehrer zu sein. Schorndorf: Hofmann 1994.

WEIZÄCKER, V. VON: Der Gestaltkreis. Theorie der Einheit von Wahrnehmen und Bewegen. Stuttgart:: Thieme 1986.

ZIMMER, R.: Handbuch der Bewegungserziehung. Freiburg: Herder 1995[5.]

ZIMMER, R.: Motorik und Persönlichkeitsentwicklung bei Kindern. Schorndorf: Hofmann 1996.

ZINNDECKER, J.: Straßensozialisation. In: Zeitschrift für Pädagogik 1979, S. 727-746.

ZINNDECKER, J./SILBERREISEN, R.K.: Kindheit in Deutschland. München: Juventa 1996.

Gunter A. Pilz

Sport – ein Königsweg in der Gewaltprävention?

Im Kontext sozialpädagogischer Maßnahmen der Gewaltprävention, wie in der Jugendarbeit schlechthin, gewinnen körper- und bewegungsbezogene Konzepte zunehmend an Bedeutung. Die Palette reicht von traditionellen sportartspezifischen Angeboten über den Abenteuer- und Kampfsport bis hin zu differenzierten körper- und bewegungsbezogenen Konzepten. *„Sportler werfen keine Brandsätze auf Flüchtlingsheime. Der Sport hat einen hohen Bildungswert, er integriert problemlos Randgruppen der Gesellschaft, und er bleibt die preisgünstigste Sozialarbeit"* (Wolf-Rüdiger UMBACH, Vizepräsident des Landessportbundes Niedersachsen).

Diese oder ähnliche Auszüge aus „Sonntags"-Reden suggerieren eine heile Welt des Sports – wie ich meine, sehr zum Schaden des Sports. Erst auf der Folie einer (selbst-)kritischen Analyse der Zusammenhänge von Sport und Gewalt können die möglichen positiven Funktionen und Wirkungen des Sports, sportiver Angebote bezüglich der Gewaltprävention herausgearbeitet und in der (sozial-)pädagogischen, wie sportlichen Alltagspraxis fruchtbar ein- und umgesetzt werden.

In diesem Beitrag möchte ich Begründungen, konzeptionelle und kritische Überlegungen zur Frage nach den Chancen körper- und bewegungsbezogener Konzepte in der Jugendarbeit vortragen. Dabei werde ich mich dem Thema wie folgt nähern:

- In einem ersten Schritt werde ich auf die lebensweltlichen (Gewalt-)Erfahrungen junger Menschen eingehen, die die Suche, das Bedürfnis nach Spannung und Abenteuer, Risiko und action, nach Körpererfahrung und Bewegung verstärken;
- in einem zweiten Schritt werde ich auf die Bedeutung und konzeptionellen Erfordernisse einer sport-/körperbezogenen Jugendsozialarbeit zu sprechen kommen; um
- in einem letzten Schritt die Grenzen bewegungsbezogener Jugendarbeit zu diskutieren.

Meine Ausführungen sind dabei das Ergebnis meiner nunmehr 10-jährigen wissenschaftlichen Begleitung des Fußball-Fan-Projektes Hannover, das im Sinne akzeptierender Jugendarbeit einen Schwerpunkt u.a. in körper- und bewegungsbezogenen Angeboten für gewaltbereite und -faszinierte Jugendliche hat. Ich werde das Thema dabei mehr in Form einer übergreifenden, mehr allgemeinen Diskussion der Bedeutung sport- und körperbezogener Konzepte in der Jugendarbeit, denn in der Vorstellung konkreter Konzepte abhandeln.

Gewalterfahrungen in den Lebenswelten junger Menschen

Die Lebenswelten junger Menschen sind bepflastert von vielen subjektiv empfundenen, wie auch objektiv vorhandenen Gewalterfahrungen, mit denen sie umgehen und die sie verarbeiten müssen. Mit KRAFELD (1992, 500) bin ich der festen Überzeugung, dass *„das Verhalten von Jugendlichen, auch von gewalttätig agierenden, durchweg aus ihren Lebenserfahrungen und ihren Versuchen resultiert, mit diesen ihren Erfahrungen und Eindrücken umzugehen".*

Aus der Vielfalt dieser lebensweltlichen Gewalterfahrungen möchte ich hier zwei mir für unsere Thematik besonders wichtig erscheinende Problemfelder herausgreifen (ausführlicher siehe PILZ 1994):

* Die Bewegungsarmut, das Abschneiden, die Verbetonisierung gewachsener Bewegungsräume, und
* der Mangel an Eigenerfahrungen, die vorenthaltenen Mitgestaltungsmöglichkeiten der gesellschaftlichen Lebensverhältnisse durch die jungen Menschen.

Bewegungsarmut, Verbetonisierung von Bewegungsräumen

*„Wir wohnen in einer Neubau-Beton-Siedlung. Früher hatten wir wenigstens einen Spielplatz, doch der wurde abgebaut. Jetzt ist nur noch ein Schlammloch da. Wir haben nichts zum Spielen oder sonst was für die Freizeit, was kein Geld kostet. Wenn man sich im Freien vor dem Haus aufhält, wird man von den Leuten ausgeschimpft, obwohl man gar nichts gemacht hat. Die Leute haben alle eine Wut und lassen sie an uns Kindern aus. **Wenn ich ein Hund wäre, würden bestimmt alle nett zu mir sein.**"* (12-Jähriger)

„Zwischen zehn und vierzehn, da sie nicht mehr in den Hort gehören und noch nicht in das Jugendheim, zu groß sind für den Spielplatz und zu klein für den Sportverein, streifen sie durch den zerstörten Nahraum. Und weil sie keine unberührten Ecken mehr finden, konsternieren sie die Apparatur, die sie umgibt, malen den grauen Beton mit bunter Kreide fort und kratzen Schrammen in den glänzenden Lack, in dem sich die Autos präsentieren. Und sie verschwinden wieder, tauchen von den glatten Oberflächen ab in die Garagenhäuser und Heizungskeller." (THIEMANN 1988, 52).

„Kinder brauchen, wenn sie ihre spezifische Sinnlichkeit vergegenständlichen, sich in ihr wiederfinden sollen, eine deutlicher raumbetonte Öffentlichkeit als Erwachsene; sie brauchen Experimentiergelände, Plätze, ein offenes Aktionsfeld, in dem die Dinge nicht ein für allemal festgelegt, definiert, endgültig mit Namen versehen, unabänderlich durch Gebote und Verbote reglementiert sind," (NEGT 1983,41).

In aktuellen Untersuchungen über Ursachen und Motive fremdenfeindlicher Gewalt wird immer wieder auf das Phänomen der Suche nach action, Spannung, Ausleben von Körperlichkeit hingewiesen (siehe u.a. WILLEMS 1993). Dahinter verbirgt sich das immer gravierender werdende Problem des zivilisations- und gesellschaftsbedingten erlebnis-, spannungs- und abenteuerarmen Alltags. Die Menschen moderner Industriegesellschaften sehen sich zunehmend einem zivilisatorischen Druck ausgesetzt, sich und ihr Verhalten ständig und stetig unter Kontrolle zu halten, ihre Affekte und Emotionen zurückzudrängen, zu unterdrücken oder – wie ELIAS (1977) es nennt – ihren Trieb- und Affekthaushalt zu kontrollieren.

Wir haben uns praktisch laufend unter Kontrolle, im wahrsten Sinne des Wortes „in der Gewalt", unterdrücken unsere aktuellen Befindlichkeiten und Bedürfnisse, um andere nicht zu stören, und ein so hochkomplexes Zusammenleben, wie dies in modernen Industriegesellschaften erforderlich ist, zu ermöglichen. Dies bleibt nicht ohne Folgen: So fragt KEIM (1981) zu Recht, ob nicht mit unserer gesellschaftlichen Entwicklung ein Stau überdisziplinierten An-Sich-Haltens einhergeht, der sich zunehmend häufiger entlädt in Aggressionen, unterschiedlichen Formen von Selbstzerstörung oder Fluchtbewegungen. Dies umso mehr, als Spannung, Affektivität wesentliche Triebfedern menschlichen Verhaltens sind, wie uns ELIAS (1977) und CSIKSZENTMIHALYI (1985) lehren. Die Dämpfung des Trieb- und Affekthaushaltes führt so zu einem verstärkten Bedürfnis nach affektiven Erlebnissen, das nun zusätzlich dadurch verstärkt wird, dass es in unserer verwalteten (ja „zer"-walteten), verrechtlichten und verbürokratisierten Gesellschaft immer weniger Möglichkeiten gibt, affektive Bedürfnisse zu befriedigen.

Dabei – und dieser historische Exkurs sei mir gestattet – hat bereits 1861 der Arzt Dr. Daniel SCHREBER – der Initiator der „Schrebergartenbewegung" – die Stadtväter seiner Heimatstadt Leipzig auf die Notwendigkeit hingewiesen, geeignete Spielmöglichkeiten für Kinder zu schaffen (FUHRMANN 1991, 147), und 1881 hat der Wuppertaler Amtsrichter HARTWICH die These von der „Störung des Gleichgewichts zwischen Körper und Geist" vorgetragen, die im Wesentlichen in der aufkommenden Industrialisierung und Verstädterung ihren Grund habe. Heute geben die Lebens- und Alltagswelten Kindern und Jugendlichen erst recht kaum oder gar keine Chancen, „ihre Umgebung nach eigenen Phantasien, Entwürfen und Plänen zu be- und ergreifen" (BECKER/SCHIRP 1986). Es verwundert so auch nicht, wenn von Jugendlichen „insbesondere fehlende Regel-, Spiel-, Sport-, Bewegungsorte sowie unmittelbar wohnungsnahe Spiel- und Aufenthaltsmöglichkeiten" (v. SEGGERN/ERLER 1988, 70) beklagt werden. In einer verampelten Gesellschaft, in der viel zu viele Ampeln auf 'Rot' stehen, in der Verbotsschilder jeglichen kindlichen und jugendlichen Bewegungsdrang im Keime ersticken, in der Gerichtsurteile Sportplätze, Bewegungsräume in unmittelbarer Wohnungsnähe schließen, in der die Räume zur freien Entfaltung und Bewegung immer enger werden, sind Gewalt, abweichende Verhaltensweisen vorprogrammiert, sind die zuweilen irritierenden, z.T. gewaltförmigen Verhaltensweisen Jugendlicher als durchaus 'angemessene' Antworten auf ihre widersprüchliche Lage zu verstehen.

Dabei – und dies kann nicht ernst genug genommen werden – ist ein interessanter Zusammenhang zwischen mangelnder Bewegungs- und Abenteuerwelt, fehlenden körperbetonten und -bezogenen Freizeitangeboten einerseits und der Gewaltbereitschaft junger Menschen andererseits festzustellen. Wenn wir jüngsten Statistiken Glauben schenken dürfen, dann ist es zur Zeit die Altersgruppe der 10- bis 16-Jährigen, die sich durch steigende Gewalttätigkeit und eine besondere Brutalität „auszeichnet". Dabei handelt es sich um genau die – in der Regel männlichen – Kinder und Jugendlichen, die unter den mangelnden Spiel- und Bewegungsräumen am stärksten zu leiden haben.

Für Kinder bis zum Alter von 12 Jahren halten die Städte genügend mehr oder weniger attraktive Kinderspielplätze bereit. Die über 12-Jährigen dürfen diese Spielplätze nicht mehr betreten. Attraktive andere öffentliche Räume sind für diese Jugendlichen vergleichsweise wenig vorhanden. Rasenflächen, die zum Ballspielen – eine der Aktivitäten, die gerade die 12- bis 16-Jährigen besonders anspricht – animieren, sind in vielen Fällen durch Schilder „garniert", die signalisieren, dass das Ballspielen auf diesen Grünflächen verboten ist. Der Einfallsreichtum postmoderner Gerichtsbarkeit und Kinderfeindlichkeit scheint dabei unbegrenzt zu sein (vgl. PILZ 1994).

Diese Altersgruppe der 12- bis 16-Jährigen fällt zusätzlich in das Angebotsloch vieler Sportvereine, die für Kinder bis zum Alter von 10-12 Jahren ein breit gefächertes, attraktives, sportartenübergreifendes Bewegungsangebot bereithalten, danach aber nur noch oder überwiegend sportartspezifische, leistungsorientierte Angebote machen, die dann für hohe Fluktuationsraten Jugendlicher in den Sportvereinen sorgen.

Gewalthandlungen, riskante, selbstgefährdende Aktivitäten wie S-Bahn-Surfen, Auto-Surfen, Auto-Crashing, „Air-Bagging", „Downhill-Shredding" u.ä. sind so besehen „sachlogisch durchaus vernünftig", vor allem dann, wenn wir sie in ihren Entstehungszusammenhängen in der „durchrationalisierten Monotonie des Alltags" der Jugendlichen lokalisieren (BECKER/SCHIRP 1986).

Sinnkrise der heutigen Jugend – Folge von Erlebnisarmut und Mangel an Eigenerfahrungen?

„Erwachsene denken praktisch, Jugendliche denken, die Welt stehe ihnen offen. Aber die Welt ist perfekt, verwaltet; alles, was in ihr existiert, gehört jemandem, ist Besitz; alles in ihr ist verteilt ...

Wo kann man noch schöpferisch tätig sein? Das Leben ist langweilig geworden. Einen Freiraum gibt es nur nach dem Tod, deswegen laufen so viele Jugendliche zu Sekten."
(Mitglieder der Ufa-Fabrik für Kultur, Sport und Handwerk, in: KLEFF 1983, 89)

„Ich bin seit 30 Jahren Mitglied im Jugendhilfeausschuss, ich weiß, was Jugendliche wollen."

Das Jugendalter gilt als Lebensphase, in der Heranwachsende eine psychosoziale Identität aufbauen müssen. Diese Verwirklichung von persönlicher Identität ist heute erschwert. Dies ist – und darin sind sich nahezu alle Jugend- und Gewaltforscher einig – eine der zentralen Ursachen der Gewaltbereitschaft Jugendlicher. Junge Menschen wollen nicht nur passiv Lernende in Institutionen sein, sie brauchen auch Bestätigung, Engagement und sinnvolle Aufgaben. Herausbildung einer positiven Identität, die im Jugendalter geleistet werden muss, heißt deshalb positive Antworten auf die drängenden Fragen geben:

„Wer bin ich?" ; „Was kann ich?"; „Wozu bin ich da?"; „Wohin gehöre ich?"; „Was wird aus mir?"

In unserer Gesellschaft, in der die Menschen nur danach bewertet werden, was sie haben und nicht was sie sind, erfahren die Kinder und Jugendlichen aber sehr früh,

„dass sie „etwas" aus sich machen sollen, damit einmal etwas aus ihnen wird. ... Gleichzeitig aber erfahren Jugendliche, dass es höchst spezielle Fähigkeiten sind, die zum Beispiel in der Schule oder in der Lehre prämiert werden. Und sie erfahren soziale Ungleichheit nicht als Schicksal ihres Standes, sondern als Prozess, der sich vor ihren Augen, im Klassenzimmer, als Erfolg oder Misserfolg vollzieht.
Die Ausweitung der Chancengleichheit ermöglicht nicht nur den Aufstieg für Individuen, denen früher jeder Weg versperrt war, sondern verursacht gleichzeitig auch Abstiege, Erfahrungen des Versagens und der Erfolgslosigkeit. Die Positivkarrieren der einen entsprechen den Negativkarrieren der anderen. Bildungssystem und Arbeitsmarkt beinhalten also höchst unterschiedliche Chancen und Zumutungen, die aber Einzelne treffen, die dann höchst unterschiedliche Lösungen finden müssen. Eine der Lösungen ist die Bildung abweichender Gruppen, in denen neues Selbstbewusstsein aufgebaut werden kann" (ECKERT 1992, 2).

Dies umso mehr, als – wie bereits im Gewaltgutachten der Bundesregierung (SCHWIND/BAUMANN 1990) zu Recht beklagt wurde – junge Menschen vor allem in der Schule fast nur noch erfahren, was sie n i c h t können, nicht aber das, was sie können. Bieten sich Jugendlichen keine oder kaum Möglichkeiten, sich durch etwas hervorzutun, bleibt ihnen oft nur noch der Körper als Kapital, den sie entsprechend ausbilden (modellieren) und gewinnbringend nicht selten eben in Form von körperlicher Gewalt einsetzen.

Sehr plastisch hat dies der Münchner Sozialpsychologe KEUPP in einem Fernsehinterview beschrieben. Ein Teil der Jugend – so KEUPP –

„ ... hat keine Chance, eine positive Identität zu entwickeln. Es entstehen Löcher, und der Fußballbereich und noch stärker der Rechtsradikalismus liefern sozusagen Plomben für diese Löcher. Sie liefern fertige Pakete und es ist entscheidend, zu diesen Paketen Alternativen zu entwickeln, in denen junge Menschen kreativ und produktiv ihre eigene Identität spielerisch und gestalterisch entwickeln können" (Bayern III, 20.7.1989, 20 bis 21 Uhr).

Genau hier eröffnen sich der körper- und bewegungsbezogenen Jugendarbeit große Möglichkeiten.

Zur Bedeutung bewegungsbezogener Jugendsozialarbeit

Die bisherigen Ausführungen, wie auch Erkenntnisse der Fan-Projekte und der sie begleitenden wissenschaftlichen Arbeit (vgl. PILZ 1992) verweisen auf die Bedeutung einer präventiven körper- und bewegungsbezogenen Jugendarbeit (vgl. PILZ 1991). Sportliche Aktivitäten sind dabei Inhalt und Methode der offenen Jugendarbeit zugleich. Sportbezogene Angebote sind häufig das einzige Mittel, um an „problematische" männliche Jugendliche heranzukommen und sie in die offene Jugendarbeit zu integrieren.

Darüber hinaus ist der Sport für viele Jugendliche und gerade auch für auffällige junge Männer oft das einzig übrig gebliebene Erfahrungsfeld, auf welchem sie Erfolg, Selbstbestätigung, positives Gruppenerlebnis mit Anerkennung und Gruppenerfolg erfahren können.

Durch sportliche Aktivitäten können:

* Aggressionen und motorischer Betätigungsdrang „gesteuert" abgearbeitet,
* vorhandene körperliche Fähigkeiten positiv eingesetzt,
* mit vertrauter Betätigung Schwellenängste gegenüber dem sonstigen Angebot abgebaut,
* die Beziehungen von Jugendlichen (vor allem aus Randgruppen) untereinander, zu ihrer Umwelt und zu den Mitarbeiterinnen und Mitarbeitern geübt und verbessert,
* das Akzeptieren vorhandener Regeln erlernt,
* Erfolgserlebnisse erzielt werden.

Wenn wir uns außerdem bewusst machen, dass gewaltfaszinierte, gewaltbereite Jugendkulturen für Jugendliche u.a. auch deshalb so attraktiv sind, weil sie es ermöglichen, sich selbst und den eigenen Körper intensiv zu erleben und sich zu bewähren, sowie Angstgefühle durch Abenteuer und Risikoerlebnisse zu bearbeiten, dann wird die Bedeutung körper- und bewegungsbezogener Konzepte in der Gewaltprävention zusätzlich evident.

Eine Jugendarbeit, die erfolgreich gegen Gewaltfaszination und Gewaltbereitschaft Jugendlicher arbeiten will, muss hier ansetzen, diese Aspekte ernst nehmen und darauf für die jungen Menschen attraktive, alternative Antworten geben.

Ist Sport per se präventiv und erziehend?

Nun könnte man der Versuchung erliegen, wie Sportfunktionäre dies immer wieder sehr gerne tun, alle Angebote der Sportvereine für Kinder und Jugendliche als Sozialarbeit zu interpretieren. Dies wäre allerdings ein folgenschwerer Irrtum, wie uns bereits 1925 MUSIL in seiner ihm eigenen Art deutlich gemacht hat, als er den Sport als eine „grandiose Arbeitsteilung zwischen Gut und Böse der Menschen" bezeichnete: „Es ist einseitig, wenn man immer nur schreibt, dass der Sport zu Kameraden mache, verbinde, einen edlen Wetteifer wecke: Denn ebenso sicher kann man auch behaupten, dass er einem weit verbreiteten Bedürfnis, dem Nebenmenschen eine aufs Dach zu geben, oder ihn umzulegen entgegenkommt, dem Ehrgeiz, der Überlegene zu sein" (FRISÉ 1983, 794).

Der sportliche Alltag sieht denn auch etwas weniger heil aus. „Sportler sind keine Radaubrüder?" Betrug, gewaltförmige Auseinandersetzungen zwischen Athleten gehören heute zum leistungssportlichen Alltag! „Keine Macht den Drogen"? Das Dopingproblem hat sich mittlerweile wie ein Krebsgeschwür selbst auf den Freizeitsport ausgebreitet! „Sport hat einen hohen Bildungswert"? Kinder werden in frühesten Jahren oft stupiden Trainingsprozessen unterzogen, die der Kinderarbeit des Frühkapitalismus nicht unähnlich sind! „Sport integriert problemlos Randgruppen der Gesellschaft"? Ein Großstadtverein hat seine C-Jugendmannschaft aus dem Spielbetrieb genommen, weil die Jugendlichen sich weigerten, gegen Mannschaften zu spielen, in denen viele Ausländer spielten!

Die Palette negativer Schlagzeilen des Sports ließe sich beliebig erweitern (vgl. ausführlicher PILZ 1994). Die amerikanische Sportpsychologin Dorcas Susan BUTT hat entsprechend zu Recht bereits 1974 gewarnt: „Die Welt des Sports verstärkt viel öfter, als viele annehmen, destruktives Verhalten, wie z.B. Betrügen, Doping, usw. ... .Wenn Spiel und Sport bedeutungsvolle Mittel zur Vorbereitung auf das Erwachsenenverhalten sind, ..., dann müssen wir uns genauso vor dem Boxen, Stierkampf und Fußball fürchten, wie wir uns vor dem Krieg fürchten" (BUTT 1974, 32).

Die unreflektierten Hochgesänge auf die bildende, erzieherische, präventive Bedeutung des Sports verdecken die auch dem Sport immanenten Problemfelder der Gewalt und Fremdenfeindlichkeit, der Gesundheitsgefährdung. Der Sport ist ein Spiegelbild des Zeitgeistes und entsprechend nicht besser und nicht schlechter als die Gesellschaft, die ihn umgibt. Diese Binsenweisheit wird leider viel zu häufig ignoriert.

Wenn wir die präventiven, erzieherischen und sozialpädagogischen Qualitäten des Sports nutzen wollen, ist eine klare Unterscheidung unterschiedlicher sportlicher Sinnorientierungen notwendig. Welcher Sport wirkt erzieherisch und präventiv? Der Leistungs- und Hochleistungs-, der Profisport? Der Gesundheits-, Freizeit- oder Breitensport? Der Spaßsport, die Bewegungs- oder Körperkultur? Wer darauf für junge Menschen eine sachgerechte Antwort finden will, der braucht sich nur die sport-, bewegungs- und körperkulturellen Äußerungsformen der vielfältigen Jugendkulturen vor Augen zu führen.

Der Sport, den wir im Jugendschutz propagieren müssen, ist weniger der Sport, den wir in den Sportvereinen vorfinden, sondern der, der sich in den Jugendkulturen ausformt. So beantwortet denn auch der Bielefelder Sportpädagoge KURZ (1986, 3) die Frage: „Was suchen wir im Sport?" durchaus selbstkritisch: „Spannung, Abenteuer, Geschwindigkeit, Expressivität, Improvisation – das sind einige Stichworte, die an Bedeutung zu gewinnen scheinen." Und weiter: „Vielleicht müssen wir dies aus den Suchbewegungen der Jugendlichen lernen, dass ihnen der Sport, den wir veranstalten, dieses Spielerische oft verloren zu haben scheint .... Der Sport, den sie suchen, ist kaum im Rahmen einer Sportart zu halten, Differenzierung des Sports nach Lebenssituationen bedeutet: viele Bewegungsgründe zugleich anzusprechen, also ein Sportangebot, das gesellig, spannend, belebend und fordernd zugleich empfunden werden kann."

Dies heißt – rekurrierend auf SACK (1980, 334) – dass das Sportangebot vielschichtiger werden muss. Die Sportangebote müssen dabei den Bedürfnissen, den motorischen Fähigkeiten, den Lebenswelten und -stilen der Jugendlichen angepasst werden. Dies bedeutet aber auch, sich nicht nur mit angepassten Jugendlichen zu befassen oder Jugendliche in bürgerliche „Tugendpanzer" zu zwängen, es heißt vielmehr, sich auch auf unbequeme Jugendliche einzulassen, deren fremdartig unbequeme, sozial oft nicht tolerierte Bedürfnisse zu akzeptieren und in die Angebotspalette der Jugendarbeit einfließen zu lassen (vgl. BECKER/HARTMANN 1989). Eine Forderung, mit der sich viele Sportvereine ungeachtet der vom Deutschen Sportbund bereits vor Jahren lauthals propagierten „sozialen Offensive des Sports" noch sehr, sehr schwer tun. Dabei hat die hier geforderte bewegungsorientierte Jugendarbeit durchaus Vorläufer in den Anfängen des Deutschen Turnwesens.

Bewegungsbezogene Jugendarbeit in der Tradition Jahn'schen Turnens

Bewegungsbezogene Jugendarbeit ist keineswegs eine Erfindung der Postmoderne. Der bereits erwähnte Wuppertaler Amtsrichter HARTWICH forderte nicht einmal siebzig Jahre nachdem JAHN auf der Hasenheide seinen Turnplatz errichtet hat, wo dem Spiel eine zentrale herausragende Rolle zugewiesen worden war, mahnend die Wiederbelebung der

Turn- und Jugendspiele. Die damit einsetzende Spielbewegung wurde somit auch nicht ganz zu Unrecht als Jahn-Renaissance bezeichnet. Diese Bemühungen mündeten im Jahre 1882 in den vom preußischen Unterrichtsminister von GOSSLER verfügten Spielerlass, der auf Guts-Muths und Jahns Spiel- und Turntradition zurückgriff. Dabei wurden Ballspiele (Treib-, Fuß-, Schlag-, Kreisball etc.) Wettkämpfe (Hinkkampf, Tauziehen, Kettenreißen) und Schleuderspiele (mit Bällen, Kugeln, Steinen, Stäben usw.) sowie Jagd- und Kriegsspiele propagiert. Darüber hinaus wurde auf Spaziergänge und Ausflüge in Feld und Wald, Turnfahrten und Schwimmen und Eislaufen verwiesen. Der Gedanken sportlicher Bewegung im Freien war damit ebenfalls im Spielerlass verankert.

Ihren eigentlichen Anfang und Aufschwung nahm die Spielbewegung mit dem im Jahre 1881 gegründeten „Zentralausschuss zur Förderung der Volks- und Jugendspiele" (ein aus privater Initiative gegründetes Gremium, das u.a. von Schulbehörden und der Deutschen Turnerschaft gefördert wurde). Dieser Zentralausschuss organisierte bereits damals Spielleiter- und -leiterinnenkurse und propagierte – wie aktuell ist dies doch auch heute wieder oder immer noch?? – bei den Städten und Schulträgern die Einrichtung von Spielplätzen und Natursportarten. 1892 schrieb GROOS: „Da die Stadtkinder unter unnatürlichen Bedingungen aufwachsen, muss man ihnen auch künstlich die Gelegenheit zum Spiel, vor allem zu den gesunden Bewegungsspielen, verschaffen, indem man ihnen zu diesem Zweck besondere Plätze einräumt. ...

Bei dem stets wachsenden Interesse aller Kreise für solche Bestrebungen wird man hoffen dürfen, dass den schädlichen Folgeerscheinungen der modernen Kultur auf diese Weise erfolgreich entgegengewirkt wird."

Bereits zur Jahrhundertwende erkannte man also sehr wohl, dass nur ein vielschichtiges Bewegungs- und Spielangebot den Bedürfnissen der Menschen in der wachsenden Industriegesellschaft gerecht zu werden vermag. Die Bedeutung des freien Spiels, der Möglichkeiten des Erlebens von Spannung und Abenteuer werden immer wieder betont und entsprechend in den turnerischen Alltag aufgenommen.

JAHN – ein Vorläufer offener Jugendarbeit? – hatte bereits erkannt, dass es bei der Jugendarbeit darum geht, dass man sich an die Jugend, an deren Bedürfnisse und Interessen anpasst und nicht umgekehrt. Seine Autorität fußte somit auch nicht auf Zwangsmitteln, sondern auf der Fähigkeit, Jugendliche in relativ ungezwungener Weise zusammenzufassen: Bei ihm konnten sie Bedürfnisse nach Spannung, Abenteuer, Risiko, nach Befriedigung der Rauf- und Kampflust ausleben. Da gab es keine Trennung nach Sportarten, da waren turnerische, spielerische, leichtathletische Übungen gleichermaßen vorhanden. Da war Platz für geselliges Treiben, für spannungsgeladene Spiele, da gab es belebende Leibesübungen ebenso wie fordernde Turnübungen. Bewegungserlebnisse in Form von Balancieren, Schwingen, Klettern, Springen, Ringen, Laufen und Werfen, Geländespiele, gehörten zum turnerischen Alltag auf JAHNs Hasenheide (vgl. PILZ 1991).

Ein weiterer Trend des Sports im Jahr 2000 war bereits zu JAHNs Zeiten alltägliche Praxis: Das Turnen im Freien, im Grünen, das der Sporthistoriker Henning EICHBERG (1988) auf den ich mich bei diesen Ausführungen beziehen möchte, als die 'grüne Revolution' um 1800 beschrieben hat. Das Konzept des freien Spiels im Grünen war von Anfang an JAHNs Bestreben. Holen wir es uns nochmals in Erinnerung zurück, wie JAHN seinen Turnplatz sah:

„Der Turnplatz muss festen, mit kurzem Rasen bedeckten Boden haben, und mit Bäumen bestanden sein. Fehlen Bäume ganz, so muss man welche anpflanzen, … Auch außerhalb des Turnplatzes sollte von Rechts wegen jede Turnanstalt ein Turnfeld haben, wo Bäche und Wirre miteinander abwechseln, wo Hain, Gebüsch, Gestäude, Dickicht und offene Räume anzutreffen, Laubholz und Tangelholz."

Und heute? Natursportarten gewinnen an zusätzlichem Reiz, werden auch über Abenteuer-, Erlebnis-, Aktivurlaube zusätzlich kommerziell ausgeschlachtet. Damit verbunden ist ein steter Drang der Menschen, sich in der Natur sportlich zu betätigen. Das Bedürfnis nach affektiven, expressiven Erlebnissen, die Suche nach Aufregungen in einer langweiligen Gesellschaft – wie dies der Soziologe Norbert ELIAS einmal treffend formulierte – werden hier befriedigt. Die teueren, spektakulären Kletterwände haben ihre Vorläufer in den Klettergerüsten, Kletterbäumen auf JAHN Hasenheide. Geben wir unseren Kindern und Jugendlichen, geben wir allen Turn- und Sportbedürftigen und -interessierten diese Erfahrungen zurück, lernen wir von JAHN, nehmen wir die ursprüngliche Vielfalt an Turngeräten, an Bewegungs-, Turn- und Spielmöglichkeiten der ersten siebzig Jahre der Turnentwicklung zum Anlass, diese wieder zu entdecken und in unseren heutigen und vor allem künftigen Turn- und Sportbetrieb – der Zeit angepasst – einfließen zu lassen. Der Einsatz von Erlebnis- und Abenteuersport, aber auch ganz einfach, die vielfältigen Bewegungs- und Spielangebote in der Jugendsozialarbeit haben hier ihre Wurzeln. JAHN schaffte seinen Jugendlichen die Freiräume, die heute im Gewaltgutachten der Bundesregierung so vehement für Kinder und Jugendliche gefordert werden. So steht im Gewaltgutachten u.a. zu lesen:

    *„Ganz besonders wichtig erscheint es im Übrigen, dass **adäquate Freiräume für kindliches und jugendliches Gruppenverhalten geschaffen werden, also Räume, in denen sich Bewegungsdrang, Abenteuerlust, Aggressionserprobung in spielerischer Art und anderes, was für 'Jugendlichkeit' kennzeichnend ist, ausagieren können, ohne sofort auf den Zorn der Bürger oder die totale Reglementierung zu stoßen, die zunehmend den öffentlichen Raum in Städten, aber auch bereits in Gemeinden charakterisiert. Es hat den Anschein, als ob etliche nach den Vorstellungen etablierter Erwachsener gestaltete Abenteuerspielplätze genau denjenigen Grad von Sterilität vermitteln, der Kinder und Jugendliche nach kurzer Zeit entweder abhält, sie noch einmal zu aufzusuchen, oder aber gerade umgekehrt einlädt, durch Zerstörung kreatives Chaos herzustellen"* (KERNER u.a. 1990, 541).

Eine bemerkenswert mutige Aussage, der leider immer noch viel zu wenig auch die entsprechenden Taten folgen.

Es kann nicht genügend wiederholt werden: Das Sportangebot muss – um den unterschiedlichen Interessen, Bedürfnissen und motorischen Fähigkeiten der Jugendlichen gerecht zu werden – vielschichtiger werden. Neben das traditionell leistungssportlich orientierte Angebot müssen zusätzliche und vor allem gleichwertige Angebote treten.

Im Ergebnisprotokoll der Sportministerkonferenz vom 5. November 1993 wird dem Sportverein hierbei eine wichtige Rolle zugewiesen: *„Die Sportvereine sollen ... für alle Kinder und Jugendliche offen sein und verstärkt mit neuen Angeboten, z.B. des Abenteuer- und Erlebnissports, auf diese Jugendlichen zugehen. Ziel muss es sein, den Jugendlichen, zunächst auch ohne Vereinsbindung, möglichst viele Räume für selbst organisiertes Handeln und Selbsterfahrung zu schaffen und dadurch ihr Selbstwertgefühl zu stärken. Die Sportvereine sollen verstärkt mit Einrichtungen der Jugendhilfe zusammenarbeiten. Ein ständiger gegenseitiger Erfahrungsaustausch ist dafür wesentliche Voraussetzung."*

Der Vernetzung wird hier nicht zuletzt angesichts wachsender Problemlagen von Kindern und jungen Menschen und immer knapper werdender öffentlicher Mittel eine wichtige Bedeutung beigemessen. „Runde Tische", „Präventionsräte", „Netzwerke" sind entsprechend zu Schlagworten avanciert, die, wie der Stein der Weisen, die Probleme, die die Gesellschaft mit ihren Kindern und Jugendlichen hat, genauer, die die Kinder und Jugendlichen mit ihrem sozialen Umfeld haben, lösen sollen. Allein in der Alltagspraxis erweist sich der „Stein der Weisen", als äußerst sperrig. Als ob es auch so einfach wäre, die unterschiedlichsten Institutionen, in der Praxis arbeitende Menschen auf einen gemeinsamen Nenner zu bringen, eigene Eitelkeiten und Interessen, hierarchisches Denken und unterschiedliche strukturelle, rechtliche Rahmenbedingungen der Vernetzungspartner in den Dienst der schnell ausgemachten gemeinsamen Sache zu stellen. Die Vernetzungspraxis sieht anders aus.

Dennoch: Zur Verbesserung der Lebens- und Bewegungswelten von Kindern und jungen Menschen bedarf es einer konzertierten Aktion von kommunalen und freien Trägern der Kinder- und Jugendarbeit, einer Kooperation von Sportvereinen, Kindergärten, Schule und kommunaler Jugendhilfe und Infrastrukturplanung.

Provokant formuliert: Vereinssportjugendarbeit ist zu wichtig, als dass man sie nur den Übungsleitern, Trainern und Vereinsjugendleitern überlassen dürfte (Sportangebote in Vereinen, Trainingsstunden sind noch keine Sozialarbeit!); Straßensportarbeit ist zu wichtig, als dass man sie nur der Sozialarbeit und Streetwork sowie Sozialpädagogik überlassen dürfte (Fußball- und Krökelturniere organisieren ist noch keine sport- und bewegungsbezogene Sozialarbeit); Bewegungserziehung im Elementarbereich ist zu wichtig, als dass man sie nur Erzieherinnen und Erziehern überlassen sollte; Schulsport ist zu wichtig, als dass man ihn den Sportlehrern überlassen und in starre Bewegungszeiten, traditionelle Bewegungsräume und Zensurenskalen pressen dürfte.

Auf Letzteres machen die elf Thesen für einen erlebnisorientierten und zweckfreien Sportkultur-Unterricht an der Schule aufmerksam. Ein Thesenkatalog, der zur Verminderung der Gewalterfahrungen in den Bewegungswelten junger Menschen – auf die jeweiligen Handlungsfelder angepasst – generell übernommen werden sollte:

> 1. „Der Schulsport-Unterricht traditioneller Prägung ist zu verbieten
> 2. Der Sportpädagoge alter Prägung ist tot, es lebe der Sportkultur-Pädagoge
> 3. Die Zweckorientierung des Schulsports ist ersatzlos zu streichen
> 4. Der Sinn des Sportkultur-Unterrichts ist 'Spaß' (positive Emotionen)
> 5. Der Inhalt eines Sportkultur-Unterrichts hat sich an Schülern und Lehrern zu orientieren
> 6. Die Methoden sind situativ einzusetzen
> 7. Die Pflicht zur Unterrichtsteilnahme entfällt
> 8. Die Noten sind abzuschaffen
> 9. Die Bewegungsräume in der Schule sind radikal zu verändern
> 10. Die Bewegungszeit in der Schule ist zu erweitern und neu zu strukturieren
> 11. Die Ausbildung zum Sportkultur-Pädagogen muss projektorientiert erfolgen"
> (PAWELKE/LIEFLÄNDER, 1995, 26-27).

Ist dies nicht der Sport, wie JAHN ihn auf der Hasenheide vermittelte und der aufgrund vielfältiger gesellschaftlicher Wandlungsprozesse immer wieder reduziert, verfälscht, versportet wurde, um schließlich dann doch wieder zurückzukehren als Forderung an den Sport und Sportverein im Jahr 2000?

Folgerungen für die Jugendarbeit

Hierzu bedarf es allerdings dringend eines inhaltlichen Paradigmenwechsels der Jugendarbeit: Weg von den Defiziten der Jugendlichen, hin zu deren Stärken. **Weg also von der Sozialarbeit, hin zur Kulturarbeit. Weg von der Versorgung, hin zur Förderung und Forderung Jugendlicher!**

Der Sicherstellung einer entsprechenden bewegungsbezogenen Jugendarbeit mit einem eigenständigen, breit gefächerten und eher spielerischen Sportangebot in der offenen Jugendarbeit sind dabei oft dadurch Grenzen gesetzt, dass zum einen Sozialarbeiter in der

Regel keine Sport- bzw. Übungsleiterausbildung haben und somit nicht über die erforderliche sportive Kompetenz verfügen, um entsprechende Sportangebote für Jugendliche bereitzuhalten. Darüber hinaus fehlen in vielen Fällen Hallen und Plätze für diese Angebote. Dies ließe sich jedoch beheben, wenn Sozialarbeiter sich zu Übungsleitern ausbilden ließen oder wenn ausgebildete Übungsleiter oder Animateure auf Honorarbasis beschäftigt würden. Darüber hinaus könnten in den und um die Einrichtungen der offenen Jugendarbeit Räume in Spiel- und Bewegungsstätten umgestaltet werden; bzw. bei der Vergabe von Hallenzeiten und Sportplätzen müssten die sportlichen Bedürfnisse von Kindern und Jugendlichen der offenen Jugendarbeit als gleichrangig mit den Bedürfnissen der Sportvereine angesehen werden.

Noch wichtiger erscheint mir allerdings die Kooperation zwischen Einrichtungen der offenen Jugendarbeit und Sportvereinen zu sein. Hier wäre u.a. zu denken an den Austausch von Informationen über Programm und Angebot von Einrichtungen der offenen Jugendarbeit und der Sportvereine; die Nutzung der Sportstätten durch die Einrichtungen der offenen Jugendarbeit in den vom Sportverein weniger frequentierten Zeiten; ein zeitweiser Austausch von Mitarbeitern, gemeinsame Veranstaltungen, Wochenendfreizeiten, Ferienfahrten, Sportreisen sowie Nutzung der Räume in den Einrichtungen der offenen Jugendarbeit durch den Sportverein für Sitzungen, Veranstaltungen, bestimmte Bewegungsangebote, die weniger Raum beanspruchen usw.

Bezüglich fehlender Räume für Bewegung, Abenteuer und Spannung sei die – gar nicht so provokativ gemeinte – Frage erlaubt: Weshalb nicht Kirchtürme für Klettererfahrungen nutzen, weshalb nicht Kirchen, die die meiste Zeit leer stehen, multifunktional nutzen? Unter der Woche ließen sich Kirchen durchaus auch, bei beweglichen Bänken zum Spielen, z.B. für Hallenhockey, Volleyball, Basketball u.ä. nutzen. Weshalb nicht leere Fabrikhallen, Schulhöfe, Pausenhallen, Straßen für bewegungsorientierte Jugendarbeit nutzbar machen? Weshalb Sporthallen nicht auch nachts und an Wochenenden für den allgemeinen, auch vereinsungebundenen Sport- und Spielbetrieb öffnen? Erfahrungen mit „Mitternachtsbasketball" in Großstädten zeigen, dass nicht nur eine große Nachfrage nach solchen Angeboten besteht, sondern organisatorische, versicherungsrechtliche Bedenken nur vorgeschobene Argumente gegen solche Angebote sind und mehr der Bequemlichkeit von Hausmeistern und Verwaltungsangestellten dienen.

Auch bezüglich vereinsungebundener, offener Sport-, Spiel- und Bewegungsangebote an Wochenenden haben wir in der Gemeinde Nienhagen sehr gute Erfahrungen gemacht. Jugendliche beklagen sich immer häufiger darüber, dass sie an Wochenenden oft nicht wüssten, wo sie sich aufhalten, was sie tun sollten, da alles geschlossen sei, z.B. Jugendzentrum, Jugendtreffs, aber auch die Vereine – außer Wettkampfveranstaltungen – keine Angebote machten. Zu Hause wollen die Eltern ihre Ruhe haben. Das bekannte Klagelied vieler Lehrer über unruhige, hyperaktive, aggressive Kinder und Jugendliche am Montagvormittag hat so besehen auch weniger seine Ursache in extensivem Fernsehkonsum, sondern in den mangelnden Bewegungs- und Aufenthaltsräumen junger Menschen.

Aus dieser Erkenntnis heraus sind wir in Absprache mit dem örtlichen Sportverein an die Gemeinde herangetreten mit der Bitte, dass an Wochenenden die Sportstätten, einschließlich zweier Hallen – so sie nicht für den Wettkampfbetrieb gebraucht werden – unter Anleitung/Betreuung eines Übungs-/Freizeitleiters, der als Honorarkraft von der Gemeinde bezahlt wird – für einen freien, vereinsungebundenen, weitestgehend selbst organisierten Sport- und Spielbetrieb zu öffnen. Bereits nach kürzester Zeit hat sich dies so herumgesprochen, dass sich an Wochenenden bis zu 150 Jugendliche in den Sporthallen und auf den Sportplätzen tummelten. Selbst am Heiligen Abend, den beiden Feiertagen von Weihnachten, Ostern und Pfingsten (!) tummeln sich zum Teil von 09:00 bis 17:00 Uhr über 50 Jugendliche in der Sporthalle!

Bewegungsbezogene Jugendarbeit als lebensstil- und lebensweltangepasste Jugendarbeit

Die Sportangebote müssen dabei den Bedürfnissen, den Lebenswelten und Lebensstilen der Jugendlichen angepasst werden.

Es gilt also, an den Lebenswelten, den Bedürfnissen und Interessen der Jugendlichen anzusetzen, lebensstilorientierte Angebote bereitzustellen. Dies bedeutet aber auch, – und darauf haben BECKER und seine Mitarbeiter immer wieder hingewiesen – sich nicht nur mit angepassten Jugendlichen zu befassen oder Jugendliche in bürgerliche „Tugendpanzer" zu zwängen, es heißt vielmehr, sich auch auf unbequeme Jugendliche einzulassen, deren fremdartig unbequeme, sozial oft nicht tolerierte Bedürfnisse zu akzeptieren und in die Angebotspalette der Jugendarbeit einfließen zu lassen. Das heißt aber auch, sich u.U. auf die manchmal angsteinflößenden, bedrohlich erscheinenden Körper- und Lebensstile der Jugendlichen (z.B. die auf Kraft, aggressive Männlichkeit, Härte ausgerichteten Stile) einzulassen und sie durch entsprechende Angebote zu kanalisieren, aufzufangen (vgl. BECKER/HARTMANN 1989).

Es stellt sich somit für die Pädagogik das schwerwiegende Problem, einerseits die Sozialisationsfunktion dieser Gruppierungen zu achten, den Jugendlichen also die notwendigen Freiräume zu belassen, andererseits gegen gravierende Normverletzungen einzuschreiten. Jeder Pädagoge muss sich selbst die Frage stellen und beantworten, wie weit er subkulturellen Gruppen Freiräume in seiner Arbeit einräumen kann und will. Ob dabei allerdings Kampfsportarten im Dienst sozialpägogischer Maßnahmen zur Gewaltprävention oder

Befriedung gewaltbereiter, -faszinierter Jungen der richtige Weg sind, ist heute noch sehr umstritten (GOLDNER 1991; WOLTERS 1992) und bedarf noch genauerer Untersuchungen.

Mit der hier propagierten Sportarbeit kann ein Gegenentwurf zur bewegungsarmen Lebenswelt der Jugendlichen, zur fehlenden bewegungsbezogenen Infrastruktur geschaffen werden. Darüber hinaus ermöglicht sie Kompensation für Spannungsarmut, sie kann einen Gegenentwurf zur Marginalisierung der Mädchen darstellen (BECKER/SCHIRP 1986). ROSE (1993, 6) weist dabei zusätzlich darauf hin, dass, solange Mädchen und Frauen durch männliche Gewalthandlungen bedroht sind, die Ausbildung von kämpferischen Kompetenzen als eine unerlässliche Überlebensstrategie gesehen werden muss.

Die bewegungsbezogene Jugendarbeit lässt sich somit inhaltlich wie folgt begründen und rechtfertigen (BECKER/SCHIRP 1986,9) als:

- Gegenentwurf zur bewegungsarmen Lebenswelt der Jugendlichen zur fehlenden bewegungsbezogenen Infrastruktur

- Kompensationsmöglichkeit für Spannungsarmut resp. für spannungsgeladenes Risikoverhalten

- Schaffung von Räumen und Gelegenheiten für Erfahrungen zur positiven Identitätsfindung

- Gegenentwurf zur Marginalisierung der Mädchen

Daraus folgt als inhaltliche Gestaltung der Sportarbeit:

1. Orientierung am didaktischen Prinzip „Denken und Machen"

2. Orientierung an Bewegungsstrukturen, die die Erfahrung von Abenteuer und Risikoerlebnissen ermöglichen

3. Orientierungen an Bewegungstraditionen und -formen, die eine Spielintegration der Mädchen ermöglichen

Bezüglich der Abenteuerpädagogik als auch der sport-/und körperbezogenen Jugendarbeit, scheint es mir im Kontext der Gewaltprävention wichtig, dass wir unsere Aktivitäten nicht auf die „Randgruppen", die gewaltbereiten Jugendlichen, fokussieren. Ohne diese Jugendlichen auszugrenzen: Es gilt vor allem und in erster Linie durch entsprechende Angebote der Jugendarbeit Jugendliche davon abzuhalten, in die gewaltbereiten Jugendszenen abzuleiten, hineinzuwachsen. Hier haben sportbezogene Jugendarbeit und Abenteuerpädagogik die größten Wirkungsmöglichkeiten.

Straßensport ein neues Tätigkeitsfeld aufsuchender Jugendarbeit und sozialarbeiterischer Ambitionen der Sportvereine

In ihrem Gutachten über Aufenthaltsmöglichkeiten für Jugendliche in Hannover-Vahrenheide Südost greifen die Autoren diese Gedanken auf und setzen sie fruchtbar in konkrete Vorschläge um:

„Da Jugendliche die traditionellen, institutionalisierten Angebote nur wenig annehmen, Vereine Nachwuchsmangel haben, andererseits Jugendliche aber wirkliche Herausforderungen und Selbsterfahrung wie die Erprobung körperlicher Kräfte benötigen, sind Vereine aufgerufen, neue Ansätze auszuprobieren. Sie müssen dabei auf die Jugendlichen zugehen und neben festen Stunden, konventionellen Sportarten und mehr oder weniger geschlossenen Gruppen nichtkommerzielle, wenig organisierte, nicht pädagogische und locker betreute Angebote machen. Die räumlichen Angebote können neben einer intensiveren Nutzung der bestehenden Turn- und Sporthallen der Schule auf bestehende oder im Zuge der Freiraumverbesserung neu anzulegende Spiel- und Sportplätze übergreifen (...) Vorstellbar wäre auch ein zeitlich begrenztes Angebot, z.B. Spiel und Sport in einem großen (Bundeswehr-)Zelt, das für die Dauer verregneter Sommerferien im Grünzug aufgestellt wird. Die Vereins- und Gruppenzugehörigkeit sollte für die, die sich zu einer Mitgliedschaft nicht entscheiden wollen, nicht zwingend sein. Denkbar wäre die Bekanntgabe einer bestimmten Sportstunde in einer Halle oder die bloße Anwesenheit eines Betreuers auf einem Bolzplatz.

Betreuer von Sportvereinen können werbend und anregend dort hingehen, wo Jugendliche sich aufhalten (...), dort formlose Spiel- und Sportgruppen zusammenstellen und mit ihnen in die Schulhallen, auf Freiplätze oder in eine Schwimmhalle gehen. (...)

Es wäre ein Konzept zu entwickeln, in Zusammenarbeit mit Sportvereinen, eine offene Jugendarbeit im Bereich Sport anzubieten, z.B. um mit Schnupperangeboten vereinsmüde Jugendliche zu neuen Formen zu verlocken" (v. Seggern / Erler 1988, 85f.) .

Bereits 1980 hat Sack (1980, 334f.) darauf hingewiesen, dass es zwar erforderlich ist, Konzepte der offenen Jugendarbeit auch im Sportverein zu erproben (durchaus in Zusammenarbeit mit kommunalen Freizeiteinrichtungen und außersportlichen Jugendverbänden), dass der Sportverein sich aber auch öffnen muss in die Wohnviertel, dorthin, wo sich die Jugendlichen aufhalten, um dort mehr und von den Anlagen her anspruchslose Gelegenheiten zum Sporttreiben für die Jugendlichen, die dort wohnen, zu bieten. Im Interesse einer präventiven strukturellen Maßnahme zur Bekämpfung, Verhinderung der Gewalt ist darüber hinaus eine quartier-, straßenbezogene Sport- und Jugendarbeit dringend geboten, sind Spiel-, Sport- und Freizeitanlagen, Frei- und Streifräume in unmittelbarer Nähe des jeweiligen Wohnquartiers der

Jugendlichen das Gebot der Stunde. Dies umso mehr, als vor allem Jugendliche aus unteren sozialen Schichten eine sehr stark quartierbezogene Orientierung zeigen. Schon geringere Entfernungen sind ein Hinderungsgrund für die Nutzung von Sport- und Freizeitanlagen:

„Der soziale Rahmen des Wohnbezirks bildet demnach in den unteren Sozialschichten eine bedeutsame Begrenzung außerhäuslicher Sozialkontakte und erhält dadurch ein besonderes Gewicht. Darauf dürfte zum Teil die generell niedrigere Mitgliedschaft der unteren sozialen Schichten in freiwilligen Organisationen und speziell in Sportvereinen zurückzuführen sein" (WEISSHAUPT 1982, 79).

Dies hat – wie FUHRMANN (1991, 146) zeigt – seine Ursache in der traditionellen Arbeiterkindheit im 19. Jahrhundert, die meist gleichbedeutend mit „Straßenkindheit" war. Straßen und Hinterhöfe waren die bevorzugten Aufenthaltsräume des Kindes in den Arbeiterwohnquartieren. In den überfüllten, dumpfen Wohnungen, in denen auf engstem Raum gekocht, gegessen, gewaschen und geschlafen wurde, gab es keine Gelegenheit zum Spielen und Toben. Arbeiterkinder entwickelten so zu „ihrer" Straße, d.h. zu der Straße, in der sie wohnten und spielte eine sehr enge Bindung. Sie stellte eine Art Heimat dar. Die starke Identifikation mit der unmittelbaren Wohnumgebung führte dabei häufig zu regelrechten „Bandenkriegen", in denen Kindergruppen das „eigene" Viertel oder die „eigene" Straße gegen Außenstehende „verteidigten". Die stark ausgeprägte Fixierung auf das „eigene" Wohnquartier, auf die „eigene" Straße, den „eigenen" Stadtteil, machen denn auch dringend ein Umdenken erforderlich bezüglich der wachsenden Bereitschaft von und Bürgern, aus Gründen der Lärmbelästigung gegen wohnnahe Sport- und Freizeitanlagen zu klagen. Zu Recht erwartet BÜCHNER (1990) von der Sportministerkonferenz eine deutliche Kritik bzw. Initiative gegen die technokratischen Regelungen der Bundesregierung zum Sportstätten-Lärmschutz, durch die der Bestand vieler wohnortnaher Sportplätze gefährdet ist.

„Die Politik hätte gänzlich versagt, wenn man einerseits nicht mehr mit den Jugendlichen spricht und ihren Aggressionen nur noch mit stärkeren Polizeiaufgeboten entgegentritt, ihnen aber gleichzeitig noch ein Drittel der Sportstätten in den Ballungsgebieten wegnimmt. Mit der wilhelminischen Parole 'Ruhe ist die erste Bürgerpflicht' ist dem Sport nicht geholfen!"

Bewegungsbezogene Jugendarbeit als politische Einmischung zur Schaffung und Erhaltung von Bewegungsräumen und -angeboten

„Im Grunde gibt es nur eine richtige Erziehung (Pädagogik) – das Aufwachsen in einer Welt, in der zu leben sich lohnt. Unsere gesteigerte Sorge um die Probleme der Erziehung (Jugend) bedeutet in der Tat, dass die Erwachsenen eine solche Welt nicht haben ... Ich

setze voraus, dass die Jugend wirklich eine Welt braucht, in der zu leben sich lohnt, damit sie überhaupt aufwachsen kann; und diesem echten Bedürfnis stelle ich eine Welt gegenüber, die sie vorgefunden hat. Daran liegt die Ursache (!) ihrer Probleme" (GOODMAN, hier zitiert nach GRIESE 1983, 54).

Die von vielen geforderte Präventivarbeit bedeutet auch (und vor allem?) Aufklärung über Ursachen und Bedingungen auffälligen Verhaltens Jugendlicher, sich stark machen für strukturelle Änderungen, für humanere Lebensbedingungen; Auseinandersetzung mit den politischen Entscheidungsgremien, mit den verantwortlichen gesellschaftlichen Institutionen. Jugendarbeit heißt zumindestens auch, ja wenn nicht in erster Linie, Institutionenarbeit, politische Einflussnahme. Im ACHTEN JUGENDBERICHT DER BUNDESREGIERUNG wird entsprechend politische Einmischung als unverzichtbares Element einer erfolgversprechenden Jugendhilfe angesehen. Erfolgreiche Einmischung einer lebensweltorientierten Jugendhilfe setzt dabei voraus, dass sich die Jugendarbeit nicht von vornherein nur auf das angeblich Machbare beschränkt und Interessenkonflikte gar nicht erst thematisiert. Sie muss versuchen, sich im Rahmen einer örtlichen Gesellschaftspolitik offensiv in die Gestaltung lokaler Lebensbedingungen einzuschalten. Dies bedarf aber auch landes- und bundespolitischer Entsprechungen! (ACHTER JUGENDBERICHT DER BUNDESREGIERUNG 1990, 199-200)

„Wer von Pädagogik redet, darf von Politik nicht schweigen" (SILLER 1991). Alternative Erfahrungen zu Gewalt sind solange sozial folgenlos, wie es den Sozialarbeitern nicht gelingt, sich politisch, jugendpolitisch einzumischen. „Pädagogische und politische Arbeit enger miteinander zu verzahnen, bleibt ein Desiderat von Theorie und Praxis" (SILLER 1991).
Nehmen wir die Politiker ernst, klagen wir ihre Forderungen ein, so, wenn im Ergebnisprotokoll der Sportministerkonferenz vom 5. November 1993 zu lesen steht:

„Heute leidet ein zunehmender Teil von Jugendlichen unter Frustration im Lebensalltag, Erlebnisarmut und Arbeitslosigkeit. Es fehlen ihnen auch soziale Bindungen sowie Wert- und Zukunftsorientierungen. Die Bedürfnisse der Jugendlichen nach Solidarität, Anerkennung, Mitgestaltung, körperlicher Bewegung, Erlebnis und Spannung werden nur unzureichend erfüllt.

Die Sportminister der Länder vertreten deshalb die Auffassung, dass die junge Generation stärker als bisher in die Gestaltung unserer Lebenswelt aktiv einbezogen und ihr möglichst viele Chancen und Räume für kreatives, selbst organisiertes Handeln gegeben werden muss, um ihre soziale Handlungskompetenz zu fördern."

In diesem Kontext ist der Forderungskatalog der Sportministerkonferenz (vom 6./7.6.1991) zu Sport und Sicherheit interessant (siehe Anhang, S. 56).

Einige abschließende kritische Anmerkungen zur sozial-pädagogischen Bearbeitung von „Jugendproblemen"

Bei aller Euphorie bezüglich der Chancen und Möglichkeiten der Jugendarbeit darf nicht vergessen werden, dass solange die strukturellen Bedingungen auffälligen Verhaltens Jugendlicher nicht beseitigt werden, pädagogische und sozialarbeiterische Konzepte nur bedingt greifen. Solange auf dieser Ebene struktureller Maßnahmen keine entscheidenden Veränderungen vorgenommen werden, sind die Möglichkeiten zur Eindämmung auffälliger Verhaltensmuster Jugendlicher begrenzt. Solange muss die Gesellschaft – und dies mag vielen sehr weh tun – für diese auffälligen Formen jugendlicher Identitätssuche bis zu einem gewissen Grad Toleranz aufbringen.

Jugendarbeit kann nicht die Ursachen spezifischer Sozialisationsvorgänge und sozialer Widersprüche aufbrechen, körper- und bewegungsbezogene Jugendarbeit löst keine strukturbedingten Konflikte. Sie hat aber sehr wohl Potentiale, die die Chancen der Lebensbewältigung verbessern helfen (vgl. HEYE 1987) und kann in „sozialhygienischer" Absicht vorhandene Bedürfnisse befriedigen und auffällige Verhaltensweisen verarbeiten.

„Damit werden aber nicht die Strukturen tangiert, die am Zustandekommen von Verhaltensweisen beteiligt sind. Da diese in funktionalem Verhältnis zu Strukturen stehen und nicht in der freien Entscheidbarkeit der Individuen, besteht bei fehlenden sozialpolitischen Strukturmaßnahmen die Gefahr, dass die entsprechenden Verhaltensweisen sich stets neu entwickeln. Sozialarbeit würde damit zu einer Dauereinrichtung sozialen Krisenmanagements bzw. zu einer Technik der ständigen Enttäuschungsabwicklung" (BECKER/SCHIRP 1986, 23).

So besehen wundert es auch nicht, dass vermehrt kritische und warnende Stimmen zu hören sind, die vor einer wachsenden Pädagogisierung, Therapeutisierung, Kolonialisierung und Entmündigung durch Experten (GRIESE 1983, 1994) warnen. Diese „Entmündigung durch Experten" ist dabei umso problematischer, als der Einsatz dieser Experten, das Ergreifen (sozial-)pädagogischer Maßnahmen, Gefahr läuft, dazu beizutragen, dass die eigentlichen Ursachen nicht aufgedeckt, geschweige denn überhaupt beseitigt werden. Der Schlüssel liegt weniger im Bereich (sozial-) pädagogischer Maßnahmen als vielmehr in der Beseitigung gesellschaftlicher Unzulänglichkeiten, struktureller Gewalt, in der Arbeit an einer lebenswerten, sinnstiftenden Gesellschaft, einer Gesellschaft, die den Jugendlichen die Chance zur Selbst-, zur Identitätsfindung und Selbstverwirklichung gibt, ihnen wieder Lebens- und Zukunftsperspektiven eröffnet. Nur so kann langfristig ein durchschlagender Erfolg erzielt werden. Andererseits können und dürfen wir nicht warten, bis sich die gesellschaftlichen Bedingungen für die Jugendlichen gebessert haben. Es gilt hier und jetzt zu handeln, d.h. pädagogische, sozialpädagogische Maßnahmen zu ergreifen. Dabei muss vermieden werden,

„ ... über die Betonung kompensatorischer Programme sich an der Schuldzuschreibung und Stigmatisierung Jugendlicher zu beteiligen. Vielmehr geht es darum und kann es nur darum gehen, über emanzipatorische Lernprozesse gemeinsam mit den Jugendlichen Ursachen und Zusammenhänge ihrer Situation zu erarbeiten und Handlungsstrategien zu erarbeiten" (KLAWE 1983, 148).

Sozialpädagogik, Jugendarbeit als Reparaturwerkstatt gesellschaftlicher Versäumnisse und Unzulänglichkeiten, dies ist eine wenig befriedigende Vision. Die Jugendarbeit darf nicht zu einer Sozialhilfe degenerieren, in der es vorrangig nicht mehr um emanzipatorische Lernprozesse, sondern um kompensatorische Maßnahmen geht, die die Folgen des Herausfallens vieler Jugendlicher, die durch Arbeitslosigkeit und Desintegration gefährdet sind, auffangen sollen.

Die bewegungsbezogene Jugendarbeit muss sich entsprechend daran messen lassen, wie es ihr gelingt, durch ihr sozial**pädagogisches** wie auch sozial**politisches** Engagement die Welt der Jugendlichen – und wenn auch nur ein wenig – lebenswerter zu machen. Und sollte sie in dieser Richtung etwas bewegen, dann hat sich das Engagement allemal gelohnt.

Dabei gilt es auch, die sozialen und persönlichen Schutzfaktoren herauszuarbeiten, die die negativen Wirkungen von lebensweltlichen Problemen abmildern oder gar aufheben können. Dies scheinen vor allem die gesellschaftlichen Institutionen zu sein, die jungen Menschen Halt, Geborgenheit, Möglichkeiten der Entfaltung geben und sichern, die die vielen alltäglichen psychosozialen Belastungen quasi abfedern und damit für viele junge Menschen erträglich und verarbeitbar machen. Dies können ein intaktes Familienleben, eine verschworene Klassengemeinschaft, ein aktives Vereinsleben bis hin zu den vielfältigen gewaltfreien Jugendkulturen und Cliquen sein. Gerade diesbezüglich gewinnt die Abenteuerpädagogik und bewegungsbezogene Jugendarbeit zunehmend an Bedeutung. KOLIP (1993) hat mit ihrer Arbeit eindrucksvoll auf die Bedeutung von Freundschaften im Jugendalter für die Bewältigung lebensweltlicher Problemlagen hingewiesen. Wenn junge Menschen mit ihren Alltags- und Lebensweltproblemen aufgefangen werden, wenn sie emotionalen Halt finden, können sie ihre Probleme verarbeiten. Geborgenheit, Zuneigung, das Gefühl aufgehoben zu sein, ernst genommen und akzeptiert zu werden, etwas leisten zu können und zu dürfen, diese Erfahrungen, die im besonderen Maße durch Abenteuerpädagogik und bewegungsbezogene Jugendarbeit ermöglicht werden, sind für die konstruktive Verarbeitung lebensweltlicher Probleme äußerst wichtig. So weist auch KEUPP (siehe NUBER 1993, 24) auf die große Bedeutung sozialer Netzwerke hin, in denen die Gefahren der 'Risikogesellschaft' wahrgenommen und verarbeitet werden. Allerdings zeichnet KEUPP auch ein sehr pessimistisches Bild bezüglich der Frage, ob soziale Netzwerke dem „Ich-Kult in unserer Gesellschaft" und den damit verbundenen Problemen tatsächlich umfassend gegensteuern können. Dies nicht zuletzt auch deshalb, weil die Chancen, solche sozialen Netzwerke aufzubauen, sehr stark vom sozialen Status der betreffenden Menschen abhängen.

„Gerade die weniger Privilegierten wären auf solidarische Netze angewiesen und benötigen dazu sozialpolitische Unterstützung. Doch Selbsthilfegruppen und Initiativen in diesem Bereich sind im Rahmen des Solidarpakts von Kürzungen bedroht. Für Heiner Keupp ist das das absurdeste Beispiel für eine paradoxe Intervention" (NUBER 1993,24).

Für die Zukunft wird es deshalb sehr darauf ankommen, dass ein festes Netzwerk der (bewegungsorientierten) Jugend(sozial)arbeit errichtet wird. Daraus folgt: Nicht am, nicht im, sondern m i t dem Sport sparen.

Literatur

BECKER, P./HARTMANN, G.: Der Angriff auf den bürgerlichen Tugendpanzer. In: Olympische Jugend 1989,10, 8-9.

Becker, P./Schirp, H.: Bewegungs- und sportorientierte Sozialarbeit mit Jugendlichen. Marburg 1986.

BÜCHNER, P.: Ruhe ist erste Bürgerpflicht – Sport und Gewalt – versagt die Politik? Statement zur Sportministerkonferenz der Länder am 22./23. 11.1990.

BUTT, D.S.: Psychological Motivation in Sport. In: MCGLYNN, G. (Ed.). Issues in Physical Education and Sports. Palo Alto 1974, 23-24.

CSIKSZENTMIHALYI, M.: Das flow-Erlebnis. Jenseits von Angst und Langeweile: Im Tun aufgehen. Stuttgart 1985.

ECKERT, R.: „...so sollen sie mich fürchten". Über aggressive Gruppen Jugendlicher. Trier 1992 (Manuskript).

EICHERBERG; H.: Leistungsräume – Sport als Umweltproblem. Münster 1988.

ELIAS,N.: Über den Prozess der Zivilisation. Frankfurt 1977, 2 Bde.

FUHRMANN, S.: Die Straße ist kein Spielplatz. Zur Entwicklung des kindlichen Lebensraumes im Hannover der Weimarer Republik. In: Hannoversche Geschichtsblätter Band 45, Hannover 1991, 145-159.

FRISÉ, A. (Hrsg.): Robert Musil. Gesammelte Werke. Prosa und Stücke. Kleine Prosa: Aphorismen. Autobiographisches. Reinbek 1983.

GOLDNER, C.G.: Fernöstliche Kampfkunst. Zur Psychologie der Gewalt im Sport. München 1991.

GRIESE, H: Problem Jugendlicher oder 'Jugend als Problem' – Thesen zur Vermittlung von Jugendtheorie und Theorie sozialer Probleme. In: BRUSTEN, P./MALINOWSKI, P. (Hrsg.): Jugend – ein soziales Problem? Opladen 1983, 2-16.

GRIESE, H.: Wider die Re-Pädagogisierung in der Jugendarbeit. Eine soziologisch-provokative Außenperspektive und Kritik. In: deutsche jugend 1994, 7-8, 310-317.

GROOS, K.: Das Spiel des Menschen. Jena 1899; zitiert nach FUHRMANN, S. a.a.o; S. 147.

HEYE, W.: Jugendliche zu ihrer Lebenssituation und Perspektiven für die Jugendarbeit vor dem Hintergrund sozialen Wandels. In: BEZIRKSREGIERUNG HANNOVER (Ed.): Fachdienst Jugendarbeit Nr.1. Hannover 1987, 50-91.

KEIM, D.: Stadtstruktur und alltägliche Gewalt. Frankfurt 1981.

KERNER, H.J. u.a.: Ursachen, Prävention und Kontrolle von Gewalt aus kriminologischer Sicht. In: SCHWIND, H.-D./BAUMANN, J. u.a. (Hrsg.): Ursachen, Prävention und Kontrolle von Gewalt. Berlin. 1990,II, 415-606.

KEUPP, H.: Diskussionsbeitrag in: „Blut und Spiele – Gewalt rund um Stadion". Bayerisches Fernsehen (Bayer III), 20.7.1989, 20:00-21:00 Uhr.

KLAWE, W.: Anpassen, aussteigen –oder was sonst? Zur gegenwärtigen Lebenssituation Jugendlicher und notwendigen pädagogischen Konsequenzen. In: BRUSTEN/MALINOWSI (Eds.): Jugend – ein soziales Problem? Opladen 1983, 136-153.

KLEFF, M. (Red.): Jugendprotest im demokratischen Staat. Bonn 1983.

KOLIP, P.: Freundschaften Jugendlicher. Der Beitrag sozialer Netzwerke zur Problembewältigung. Weinheim und München 1993.

KRAFELD; F.J.: Eskalation der Gewalt gegen Ausländer – und was tun? In: deutsche jugend 11, 1992, 500-503.

KURZ, D.: Freizeitsport und gesellschaftlicher Wandel. In: Magglingen 1986, 3,1-3.

NEGT, O.: Kindheit und Kinder-Öffentlichkeit. In: Neue Rundschau 1983, Nr. 3, 41ff.

NUBER, U. Das Ende des ICH-Kults? In: psychologie heute 1993, 6, 20-24.

PAWELKE; R./LIEFLÄNDER, I.: „Der 'Goldene Plan' der Traumfabrik-Pädagogik". In:Leibesübungen, Leibeserziehung 1995, 4, 26-27.

PAWELKE, R.: Die Neue Sportkultur der Traumfabrik. In: pro jugend 1996, 4, 24-27.

PILZ, G.A.: Gewalt von, unter und an Kindern und Jugendlichen – eine sozialhistorische Betrachtung der Gewaltproblematik in unserer Gesellschaft. Dortmund 1989.

PILZ, G.A.: Lebenswelt und Interessen von Jugendlichen und Fußballfans. Folgerungen für die Angebote der (sportlichen) Jugendarbeit und den Sportunterricht /Schulsport. Dortmund 1990.

PILZ, G.A.: Plädoyer für eine sportbezogene Jugendsozialarbeit. In: Deutsche Jugend 1991, 4, 334-343.

PILZ, G.A.: Fußballfans und Hooligans in Hannover. Struktur, Wandlungen, Ursachen, Bedingungen und sozialpädagogische Erreichbarkeit der Fußballfan- und Hooliganszene. Hannover 1992.

PILZ, G.A.: Jugend, Gewalt und Rechtsextremismus. Möglichkeiten und Notwendigkeiten politischen, polizeilichen, (sozial-) pädagogischen und individuellen Handelns. Münster 1994.

ROSE, L.: Jugend und Gewalt. In: Olympische Jugend. 1993,1, 4-6.

SACK, H.G. (red.): Die Fluktuation Jugendlicher in Sportvereinen. Frankfurt 1980.

SCHWIND, H.-D,/BAUMANN, J. u.a. (Hrsg.): Ursachen, Prävention und Kontrolle von Gewalt. Berlin 1990, Bde I-IV.

SILLER, G.: Junge Frauen und Rechtsextremismus. Zum Zusammenhang von weiblicher Lebenserfahrung und rechtsextremistischem Gedankengut. In: deutsche jugend 1991, 23-24.

5. SPORTMINISTERKONFERENZ: Ergebnisniederschrift 5. (17) 4./5. November 1993 in Berlin. Top 7: Nationales Konzept Sport und Sicherheit. vervielf. Protokoll. Berlin 1993.

THIEMANN, F.: Kinder in den Städten. Frankfurt 1988.

VON SEGGERN, H,/ERLER,U.: Aufenthaltsmöglichkeiten für Jugendliche in Hannover Vahrenheide-Südost. Hamburg 1988

WEISSHAUPT, H.: Sport und Lebensraum – Überlegungen zu einem ökologischen Verständnis der Sportsozialisation. In: BECKER P. (Hrsg.): Sport und Sozialisation. Reinbek 1982, 67-82.

WILLEMS, H.: Fremdenfeindliche Gewalt. Einstellungen, Täter, Konflikteskalation. Opladen 1993.

WOLTERS, J.-M.: Kampfkunst als Therapie. Frankfurt 1992.

Anhang

Auszug aus der einstimmig verabschiedeten Resolution der Sportministerkonferenz (vom 6./7.6.1991) zu Sport und Sicherheit

Aus der Sicht der Sportminister und -senatoren der Länder sind in erster Linie die Rahmenbedingungen jugendlicher Lebenswelten zu reflektieren und bei Lösungsansätzen zu berücksichtigen. Zu Recht wird dabei im 8. Jugendbericht und im Gewaltgutachten der Bundesregierung darauf hingewiesen, dass es durch politische Vorgaben, erzieherisch begleitende Maßnahmen und gezielte wirtschafts- und sozialpolitische Programme zusätzlich darauf ankommt, Probleme der Perspektivlosigkeit, der Sinn- und Identitätskrise, der Individualisierung und auch der Arbeitslosigkeit Jugendlicher zu bekämpfen.

Die Sportminister der Länder empfehlen, der Problematik von Ausschreitungen Jugendlicher im Rahmen von Sportveranstaltungen dreifach zu begegnen.

Der Prävention kommt bei allen Maßnahmen besondere Bedeutung zu.

1. Die sozialen Rahmenbedingungen für ein jugendgemäßes Leben in der Gesellschaft sind zu überdenken – falls erforderlich – zugunsten jugendlicher Interessen zu verändern. Dazu zählen mit längerfristiger Wirkung u.a.:

- Die Schaffung von ausreichenden Bewegungsräumen für jugendgemäße Freizeitgestaltung, insbesondere im urbanen Nahbereich, und Berücksichtigung dieser Aspekte in den einschlägigen Planungen der Städte und Gemeinden;
- die Forcierung eines familiengerechten, großzügig mit Bewegungs- und Spielräumen ausgestatteten Wohnungsbaues;
- die Schaffung von Spielstraßen in innerstädtischen Räumen;
- die Aufnahme bzw. verstärkte Berücksichtigung der Bewegungs- und Sporterziehung in die Ausbildungsordnungen für Erzieherinnen und Erzieher, Sozialarbeiterinnen und Sozialarbeiter sowie verwandter Berufe.

2. Die Möglichkeiten des Sports müssen genutzt werden, um integrativ auf jugendliche Randgruppen der Gesellschaft einzuwirken. Dazu gehören u.a.:

- Verstärktes und innovatives Erarbeiten und Verwirklichen von Angeboten durch Sportorganisationen und Sportvereine mit dem Ziel, jugendgemäßes Gemeinleben zu entwickeln;
- Stärkung, Ausbau und Unterstützung von speziellen Jugendprojekten (Fan-Projekten);
- Vernetzung von kommunaler Jugendarbeit und Sportangeboten örtlicher Sportvereine;
- mit den Sportfachverbänden (insbes. Fußball-Bund und Bundesliga-Vereinen) abgestimmte Entwicklung von besonderen Betreuungsangeboten für Jugendgruppen.

Christian Wopp

Sich-Bewegen auf Rollen und Rädern oder: Von der Faszination labiler Gleichgewichte

1. Die Philosophie des Rollens

Schon immer scheint es Menschen fasziniert zu haben, sich schneller fortzubewegen, als es durch das Laufen und Rennen
möglich war. So entstanden Kutschen,
Eisenbahnen, Autos, Flugzeuge. Leider
wurde jedoch das Erleben der Geschwindigkeit in diesen Fortbewegungsmitteln
zunehmend indirekter. Und je mehr die
Unmittelbarkeit verloren ging, umso intensiver wurde ganz offensichtlich das Verlangen, Fortbewegung und Geschwindigkeit
durch den eigenen Körper zu erzeugen
und an diesem zu erleben.

Daher verwundert es nicht, dass sich Rollschuhe, Rollbretter und Fahrräder über
Generationen und Moden hinweg einer
ungebrochenen Beliebtheit erfreuen.

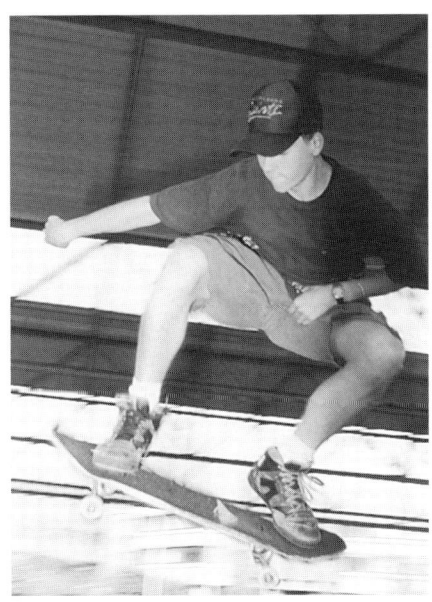

Foto 3.1

Allgemeines Lebensprinzip

Die Faszination dieser Geräte dürfte jedoch nicht alleine von den Möglichkeiten des Sich-
Fortbewegens ausgehen. Das Geheimnis der überdauernden Popularität der Rollgeräte
hängt mit jenen Erlebnissen zusammen, die durch die ständige Herausforderung an das
Gleichgewicht entstehen. Die Unmittelbarkeit des erlebten Einklangs von Schwerkraft, Zen-
trifugalkraft und Kraft bewegter Massen erinnert die Akteure daran, wie labil erreichte Sta-
bilitäten sein können. Um diese herzustellen, ist nicht Ruhe, sondern sind ständige
Anstrengungen erforderlich. Hierbei handelt es sich um ein Prinzip des alltäglichen
Lebens, das in den Rollaktivitäten versinnbildlicht wird.

Literaturtip:
Wenn Sie den Geheimnissen des Rollens auf die Spur kommen möchten, sollten Sie lesen:
SEMPÉ: Das Geheimnis des Fahrradhändlers. Aus dem Französischen von Patrick Süskind. Diogenes Verlag Zürich 1996.

Alltäglichkeit

Rollaktivitäten versinnbildlichen aber nicht nur ein alltägliches Lebensprinzip, sie verändern auch den Alltag. Rollgeräte sind unmittelbar und überwiegend schon vor der Haustür beginnend benutzbar. Kinder und Jugendliche haben es geschafft, mit ihren Rollaktivitäten – häufig gegen den Widerstand der Erwachsenen – Räume zurückzuerobern, die auf Grund ihrer Unwirtlichkeit für Spiel und Bewegung eigentlich schon verloren gegangen waren. Anstatt sich in spezialisierte Sonderräume abdrängen zu lassen, suchen sie jene Orte auf, in denen das Sehen und Gesehenwerden von zentraler Bedeutung sind.

Durch Rollaktivitäten werden alltägliche Räume zu Bewegungsräumen.

Neue Kultur des Sozialen

Durch die mit den Rollgeräten verbundenen Anforderungen an jeden einzelnen Akteur stehen zunächst einmal Prozesse individuellen Handelns im Mittelpunkt. Die modernen Rollgeräte scheinen damit die angeblich in der Gesellschaft bestehenden Trends zum Individualismus und Egoismus zu verstärken, die von Politikern und Pädagogen allseits beklagt werden. Zur Ausübung von Rollaktivitäten sind komplizierte Verabredungen ebenso wenig erforderlich wie das Eingehen sozialer Verpflichtungen.

Diese Feststellung bedeutet aber nicht, dass alle Rollaktivitäten ausschließlich individuell durchgeführt werden. Vielmehr finden vielfältige und spannende Prozesse des Suchens und Ausbalancierens einer neuen Ich- und Wir-Bezogenheit statt. Insbesondere die modernen Rollaktivitäten scheinen ein wichtiges Experimentierfeld für das Entstehen einer neuen „Kultur des Sozialen" zu sein. Diese wird sowohl in den Vermittlungs- und Aneignungsprozessen als auch in den Formen der Selbstorganisation sichtbar.

Ein wesentliches Erfolgsgeheimnis der modernen Rollgeräte dürfte darin liegen, dass eine neue „Kultur des Sozialen" erprobt werden kann, in der individuelles Handeln abseits sozialer Verpflichtungen ebenso möglich ist wie die freiwillige Gestaltung von Prozessen des gegenseitigen Helfens und gemeinsamen Organisierens.

Selbstbestimmte Vermittlungs- und Aneignungsprozesse

In vielen traditionellen Sportarten ist es üblich, dass ältere Aktive als Übungsleiter oder Trainer ihr Wissen an die Jüngeren weitergeben.

Bei den aktuellen Rollaktivitäten ist dieses nur noch bedingt möglich. In der Regel haben sich Kinder und Jugendliche die notwendigen Fähigkeiten, Kniffe und Tricks selbst beigebracht oder durch gegenseitiges Vor- und Nachmachen angeeignet.

> Rollaktivitäten bieten die Chance für ältere Lehrende und Übungsleiter, ihre traditionelle Rolle als Vermittler aufzugeben, um sich von Kindern und Jugendlichen etwas zeigen und beibringen zu lassen.

Selbstorganisation

Weiterhin ist zu beobachten, dass Kinder und Jugendliche ihre Rollaktivitäten in den meisten Fällen selbst organisieren. Dabei lehnen sie mehr oder weniger bewusst jene Strukturen ab, die sich traditionell im Sport gebildet haben. Es gibt keinen Vorsitzenden der Skater, keinen „Oberwart" für spezielle Tricks und Vorführungen.

Der Zusammenhalt zwischen den einzelnen Akteuren entsteht nicht durch das Organisieren gemeinsamer Wettkämpfe, sondern durch den freiwilligen Zusammenschluss auf Grund gleicher Einstellungen und eines annähernd gleichen Lebensgefühls. Die Fortbewegung auf Rollen ist häufig mehr als eine spielerisch-sportliche Aktivität. In vielen Fällen ist sie Ausdruck eines Lebensstils, zu dem auch bestimmte Kleidungen, Musikrichtungen, Treffpunkte, Freundesgruppen, Rituale usw. gehören. Es sind Szenen entstanden (Inline-Skate-Szene, Skateboard-Szene, BMX-Szene, Mountainbiker usw.).

> **Fazit:**
> Ein wesentliches Erfolgsgeheimnis der Attraktivität gegenwärtiger Rollaktivitäten dürfte darin liegen, dass sie mehr als nur Spiel- oder Sportformen sind. Sie sind Ausdruck jugendlicher Lebensstile.

2. Von der Vielfalt der Rollgeräte

Auffallend ist zunächst einmal die Vielfalt der Geräte, die ein Rollen unter Einsatz der eigenen Muskelkraft ermöglichen.

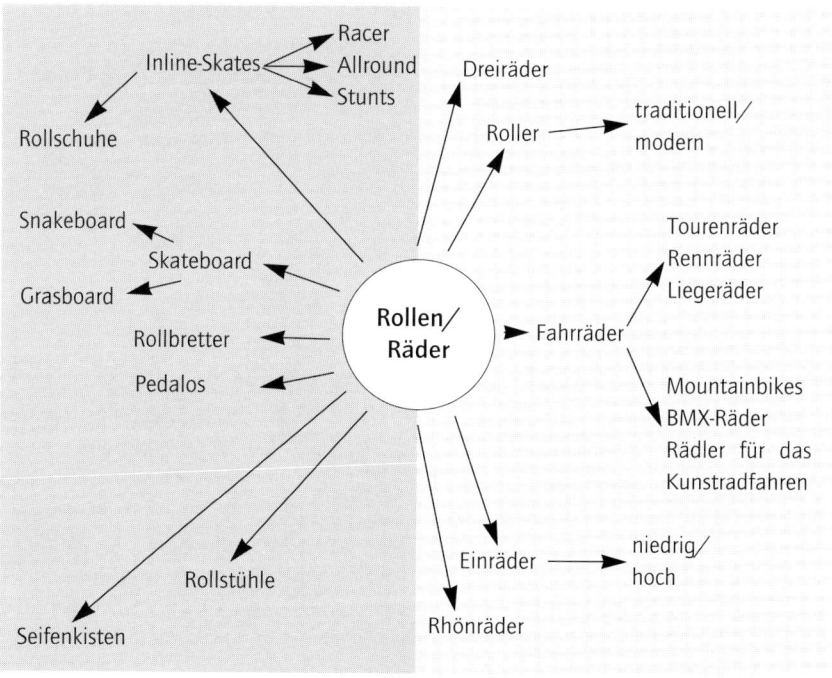

Abb. 3.1

Zu den Fortbewegungsgeräten auf Rädern gehören die
* Dreiräder
* Roller
* Fahrräder
* Einräder

Dreiräder waren früher die typischen Einstiegsgeräte für Kinder in das Erlebnis des Sich-Fortbewegens. Heute erfolgt der Einstieg vielfach über kleine Räder mit Stützhilfen. Auch die traditionellen Roller wurden sehr stark durch die Kinderräder verdrängt. In den zurückliegenden Jahren wurden moderne Roller konstruiert, die in nächster Zeit hinsichtlich der Popularität die Nachfolger der Inline-Skates werden sollen.

Bei den Fahrrädern hat es in den zurückliegenden Jahren eine erhebliche Ausdifferenzierung gegeben, die hier nur angedeutet werden kann. Die Nutzung der Fahrräder reicht vom alltäglichen Fortbewegungsmittel über das Fahren von Touren, Auf- und Abfahren von Bergen, Befahren von Rampen und Treppen bis hin zum Vorführen von Kunststücken. Entsprechend den unterschiedlichen Nutzungsschwerpunkten sind verschiedene Radtypen und Neukonstruktionen (z.B. Liegeräder) entstanden.

Aus den Rahmen fallen etwas die Einräder, die vor allem in Zirkusprojekten verwendet werden, wobei sich durch verschieden hohe Räder und Sattelstellungen der Schwierigkeitsgrad bei der Benutzung variieren lässt.

Bei den Fortbewegungen auf Rollen kann zwischen
• Rollschuhen
• Skateboards
• Rollbrettern
• Pedalos
unterschieden werden.

Bei den Rollschuhen haben Geräte mit parallel liegenden Rädern erheblich an Popularität eingebüßt. Einen Boom erleben hingegen die Inline-Skates mit ihren vier hintereinander gelegten Rädern, die spannendere Fahrerlebnisse eröffnen, als das auf den traditionellen Rollschuhen möglich ist. Bei den Inline-Skates gibt es Geräte, die entweder vielfältig genutzt werden können oder die nur spezialisiert z.B. zum Zurücklegen langer Strecken oder zum Befahren von Treppen und Rampen eingesetzt werden können.

Die Skateboards, die noch vor wenigen Jahren zur Standardausstattung vieler Jugendlicher gehörten, sind gegenwärtig von den Inline-Skates verdrängt worden. Die Snakeboards mit ihren beiden beweglichen Teilen sind eine Weiterentwicklung der Skateboards, haben es aber nicht geschafft, zu massenhaft verkauften Modegeräten zu werden. Zur Zeit wird mit Grasboards experimentiert, die eine Kombination aus Skateboards und Tretrollern sind.

Rollbretter ebenso wie Pedalos werden vorrangig im Vorschulbereich, Schulsport und in der Psychomotorik eingesetzt. Während die Rollbretter eine Fortbewegung in alle Richtungen ermöglichen, können Pedalos nur für Vorwärts- und Rückwärtsbewegungen genutzt werden.

Auch die Rhönräder sind ein spezielles, nur im Sportbereich verwendetes Gerät, das insbesondere bei Sportshows Begeisterungsstürme bei den Zuschauern hinsichtlich der Verwendungsmöglichkeiten und der damit verbundenen Ästhetik auslöst.

Eine Sonderstellung nehmen die Rollstühle ein, weil sie zunächst einmal ein notwendiges Hilfsmittel für Behinderte sind. Rennen mit Rollstühlen, Basketballspiele in diesen oder Tanzen von Rollstuhlfahrern mit anderen Aktiven belegen die vielseitigen Nutzungsmöglichkeiten dieses Hilfsmittels.

Zur Zeit völlig außer Mode geraten sind die Seifenkisten, obwohl es auch heute noch einige Clubs und Arbeitsgemeinschaften gibt, die diese Geräte bauen und dabei versuchen,
neueste Materialien zu verwenden. In der Wochenzeitung „Die Zeit" vom 4.10.1996 endet
ein Bericht über Inline-Skater damit, dass es in dieser Modesportart schon wieder die
ersten Aussteiger gibt, die ihre Schienen von den Skates abgebaut und unter selbst gebaute Seifenkisten montiert haben.

Bei einer historischen Betrachtung der Rollgeräte und Räder wird erkennbar, dass die
Popularität einzelner Geräte sehr starken Schwankungen unterlag. Für die Zukunft ist zu
erwarten, dass weitere Rollgeräte und Räder auf den Markt kommen werden.

> Für die Behandlung der Thematik des Sich-Fortbewegens auf Rollen und Rädern
> kann auf eine Vielzahl an Geräten zurückgegriffen werden.

3. Von der Vielfalt der Praxisformen und Sinnrichtungen

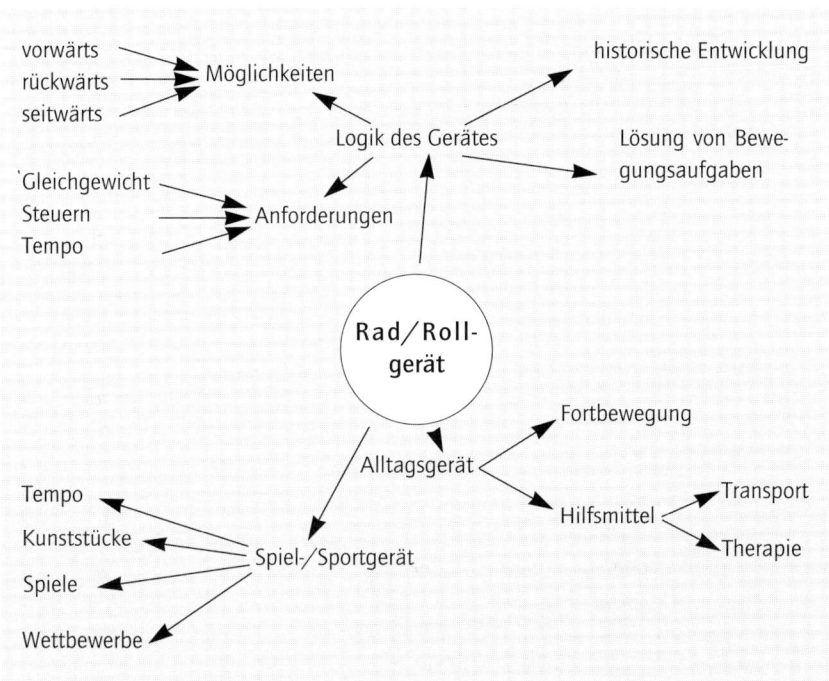

Abb. 3.2

Historisch betrachtet wurde jedes Gerät zur Lösung bestimmter (Bewegungs-) Anforderungen konstruiert. Z.B.:

• Rollbretter für die Psychomotorik,
• Einräder für Kunststücke im Zirkus und Varieté,
• Rollstühle für Behinderte,
• Montainbikes, um Berge auf- und abfahren zu können.

Jedes Gerät enthält zunächst einmal auf Grund der materiellen Beschaffenheit eine bestimmte Logik, durch die Möglichkeiten ebenso wie Anforderungen vorgegeben werden. So lässt ein Pedalo nur ein Fahren vorwärts und rückwärts zu. Während z.B. beim Rollstuhl das Fortbewegen und Steuern des Gerätes bedeutsam ist, steht beim Einrad das Gleichgewichtsproblem im Vordergrund.

Über diese, durch die Logik der Geräte festgelegten Herausforderungen hinausgehend bietet jedes Gerät eine Vielfalt an Handlungsmöglichkeiten. Es können Strecken zurückgelegt, Geschwindigkeiten erzeugt, Tricks geübt und vorgeführt, Spiele organisiert werden.

Welche der vielfältigen Handlungsmöglichkeiten mit den jeweiligen Rollgeräten ausgeführt werden, hängt aber nicht alleine von den Materialien, sondern vor allem von den Absichten der Akteure ab. So lassen sich zunächst einmal zwei große Sinnrichtungen unterscheiden, die bei der Benutzung der Rollgeräte bedeutsam sind:

1. Alltägliches Fortbewegungsmittel
Viele Geräte (Fahrräder, Inline-Skates, Rollstühle) sind zunächst einmal alltägliche Fortbewegungsmittel, andere Geräte (z.B. Rollbretter) können als Hilfsmittel (z.B. beim Transport, in der Therapie) benutzt werden.

2. Spielerisch-sportliches Fortbewegungsmittel
Alle Rollgeräte können zusätzlich als Spiel- und Sportgeräte genutzt werden, wodurch alltägliche und sportliche Nutzung miteinander verschmelzen (z.B. kann die tägliche Fahrt auf dem Fahrrad zur Schule auch als Fitnesstraining genutzt werden).

> Die Möglichkeiten, Rollgeräte sowohl als alltägliche Fortbewegungsmittel als auch für Spiel und Sport nutzen zu können, dürfte ein wesentlicher Grund für die Popularität dieser Geräte sein.

Bei der spielerisch-sportlichen Nutzung der Rollgeräte lassen sich folgende Sinnrichtungen unterscheiden:

1.   Tempo erzeugen
2.   Kunststücke ausführen
3.   Spiele auf den Geräten
4.   Wettbewerbe durchführen.

Wettbewerbe sind in der Regel relativ unbedeutend, da die einzelnen Geräte und die damit verbundenen Anforderungen und Bewegungsmöglichkeiten für sich so hohe Herausforderungen bieten, dass messbare Vergleiche nicht erforderlich sind.

Historisch betrachtet haben sich nahezu alle Formen des Rollens außerhalb des Wettkampfsystems Sports entwickelt. Im Vordergrund standen und stehen Bewegungskunststücke, die zunächst einmal für die Akteure selbst eine Herausforderung darstellen und die anderen Menschen gezeigt werden.

4. Rollaktivitäten in Schulen und Vereinen?

Zunächst einmal gibt es auch gute Argumente, Rollaktivitäten nicht in Angebote der Schulen und Vereine zu integrieren.

Straßenkultur
Mit Ausnahme der Rollbretter und Pedalos handelt es sich bei allen Rollaktivitäten um Teile der Straßenkultur. Institutionen wie Schulen und Vereine sind jedoch keine Einrichtungen der Straßenkultur. Vielmehr wurden sie – historisch betrachtet – eingerichtet, um Kinder und Jugendliche von der Straße zu holen.

Ablehnung traditionellen Sportverständnisses
Viele Rollaktivitäten sind auch eine indirekte Kritik am traditionellen Sport. Wenn von Schulen und Vereinen Rollaktivitäten mit den traditionellen Mustern des Sports (Wettbewerb, Training) übernommen werden, ist vorherzusehen, dass diese Bemühungen nicht nur erfolglos sein werden, sondern auch zerstörerisch sein können.

Jugendkultureller Lebensstil
Moderne Rollaktivitäten sind Teil jugendkultureller Lebensstile. Kinder und Jugendliche entwickeln in diesen – teilweise bewusst in Abgrenzung zur Welt der Erwachsenen – ihre Identität. Daher ist es durchaus problematisch, wenn Erwachsene versuchen, sich an modische Strömungen anzuhängen, um dadurch bei Kindern und Jugendlichen Akzeptanz zu erzielen.

Es gibt aber auch gute Argumente **dafür**, Rollaktivitäten in Angebote der Schulen und Vereine aufzunehmen.

Aktuelle Popularität von Rollgeräten

Unübersehbar ist die Beliebtheit von Inline-Skates, Skateboards, BMX-Rädern, Rennrädern usw. bei Kindern und Jugendlichen. Schulen und Vereine haben auch die Verpflichtung, sich mit aktuellen Trends auseinander zu setzen.

Ausgleichen von Defiziten

Nicht alle Kinder und Jugendliche haben Möglichkeiten, aktuelle Rollgeräte zu besitzen. Genauso wie Schulen und Vereine in ihren Angeboten Sportgeräte und Sportstätten zur Verfügung stellen, um Sport für alle zu ermöglichen, sollten dazu auch Rollgeräte und entsprechende Räume gehören.

Handlungsfähigkeiten vermitteln

Inline-Skates, Skateboards, BMX-Räder usw. werden nicht problemlos von allen Kindern beherrscht. Auffallend ist, dass diese Geräte vor allem von Jungen genutzt werden und Mädchen unterrepräsentiert sind. Schulen und Vereine sollten Möglichkeiten zur Aneignung notwendiger Fertigkeiten bieten, damit alle Kinder und Jugendlichen die Faszination der Rollaktivitäten erleben können.

Handlungsmöglichkeiten aufzeigen

Viele Kinder und Jugendliche beherrschen auf ihrem Rollgerät besondere Kunstfertigkeiten, was einerseits genutzt werden kann, um diese Fertigkeiten anderen zu zeigen und zu vermitteln. Andererseits kann durch die ständige Reproduktion der einzelnen Kunststücke der Blick auf die vielfältigen Verwendungsmöglichkeiten des Rollgerätes verstellt werden. Daher sollte die Vielfalt der im Gerät enthaltenen Nutzungsmöglichkeiten, Spiel- und Bewegungsformen erlebbar gemacht werden.

Handlungsvielfalt eröffnen

Oben wurde dargestellt, wie vielfältig das Thema des Sich-Fortbewegens auf Rollen und Rädern ist. Insbesondere Schulen und Vereine sind in der Lage, Übergänge zu anderen Rollaktivitäten zu eröffnen (z.B. durch Raumarrangements, neue Materialien usw.), um Gemeinsamkeiten ebenso wie Besonderheiten und Möglichkeiten der verschiedenen Rollgeräte erleben zu lassen.

Aus diesen Überlegungen lassen sich folgende Konsequenzen ziehen:

a) Freiräume schaffen

Durch Rollaktivitäten haben sich Kinder und Jugendlich (Frei-)-Räume erobert und geschaffen. Absicht der sportlichen Jugendarbeit sollte es sein, diese Prozesse des Eroberns und Ausgestaltens zu unterstützen.

Aufgabe der sportlichen Kinder- und Jugendarbeit ist es, Freiräume zu schaffen, in denen Kinder und Jugendliche selbstbestimmt ihre Rollaktivitäten ausüben können.

Der Begriff des Freiraumes bezieht sich sowohl auf
- die Bereitstellung von Räumen als auch auf
- das Ermöglichen von selbst gestalteten sozialen Prozessen in diesen Räumen.

b) Echte Hilfen anbieten
Wenn sich Kinder und Jugendliche nachmittags auf Plätzen und an Treppenaufgängen treffen, dann muss dies nicht von Erwachsenen organisiert werden.

Wenn Kinder und Jugendliche jedoch in den Wintermonaten bei schlechtem Wetter keine Möglichkeiten haben, sich zur Ausübung ihrer Aktivitäten zu treffen, dann sind Hilfestellungen sinnvoll.

Wenn sich Kinder und Jugendliche Grundfertigkeiten und Tricks gegenseitig beibringen, dann muss dieses nicht durch eine Inline-Skate-Schule organisiert und durch entsprechende methodische Reihen strukturiert werden.

Wenn jedoch Kinder und Jugendliche Schwierigkeiten beim Beherrschen der Rollgeräte haben, dann sollten zumindest punktuell und zeitlich begrenzt Hilfen bei der Aneignung von Fertigkeiten geboten werden.

Schulen und Sportvereine sollten nur dann Rollaktivitäten organisieren, wenn dadurch für Kinder und Jugendliche echte Hilfen angeboten werden.

c) Pädagogisch handeln
Freiräume in der sportlichen Jugendarbeit zu schaffen, bedeutet nicht, dass sich Erwachsene neutral oder lediglich beobachtend verhalten. Oben wurde dargestellt, dass nicht alle Kinder über entsprechende motorische Fähigkeiten verfügen, die einen unmittelbaren und kreativen Umgang mit den jeweiligen Geräten ermöglichen.

Alltäglich auf Schulhöfen und in anderen Räumen beobachtbare Konflikte belegen die Schwierigkeiten, die viele Kinder und Jugendliche bei der Gestaltung sozialer Prozesse haben. Notwendig sind deshalb Hilfestellungen und unterstützende Maßnahmen hinsichtlich der motorischen und sozialen Prozesse.

Weiterhin wurde dargestellt, dass Rollgeräte erheblichen modischen Schwankungen unterliegen. Während es früher in der sportlichen Jugendarbeit durchaus möglich war, Rollgeräte selbst zu bauen, dürften solche Bemühungen kaum noch auf ein sehr großes Interesse bei den Angesprochenen treffen. Die Produktentwicklung und Kommerzialisierung in diesen Bereichen ist so weit vorangeschritten, dass es zum festen Bestandteil der Jugendkultur gehört, sich in den entsprechenden Läden die Materialien zu besorgen. Unterstützt wird diese Haltung durch eine Massenproduktion, die die Anschaffungskosten der Geräte günstiger werden lässt. Nicht der Selbstbau, vielfach aber Veränderungen und Umbauten (verschiedene Boards, Rollen, Räder usw.) finden statt. Damit Kinder und Jugendliche diesen Entwicklungen nicht passiv, konsumierend ausgeliefert sind, sollten jene Strategien vermittelt werden, die auch zukünftig einen kreativen und möglichst selbstbestimmten Umgang mit verschiedenen Rollgeräten ermöglichen.

Pädagogische Absicht sollte es sein, dass Kinder und Jugendliche
- handlungsfähig im Umgang mit aktuellen, in Mode befindlichen Rollgeräten sind,
- mit den Rollgeräten zusammenhängende Materialien beurteilen, Geräte zusammenstellen und umbauen können,
- über Handlungsstrategien verfügen, augenblicklich noch nicht vorhersehbare Entwicklungen bei den Rollgeräten aktiv mitzugestalten.

Roll- und Radaktivitäten bilden ein großes Erlebnis- und Handlungsfeld, das Ähnlichkeiten in den Grundtätigkeiten (Rollen, Gleiten, Treten, Abstoßen) und Erlebnisdimensionen (Geschwindigkeit, Gleichgewicht) aufweist. Von daher ist es wenig bedeutsam, sich Gedanken darüber zu machen, welches Rollgerät für den Unterricht oder die Jugendarbeit geeignet ist. Nahezu jedes Gerät eröffnet Möglichkeiten, Grundtätigkeiten mit entsprechenden Erlebnissen herbeizuführen. Deshalb bietet es sich an, besonders populäre Geräte zum Ausgangspunkt zu wählen, um am Beispiel dieser Geräte Vielfalt und Übergänge erleben zu lassen (NAGEL 1995).

5. Inline-Skating

Auf Grund der besonderen Popularität (im Jahre 1996 wurden über zwei Millionen Inline-Skates verkauft, die Zahl der Skater soll sechs Millionen betragen) wird dieses Gerät nachfolgend ausführlicher behandelt. Viele der vorgestellten Vorgehensweisen (z.B. Beschaffung von Material, Sicherheitskleidung, Vermittlungsstrategien usw.) sind auch auf andere Rollaktivitäten übertragbar.

Ausgangssituation

Von Kindern und Jugendlichen wird vielfach der Wunsch geäußert, in der Schule oder im Verein Inline-Skating als Angebot aufzunehmen. Die zur Zeit vorliegenden Erfahrungen belegen, dass die damit zusammenhängenden Probleme und Konflikte durchaus lösbar sind. Von Seiten der Erwachsenen sollte beratend und unterstützend geholfen werden, ein solches Angebot einzurichten. Die Kinder und Jugendlichen sollten die Lösung aller anstehenden Probleme möglichst selbst bearbeiten, um Verantwortungsbewusstsein und Kreativität herauszufordern.

Materielle Voraussetzungen

Viele, aber nicht alle Kinder und Jugendlichen besitzen heute eine Inline-Skate-Ausrüstung. Um dieses Defizit auszugleichen, bestehen u.a. folgende Möglichkeiten:

- Es werden zwei Gruppen gebildet. Während eine Gruppe Inline-Skate fährt, baut die andere Gruppe Rampen, Hindernisse usw. oder spielt z.B. Streetball. Von Zeit zu Zeit wird die Ausrüstung getauscht.
- Es werden Ausleihmöglichkeiten mit örtlichen Sportgeschäften zu besonders günstigen Konditionen vereinbart.
- Es wird ein Bestand von Inline-Skates durch die Schule, den Verein angeschafft. Durch eine geringe Verleihgebühr besteht die Möglichkeit, nach kurzer Zeit die Beschaffungskosten zu erwirtschaften. Dieses Verleihsystem kann durch Kinder/Jugendliche verantwortlich verwaltet werden.
- Es werden mit den Kindern und Jugendlichen Vorschläge erarbeitet, wie das Problem der fehlenden Materialien gelöst werden kann.

Ausrüstung

- Schutzausrüstungen wie Ellenbogen-, Knie- und Handgelenkschützer sind zwingend erforderlich, wenn Inline-Skating in Schule und Verein angeboten wird.
- Ein Helm ist zu empfehlen, wobei auch Fahrradhelme benutzt werden können.
- Es sollten Allround-Modelle verwendet werden, die ab ca. 200,- DM erhältlich sind. Preiswertere Modelle sind wegen der schnell verschleißenden Lager und Rollen nicht zu empfehlen.
- Für Anfänger empfehlen sich kleinere, breitere und weiche Rollen. Rollengröße ca 70–78 mm. Beim Hockeyspielen empfehlen sich kleinere Rollen (60 mm), um Gefahren des Umknickens zu mindern.
- Der Härtegrad der Rollen wird in Dragometer (A) angegeben und reicht von 74 A (sehr weich) bis 100+ A (sehr hart). In Turnhallen bieten sich härtere Räder (90 A) an.

Räumliche Voraussetzungen

- Bei trockenem Wetter eignen sich vor allem asphaltierte Flächen (Schulhöfe, Parkplätze).
- Inline-Skating ist auch in Sporthallen möglich. Dazu müssen lediglich helle Rollen aufmontiert werden, die keinen Abrieb hinterlassen.
- Leer stehende Hallen (z.B. Lagerhallen, Pausenhallen, unter bestimmten Voraussetzungen auch Parkhäuser) können genutzt werden. Welche Gespräche, Anträge und Regelungen dazu erforderlich sind, sollte vorrangig von den Kindern und Jugendlichen selbst geklärt werden. Erwachsene können unterstützend tätig sein.

– In ca. 20 Städten gibt es mittlerweile Hallen für das Inline-Skating. Dort muss in der Regel Eintritt bezahlt werden, der für Schüler um ca. 5,- DM liegt. Sonderpreise, insbesondere für Gruppen, lassen sich aushandeln.

Rampen, Pipes usw. sind anfänglich nicht unbedingt erforderlich. Für erste Tricks können Kanten, Treppen oder Geländer genutzt werden, wobei hier vielfach Konflikte mit Eigentümern und Behörden vorprogrammiert sind, die es zu beachten gilt und die der rechtzeitigen Klärung bedürfen.

Es sollte nicht Absicht sein, Inline-Skating in einem „Schonraum" anzubieten. Vielmehr sollten die Kinder und Jugendlichen die mit den materiellen, räumlichen und sozialen Bedingungen zusammenhängenden Probleme so weit wie möglich selbst lösen.

Snake Run-Anlage in Bremen

In Bremen wurde neben einem Kulturzentrum eine sogenannte Snake Run entwickelt und gebaut. Ausgangspunkt waren Überlegungen, neben dem Kulturzentrum einen Spielplatz für Kinder und Jugendliche zu schaffen, der auch eine Rampe für Skateboarder enthalten sollte. Nach dem Aushängen der Planungsentwürfe meldeten die Kinder ihrerseits Bedürfnisse an: sie wünschten sich eine umfassende Anlage. Nach dem Besuch entsprechender Anlagen in Münster und Berlin wurden zunächst kleine Lehmmodelle erstellt, um danach entsprechende Anträge in die Bürgerschaft einzubringen. Nach Fertigstellung eines Pools erwies sich dieser lediglich für die Könner als geeignet.

   In einem weiteren Schritt entwickelte ein Künstler in einem Zelt neben dem Jugendzentrum mit Sand- und Tonmodellen weitere Entwürfe. Teilweise wurden die Entwürfe in kleineren Modellen nachgebaut, damit die Kinder und Jugendlichen den Baufachleuten, die mit diesen Anlagen keinerlei Erfahrungen hatten, Fliehkräfte und besondere Anforderungen veranschaulichen konnten. Endgültig wurde dann die Anlage von Erwachsenen fertig gestellt (SEEWALD 1994).

Inline-Skate-Schulen

In verschiedenen Städten sind Inline-Skate-Schulen entstanden.

Obwohl solche Schulen insbesondere für Erwachsene wichtige Hilfen bieten können, sollte beim Inline-Skating der Prozess der Verschulung nicht wiederholt werden. Vielmehr sollten in der sportlichen Kinder- und Jugendarbeit die Chancen genutzt werden, dass sich die Akteure durch Zeigen und Helfen gegenseitig etwas beibringen können.

Anregungen zum methodischen Vorgehen für Anfänger

Nachfolgend werden typische Probleme benannt, die Anfänger in den ersten Stunden auf den Inline-Skates haben. Zur Vereinfachung werden Lösungen benannt, die sich bewährt haben.

Versuchen Sie, Situationen zu schaffen, in denen die Akteure möglichst selbst Lösungsvorschläge entwickeln und ausprobieren können.

Problem: Fortbewegung

Hier sind verschiedene Lösungen denkbar, die in Abhängigkeit zu den motorischen Voraussetzungen der Akteure stehen.

- Rollen nur auf einem Skate
  Wie beim Rollerfahren wird mit dem anderen Fuß abgedrückt.
- Skaten mit Hilfsmittel

Optimal sind Einkaufswagen (vorher beim Laden fragen!). Gut sind auch Skistöcke, die am Ende mit einem Gummipfropfen versehen sind.

- Skaten mit Hilfe
  Zwei Fortgeschrittene fahren nebeneinander und sind mit einem Stab verbunden. Der Anfänger hält sich an dem Stab fest, legt die Hände locker darauf, trommelt auf den Stab usw.
  Wenn ein Anfänger und ein Fortgeschrittener zusammenfahren, dann sollten diese nebeneinander stehend in Überkreuzfassung der Hände langsam beginnen.

Problem: Bremsen

Beim Ausprobieren von Möglichkeiten zur Fortbewegung bestehen häufig Barrieren darin, dass die Akteure daran denken, wie sie die Skates wieder zum Stehen bringen können.
    Die Vor- bzw. Nachteile der folgenden Lösungen können durch die Akteure selbst ausprobiert werden. Je vielfältiger und situationsangepasster die Bremsmöglichkeiten sind, umso eher kann frei losgefahren werden.

Aufgabe: Fahrt auf einen vorgegebenen Zielpunkt (hochgestellte Weichmatte, Hütchen, Handtücher usw.) und kommt vor diesem zum Stehen!

Lösungen:
- Lustvolles Sich-Bremsenlassen
  Schaffung räumlicher Bedingungen, die das Thema Bremsen überflüssig machen (z.B. Halle, teilweise mit Weichmatten an den Wänden). Die Akteure dürfen zum Abbremsen

bewusst in diese Matten fahren. Die Matten können auch auf dem Boden liegen. Die Akteure dürfen sich zum Bremsen in die Matten fallen lassen oder in diese springen.

- Bremsen mit dem Stopper
  Diese sind in der Regel an einem der Skates. Die Wirkung ist jedoch bei etwas höheren Geschwindigkeiten sehr gering. Außerdem gibt es in Hallen Probleme durch schwarze Streifen.

- T-Bremse
  Das Gewicht ruht auf dem leicht gebeugten vorderen Bein, während das hintere Bein mit der quer gestellten Rolleninnenseite über den Boden schleift.

- Bogenfahren
  Das Bremsen kann durch Fahren eines Bogens bewirkt werden. Dabei wird ein Skate im 45°-Winkel zur Fahrtrichtung gestellt, was automatisch eine Rotation auslöst (halbe Drehungen).

Problem: Richtungsänderung

Fortbewegungen ohne Richtungsänderungen wird es kaum geben, sodass zu diesem Problem schon nach kurzer Zeit Erfahrungen vorliegen. Zwei Vorgehensweisen bieten sich an:

- Zwingende Situationen zur Richtungsänderung schaffen.
  Es werden zwei Markierungen in ca. 8 Meter Entfernung aufgestellt (z.B. Kegel). In Form einer Acht soll um die Hindernisse gefahren werden. Es kann gefragt werden, wie das Lenken ermöglicht wurde.
  Es wird ein Slalomparcours mit Hindernissen aufgebaut, der zu durchfahren ist.
  Erfahrungsgemäß bereitet die Suche nach Lösungen keine Schwierigkeiten. Erfolgreiche Akteure können den weniger erfolgreichen ihre Lösungen demonstrieren, Tips geben usw.

- An Erfahrungen anknüpfen.
  Es wird das Bild des Motorradfahrers vorgegeben. Die Akteure sollen Schwung holen, die Skates parallel zusammenstellen und sich wie beim Motorradfahren in die Kurve legen (dabei können die Hände einen imaginären Lenker halten). Der Nachteil ist der sehr große Radius.
  Es wird an das Bogentreten beim Skifahren/Schlittschuhlaufen erinnert. Ein Skate wird seitlich aus- und das andere Skate herangesetzt. Dieser Vorgang wird rhythmisch in Richtung der beabsichtigten Kurve ausgeführt.

Problem: Gelenke belastende Technik

Beim Abdruck von der Innenkante der Skates ist häufig ein Gelenkknick zu beobachten, was sowohl für die Gelenke als auch für das Material problematisch ist.

Aufgabe: Die Teilnehmer sollen sich gegenseitig beobachten und auf mögliche Gelenkknicke hinweisen.

Könner und Anfänger fahren parallel nebeneinander und achten auf geradlinige Gelenk-
stellung.

Zur Selbstwahrnehmung kann beim Heranziehen des freien Skates leicht gegen das
Fahrbein getippt werden, bevor das freie Skate auf den Boden aufsetzt.

Problem: Den Kopf „frei" bekommen

Bei Anfängern ist der Blick und die Aufmerksamkeit häufig auf die eigenen Skates und die
unmittelbare Umgebung gerichtet. Da es jedoch das Ziel ist, mit den Inline-Skates spielerisch umzugehen, sollte möglichst früh und viel gespielt werden, wodurch die Konzentration nach außen gelenkt werden kann.

Aufgabe: Die Akteure überlegen, welche der ihnen bekannten Spiele auch auf Inline-Skates durchführbar sind.

Beispiele:
- Bälle/Gegenstände im Fahren gegenseitig zuwerfen und fangen.
- Hase und Jäger-Spiele mit einem Weichschaumball.
- Fuchsschwanzfangen, wobei der Gejagte ein Seil in den Hosenbund geklemmt hat.
- Hindernisse (z.B. Reissäckchen, Bierdeckel) im Fahren aufheben, wieder hinlegen usw.
- Linien, die auf dem Boden eingezeichnet sind (z.B. für Spielfelder), folgen.
- Hindernisse: umfahren (z.B. Hütchen, Pappkartons, Plastikbecher) oder ein (niedriges
  Tor) durchfahren.
- Hintereinander stehend eine Kette bilden und fahren, wobei der Vordere Richtungs-
  änderungen anzeigt.
- Fahren und Gegenstände balancieren (z.B. Stab auf einem Finger) oder Jonglieren
- Basketballspiel auf Inline-Skates.

Literaturtip:
Sehr viele Spiel- und Übungsformen sind zu finden in BUCHER (1994).

Thematische Schwerpunkte

In der Regel wird nur wenig Zeit zum Erlernen der Grundtechniken benötigt. Darauf auf-
bauend bieten sich vor allem vier Schwerpunkte an.

a) Strecken zurücklegen

Inline-Skating kann zum Zurücklegen kurzer Strecken mit hoher Geschwindigkeit (Speed-
skating – dafür gibt es schon Weltmeisterschaften) bis hin zum Fahren sehr langer Touren
genutzt werden. Dabei sind Formen des Wettkampfs (Long-Distance-Races) ebenso möglich wie gemeinsame Planung und Organisation von Touren.

In Hannover sind 1996 vor den 3.000 Marathonläufern ca. 60 Inline-Skater gestartet. Auch beim Hamburg-Marathon mischten sich Skater unter das Starterfeld.

b) Hockey spielen
Entsprechende Ausrüstungen für Schläger und Bälle werden in den Fachgeschäften angeboten. So gibt es Hockeystöcke in zwei Größen (Junior ca. 30,- DM, Senior ca. 40,- DM), Bälle und Straßenpucks bis hin zu Hockeytrickots mit Schulterpolstern (ca. 70,- DM) und Schienbeinschützern (ca. 10,- DM), wobei nicht alles gesondert erforderlich ist. Bei den Schuhen empfehlen sich kleine, härtere Rollen. Tore lassen sich leicht selbst bauen (z.B. aus Kästen, Hütchen usw.), Spielregeln und Feldbegrenzungen können selbst festgelegt werden. Neben offenen Treffen haben sich feste Turniere und Rundenspiele etabliert. Die größte Veranstaltung führt Marktführer Rollerblade durch. Am Streethockey-Cup '96 in Freiburg beteiligten sich 280 Mannschaften.

c) Bewegungskunststücke
Die Inline-Skates fordern ganz offensichtlich zum Ausführen von Kunststücken heraus. Diese stehen in Abhängigkeit zu den räumlichen Bedingungen und Absichten der Akteure.

- Treppen, Geländer
  Treppen und Geländer sind bevorzugte Orte, um Kunststücke auszuprobieren. Das Rutschen auf Geländern wird als „Grind" bezeichnet. Es lässt sich risikoloser auf flach liegenden, dicken Holzbalken üben. Dafür bietet es sich an, bei den Skates in der Mitte zwei kleinere Räder zu montieren.
- Rampen, Pipes
  In vielen Städten wurden einzelne Rampen, Pipes aufgestellt, teilweise sind ganze Skate-Parks entstanden.
- Bewegungsgestaltung
  Wie beim traditionellen Rollschuhfahren können mit Inline-Skates Sprünge, Figuren usw. ausgeführt werden. Es ist aber nicht nur ein individuelles Gestalten, sondern auch gemeinsames Fahren (z.B. durch Handfassung) oder Fahren in Gruppen (z.B. durch Kettenbildung) möglich. So sind von Sportvereinen (z.B. RSC Bremerhaven) abendfüllende Theaterstücke auf Inline-Skates inszeniert worden.

d) Experimentieren
Neben den Bewegungskunststücken, die ein Experimentieren mit den räumlichen Vorgaben der Umwelt sind, kann auch mit Materialien experimentiert werden.
Beispiele:
- Inline-Skating mit Ballons
  Diese können in der Luft in Bewegung gehalten oder auf dem Boden liegend mit den Füßen gestoßen werden.

Ballons können zwischen Partner eingeklemmt und transportiert werden.

–   Inline-Skating mit Zeitungen
    Zeitungsseiten „kleben" durch den Fahrtwind am Bauch, Rücken, Oberschenkel usw.
    Zeitungen sind Slalom- bzw. Sprunghindernisse.
    Zeitungen können zu Bällen zusammengeknäuelt werden, um damit zu spielen.

–   Inline-Skating mit Seilen
    Seile liegen auf dem Boden und sollen im Fahren überstiegen werden.
    Zu zweit das Seil kurz fassen und fahren. Dabei wird die Fahrt in der Außenkurve
    beschleunigt oder einer schließt die Augen und lässt sich ziehen.
    Zu dritt ein Seil. Der mittlere Fahrer wird gezogen oder soll die beiden anderen ziehen.

–   Inline-Skating mit (Segel)tüchern
    Durch ein an den Beinen befestigtes und mit den Armen ausgebreitetes Tuch kann
    Fahrtwiderstand erzeugt werden (eignet sich besonders gut bei Bergabfahrten).
    Das gleiche Tuch kann bei windigem Wetter zum Ziehen genutzt werden (falls keine
    Segeltücher vorhanden sind, gehen auch Laken oder Regenschirme).

Anregung zur Organisation

Es bietet sich an, Skater-Treffs, Touren und Wettbewerbe durch die Betroffenen selbst organisieren zu lassen. Um eine gewisse Kontinuität in den Organisationsformen zu gewährleis-
ten, können:

–   in Vereinen Abteilungen zum Inline-Skating eingerichtet oder

–   eigenständige, gemeinnützige Verein (wie z.B. in Hamburg die HIS – Hamburger Inli-
    ne-Skating-Schule) gegründet werden.

Inline-Skate-Festival

In vielen Orten werden Inline-Skate Festivals organisiert. Dazu gehört z.B. Das Breisgauer
Inline&Skate-Festival, das rund um einen 2.000 Quadratmeter großen alten Flugzeughan-
gar stattfindet. Hier wird etwas für jene organisiert, die eigentlich das Unorganisierte
schätzen.

In Schulen und Vereinen sollte die Chance genutzt werden, Skate-Festivals durch die
Inline-Skater selbst organisieren zu lassen, um das erworbene Können ebenso wie
den Lebensstil der Öffentlichkeit präsentieren zu können.

6. Skateboard

Ausgangssituation

Die Inline-Skates haben die Skateboards sehr stark verdrängt. Dennoch gibt es weiterhin einen „harten" Kern von Jugendlichen, die mit ihren Skateboards eine umso festere Gemeinschaft bilden, je mehr Inline-Skating zum Volkssport wird.

Dies hat zu Konflikten geführt, da Skateboarder teilweise sehr bewusst die Inline-Skater als Modesportler ablehnen. Die Ursachen der Konflikte sind weniger darin zu suchen, dass von beiden Gruppen gleiche Flächen und Anlagen beansprucht werden. Vielmehr scheint es tief greifende Unterschiede in den Lebensstilen und damit zusammenhängenden Einstellungen zu geben. Die Rollgeräte sind wiederum nur ein Mittel, Identitäten zum Ausdruck zu bringen.

> Wenn es in Schulklassen, Jugendgruppen usw. sowohl Inline-Skater als auch Skateboarder gibt, dann sollten in der sportlichen Jugendarbeit Konflikte zwischen diesen beiden Gruppen nicht ignoriert, sondern zum Ausgangspunkt der Behandlung dieser Sportarten gemacht werden.

Vor- und Nachteile des Skateboardens

Das Skateboarden stellt an das motorische Können erheblich höhere Anforderungen als das Inline-Skaten (deshalb teilweise die Arroganz der Skateboarder gegenüber den Inline-Skatern).

Die Vorteile liegen jedoch eindeutig im materiellen Bereich. Skateboards können problemlos untereinander getauscht werden. Wenn Streckenabschnitte (z.B. in den Innenstädten) für das Rollen ungeeignet sind, können die Boards getragen werden.

Materielle, organisatorische und räumliche Voraussetzungen

Bei den handelsüblichen Skateboards ergeben sich die preislichen Unterschiede durch die Qualität der Rollen. Eine Beratung im Fachgeschäft ist sinnvoll und könnte zugleich als gemeinsame Erkundung der Gruppe (Klasse) organisiert werden oder ein Fachberater wird eingeladen.

Schutzkleidung sollte wie bei den Inline-Skates getragen werden.

Wenn nicht alle Kinder und Jugendlichen ein Skateboard haben, können diese mit mehreren ein Board gemeinsam benutzen. Es gibt auch viele Übungen und Spiele (s.u.), die gemeinsam durchgeführt werden können.

Skateboard kann auf allen asphaltierten Flächen und in Hallen gefahren werden. In der Regel benutzen die Skateboarder die gleichen Anlagen, Rampen, Geländer usw. wie die Inline-Skater.

Sicherheitsregeln

1. Auf das Board wird mit dem Fuß zuerst auf die vordere Hälfte des Boards gestiegen.
2. Von dem Board wird grundsätzlich mit einem Schritt nach vorne abgestiegen.

Für diese Regeln gibt es gewichtige Gründe, die sich anschaulich demonstrieren lassen. Wichtig ist es, dass auf dem Board möglichst keine Rücklage eingenommen wird, da sonst das Board gefährlich nach vorne wegschießen kann. Daher der Aufstieg auf die vordere Hälfte des Boards und der Abstieg aus der Fahrt heraus nach vorne, wodurch das Board automatisch stehen bleibt. Schließlich sollte darauf geachtet werden:

Skateboarden nur mit festem Schuhwerk.

Methodisches Vorgehen

In einem vom Autor durchgeführten Experiment wurden vier unterschiedliche Vermittlungsformen bei der Aneignung des Skateboardfahrens eingesetzt, wobei vorab für alle Gruppen die o.g. Sicherheitsregeln formuliert wurden.

- Die erste Gruppe erhielt ein Lernprogramm mit detaillierten Anweisungen.
- Die zweite Gruppe erhielt ein Lernprogramm mit detaillierten Anweisungen, in die gezielt Fehler eingebaut waren, die teilweise die richtige Lösung von Bewegungsaufgaben behinderten.
- Die dritte Gruppe erhielt keinerlei Anweisungen und Unterstützungen.
- Die vierte Gruppe erhielt immer dann Unterstützungen und Hilfen, wenn diese angefordert wurden.

In einem abschließenden Experiment stellte sich heraus, dass nahezu alle vier Gruppen das Skateboardfahren gleich beherrschten. Selbst durch falsche Bewegungsaufgaben konnten erfolgreiche Lernprozesse nicht verhindert (lediglich behindert) werden, da die aktuellen Gleichgewichtsanforderungen bewirkten, dass die Lernenden die falschen Anweisungen ignorierten und sich adäquat der Logik der Geräte und Situationen verhielten.

Die Konsequenzen aus diesem Experiment sind:

Im Mittelpunkt sollten Möglichkeiten des Probierens und Experimentierens stehen.
Von außen sollten nur notwendige Hilfen und Unterstützungen gegeben werden.
Es sollten Möglichkeiten des Sich-Unterstützens, gegenseitigen Zeigens und Helfens der Kinder und Jugendlichen genutzt werden.

Anknüpfen an Erfahrungen

Beim erfahrungs- und problemorientierten Vermitteln des Skateboardfahrens bietet sich ein vergleichbares Vorgehen an, wie es oben bei den Inline-Skates dargestellt wurde. Sehr gute Erfahrungen wurden bei den Anfängern mit folgender Hilfe gemacht:

„Stellt euch vor, ihr fahrt auf einem Roller, dem der Lenker entfernt wurde. Fahrt so, als ob der Lenker noch vorhanden ist."

Spiel- und Übungsformen

Nahezu alle Formen, die oben bei den Inline-Skatern beschrieben wurden, sind auch auf den Skateboards möglich. Hier noch einige ergänzende Anregungen:

a) Strecken zurücklegen

- Eine vorgegebene Strecke in einer bestimmten (in möglichst kurzer) Zeit zurücklegen.
- Ralley durch die Stadt (wer kommt als Erster beim Punkt X an?).
- Besonders spannend sind Slalomparcours (um Hütchen, Becher o.ä.) und das Bergabfahren.

b) Spiele

- Auch auf Skateboards ist Basketball möglich, ein Fuß muss immer auf dem Board bleiben.
- In der Halle können vorgezeichnete Linien nachgefahren werden.
- Hase und Jäger mit einem Weichschaumball.

Foto 3.2

c) Kunststücke

Kunststücke auf dem Brett (Beispiele).
- Verschiedene Fußstellungen auf dem Board ausprobieren (parallel gestellt, längs hintereinander, mehr vorne, mehr hinten auf dem Board stehend usw.).
- Beide Füße auf das Ende (Spitze) des Boards gestellt, sodass beim Fahren die Spitze (Ende) angehoben werden kann (Wheelies), wobei in der Steigerung mit nur einem Fuß auf dem Ende oder der Spitze gestanden wird und der andere Fuß abhebt.
- In der Fahrt auf das Board setzen, sich auf den Bauch, den Rücken legen.
- Standwaage während der Fahrt oder oder sogar Handstand auf dem Board.
- Sprünge während des Rollens auf dem Brett (halbe, ganze Drehungen).
- Sprünge auf dem Brett, während dieses unter einer Schnur hindurchfährt (Steigerung: die Schnur wird allmählich höher gehängt).
- Sprünge vom Boden mit Anlauf auf das rollende Brett.

Kunststücke mit dem Brett (Beispiele).
- Kick auf das Ende des Boards, um es an der Spitze anheben zu können (bietet sich auch als Form des Bremsens an, jedoch nicht in der Halle) oder um es zu drehen (Kick-Turns).
- Kick auf das Ende des Boards, Absprung und Auffangen des Boards an seiner Spitze.
- ZickZack-Bewegung des Bretts beim Fahren, indem die Vorderseite abwechselnd nach rechts bzw. links abgehoben wird (aus dieser Übung heraus kann das „Pumpen" entwickelt werden, wobei sich das Board durch das abwechselnde Bewegen nach links und rechts vorwärts bewegt, ohne dass die Füße den Boden berühren müssen).
- Kreiseln auf dem Brett, indem ein Fuß leicht nachgibt, dadurch das Brett anhebt und in eine Richtung gedreht wird (Herausforderung: Wie oft muss das Brett aufgesetzt werden, um eine ganze Drehung zu schaffen, wann ist dieses ohne Zwischenaufsetzer möglich?).
- Das Board durch Druck und Absprung vom Boden lösen, um es durch die Luft fliegen zu lassen (Olli).
- Das Board vom Boden lösen, dann um seine Längsachse drehen.

d) Experimentieren
- Besonders geeignet sind Treppen, die entweder ab- oder aufwärts (was wesentlich schwerer ist) gefahren werden können.
- Fahren mit Skistöcken (Spielregel: die Füßen dürfen nicht mehr den Boden berühren), wobei damit viele der o.g. Spiele möglich sind.
- Sprünge auf (Weich-) Matten, wobei viele Sprungvarianten möglich sind (vorwärts, halbe Drehungen, Bauchlandungen, Paketsprünge bis hin zum Hochsprungwettbewerb).

- Einer auf dem Skateboard, der andere hat ein Seil, kann damit ziehen, Board im Kreis fahren lassen usw. (möglichst diese Spiele sitzend auf dem Board beginnen).
- Zwei Leute auf einem Board.
- Zwei Leute, zwei Boards, Fahren mit Seilen, Stangen, Handfassung usw. oder einer gibt Bewegungsformen vor, der andere muss diese nachmachen.
- Fahren in Formationen (drei oder mehr Boards),

7. BMX

Ausgangssituation

Zwischen Inline-Skating, Skateboarden und BMX-Fahren gibt es enge Wechselbeziehungen. Das hängt teilweise damit zusammen, dass BMX-Fahrer die gleichen Anlagen und Veranstaltungen (Events) wie die Skater besuchen. Auch die BMX-Räder werden vorrangig für Bewegungskunststücke verwendet.

Material

BMX-Räder sind im normalen Fahrradhandel kaum erhältlich, dort können aber Bezugsquellen nachgefragt werden.

Bei der persönlichen Ausstattung sind Protektoren wie beim Skateboarden und Inline-Skaten erforderlich.

8. Rollen auf Rädern

Ausgangssituation

Insbesondere Fahrräder sind für Kinder und Jugendliche die Hauptfortbewegungsmittel. Von dieser alltäglichen Nutzung der Räder scheint es kaum Verbindungslinien zu ihrer sportlichen Verwendung zu geben. Die sportliche Jugendarbeit ist sehr stark ausgerichtet auf Radrennen, Kunstradfahren oder Radball, was jeweils nur mit speziellen Rädern möglich ist. Bei dieser einseitigen Fixierung auf Normierung und Wettbewerb drohen Möglichkeiten der vielfältigen Nutzung von Fahrrädern aus dem Blickfeld zu geraten.

In der sportlichen Kinder- und Jugendarbeit sollten ausgehend von den alltäglich verwendeten Fahrrädern die vielfältigen Möglichkeiten der Nutzung von Rädern erfahrbar gemacht werden.

Beispiel: Fahrradfestival

Um den oben formulierten Anspruch einzulösen, bietet es sich an, ein Fahrradfestival durchzuführen. Kinder und Jugendliche können gemeinsam die vielfältigen Nutzungsmöglichkeiten ihrer Räder überlegen, planen und präsentieren. Hinzu kommt, dass aus Vereinen und Initiativen Akteure zu diesem Festival eingeladen werden können, die ihre Sportart oder ihre Kunststücke einer großen Öffentlichkeit vorstellen.

Nachfolgend werden kurz jene Inhalte eines Fahrradfestivals beschrieben, das 1994 in Oldenburg durchgeführt wurde.

a) Sportliches Fahrradfahren

Unter diesem Thema wurden ca. zwei Stunden vor dem Beginn des gesamten Festivals:

- ein Radrennen für jedermann auf dem Festivalgelände gestartet, das dort auch wieder nach ca. 1,5 Stunden endete,
- eine sportliche Radtour über 100 km gestartet, bei der in Gruppen gefahren und ins Ziel gekommen werden musste und
- eine gemütliche Familientour angeboten.

Auf dem Festivalgelände wurden während der Veranstaltung angeboten:

- Geschicklichkeitsfahrturnier,
- Kunstradfahrvorführungen eines Radsportvereins und
- Radballturnier.

b) Kunststücke

Unter dieser Thematik wurden sowohl Möglichkeiten zum eigenen Ausprobieren als auch zum Zuschauen geboten, wie z.B.:

- BMX-Vorführungen an Rampen, die von der Stadt ausgeliehen wurden,
- Einradfahren zum Ausprobieren für alle,
- Basketball- und Hockeyturnier auf Einrädern,
- Probieren von Kunstradfahrrädern und Radballfahrrädern, was unter Anleitung von Übungsleitern der Vereine stattfand,
- Zirkus auf Rädern und Einrädern (vorgeführt vom Bremer Radlerzirkus und von Kindern einer Oldenburger Zirkusschule) und
- Demonstration von Rhönrädern und Möglichkeiten, diese unter Aufsicht der Vereinsübungsleiter auszuprobieren.

c) Informationen, kaufen und tauschen

Auf dem Festival wurden über die Nutzung der Räder hinausgehend unter dieser Thematik folgende Angebote gemacht:

- Ausstellung historischer Fahrräder (die von einem Museum zur Verfügung gestellt wurden),

- Fahrradflohmarkt, auf dem alles rund um das Rad gekauft und getauscht werden konnte,
- Informationen des Allgemeinen Deutschen Fahrradclubs über Probleme des Fahrradfahrens in der Stadt und über Ziele des Clubs und
- Informationsstände der örtlichen Fahrradläden (kein Verkauf).

Beispiel: Projekte zum Thema Rad

Schon am Beispiel des Fahrradfestivals wurde deutlich, dass sich das Thema Rad hervorragend für projektmäßige Angebote eignet. Dabei können sowohl eigene Erfahrungen mit dem Fahrradfahren als auch alltägliche Probleme bei der Benutzung von Fahrrädern zum Ausgangspunkt gewählt werden. Hinzu kommt, dass die Entwicklung rund um das Fahrrad historisch und politisch betrachtet sehr spannend verlaufen ist (BEDUHN 1982).

Besonders geeignet zur Behandlung dieser Thematik ist auch der Film „Kuhle Wampe", der im Deutschland der 20er Jahre spielt.

Aber auch in Zukunft wird das Fahrrad als besonders umweltfreundliches Transportmittel bedeutsam sein. So verwundert es nicht, dass um dieses Gerät herum viel geforscht wird (s. Infokasten, S.85 ff.).

Ergebnis einer solchen Projektarbeit kann es sein, dass sich feste (Arbeits-) Gemeinschaften oder Abteilungen für das Fahrradfahren bilden.

Beispiele für regelmäßige Angebote

Während Festivals, Projekte und Wettbewerbe einmalige Angebote sind, bei denen die Vielfalt der Nutzungsmöglichkeiten von Rädern veranschaulicht und erlebbar gemacht wird, können in Schulen und Vereinen folgende regelmäßigen Angebote durchgeführt werden:

a) **Fahrradclub**

Vergleichbar dem Verkehrsclub für Autos treffen sich Kinder und Jugendliche, um Vorschläge zur Verbesserung der Bedingungen für das Fahrradfahren zu entwickeln. Dabei werden Wege und Straßen abgefahren, Radwege und Strecken beurteilt, Initiativen gestartet, aber auch gemeinsame Touren unternommen (BISCHOPS/GERARDS 1996; HANKE/WOERMANN 1994).

b) **Spielerisches Radfahren**

Zur Gewinnung von Sicherheiten, aber auch einfach nur so zum Spaß, sind vielfältige Spiele mit dem Fahrrad auf Schulhöfen und Plätzen möglich (BUCHER 1994, S. 96ff.).

c) **Fahrradtouren**

Dabei sollte die Auswahl der Tour, Vorbereitungen und Durchführung sehr stark in Händen der Kinder und Jugendlichen liegen (KARSTEN/MICUS/REMMEL 1994).

d) **Treffen für Radrenntraining (-touren)**
    Vergleichbar einem Lauftreff gibt es einen festen Ort und eine festgelegte Uhrzeit, zu
    der sich wöchentlich jene Treffen, die mit ihrem Rennrad trainieren möchten, ohne
    unbedingt sofort an Rennen teilzunehmen (ERNST 1992).

e) **Treffen für Mountainbiker**
    Auch dafür bieten sich regelmäßige Treffs und gemeinsame Veranstaltungen an (HAAS
    1996; BRÜGGENJÜRGEN/KÜRSCHNER 1994; SAUTER 1994, 65-68.)

9. Spezielle Räder

Die bei den Inline-Skates, Skateboards und Fahrrädern ausführlich dargestellten Möglichkeiten der Aneignung von Bewegungsfertigkeiten und der vielfältigen Nutzung dieser
Geräte sind grundsätzlich auch auf alle anderen Rollgeräte und Räder übertragbar, wobei
sicherlich die Besonderheiten dieser Geräte einschränkend sein können, teilweise aber
auch neue Möglichkeiten des Experimentierens und Spielens eröffnen.

Foto 3.3

- Rollbretter (Bucher 1994, S. 36ff.; Brodtmann 1996, S.39f.)
- Pedalos (Bucher 1994, S.143ff.; Ehrlich/Helmann 1982)
- Einradfahren (Adler 1994, S. 57ff.; Bucher 1994, S. 148ff.; Höher 1994)
- Rhönräder (Auskunft DTB)
- Rollstühle (Arnnold u.a. 1992; Knöller u.a. o.J.)

10. Ausblick: Das Thema Rollen übergreifend behandeln

Nachfolgend noch einige Beispiele, in denen das Thema Fortbewegung auf Rollen und Rädern übergreifend behandelt wird.

Beispiel: Mehrkämpfe und Teamwettbewerbe auf Rollen und Rädern
Die Grundidee des Triathlons, mehrere Ausdauersportarten miteinander zu kombinieren, kann auch auf Rollen und Räder übertragen werden. Es bieten sich vor allem zwei Kombinationsgruppen an:

a) **Mehrkämpfe auf einem Gerät**
    Wie z.B. Skatermehrkampf. Dazu werden verschiedene Aufgaben entwickelt (Strecke in einer Zeit zurücklegen, Slalomparcours durchfahren, Hindernis überspringen).
    Weitere Mehrkampfmöglichkeiten sind z.B.:
    Fahrradmehrkampf (z.B. Gelandefahrt, Geschicklichkeitsfahrt, Streckenfahrt)
    Skateboardmehrkampf (wie mit den Inline-Skates).

b) **Mehrkämpfe als Kombination von Geräten**
    Wie z.B. Strecke auf Inline-Skates, laufend und auf dem Rad zurücklegen.
    Weitere Kombinationsmöglichkeiten sind u.a.:
    - Skateboarden, Radfahren, Laufen
    - Schwimmen, Radfahren, Inline-Skaten
    - Laufen, Inline-Skaten, Radfahren.

c) **Teamwettbewerbe**
    Während bei den Mehrkämpfen der einzelne Akteur mit seinem Gerät im Mittelpunkt steht, können zur Förderung gemeinsamen Handelns auch Teamwettbewerbe durchgeführt werden. Aufgabe ist es, dass ein aus mehreren Personen bestehendes Team das Ziel oder die Aufgaben immer gemeinsam lösen muss. Beim Fahren kann dazu probiert werden, welche Vorteile es bietet, im Windschatten zu fahren und sich in der Führungsarbeit abzulösen. Bei den Kunststücken ist zu überlegen, wie diese gemeinsam ausgeführt werden können. Bei den Spielen (z.B. Hockey oder Radball) steht ohnehin ein mannschaftliches Handeln im Vordergrund.

Roll-Forum

Im Rahmen der Planungen für Freizeitsportaktivitäten im Neubaugebiet eines Berliner Stadtteils wurde vom Planungsbüro Koch u.a. ein Rollforum entwickelt. Es ging darum, Spiel- und Freiflächen zu schaffen, die vielfältige Rollaktivitäten ermöglichen.

Dazu wurde ein multifunktionales Aktionsgelände mit glattem, modelliertem Asphaltboden geschaffen. Durch die Kombination unterschiedlicher Bewegungszonen können Kinder und Jugendliche durch ihre Rollaktivitäten verschiedene Erlebnisketten herstellen.

Der Unterschied zur Snake Run von Bremen (s.o.) besteht darin, dass weniger spezialisierte Flächen geschaffen wurden als vielmehr offene Möglichkeiten, die auch dann noch eine Nutzung des Geländes durch Rollaktivitäten zulässt, wenn eines Tages der Boom des Inline-Skatings beendet sein sollte (Informationen s.u.).

Beispiel: Alles rollt

Bisher bildete ein besonderes Gerät die Herausforderung, um Bewegungsaufgaben zu lösen. Es besteht aber auch die Möglichkeit, ohne Bezugnahme auf ein spezielles Gerät, das Thema Rollen zum Ausgangspunkt zu wählen. In dem sehr kreativen Beitrag von HANNING-SCHOSSER u.a. (1992, S. 44ff.) wird deutlich gemacht, welche Ideen zu diesem Thema bestehen, wie Rollen auch ohne Geräte oder mit Großgeräten (z.B. Turnmatten) möglich ist.

Informationen

Sportgeräte und Sportarten übergreifende Rollaktivitäten
BUCHER, Walter (Hrsg.): Spiel- und Übungsformen auf Rollen und Rädern. Schorndorf 1994.
NAGEL, Volker: Sportartübergreifende Vermittlung. In: Sportpädagogik 5/1995, 60-64.

Selbstbau einer Skate-Anlage
Kulturzentrum Schlachthof e.V., Findorffstraße 51, 28215 Bremen.
SEEWALD, Christian: Die Snake Run von Bremen. In: Zeitschrift Sportpädagogik 4/1994, 22-25.

Informationen zur Planung eines Rollforums:
Planungsbüro Koch, Elisabethstraße 2, 26135 Oldenburg, Tel.: 0441/2488080.

Literatur zum Inline-Skating
Als sehr gute und preisgünstige Hilfen erweisen sich die Tips von Volker NAGEL in der Beilage „DER ÜBUNGSLEITER", 9/1996ff. Diese Beilage ist z.B. in der Olympischen Jugend oder in allen Zeitschriften der Landessportbünde zu finden.
HOTTENROTT, Kuno/URBAN, Veit: In-Line-Skating. Aachen 1996 (Meyer & Meyer Verlag).
SAUTER, Uli: In-Line-Skating. Niedernhausen 1996 (Falken Verlag).

Skateboard
Die wichtigste, deutschsprachige Zeitschrift für die Skateboarder ist:
The Daily Grind (TDG), Friedrich-Ebert-Straße 15, 48153 Münster Tel.: 0251/ 520000.
Unter der gleichen Anschrift gibt es auch das Monster Skateboard Magazin (monatlich).
Hauptlieferant für Ausrüstungen in Deutschland ist Titus. Auskünfte sind über Tel.: 0251/539395 erhältlich (http:\\www.titus.de).
In Münster finden im Sommer immer die Monster Masterships als offizielle World Championships statt.

BMX-Räder
Ausrüstung
Hauptlieferant für Ausrüstungen in Deutschland ist Titus. Auskünfte sind über Tel.: 0251/539395 erhältlich (http:\\www.titus.de)

Events
Die BMX-World 1996 fanden vom 25.-28.7.1997 im Jugendpark Köln statt. Termine über weitere Meisterschaften sind unter Tel. 0251/539395 erhältlich.
Ein besonderes Ereignis ist auch das X-tra Funsport-Event, das immer im Mai in Bochum stattfindet (Informationen über Termin und Ort unter 0251/5200080).

Infos
Wichtige Informationen beziehen die Akteure vor allem aus dem Freedom BMX-Magazin
B&D Verlag, Lockstedter Weg 50, 20251 Hamburg, Tel.: 040/48000713, Fax: 040/48000777.

Fahrräder

Allgemeine Informationen

Allgemeiner Deutscher Fahrradclub

Ob es eine Ortsgruppe gibt, ist zu erfahren über den VCD, Postfach 170160, 53027 Bonn, Tel.: 0228/985850.

Bund Deutscher Radfahrer

Otto-Fleck-Schneise 4, 60528 Frankfurt/M, Tel. 069/9678000.

Fahrradforschung:

Bereich Fahrradforschung im Fachbereich 8 der Universität Oldenburg, Carl-von-Ossietzky-Straße, 26129 Oldenburg.

Literatur

BISCHOPS/GERARDS: Kinderradfahren. Technik, Sicherheit, Spiel und Sport. Aachen 1996.

BRÜGGENJÜRGEN/KÜRSCHNER: Handbuch für Mountainbiking. Technik, Training, Tourenvorbereitung. Aachen 1994.

ERNST, Manfred u.a.: Radsport in Schule und Verein (offizielles Lehrbuch des Bundes Deutscher Radfahrer). Aachen 1992.

HAAS, Andreas: Mountainbiking. Aachen 1996.

HANKE; Udo/WOERMANN; Sonja: Perspektive Fahrrad. Aachen 1994.

KARSTEN, Martin/MICUS, Frank/REMMEL, Johannes: Fahrradreisen. 1994 (4. Aufl.).

SCHMIDT, Achim: Handbuch für Radsport. Aachen 1996 (2. Aufl.).

SAUTER, Ulrich: Mit Mountainbikes unterwegs. In: Sportpädagogik 2/94, 65-68.

BEDUHN, Ralf: Die roten Radler. Illustrierte Geschichte des Arbeiterradfahrbundes „Solidarität. Münster 1982.

Hier noch ein abschließender, leider jedoch mit 128,- DM sehr teurer Buchtip:

WEISS, Christoph (Red.): Handbuch Radsport. 1996 mit geschichtlicher Entwicklung, Freizeitradsport und Radrennen, Technik, Training und Ausführungen zu allen Einzeldisziplinen.

Literatur zu speziellen Roll- oder Radaktivitäten

Rollbretter

ADLER, Andreas: Einradfahren in der Schule. In: Sportpädagogik 2/1994, 57-60.

BUCHER, Walter: 1018 Spiel- und Übungsformen auf Rollen und Räder. Schorndorf 1994, 36ff.

BUCHER, Walter: 1018 Spiel- und Übungsformen auf Rollen und Räder. Schorndorf 1994, 143ff.

BUCHER, Walter: 1018 Spiel- und Übungsformen auf Rollen und Räder. Schorndorf 1994, 148-150.

BRODTMANN, Dieter: Gemeinsam der Fliehkraft standhalten. In: Sportpädagogik 2/1996, 39/40.

Pedalos

EHRLICH, P./HELMANN, K.: Bewegungsspiele mit dem Pedalo. Dortmund 1982.

Einradfahren

HÖHER, S.: Einradfahren. Reinbeck 1994 (2. Aufl.).

Rhönräder
Informationen über den Deutschen Turner-Bund, Otto-Fleck-Schneise 8, 60528 Frankfurt/M, Tel.: 069/67801.

Rollstühle
ARNOLD, Wolf/ISRAEL, Siegfried/RICHTER, Helmut: Sport mit Rollstuhlfahrern. 1992.
KNÖLLER/KOSEL/MEINECKE (Hrsg.): Sporttherapeutische Praxis.
Band 2. Tischtennis für Rollstuhlfahrer
Band 3. Leichtathletik für Rollstuhlfahrer
Band 5. Basketball für Rollstuhlfahrer

Alles rollt:
HANNING-SCHOSSER, Jutta/FISCHER, Nicole/DAUTEL, Regine/STABENOW, Gregor: Alles rollt. In: Sport-pädagogik 6/1992, 44-50.

Firmen, die Rampen und Pipes bauen:
H. Wülfken und Zahn, Falkenbergstraße 173, 22844 Norderstedt, Tel.: 040/ 52682688
FHS Holztechnik, Niedereimerfeld 23, 59823 Arnsberg-Niedereimer, Tel.: 02931/96200.
FINLEK GmbH, Postfach 630110, 90228 Nürnberg, Tel.: 0911/882005.
Lappset GmbH, Halskestraße 10, 47877 Willich-Münchheide, Tel.: 02154/920810.
Fritz Müller GmbH, Postfach 300344, 41193 Mönchengladbach, Tel.: 02166/15071.
Playparc, GmbH, 34437 Willebadessen-Borlinghausen, Tel.: 05642/70903.

Inline-Skate-Schulen
Informationen über Skating-Schulen oder Möglichkeiten geben u.a.:
20148 Hamburg – HIS (Hamburger In-Line-Skating Schule, Mollerstraße 2.
40476 Düsseldorf – Skate Academie, Rather Straße 49.
Deutscher Inline-Skater Verband (DIV), Längentalstraße 17, 83646 Arzbach, Tel.: 08042/5107.
German Inline-Skating Association (GISA), Ernst Höfer-Straße 15c, 64342 Seeheim-Jugenheim, Tel.:0711/9755320.
Deutscher Rollsport-Bund, Graugrafenstraße 36, 60489 Frankfurt/M, Tel.: 069/ 7893474.

Bernd Oberschachtsiek

„Schaut mal, was ich kann!" – Kunststücke mit Jongliermaterialien

Wenn Sie, lieber Leser, an das Jonglieren denken, dann fallen Ihnen bestimmt Zirkusszenen oder einzelne erstaunliche Nummern ein. Ich nehme an, dass Sie ebenso wie Ihre zu betreuenden Kinder und Jugendlichen fasziniert sind und die Motivation spüren, es doch auch mal zu probieren. Mit diesem Beitrag möchte ich Ihnen helfen, einen schönen Einstieg zu wagen und die Anfangsschwierigkeiten zu überwinden. Wenn Sie dann ihre ersten Erfahrungen gemacht haben und Sie und ihre Kinder einige wesentliche Grundkenntnisse, -fähigkeiten und -fertigkeiten erworben haben, dann hilft Ihnen die typische Jonglierliteratur weiter.

Vorbemerkungen

Wenn Sie bisher noch keine oder wenig Erfahrung im Umgang mit Jongliermaterial haben, so sollten Sie sich von einigen Vorbehalten lösen:

Sie selbst müssen nicht perfekt mit Bällen jonglieren können. Sie müssen auch nicht alle Geräte beherrschen. Natürlich ist es hilfreich, wenn man selbst etwas kann. Es ist aber auch eine spannende Erfahrung, wenn Sie zusammen mit Kindern und Jugendlichen lernen und sich z.B. gemeinsam Fotos, Zeichnungen und Texte aus Büchern als Anschauungsmittel ansehen.

Sie müssen nicht eine streng geplante Sportstunde wie im traditionellen Sportunterricht organisieren, mit Ihnen als „Trainer" und Schülern, die festgelegte Jonglierformen zu erlernen haben.

Ein offenes Angebot ist der Sache viel angemessener und gibt den Kindern und Jugendlichen Gelegenheit, vielfältige Bewegungserfahrungen mit dem Material zu machen. Allerdings müssen Sie dann auch akzeptieren, dass einige oft nur zuschauen wollen, sich hier und da mal mit einem Gerät beschäftigen und es Ihrer Ansicht nach „Leerlauf" gibt.

Offenheit heißt jedoch nicht, dass man ziel- und planlos handelt und das Geschehen dem Zufall überlässt. Sie müssen sich schon Gedanken machen, warum Sie was mit welchem Ziel wollen und wie Sie es methodisch umsetzen können. Dabei soll dieser Beitrag Ihnen helfen.

Wenn Sie bereits jonglieren können und verschiedene Techniken beherrschen, so wird sich vielleicht Ihre Begeisterung auch auf die Kinder und Jugendlichen übertragen. Auch Sie müssen sich von einigen Voreinstellungen lösen:

Es steht nicht das Ziel im Mittelpunkt, dass eine bestimmte Jongliertechnik vermittelt werden muss. Das würde nur die vielfältigen Möglichkeiten, die das Jongliermaterial bietet, einschränken.

   Die Methode, mit der Sie das Jonglieren erlernt haben, ist nicht die einzige, sondern es gibt verschiedene hilfreiche Wege und Zugänge für jeden Einzelnen oder eine bestimmte Gruppe. Auch Umwege sind erlaubt. Allerdings sollten sich hinderliche Bewegungsformen, die das spätere Jonglieren erschweren, nicht einschleifen.

Kinder dürfen schon ihr Kunststück einem Publikum präsentieren, auch wenn sie die Technik nicht beherrschen, z.B. eine Nummer mit Jongliertellern, obwohl sie sie noch gar nicht mit dem Stab andrehen können.

Zur Bedeutung des Jongliermaterials im Rahmen der Bewegungserziehung

Besondere Bedeutung hat in der Bewegungserziehung das Jongliermaterial. Wenn der Lehrer oder Übungsleiter sich von der einseitigen Fixierung auf die Vermittlung der reinen Jongliertechnik löst, ermöglicht er den Kindern und Jugendlichen vielfältige neue Bewegungserfahrungen. Es gibt keine Sieger und Verlierer, keine Konkurrenz und keinen Leistungsdruck, keine Punkte, Meisterschaften und keine Bewertung, ob die Bewegung normgerecht ausgeführt wurde oder nicht. Alters- und Geschlechtsunterschiede sowie Leistungsklassen wie in anderen Sportarten spielen keine Rolle. Jüngere und Ältere, Jungen und Mädchen, Kinder mit Eltern, Anfänger und Fortgeschrittene können zusammen spielen, üben und auftreten. Sehr oft lernt man nicht vom Lehrer oder Übungsleiter, sondern voneinander und miteinander. Jeder Beteiligte kann sich nach seinen persönlichen Fähigkeiten und Fertigkeiten das Material heraussuchen und damit so umgehen, wie es seinem individuellen Anspruchsniveau gemäß ist. Der Schwierigkeitsgrad lässt sich beliebig differenziert steigern. Die Angebote können offen organisiert werden, sodass individuelle Interessen und spontane Einfälle berücksichtigt werden. So werden Selbsttätigkeit und Entscheidungskompetenz der Kinder und Jugendlichen gefördert und gestärkt.

Besonders Kinder haben das Bedürfnis, ihre selbst gefundenen Kunststücke einem Publikum zu präsentieren, z.B. der Klasse oder Übungsgruppe oder auf einer Schul- und Vereinsveranstaltung. Diese persönlichen Erfahrungen stärken ihr Selbstbewusstsein und Selbstvertrauen und machen sie stark. Das Jongliermaterial kann im Rahmen offener Bewegungsangebote, aber auch in angeleiteten Bewegungsstunden eingesetzt werden. Jonglieren kann sogar zum Bestandteil des täglichen Lebens in der Schule werden oder die Kinder- und Jugendarbeit im Verein beleben.

Einsatzgebiete in der Schule

- Sportstunde
- Aktive Schulhofpause
- Arbeitsgemeinschaften
- Projektwochen oder -tage, Unterrichtsprojekte einzelner Klassen
- Klassenfahrten, Schullandheimaufenthalte
- Bewegungspause im Unterricht
- Schulischer Freizeitbereich
- Spiel- und Sportfeste

Einsatzgebiete im Verein

- Jonglagegruppe
- Zirkusprojekte, Ferienspielaktionen
- Spiel- und Sportfeste, Breitensportveranstaltungen
- Vereinsveranstaltungen, Schauvorführungen
- Gelegentliches Angebot im Kinder- und Jugendsport, Seniorensport
- Gelegentliches Angebot in den Ballsportarten
- Als Angebot in Hobby- und Breitensportgruppen
- Auflockerung des Trainings in Leistungssportgruppen

Kunststücke erfinden, üben, gestalten und vorführen

Das Jongliermaterial bietet den Kindern und Jugendlichen eine unerschöpfliche Fülle von Bewegungserfahrungen. Es fordert kreative Bewegungsideen heraus. Das Leitziel möchte ich folgendermaßen formulieren:

Kunststücke erfinden, üben, gestalten und vorführen

Dieses Ziel sollte auch dann schon umgesetzt werden, wenn man etwas mit einem Tuch, einem Ball oder einem Ring ausprobiert. Ausgangspunkt kann die Bewegungsaufgabe des Lehrers oder Übungsleiters sein: „Was kann man mit einem Tuch (zwei Bällen, ...) machen?" Auf diese Weise sammeln die Kinder und Jugendlichen vielfältige Bewegungserfahrungen, die hilfreich für das spätere Erlernen einer speziellen Jonglagetechnik sind. Natürlich wollen sie dann irgendwann einmal wissen, wie man drei Tücher oder drei Bälle jongliert. Dann kann eine gezielte methodische Einführung erfolgen. Oft entdecken Kinder auch schon einfache Jonglagemuster, z.B. bei den Tüchern, ohne dass man es ihnen vormachen muss. Manchmal benötigen sie auch nur einige methodische Hilfen, Tips oder gezielte Anregungen, um die neuen Jonglierbewegungsformen zu erwerben.

Die Rolle des Lehrers oder Übungsleiters ist eher die eines Anregers, der einzelne Schüler oder die Gruppe durch passende Hilfen weiterbringt. Er muss allerdings für jeden Einzelnen oder für die Gruppe das richtige Material bereitstellen, das nicht unter- und auch nicht überfordert. Er sollte ihnen Weiterentwicklungsmöglichkeiten aufzeigen und wissen, wie man den Schwierigkeitsgrad angemessen steigern kann, aber auch so, dass bewegungsungeschickte Kinder und Jugendliche Erfolgserlebnisse haben. Allerdings sollte er auch die didaktische Entscheidung treffen, wann und wie er im Rahmen einer offenen Übungssituation gezielte methodische Einführungen in eine spezielle Jongliertechnik gibt und wann und wie Bewegungskorrekturen beim Einzelnen vorzunehmen sind.

Besonders Kinder und ein Teil der Jugendlichen möchten ihre Kunststücke vorführen: „Schaut mal, was ich kann!" Daraus entsteht die Motivation, das Kunststück auch so zu üben, dass es fast immer klappt. Mit Hilfe des Lehrers oder Übungsleiters und der anderen Kinder und Jugendlichen wollen sie es so gestalten, dass man es einem Publikum präsentieren kann. Dabei muss es sich nicht gleich um eine öffentliche Schul- oder Vereinsfeier handeln, sondern man kann auch Gelegenheiten am Ende einer Übungsstunde, im Rahmen einer Klassenfeier mit Einladung der Eltern oder als Ritual am ersten Übungsabend im Monat geben, also vor einem Publikum, das den Vorführenden kennt.

Das Jongliermaterial

Jongliertücher

Jongliertücher aus Nylon (ca. 70 cm x 70 cm) sind sehr leicht und schweben nur langsam zu Boden. Sie ermöglichen vielfältige Bewegungsmöglichkeiten und sind geradezu prädestiniert für den Einstieg in das Jonglieren. Mit der Tücherjonglage werden Jongliermuster, -regeln und Präsentationsprinzipien erworben, die auch für Bälle, Ringe und Keulen gelten. Allerdings sind sie sehr windempfindlich und daher vorrangig für geschlossene Räume geeignet.

Kosten: Ca. 3,00 – 4,00 DM.
Anzahl: Mindestens doppelt so viele wie die Gruppenstärke.

Foto 4.1

Jonglierbälle

Auch Jonglierbälle fordern Kinder und Jugendliche heraus. Das Erlernen der Grundjonglage (Kaskade) ist die Basis für alle weiteren Jonglagetechniken (Ringe, Keulen). Bälle bieten auch eine Fülle von Spiel- und Übungsformen für den Einzelnen, für Partner- und Gruppenspiele. Professionelle Bälle (Bean Bags, Stage Balls) sind sehr teuer (10-15 DM pro Ball). Billiger und genauso gut sind selbst gemachte Jonglagebälle. Ein effektvolles Material sind Sternschnuppenbälle, die besonders für Partner- und Gruppenpräsentationen geeignet sind.

Jonglagebälle, selbst gemacht

In einen abgespielten Tennisball wird mit einem Teppichmesser mit Hakenklinge ein 4-5 cm langer Schlitz geschnitten. Der Ball wird mit Trockenerbsen gefüllt, bis sie nicht mehr „klöddern". Der Schlitz wird mit mehreren Klebestreifen (Gewebeband) quer zur Schnittrichtung vollständig zugeklebt. Von zwei Luftballons werden die Tüllen vollständig abgeschnitten. Der erste Luftballon wird über den Ball gezogen. Der zweite Luftballon wird von der Stelle aus über den Ball gezogen, wo die Öffnung des ersten Luftballons zu sehen ist.

Das Gewicht dieses Jonglageballes beträgt ca. 130 g, wie bei einem normalen Jonglageball. Füllt man den Tennisball mit anderem Material (z.B. Linsen, Sand), ändert sich das Gewicht. Damit die Luftballonüberzüge bei längerer Lagerung nicht zusammenkleben, besprüht man die Bälle vorher mit Talkum und verreibt es auf der Oberfläche. Eingerissene Luftballonüberzüge ersetzt man einfach durch neue Luftballons.

Diese Jonglierbälle kann man schnell und billig mit Kindern und Jugendlichen zusammen herstellen. Allerdings sollte man das Aufschneiden der Tennisbälle ihnen nicht überlassen. Die Lehrkraft sollte wegen der erheblichen Verletzungsgefahr Arbeitshandschuhe anziehen.

Kosten: Ca. 0,30 – 0,50 DM.
Anzahl: mindestens doppelt so viel Bälle wie die Gruppen-/Klassenstärke.

Sternschnuppenbälle

Der Tennisball wird wie bei einem Jonglageball mit Trockenerbsen gefüllt und zugeklebt. Dann wird er in ein Jonglagetuch eingeknotet, wobei der Knoten möglichst dicht am Ball sitzen muss. Ein Luftballon mit einer abgeschnittenen Tülle wird so über den Ball gezogen, dass aus der Öffnung das Tuch heraushängt. Schön sehen dann passende Farben aus, wie z.B. roter Luftballon und gelbes Tuch.

Kosten: Ca. 4,00 – 5,00 DM.
Anzahl: Bei normaler Klassengröße reichen oft schon acht bis zehn Stück.

Jonglierteller mit Stab

Der Jonglierteller ist auch ein überall einsetzbares Material mit vielen Gestaltungsmöglichkeiten, denn man kann ihn auch einfach mit der Hand und mit dem Stab andrehen oder auch viele Übungen ohne Stab machen.

Kosten: Ca. 6,00 - 8,00 DM.

Anzahl: Bei normaler Gruppengröße ca. zehn Stück.

Foto 4.2

Jonglierringe

Es gibt sie in verschiedenen Größen (24 cm und 32 cm Durchmesser). Man kann sie ebenfalls vielfältig einsetzen, wenn man nicht auf die Jongliertechnik fixiert ist. Sie sind allerdings windanfällig.

Kosten: Ca. 8,00 – 10,00 DM.

Anzahl: Je nach Gruppengröße bis zu zehn Stück.

Diabolos

Diabolos üben einen großen Reiz auf Kinder und Jugendliche aus. Allerdings muss man erst die Technik des Andrehens beherrschen, was besonders bei Kindern längeres Üben erfordert. Erst dann sind Tricks möglich. Es gibt sie in verschiedenen Größen, wobei zum Erlernen der Technik nur das große und das mittlere Diabolo geeignet ist.

Kosten: Ca. 40,00 – 60,00 DM.

Anzahl: Je nach Gruppengröße und Alter sind oft 3-5 Diabolos ausreichend.

Devil-Stick

Devil-Sticks sind eher Geräte für Fortgeschrittene und sprechen nach meiner Erfahrung Kinder wenig an, da sie nicht so zahlreiche Gestaltungsmöglichkeiten bieten, es sei denn, man beherrscht die Grundtechnik.

Kosten: Ca. 35,00 – 45,00 DM.

Anzahl: Je nach Alter und Gruppengröße sind 2-4 Stück ausreichend.

Keulen

Keulen sind ebenfalls eher ein Gerät für Fortgeschrittene, die die 3-Ball-Jonglage beherrschen. Sie sprechen nach meiner Erfahrung Kinder wenig an.
Kosten: 30,00 – 60,00 DM pro Stück.
Anzahl: Je nach Alter, Gruppengröße und Leistungsstand der Einzelnen sind drei oder sechs Stück oft ausreichend.

Pfauenfedern

Pfauenfedern sind das ideale Gerät, um besonders mit Kindern in das Balancieren von Gegenständen einzusteigen. Da sie sehr windempfindlich sind, kann man sie nur in geschlossenen Räumen einsetzen.
Anzahl: bei Kindern am besten für jeden eine Feder.
Problem: Nur sehr schwer zu besorgen.

Balancierstangen oder Gymnastikstäbe

Wem die Gymnastikstäbe aus der Turnhalle zu dick, zu schwer und einfallslos sind, baue sich selbst ansprechende Balancierstangen (nach ERLACHER 1993, S. 33ff.): Auf einen Rundstab (1 m Länge, 8 mm Durchmesser) wird eine Holzkugel (4 cm Durchmesser, mit Lochbohrung 8 mm, 9-10 mm bei Befestigung von Stoff) gesteckt. Die Kugel kann man zu einem Kopf gestalten (Augen, Nase, Mund, Haare anmalen) und einen Stoff als Kleiderumhang befestigen (z.B. für eine Clownsfigur). Das Material bekommt man in Bastelgeschäften und Baumärkten.
Kosten: 3,00 – 5,00 DM.
Anzahl: Je nach Gruppengröße ab fünf Balancierstangen. Gymnastikstäbe sind oft als Klassensatz in der Turnhalle vorhanden.

Jonglieren mit Tüchern

Wenn Kinder und Jugendliche wenig Erfahrung mit Jongliertüchern haben, empfiehlt es sich, eine angeleitete Bewegungseinheit durchzuführen. Am Anfang stehen dann viele spielerische Übungen, die schon Kunststückcharakter haben. Am Schluss steht eine gezielte Einführung in das Jonglieren.

Kinder und Jugendliche entwickeln verschiedene Zugänge zu den Jonglagetricks. Manche lernen schnell, zwei Tücher in einer Hand zu jonglieren. Sie brauchen dann nur noch das dritte Tuch dazunehmen, um die „Säulenmuster" zu entdecken. Andere lernen erst die Kaskade und erfinden dann die anderen Bewegungsformen.

Übungen mit ein und zwei Tüchern

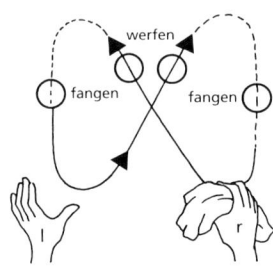

1 Achterbahn

Wirf mit der rechten Hand das Tuch nach links oben und laß es fallen. Fange es mit der linken Hand von oben greifend und wirf es nach rechts oben. Fange dann mit der rechten Hand und wirf es wieder nach links oben usw.

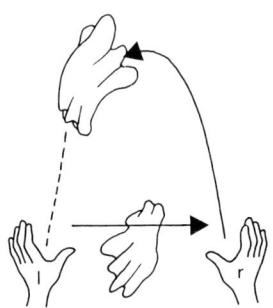

3 Zwei Tücher in einer Hand halten

Das erste Tuch hältst du mit Daumen, Zeige- und Mittelfinger. Das zweite Tuch kannst du zwischen Handballen und dem Ringfinger und dem kleinen Finger einklemmen.

2 Zwei Tücher im Kreis

Wirf das eine Tuch. Übergib das andere, wenn das erste oben ist.

4 Zwei Tücher kreisen in einer Hand

So kannst du zwei Tücher werfen. Wenn ein Tuch oben ist, wirfst du das andere.

5 Säulenmuster

Zwei Tücher gerade rauf und runter werfen.

6 Zwei Tücher auf der Achterbahn

Wirf das rechte Tuch nach links oben. Wenn es oben ist, wirf das linke Tuch nach rechts oben und fange mit der linken Hand das erste Tuch. Fange dann das zweite Tuch. Sprich dabei: „Werfen – werfen – fangen – fangen."

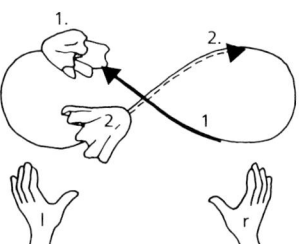

7 Jonglieren in der Gruppe

Jeder hat zwei Tücher und wirft sie jeweils nach rechts weiter. Jeder fängt sein eigenes mit der rechten Hand und das seines Nachbarn mit der linken Hand.

Abb. 4.1 – 4.7

Die Kaskade

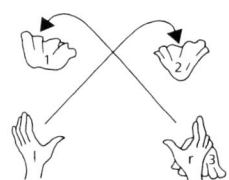

8 Kaskade erster Schritt

Wirf die Tücher nacheinander in der angegebenen Reihenfolge, ohne sie zu fangen.
Regel: Wirf das nächste Tuch, wenn das vorherige oben ist. Wirf es unter dem vorher abgeworfenen Tuch her.

9 Kaskade zweiter Schritt

Behalte das dritte Tuch nun die ganze Zeit fest in der Hand.
Die rechte Hand wirft das erste Tuch. Die linke Hand wirft das zweite Tuch, wenn das erste oben ist. Sie fängt das erste Tuch beim Herunterfallen.
Die rechte Hand fängt das zweite Tuch.

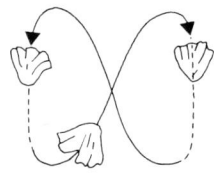

10 Kaskade dritter Schritt

Beginne wie beim zweiten Schritt.
Wenn du das erste Tuch mit der linken Hand gefangen hast, wirfst du das dritte Tuch aus der rechten Hand.
Die rechte Hand fängt dann das zweite, gerade heruntergefallene Tuch.
Die linke Hand fängt das dritte Tuch.
Du hast nun zwei Tücher in der linken Hand.

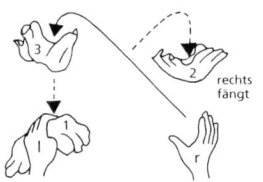

11 Kaskade vierter Schritt

Wirf immer ein Tuch, wenn das vorherige oben ist und fange mit der Wurfhand das herunterfallende Tuch.
Die Tücher fliegen auf einer Achterbahn.
Deine Arme kreisen von innen nach außen.

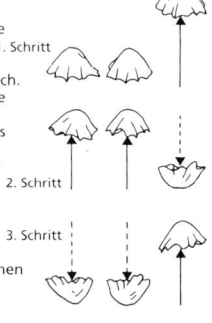

Jongliertricks

12 Jonglieren mit Partner

Stelle dich mit deinem Partner so auf.
Der mit zwei Tüchern beginnt.
Der Partner wirft sein Tuch, wenn das andere oben ist und fängt dann dieses.
Übe die vier Schritte der Kaskade.

13 Säulenmuster

Nimm zwei Tücher in eine Hand.   1. Schritt
Wirf eins auf der Außenbahn senkrecht hoch.
Wenn es oben ist, wirf die anderen beiden.
Fang das erste und wirf es hoch.
Fang die beiden und wirf sie hoch.   2. Schritt
Du kannst auch das erste Tuch auf der Innenbahn werfen.   3. Schritt
Dann fliegen die beiden äußeren Tücher zur gleichen Zeit hoch.

14 Überhandwürfe

Wirf das Tuch nicht unter, sondern über dem gerade abgeworfenen Tuch her.

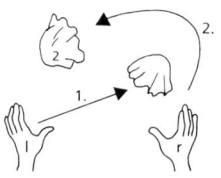

15 Rückwärtskaskade erster Schritt

Wirf zwei Tücher von außen nach innen und fang sie in der Mitte.

Abb. 4.8 – 4.15

Spiel und Spaß mit einem Tuch

Die Kinder oder Jugendlichen stehen im Kreis. Jeder von ihnen hat ein Tuch und probiert, was man alles damit machen kann. Sie machen ihre gefundenen Bewegungsformen vor, die anderen versuchen, sie nachzumachen. *Beispiele:* mit einer Hand fangen und werfen, unter den Beinen durchwerfen, hochpusten, sich drehen usw. Während des Übens sollten Sie darauf achten, dass die Kinder und Jugendlichen ruhige und gleichmäßige Bewegungs-abläufe machen und nicht hektisch fangen. Die Übungen sollten auch mit der nicht-domi-nanten Hand gemacht werden. Die Zeit zwischen dem Werfen und dem Fangen sollte bewusst erfahren werden („Fangt das Tuch erst über dem Boden!"). Manche greifen das Tuch wie beim Ballfangen von unten und nicht von oben („krallen"). Beim Werfen muss das Tuch über Kopfhöhe gezogen und dann erst losgelassen werden.

Für das spätere Jonglieren ist es jetzt schon wichtig, dass die Kinder das Tuch mit Dau-men, Zeige- und Mittelfinger in der Mitte wie ein „Gespensterchen" anfassen (siehe auch Abbildung 4.3).
    Allerdings kann man es auch an einem Ende fassen und wie eine Fahne durch die Luft ziehen. So etwas kann man in spätere Jonglagetricks mit einbauen.
    In der Phase des Ausprobierens kann man nun Übungen integrieren, die auf das späte-re Bewegungsmuster der Kaskade vorbereiten. Die Achterbahn (Abbildung 4.1) kann belie-big variiert werden, z.B. schnell, ganz langsam, besonders hoch, ganz eng.

Wenn man etwas mit einem Partner machen lässt, lernen die Kinder oder Jugendlichen das richtige Werfen im gleichmäßigen Rhythmus und typische Fehler (das Fangen von unten, nicht hoch genug werfen) werden als hinderlich erfahren. Sie erproben, was man mit einem Tuch zu zweit machen kann. Dieses wird vorgeführt und die anderen Partner-gruppen versuchen, es nachzumachen.
    Zum Abschluss einer Unterrichtsstunde bietet sich ein Gruppenspiel an. Die Kinder ste-hen im Kreis, jeder hat ein Tuch (siehe auch Abbildung 4.7). Die Tücher werden im gleich-mäßigen Rhythmus zum rechten Nachbarkind, z.B. nur mit der rechten Hand geworfen. Dazu kann man sich Variationen ausdenken, z.B. nur mit links fangen und werfen; mit links fangen, in die eigene rechte Hand werfen, diese fängt und wirft dann zum Nachbarn; das Tuch zwischendurch hochpusten.

Zwei Tücher fangen und werfen

Zu Beginn steht wieder die Erprobungsphase, danach werden die gefundenen Bewegungs-möglichkeiten vorgestellt und nachgemacht. Dabei werden schon verschiedene Jonglier-muster gefunden, die dann gezielt geübt werden können.

Die vorgestellten Übungen können auch miteinander kombiniert werden. Auf den Bewegungsablauf „Zwei Tücher auf der Achterbahn" (Abbildung 4.6) kommen die Kinder und Jugendlichen oft nicht allein. Er ist jedoch eine wichtige Voraussetzung zum Erlernen der Kaskade. Darum sollte man sie selbst einführen. Diese Übung sollte man auch mit einem Partner machen, da so der ruhige Wurfrhythmus und das Timing für das Werfen spielerisch geschult wird. Die Kinder stehen wie bei Abbildung 4.12 nebeneinander und umfassen ihre Hüften. Der rechte Partner wirft mit der rechten und der linke Partner mit linken Hand. Wenn das eine Tuch oben ist, wird das andere unter dem hochgeworfenen Tuch hindurchgeworfen. Die Flugbahnen kreuzen sich. Man kann sie dabei sprechen lassen, um einen ruhigen, gleichmäßigen Bewegungsablauf zu bekommen: „Werfen – werfen – fangen – fangen." Nach einiger Zeit werden die Seiten gewechselt.

Wenn die Gruppe gerne etwas zu zweit macht, lassen Sie ruhig weitere Partnerübungen erfinden. Man steht sich zu zweit gegenüber und kann z.B. zwei Tücher auf parallelen oder sich überkreuzenden Bahnen gleichzeitig oder nacheinander zuwerfen. Viel Spaß macht auch die Gruppenübung mit zwei Tüchern pro Person, wie sie im Abbildung 4.7 dargestellt ist. Auch hierbei kann man sich wieder Variationen ausdenken.

In diesem Stadium entstehen schon erste erstaunliche Kunststücke, so dass man schon einfache Präsentationsregeln einführen sollte: konzentrierter Beginn, betonter Schluss, gleichmäßiger Bewegungsablauf, Hinwendung zum Publikum, Abschlussverbeugung, Empfang des Applauses, Akzeptieren der eigenen Fehler.

Einführung der Kaskade

Schließlich wollen die Kinder und Jugendlichen lernen, wie man drei Tücher jongliert. Für viele ist das Säulenmuster am einfachsten zu jonglieren (Abbildung 4.13), wenn sie bereits zwei Tücher in einer Hand werfen und fangen können. Die Kaskade kann auf verschiedene Weise eingeführt werden. Sie können den Bewegungsablauf zerlegen und mit den Kindern und Jugendlichen schrittweise erarbeiten, wie in Abbildung 4.8 bis 4.11. Sie können aber auch den Bewegungsablauf ganzheitlich einführen: Sie stehen hinter dem Kind – oder auch vor dem Kind – und führen seine Arme so, wie sie sich bei der Kaskade bewegen, zunächst ohne Tücher, mit akustischer Unterstützung, z.B. „werfen – werfen". Wenn es die versetzte (Außen-) Kreisbewegung der Arme im gleichmäßigen Rhythmus beherrscht, kann es gleich mit drei Tüchern zu jonglieren versuchen.

Diejenigen, die die Grundform schon einigermaßen beherrschen, können angeregt werden, die Kaskade zu variieren, z.B. schnell, langsam, hoch, niedrig, im Gehen. Allerdings sind zu Beginn Hinweise zur Bewegungskorrektur oft noch notwendig. Häufige Fehler sind unruhiger Rhythmus, Fanghektik und zu niedrige Würfe.

Natürlich sind auch Partnerspiele möglich. Bei der Kaskade mit einem daneben stehenden Partner wirft der eine nur mit der linken Hand, der andere nur mit der rechten Hand (Abbildung 4.12). Wenn die Partner *voreinander* stehen, jongliert der eine drei Tücher im Kaskadenmuster. Der andere Partner greift in die Jonglage mit der rechten Hand und fängt das obere Tuch, das von der rechten Hand des Partners kommt. Dieser wirft weiter seine restlichen beiden Tücher hoch, während der zweite Partner diese nacheinander übernimmt. Wenn er das dritte Tuch greifen will, muss er allerdings das zuerst gefangene Tuch wieder loswerden. Jetzt kann er die Kaskade jonglieren. Dann „klaut" ihm sein Partner wieder die Tücher.

Jongliertricks

Jetzt haben die Kinder und Jugendlichen schon ein Grundrepertoire an Bewegungsformen, das nur noch durch die Rückwärtskaskade ergänzt werden muss. Dabei müssen sie zunächst die Überhandwürfe beherrschen (Abbildung 4.14). Dabei wird das Tuch nicht unter dem gerade losgelassenen geworfen, sondern über ihm. Die Arme machen keine Außenkreise, sondern Innenkreise (Abbildung 4.15).

Das Säulenmuster (Abbildung 4.13) kann man sehr schön variieren, wenn man das äußere Tuch (wie auf Abbildung 4.13) auf die Innenbahn führt, sodass plötzlich die beiden äußeren Tücher parallel fliegen.

Aus diesen Grundformen können nun beliebige neue Formen gefunden oder Trickfolgen gebildet werden. Dazu kann man einige Anregungen geben, z.B. Kaskade mit Pause, in der ein Tuch hochgepustet wird; wieder Kaskade, dann linkes Tuch festhalten und zwei Tücher in der rechten Hand in Kreisform oder als Säulen werfen, dann das linke Tuch in das Muster hineinwerfen, Kaskade zum Schluss.

Will man die Zuschauer in Erstaunen und Bewunderung versetzen, stellen Sie die Kinder und Jugendlichen auf eine kleine Menschenpyramide (Akrobatik), auf ein Rola-Bola oder Pedalo (siehe Abschnitt „Steigerung des Schwierigkeitsgrades – Variationen". S.111).

Jonglieren mit Bällen

Wie Sie methodisch mit Tüchern vorgegangen sind, können Sie es auch mit Bällen machen. Zunächst gibt es viele spielerische Übungen mit einem und zwei Bällen, dann kann eine gezielte Einführung in die Grundjonglage erfolgen. In die Anfangsübungen können zwanglos Bewegungsformen integriert werden, die später das Erlernen der Kaskade erleichtern. Hinderliche Bewegungsabläufe können schon in diesem Stadium korrigiert werden. Gezielte Hinführungen zur Kaskade bieten sich erst für Kinder ab ca. zehn Jahren an.

Viel Spaß mit einem Ball

Wieder stehen die Kinder oder Jugendlichen im Kreis und haben einen Ball. Es wird ausprobiert, was man mit ihm alles machen kann. Dann werden die entdeckten Bewegungsmöglichkeiten vorgezeigt und von den anderen nachgemacht. Die aufgezeichneten Übungen sollten, sofern sie nicht entdeckt werden, vom Lehrer oder Übungsleiter angeboten werden.

Bei allen Übungen ist es wichtig, dass schon Hilfen beim Erlernen des Jonglierens gegeben werden:
- Man soll nicht auf die Hände, sondern auf die Scheitelpunkte (Höhepunkte) der Flugbahn des Balles achten.
- Der Ball sollte in Ellenbogenhöhe und nicht in Schulter- und Kopfhöhe gefangen werden.
- Der Bewegungsrhythmus soll gleichmäßig und ruhig sein. Fanghektik ist zu vermeiden.
- Der Ball soll sauber in einer Ebene vor dem Körper geworfen werden.
- Alle Übungen sollen auch mit der schwächeren Hand durchgeführt werden.

Fast die wichtigste Regel: Konzentriere dich auf das Werfen und nicht auf das Fangen! Bälle dürfen auch auf die Erde fallen.

Die Einzelübungen können beliebig variiert werden:
- Hohe, flache, weite, enge Bogenwürfe;
- Kombination von Vertikal-, Bogen- und Horizontalwürfen;
- den Ball von oben greifend fangen („krallen") und so wieder hochwerfen (sogenanntes „Äpfelpflücken");
- den Ball auf dem Oberschenkel, der Stirn, den Handrücken, dem Oberarm aufprallen lassen und ihn dann wieder fangen;
- zwischen dem Fangen und Werfen z.B. klatschen, sich umdrehen, an die Nase fassen, den Boden berühren u.ä.;
- beim Fangen und Werfen z.B. auf einem Bein stehen, sitzen, liegen, balancieren; beim Gehen und Laufen werfen und fangen.

Wenn die Klasse oder Gruppe Spaß an Partnerübungen hat, kann man der Partnergruppe einen oder zwei Bälle geben. Sie probieren wieder aus und die anderen können versuchen, es nachzumachen. Mit diesen Übungen wird das „passing" – das Zuwerfen von Jonglierge-genständen – angebahnt. Wenn Sie jetzt noch Sternschnuppenbälle benutzen, sieht das nicht nur schön aus. Es entsteht vielleicht auch schon eine eigenständige Nummer.

Folgende Partnerspiele sind denkbar (Abbildung 4.16 – 4.18).

Zum Abschluss einer Sportstunde bietet sich ein Gruppenspiel an (wie bei den Tüchern Abbildung 4.7). Jeder hat einen Ball und wirft ihn im vorgegebenen Wurfrhythmus seinem Nachbarn zu, z.B.:

- Von der eigenen rechten Hand zur rechten Hand des Nachbarn;
- von der eigenen rechten Hand zur linken Hand des Nachbarn, von dort auf die rechte Hand, dann weiter zum nächsten Nachbarn;
- es wird auf ein Kommando die Richtung gewechselt.

Der Wurfrhythmus sollte zunächst von der Gruppe laut mitgesprochen werden.

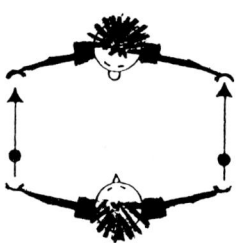

Abbildung 4.16:
Wirf dem Partner zwei Bälle gleichzeitig oder nacheinander auf geraden Bahnen parallel zu.

Abbildung 4.17:
Wirf deinem Partner zwei Bälle auf sich kreuzenden Bahnen nacheinander oder gleichzeitig zu.

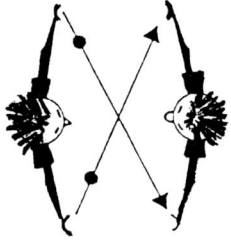

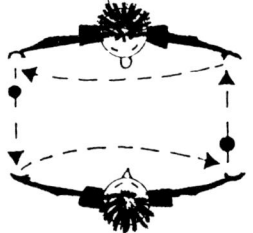

Abbildung 4.18:
Werft euch die Bälle gegenseitig in diesem Muster zu. Ihr müsst euch immer zur gleichen Zeit die Bälle zuwerfen!
(sogenanntes passing-Muster)

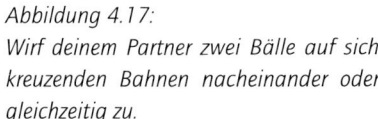

Spielerische Übungen mit zwei Bällen

Lassen Sie ruhig wieder jeden ausprobieren, was man mit zwei Bällen machen kann. Falls die folgenden Muster nicht gefunden werden, können Sie sie einführen (Abbildung 4.19 – 4.22).

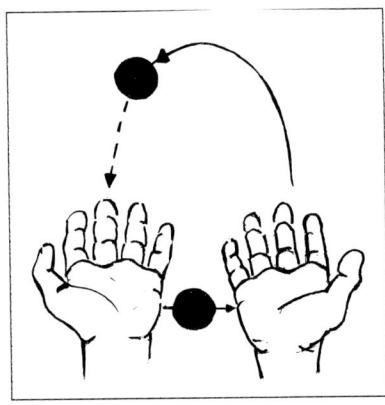

Abbildung 4.19:
Wirf den Ball im Bogenwurf zur linken Hand. In diesem Moment übergibst du den zweiten Ball in die rechte Hand. Übe dieses Muster auch andersherum.

Abbildung 4.20:
Wirf beide Bälle senkrecht hoch! Du kannst das gleichzeitig oder nacheinander tun. (Vertikalwürfe, versetzt oder gleichzeitig).

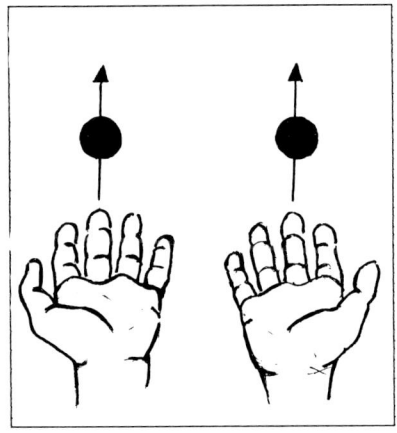

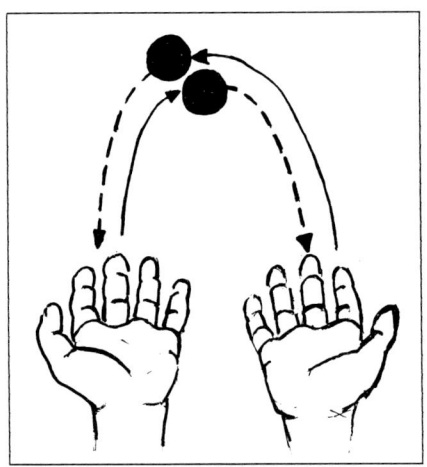

Abbildung 4.21:
Du wirfst die Bälle im Bogenwurf zur anderen Hand. Du kannst gleichzeitig werfen, wobei die Bälle nebeneinander herfliegen oder bei guten Würfen zusammentreffen können. Du kannst auch nacheinander werfen, erst mit der linken Hand, dann mit der rechten.

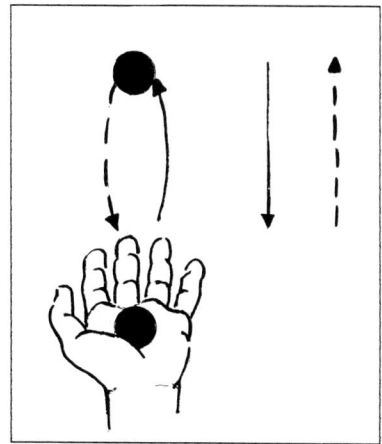

Abbildung 4.22:
Halte zwei Bälle in einer Hand. Du kannst sie im Kreis (links- oder rechtsherum) werfen. Wenn ein Ball oben ist, wirfst du den anderen.
Du kannst auch beide Bälle auf parallelen Bahnen werfen. Dann „hüpfen" die Bälle wie „Fahrstühle" parallel nebeneinander rauf und runter. Das ist etwas für Könner.

Wenn es der Gruppe Spaß macht, können Sie dazu Zusatzaufgaben geben:

– Wer kann beim Fangen und Werfen zusätzliche Bewegungen machen, z.B. klatschen, an die Stirn tippen, oder im Sitzen und beim Gehen, beim Balancieren jonglieren?
– Wer schafft es, dass sich die Bälle beim gleichzeitigen Bogenwurf in der Luft treffen?
– Wer kann seine Hände beim senkrechten geraden Wurf überkreuzen und beim Fangen wieder normal halten?
– Welche Kombinationen von Würfen sind möglich?
– Welche Möglichkeiten gibt es, die neu gefundenen Würfe mit zwei Bällen in Partnerübungen zu integrieren?
– Kann man die Einzelübungen auch auf einem Pedalo oder Rola-Bola machen?

Hinführung zur Kaskade mit einem Ball

Irgendwann kommt der Wunsch, das Jonglieren mit drei Bällen zu lernen. Dazu müssen die Kinder und Jugendlichen wissen, dass die Bälle bei der Kaskade (Abbildung 4.23) auf einer Achterbahn („liegende Acht") fliegen. Am besten man zeichnet es auf. Die Flugbahnen kreuzen sich vor der Brust. Wenn die Kinder oder Jugendlichen die Vorübung mit einem Ball noch nicht gemacht haben, wird zunächst mit einem Ball geübt: Die Hand holt den Ball beim Fangen etwas ab und wird in einem Bogen zum Abwurfpunkt geführt. Sie beschreibt einen Kreis, um den nächsten Ball zu fangen (Abbildung 4.24). Im Wesentlichen wird dabei der Unterarm bewegt. Der Oberarm bleibt locker „hängen". Der Blick ist auf die Scheitelpunkte der Flugbahnen gerichtet. Wenn der Ball oben ist, kann man „hopp" rufen.
Der Ball soll in einem gleichmäßigen Rhythmus geworfen werden. Wem das nicht gelingt, kann dabei zählen, singen, rhythmisch etwas sprechen.

Viele fangen die Bälle schon in Kopf- oder Schulterhöhe. Schon hier ist darauf zu achten, dass in Ellenbogenhöhe gefangen wird.

Der Ball sollte auch in einer Ebene vor dem Körper geworfen werden. Schaufelnde Bewegungen des Arms nach vorn und hinten wie etwa beim Sägen müssen korrigiert werden.

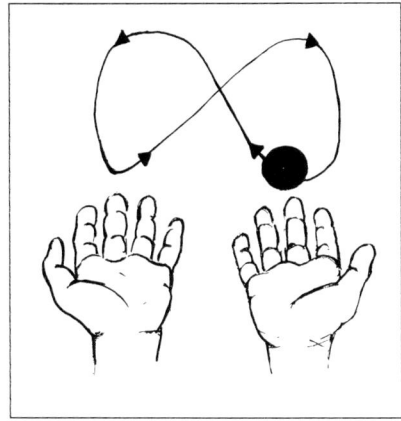

Abbildung 4.23:
Wirf den Ball auf der Achterbahn von der einen zur anderen Hand im Bogenwurf.
Das ist das Muster der Kaskade.

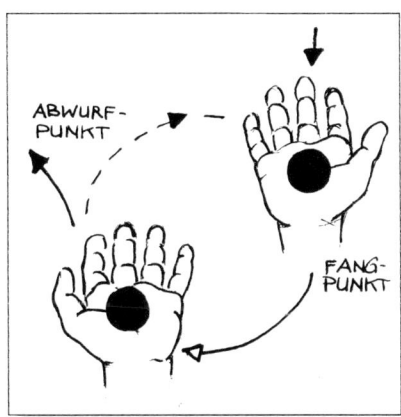

Abbildung 4.24:
Du fängst den Ball weich auf und führst die Hand zum Abwurfpunkt. Die Hand beschreibt einen Kreis.

Hinführung zur Kaskade mit zwei Bällen

Folgende Vorübung hilft, das Gefühl für den Bewegungsrhythmus zu entwickeln (Abbildung 4.25):

Die Bälle werden senkrecht im versetzten Rhythmus geworfen. Dabei wird der nächste dann geworfen, wenn der vorangegangene seinen Scheitelpunkt überschritten hat. Zunächst wird langsam geübt, dann in einer fließenden Links-rechts-links-...-Bewegung.

Danach fällt es nicht mehr so schwer, zwei Bälle in Form der Achterbahn („liegende Acht") zu werfen (siehe Abbildung 4.26). Dabei tauschen die Bälle die Hände. Die rechte Hand wirft den ersten Ball. Wenn er oben ist, wird der zweite Ball unter dem ersten hindurchgeworfen. Der erste Ball wird gefangen, dann der zweite. Die Hände vollziehen dabei eine kreisförmige Bewegung (siehe auch Abbildung 4.24). Sinnvoll ist, zunächst dabei zu sprechen (z.B. „rechts-links-fangen-fangen") oder die Ballkontakte zu zählen („1-2-3").

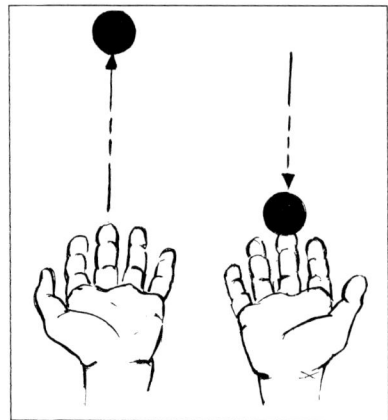

Abbildung 4.25:
Wirf den Ball senkrecht hoch. Wenn einer oben ist, wirfst du den nächsten. Versuch die Bälle in einer fließenden links-rechts-Bewegung zu werfen.

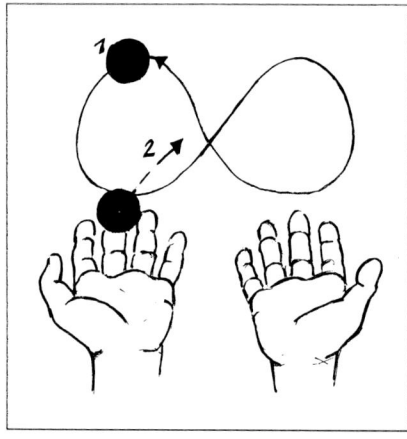

Abbildung 4.26:
So wirfst du zwei Bälle im Kaskadenmuster. Wirf zunächst den ersten Ball. Wenn dieser oben ist, wirfst du den zweiten Ball zur anderen Hand.

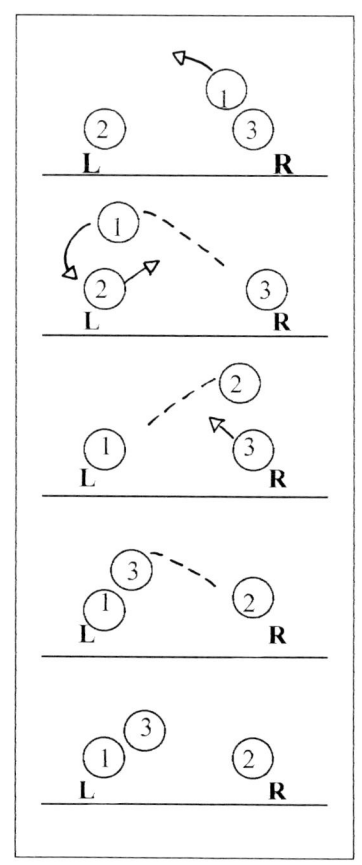

Abbildung 4.27:
So tauschen drei Bälle die Hände:
Der zweite Ball wird im Bogenwurf dann geworfen, wenn der erste Ball oben ist. Wenn der zweite Ball oben ist, wird der dritte geworfen und gefangen.
Fange auch mit der linken Hand an. Versuche dann, fortlaufend zu jonglieren. Immer wenn der Ball oben ist, wird der nächste geworfen.

HEINZLE (1995) empfiehlt, auf alle Fälle mit der linken Hand statt mit der rechten Hand anzufangen. Ich meine, man sollte zunächst mit der dominanten Hand anfangen, aber später auf alle Fälle auch mit der schwächeren Hand beginnen.

Viele Kinder und Jugendlichen machen beim Erlernen der Kaskade typische Fehler, die das spätere Jonglieren erheblich erschweren. So wird versucht, unbedingt den zweiten Ball zu fangen, egal, wie schief er geworfen wurde. Diese Personen sollten sich auf das Werfen konzentrieren, Fanghektik vermeiden und mit der schwächeren Hand zuerst loswerfen. Andere werfen den zweiten Ball nach links oder rechts vorne. Sie kann man z.B. vor eine Wand stellen, sodass die Bälle in einer Ebene vor dem Körper geworfen werden müssen. Unrhythmisches Werfen kann durch Mitzählen oder Mitsprechen unterbunden werden. Manche fangen die Bälle in Kopfhöhe. Sie sollten nach jedem Wurfdurchgang bewusst kontrollieren, wo sich Ihre Hände im Moment des Auffangens befinden.

Wenn die Grundform beherrscht wird, können Sie Variationen vorschlagen (z.B. werfe hoch, flach, weit, eng, ...!), lassen Sie in verschiedenen Körperpositionen werfen (z.B. im Knien, Sitzen ...) oder die Lernenden sollen schon den dritten Ball mit in die Hand nehmen. Dabei wird er zwischen kleinem Finger, Ringfinger und Handballen eingeklemmt. Die geworfenen Bälle werden dann nur mit Daumen, Zeige- und Mittelfinger gefangen.

Auch hier bietet sich ein Partnerspiel wie bei den Tüchern an (siehe Abbildung 4.12), zunächst mit zwei Bällen. Zwei Lernende stehen nebeneinander und umfassen sich an den Hüften. Der rechte Partner wirft mit der rechten Hand, der linke nur mit der linken Hand seinen Ball wie in der Grundform (Abbildung 4.26). Nach einiger Zeit werden die Positionen getauscht, sodass auch der andere als Zweiter werfen muss. Diese Übung trainiert gut das richtige Timing des Abwerfens des zweiten Balles.

Kaskade mit drei Bällen

Es gibt verschiedene methodische Hilfen, um die Kaskade mit drei Bällen zu lernen. Zunächst müssen die Kinder und Jugendlichen die optische Bewegungsvorstellung haben. Dazu können Sie die liegende Acht aufzeichnen und die Flugbahnen der drei Bälle einzeichnen. Um den Bewegungsablauf und den Bewegungsrhythmus ganzheitlich zu „erfühlen", hilft die „Zeitlupenbewegung": Der Lehrer oder Übungsleiter steht vor dem Übenden und führt die Bälle mit der Hand, während der Lernende die Bälle in „Zeitlupe" wirft. Die nächste Möglichkeit ist gerade für Kinder und solche, die sich schwer tun, die beste: Auf einer schiefen Ebene rollen die Bälle viel langsamer. Man kann eine Boden- oder Niedersprungmatte schräg an einen Kasten oder Langbank stellen. Dort zeichnet man die liegende Acht auf. Auf diesem Kaskadenmuster werden nun die Bälle „hochgerollt". Je steiler man nun die Matte stellt, desto schneller rollen die Bälle. Auf diese Weise kann man später auch komplizierte Tricks erlernen lassen.

Schließlich kann man die Bälle normal werfen und fangen lassen. Das Bewegungsprinzip ist dann auch meistens im Gefühl: Es muss immer dann der nächste Ball geworfen werden, wenn der vorherige seinen Scheitelpunkt erreicht hat. Wichtig ist zunächst, dass die Bälle im richtigen Rhythmus losgeworfen werden. Man darf sie ruhig am Anfang fallen lassen. Nach und nach wird dann der zweite und dritte Ball gefangen (siehe Gesamtablauf auf Abbildung 4.27).

Typische Fehler können durch folgende Hilfen korrigiert werden:
*   Bei Fanghektik soll sich die Person auf das Werfen konzentrieren und darf missglückte Bälle ruhig fallen lassen.
*   Wer seine Bälle nach vorne wirft und ihnen nachläuft, fängt mit der schwächeren Hand an, stellt sich vor eine Wand oder übt im Knien.
*   Wer Bälle in Kopfhöhe fängt, muss seine Unterarme bewusst nach unten ziehen.
*   Unrhythmisches Werfen kann man durch lautes Mitzählen der Ballkontakte kontrollieren ("1-2-3-4").
*   Bei überhastetem und unkontrolliertem Werfen den Rhythmus mitsprechen oder nochmals an der schrägen Ebene üben lassen, diese dann nach und nach steiler stellen.

Die Kaskade kann man wieder mit dem Partner wie bei den Tüchern, dieses Mal eben mit drei Bällen, werfen (siehe Abbildung 4.12).
 In der Jonglierliteratur wird oft nur sehr kurz und einseitig auf das Erlernen der Kaskade eingegangen. Sie beschreiben hauptsächlich Jongliertricks, die auf der Kaskade aufbauen. Dort finden Sie dann auch das, was man nach der Kaskade noch alles lernen kann.

Was man mit Jongliertellern machen kann

Es gibt verschiedene Möglichkeiten, den Teller anzudrehen:

Mit der Hand

Die eine Hand hält den Stab etwa in der Mitte, die andere dreht den Teller an. Während eines Tricks kann man durch seitliches Anschlagen des Tellers ihn erneut in Rotation versetzen.

„Zitronenpresse"

Die eine Hand hält den Stab direkt unter dem Teller. Die andere Hand fasst wie bei einer Zitronenpresse auf den Teller. Durch eine rasche Drehung des Handgelenks – wie beim Auspressen einer Zitrone - wird der Teller in Rotation versetzt (Idee nach HEINZLE 1995, S. 53).

Mit dem Stab

Das Andrehen mit dem Stab versetzt den Teller in die schnellste Rotation. Zuerst übt man ohne Teller. Die linke Hand hält unterhalb des Handgelenks den rechten Unterarm fest, der Zeigefinger der rechten Hand wird auf den Stab gelegt. Der Stab muss so gedreht werden, dass an der Spitze die Kreisbewegung entsteht. Durch die Fixierung des

Foto 4.3

Handgelenks wird verhindert, dass die Kinder mit der rechten Hand den Stab im Kreis „rühren". Außerdem muss der Stab senkrecht gehalten werden. Weitere Hilfestellung: Ein Partner steht z.B. auf einem kleinen Kasten oder Stuhl und hält den Teller in der Hand. Der Übende dreht den Stab innerhalb des Tellerrandes, um so die Kreisbewegung zu erlernen.

Der Umgang mit dem Jonglierteller ist schnell zu erlernen. Auch wenn man ihn noch nicht mit dem Stab andrehen kann, gibt es viele Möglichkeiten, damit kleine Kunststücke zu erfinden. Hier einige Anregungen für Bewegungsmöglichkeiten:

Allein

- Ohne und mit Stab andrehen;
- den Teller hochwerfen und mit dem Stab auffangen; einen Stab in jeder Hand und einen Teller hin- und herwerfen;
- für Könner: hochwerfen, den Stab umdrehen und mit der anderen Spitze auffangen;
- den Teller mit dem Stab um Körperteile reichen, z.B. unter den Beinen, hinter dem Rücken usw.;
- zusätzliche Bewegungen machen, z.B. hinsetzen, hinlegen, auf der Erde in Längsrichtung rollen, eine Rolle machen;
- einen Teller in einer Hand, zwei Teller in zwei Händen, zwei Teller in einer Hand, usw.; bei mehreren Stäben mit Tellern sind Helfer nötig, die die Teller andrehen;
- einen schnell drehenden Teller auf den Fingernagel übernehmen, dann damit Bewegungen machen (z.B. unter dem eigenen Arm durchreichen);
- den Stab mit dem Teller balancieren, z.B. auf der Hand, dem Finger oder dem Kinn (wichtig: Blickkontakt zur Spitze);
- mit der rechten Hand Teller mit dem Stab andrehen und mit der linken Hand mehrere Teller sammeln.

Mit einem Partner

- Teller mit Stäben übergeben;
- sich einen Teller/zwei Teller zuwerfen (auch als Gruppenspiel möglich);
- Kombination von Einzeltricks mit Partnertricks.

Ohne Stab

Der Teller wird mit der Oberseite auf die offene Handfläche gelegt (wie ein Tablett). Dann kann man damit ungewöhnliche Bewegungen machen, ohne dass der Teller auf die Erde fällt, z.B.:

- Den Teller kopfüber zum Boden führen und rechtzeitig umdrehen;
- unter den Beinen von Hand zu Hand zuwerfen;
- den Teller senkrecht hochwerfen und mit den Knien auffangen.

Balancieren mit Pfauenfedern, Balancierstangen, Gymnastikstäben

Am einfachsten sind Pfauenfedern zu balancieren. Je länger eine Balancierstange ist, desto leichter ist sie auch im Gleichgewicht zu halten. Effektvoll sind z.B. 2 m lange, dünne Gardinenstangen, die zudem noch leicht auf dem Kinn balanciert werden können. Die Kinder und Jugendlichen brauchen eigentlich nur folgenden Hinweis zu beachten: Man blickt auf die Spitze des Gegenstandes und macht dann fast automatisch die Ausgleichsbewegung mit der Hand. Lediglich beim Hochwerfen muss man im Moment des Auffangens kurz auf das untere Ende der Feder oder Stange blicken, um sicher aufzufangen, dann aber sofort wieder zur Spitze schauen.

Hier einige Anregungen für Bewegungsmöglichkeiten:
- Auf Handinnenfläche, Finger, Handrücken, Arm, Ellenbeuge, Schulter, Nase, Stirn (für Könner Fuß, Knie) balancieren;
- mit der Hand hochwerfen, mit der gleichen Hand oder der anderen Hand auffangen, vom Kinn zur Hand werfen;
- die Feder oder Stange „tanzen" lassen, d.h. mit der Hand unten stark hin- und herbewegen;
- beim Balancieren zusätzliche Bewegungen machen, z.B. hinsetzen, hinlegen, gehen, laufen, sich drehen;
- kleine Wettspiele, wie z.B. „Wer hält am längsten die Balance?" oder „Wer überwindet eine bestimmte (Hindernis-) Strecke?";

- einem Partner die Feder oder Stange zuwerfen;
- die Feder von links nach rechts, von oben nach unten bewegen und dann rechtzeitig wieder in die senkrechte Position bringen.

Bewegungsmöglichkeiten mit Ringen

Ringe sehen effektvoll und schön aus. Sie sind etwas schwieriger zu jonglieren als Bälle, da sie zusätzlich zum normalen Werfen noch in eine Eigenrotation versetzt werden müssen. Voraussetzung für das Jonglieren mit drei Ringen ist die Beherrschung der Kaskade mit drei Bällen. Kinder und Jugendliche sprechen die Ringe jedoch auch schon an, wenn sie noch nicht damit jonglieren können. Denn es gibt zahlreiche Einzel-, Partner- und Gruppenübungen. Dazu einige Anregungen:
- Ringe um Arme, Finger, Unterschenkel kreisen lassen;
- den Ring hochwerfen und mit dem ausgestreckten Arm auffangen oder mit dem Kopf auffangen;
- einem Partner einen Ring zuwerfen, der fängt mit der Hand, mit dem ausgestreckten Arm, Fuß oder Kopf auf;
- Zuwerfen mit einem Partner: einen Ring, zwei Ringe synchron, drei Ringe asynchron oder im Kaskadenmuster, vier Ringe synchron zuwerfen;
- mit der Gruppe: einfache Formationen ausdenken und sich einen oder zwei Ringe paarweise zuwerfen (z.B. Aufstellung in V-Form);
- zwei Ringe allein jonglieren (wie bei Tüchern);
- typische Jongliermuster wie bei Bällen;
- wie ein Frisbee zuwerfen (aber Vorsicht: scharfe Kanten).

Steigerung des Schwierigkeitsgrades – Variationen

Wenn Sie den Kindern und Jugendlichen vielfältige Bewegungserfahrungen vermitteln wollen, werden Sie sich fragen: Wie variiere ich im Unterricht oder in der Übungsstunde und wie kann ich den Schwierigkeitsgrad eines Kunststückes angemessen steigern?

Wenn Sie z.B. mit Tüchern, Ringen oder Bällen arbeiten, können Sie die Bewegungsaufgabe stellen: Was kann man mit dem Material zu zweit, mit einer kleinen Gruppe oder mit der gesamten Klasse/Gruppe machen?

Wenn die Kinder und Jugendlichen bereits Erfahrungen mit typischen Jongliermaterialien gewonnen haben, geben Sie ihnen verwandte Materialien wie Bohnensäckchen, Gymnastik-, Hand- oder Basketbälle- oder untypische Materialien wie Äpfel, Steine, Toilettenbürsten, Jonglierei, Tennisschläger.

Wenn Sie während des Unterrichts Musik laufen lassen, werden einige anfangen, sich nach Musik zu bewegen. Oder Sie suchen für ein Kunststück ein passendes Musikstück aus oder geben ein Musikstück vor, zu dem etwas gemacht werden kann.

Vielleicht können einige kleine Zaubertricks (z.B. verschiedenfarbige Tücher aus einem Zaubersack holen), die mit der Jonglage verbunden werden können.

Szenische Darstellungen sprechen besonders Kinder an. Vielleicht lassen sich die erfundenen Kunststücke Ihrer Gruppe oder Klasse zu einer Szene oder Szenenfolge zusammenfügen. Materialien wie Pfauenfedern oder Sternschnuppen legen sogar eine Szene nahe: Der Pfau wacht auf, bewegt seine Federn und legt sich wieder hin. Im Weltraum schwirren die Sternschnuppen hin und her. Möglicherweise entsteht ein kleines Theaterstück von der Familie Chaos: Mutter putzt nicht Staub, sondern jongliert mit den Staubtüchern. Die Kinder streiten sich dauernd um die Jonglierbälle. Opa jongliert und balanciert mit seinem Spazierstock. Der Vater erhofft sich Ruhe bei einem Spaziergang unter dem Sternenhimmel, bei dem er Sternschnuppen sieht.

Kleine Kunststücke (z.B. Tücher in einer Hand) werden aufgewertet, wenn man sie mit Akrobatik verbindet (z.B. zwei Kinder im Vierfüßlerstand, ein Kind steht auf den Pos der beiden). Sie können auch einfache Akrobatikstellungen vorgeben und dazu die Aufgabe geben, was der Obere für ein Kunststück machen kann (siehe hierzu auch den Beitrag von GRABOWIECKI).

Großen Reiz üben Kunststücke aus, die mit Gleichgewichtsaufgaben verbunden werden. Dabei entstehen für Zuschauer ganz erstaunliche Nummern. Sie können die Kinder und Jugendlichen auf statische, bewegliche oder rollende Unterlagen stellen:

Statische Unterlage: Schwebebalken, umgedrehte Langbank, Langbank zwischen zwei hohen Kästen eingehängt.
Bewegliche Unterlage: Umgedrehte Langbank auf einem Weichboden (Wackelbalken) oder auf runden Gymnastikstäben.
Rollende Unterlage: Pedalo, Rola-Bola (Rollbrett auf einer Rolle), Laufrolle, Laufkugel, Einrad.

Anmerkungen

Die Zeichnungen zur Tücherjonglage stammen aus:
Bernd OBERSCHACHTSIEK: Jonglieren mit Tüchern in der Grundschule. In: Praxis Grundschule, H. 4/1996, 45-49.
Dort sind sie als Fotokopiervorlagen veröffentlicht.
Zeichnungen der Abbildungen 4.16. – 4.27: Andrea Oehler.

Literaturhinweise

Rudi BALLREICH/Udo VON GRABOWIECKI: Zirkus-Spielen. Ein Handbuch, AOL-Verlag, Stuttgart 1992.
(Sehr umfassendes, aber teures Buch für alle Zirkustechniken mit guten methodischen Hinweisen.)

Kerstin ERLACHER: Jonglierbuch für Kinder. Ravensburger Taschenbuchverlag 1993.
(Gute Zeichnungen und einfache Beschreibungen, speziell für Kinder und Jugendliche.)

Dave FINNEGAN:: Alles über die Kunst des Jonglierens. Köln 1988.
(Ein Universalstandardwerk für Anfänger und Könner mit anschaulicher Darstellung fast aller Jonglagetechniken.)

Christoph HEINZLE: Vom Werfen zum Denken - dazwischen Balance. Ein Arbeitsbuch. 3. Aufl. 1995.
(Leider nur im Eigenverlag erschienen: Kirchdorf 128, A-6933 Doren, Österreich. Gut für die Anfängerausbildung.)

Bernd OBERSCHACHTSIEK: Kunststücke mit Jongliertellern, in: Grundschulunterricht, Heft 4/1998.
(Enthält Kopiervorlagen mit zahlreichen Kunststücken.)

Bernd OBERSCHACHTSIEK: Jongliermaterialien bringen Schwung in die Schule, in: R. Klupsch-Sahlmann, Bewegtes Lernen und Leben in der Grundschule. Cornelsen-Scriptor 1998.
(Enthält zahlreiche Spiele mit allen hier vorgestellten Jongliermaterialien.)

KASKADE: Europäische Jonglierzeitschrift, vier Ausgaben p. Jahr, Bezug: Gabi & Paul Keast, Schönbergstr. 92, 65199 Wiesbaden, Tel. 0611/94 65 142.

Spezielle Jonglierliteratur vertreiben etliche Jongliergeschäfte, die alle regelmäßig in der Zeitschrift KASKADE inserieren. Man kann von ihnen zum Teil umfangreiche Kataloge und Literaturlisten anfordern und Materialien auf dem Versandweg bestellen. Hier eine Auswahl von Adressen:

Knallfrosch, Klosterstr. 2, 59227 Ahlen, Tel. 02382/8 00 80.
ballaballa, Zülpicher Str. 39, 50674 Köln, Tel. 0221/92 31 245.
Pappnase, Von-Essen-Str. 76, 22081 Hamburg, Tel. 040/29 12 97 (auch in München und Frankfurt).
Henry's Jonglierbedarf, Adlerstr. 27a, 76133 Karlsruhe, Tel. 0721/35 94 03.
Jonglerie, Hasenheide 54, 10967 Berlin, Tel. 030/69 18 769.
Und viele andere mehr in großen und kleinen Städten.

Udo v. Grabowiecki

Spielerische Äquilibristik

Einleitung

Betrachtet man die zirzensischen Körperkünste zunächst ganz global, so stellt man fest, dass eigentlich überall das Gleichgewicht eine mehr oder weniger zentrale und entscheidende Rolle spielt. Balancierfähigkeit ist also sozusagen eine alles überstrahlende Fähigkeit, die sich nur schwer exakt strukturieren lässt, weil so unendlich viele Kombinationen möglich sind und die Artisten immer wieder neue kreative, verblüffende Balanciersituationen finden. Gleichgewicht zu halten gehört mit zum ältesten menschlichen Bestreben, mit der Umwelt über den Körper in Beziehung zu treten. Nicht nur die Tatsache, dass angstfreies Balancieren ehemals (und bei Naturvölkern heute noch) zu den lebensnotwendigen Fähigkeiten gehörte, wie etwa auf einem Baumstamm oder einer engen Hängebrücke über einen Fluss zu gehen (Flucht, Abkürzung, Transport), sondern auch die Zweckmäßigkeit, z.B. ein größeres Gewicht auf dem Kopf zu balancieren, um die Hände frei zu haben (noch dazu mit

Foto 5.1

natürlicher Eleganz, Anmut und Grazie), veranlasste die Menschen schon immer und immer wieder, die Balancierfähigkeit zur Kunstfertigkeit weiterzuentwickeln. Die Spannung und das Spiel zwischen Gleichgewicht halten und verlieren motiviert noch heute auf der ganzen Welt (besonders die Kinder), trotz und wegen all den Einflussgrößen und Kräften, die das Gleichgewicht stören (wollen), immer wieder in der Balance zu bleiben.

Sei es auf dem Drahtseil und den vielen variablen und spielerischen Hinführungsmöglichkeiten über schräg gestellte Reckstangen und (umgedrehte) Langbänke, die man auf phantasievolle Weise mit Kastenteilen arrangieren kann, oder sei es auf dem Einrad, auf Stelzen, auf einer Leiter, einer Laufkugel, (Telefon-) Kabeltrommel, einer Menschenpyramide oder auf anderen wackeligen Gegenständen; immer wieder fordert es einen heraus, diesen Kräften zu trotzen. Die Fuß- und Handjongleure treiben ein ähnliches Schwerkraftspiel mit ihren verschiedenartigen Gegenständen.

Der Begriff „Akrobatik", der im Altgriechischen den „Zehengänger", also den Seiltänzer bezeichnete, verrät, dass es ausgerechnet das Spielen mit dem Gleichgewicht sein musste, das als Fähigkeit den meisten Körperkünsten zugrunde gelegt wird. Bei den Gleichgewichtsdisziplinen geht es gerade um die Ausbildung der Fähigkeit, auch unter künstlich erschwerten Bedingungen, die Balance noch zu behalten. Unzählige Artisten auf der ganzen Welt zeigen uns, dass dabei immer wieder extreme Leistungen erreicht werden, die einem den Atem stocken lassen.

In der Tierwelt sind diese Fähigkeiten a priori schon auf sehr hohem Niveau angelegt, was man durch Dressur im Zirkus den Menschen immer wieder anschaulich vorführt und von Seehunden, Delfinen, Elefanten, Affen, Hunden, Löwen, aber auch Tauben, Papageien usw. hinreichend kennt. Aber kehren wir wieder zurück in die Manege und sehen wir, was es alles an unterschiedlichen Balanceformen gibt.

Prinzipiell unterscheidet man beim Balancieren (auch „Äquilibristik" oder „Equilibristik" genannt), ob man *auf etwas* oder ob man *etwas* balanciert. Natürlich sieht man im Zirkus/Revue/Varieté meist beides zusammen – und obendrein werden noch weitere Mehrfachhandlungen dazugeschaltet: z.B. drei Golfschläger mit zwei Golfbällen, in geschickter Weise arrangiert, werden auf der Stirn balanciert, zusätzlich wird noch Geige gespielt (Duo „Lanca").

Viele Äquilibristikformen, die auf dem Boden („Parterre") gezeigt werden oder auf stabilen oder labilen Geräten, die auf festem Boden stehen, , sieht man in Variationen bei der Luftakrobatik wieder. So z.B. Einrad, (Stuhl-)Handstände auf dem Hochseil, auf der Perche (Stange auf der Schulter oder am Bauch gehalten), am Trapez, oder auf sich drehenden Riesenrädern usw. Innerhalb der Parterre-Äquilibristik unterscheidet man Formen wie Handstand-, Leiter- und Stuhl-Äquilibristik, Kugel-, Rad-, Rola- (=Wackelbrett-) Äquilibristik sowie Kopfbalancen (Stirn-, Kinn- und Mundbalancen), um nur die häufigsten Formen zu nennen.

In diesem Kapitel soll insbesondere Rola, Einrad, Drahtseil und das Kugellaufen näher beschrieben werden, zumal sich diese Geräte in letzter Zeit steigender Beliebtheit erfreuen.

Um die Balancierfähigkeit spielerisch zu schulen, gibt es fast unendlich viele Möglichkeiten, von denen einige exemplarisch beschrieben werden. Es versteht sich von selbst, dass Vorgaben dazu da sind, dass man sie bewusst erkennt, um Varianten zu erdenken und auszuprobieren, also aktiv kreativ zu werden, sodass nicht gleich in der dritten Stunde Eintönigkeit um sich greift.

Ein Balanciergarten, -Studio, eine Gleichgewichtsecke, -Parcours oder Bewegungsbaustelle wird im Übungsraum oder auf einem Platz aufgebaut: Reck- und Badmintonstangen, Barrenholme, umgedrehte Langbänke, Dielen, Schwebebalken, Hockeybegrenzungsbalken (ca. 3 m lange Holzbalken, quadratisch, ca. 10 cm breit) etc. werden in der Halle ausgelegt und mit kleinen und großen Kästen sowie Autoreifen und LKW-Schläuchen, in vielfältiger Weise verbunden (normal, hochkant, parallel oder schief gestellt).

Holme und Stangen können entweder geklemmt, auf Schaumstoffreste gelegt oder/und von einem Partner fixiert werden, damit bei etwaigem Abrutschen keine Verletzungsgefahr entsteht. Je nach vorhandenem (ausgeliehenem oder angeschafftem) Material konstruiert man Schaukel- und Wackelstege, am besten gleich in Verbindung mit Tauen, Seilen, Sprossenwand, Leitern etc., umgedrehte Langbänke auf Reckhülsen, die auf kleinen Kästchen liegen u.v.a.m. Sofern es das Engagement zulässt und man über die jeweiligen Geräte verfügen kann, bieten solche „Anlagen" vielseitige, teilweise unersetzbare Grunderfahrungen für die Kinder.

Abb. 5.1

Als Eingewöhnung lässt man die Kinder auf Sprungseilen, Tauen oder auf Linien gehen, die es in einer Sporthalle genug gibt. Hin und wieder dürfen sie einige Schritte mit geschlossenen Augen gehen, um anschließend zu sehen, wie gut sie geradeaus gehen können. Jetzt können sie auf Reckstangen laufen, die am Boden liegen und sich in allen möglichen Gangarten fortbewegen; vielleicht lösen sie auch schon Zusatzaufgaben wie einen Devilstick auf den Handstäben zu halten, zwei Jongliertücher zu werfen und zu fangen, ein bisschen mit zwei bzw. drei Ringen zu jonglieren oder sie am Arm oder Bein kreisen zu lassen. Sie können versuchen, einen Ball zu prellen, werfen oder fangen, z.B. zu einem Partner, der am Boden steht oder auf einer (gegenüberliegenden) Stange balanciert (Abb. 5.2).

Ohne viel Aufwand lassen sich Balancesituationen mit einem gut gestrafften Feuer-wehrschlauch schaffen. Auch der „Therapiekreisel" und zusammengeklebte oder -gelegte Autoreifen eignen sich gut, vielfältige Gleichgewichtserfahrung im Umgang mit interessanten Materialien zu machen. Weitere Anregungen siehe Kapitel „Drahtseil", S. 131ff.

Abb. 5.2

1. Rola

Rola als äquilibristische Zirkusdisziplin besteht zunächst aus einem selbst präparierten Brett, das auf einer Rolle liegt. Beim Draufstehen kommt es darauf an, das Hin- und Her-rollen beherrschen zu lernen, ohne gleich aus dem Gleichgewicht zu kommen und abstei-gen zu müssen. Das ruhige Draufstehen kommt erst nach einiger Übung von selbst, wenn die unwillkürlichen Ausgleichsmechanismen unseres wunderbaren Gleichgewichtserhal-tungssystems automatisiert sind, sodass dann auch „Störfaktoren" dazukommen können, wie z.B. ein 2., 3. oder 4. Brett, eine zweite Rolle rechtwinklig darüber, Mehrfachhandlun-gen, wie dazu noch sprechen, rechnen, erzählen, bald auch Jonglieren, Handgeschicklich-keiten, zusätzliche Balancen, andere Körperpositionen, zu zweit etc.

Um das Verletzungsrisiko auszuschalten, braucht man ein leicht präpariertes Brett (s.u.), unbedingte Hilfestellung und eine schrittweise Schwierigkeitssteigerung.

Als allererstes sollte man sich also versichern, ob das Brett eine funktionsfähige „Bremse" hat, d.h. jeweils am Ende des Brettes sollte eine 1-2 cm dicke Leiste angeschraubt sein, die ein unkontrolliertes Weiterlaufen des Brettes über die Rolle verhindert und damit eventuel-len Stürzen vorbeugt (Abb. 5.3).

Gewölbte oder leicht verzogene Bretter verdrehen sich leicht auf der Rolle und sind ungeeignet. Auf glatte Bretter und/oder Rolas kann man je 2-3 Streifen velourähnliches Klebeband aufbringen.

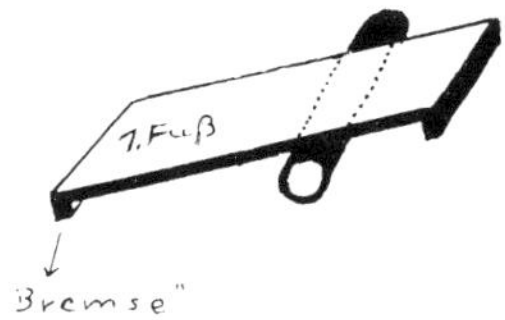

Manche Rollen sind für bestimmte Hallenböden oder glatte Unterlagen ebenfalls ungeeignet. Auch hierbei kann man sich durch Aufbringen von Dekomaterial an den Enden der Rolle behelfen, oder man legt erst ein großes Brett auf die Wiese, den Weg oder wo man üben will, und legt hierauf die Rola (Rolle + Brett). Die Gerätemaße (Rollendurchmesser, -länge und -dicke, Brettmaße) können wie folgt sein:

Abb. 5.3

5 mm dickes PVC-Hartplastikrohr oder Kunststoffwasserrohre mit mind. 12 cm Durchmesser bei ca. 30-50 cm Länge. Man bekommt solche Rollen oder Rohre bei Firmen, die Leitungs- oder Kabelrohre herstellen, besser noch, man versucht auf einer Baustelle oder im Baumarkt, kleine Reststücke zu bekommen. Jede metallverarbeitende Werkstatt hat sicher einige Stahlrohre verschiedener Dicke. Die Kartonrolle soll 10-12 mm dick sein. Auch kann man bei Zeitungsverlagen (Makulaturpapierrolle) und größeren Teppichgeschäften anfragen, die Rollen entsprechend in der gewünschten Länge durchsägen und notfalls mit Eishockeypuck-ähnlichen Stücken, Holzzylinder o.ä. verstärken.

Das Brett sollte mindestens 2 cm dick und mit oben erwähnten „Bremsen" ausgestattet sein. Bei der Länge bzw. Breite reichen für Erwachsene ca. 60-70 auf 30-35 cm; für Kinder sollte man auch entsprechend kleinere Bretter verwenden. Auf die Bretter kann man alte Teppichreste kleben oder/und einen Ideenzettel mit beschriebenen/gezeichneten Übungen...

Es ist gut, wenn man gleich mehrere und verschieden große Bretter hat, auch verschieden große Rollen mit unterschiedlichem Durchmesser, denn dann können und wollen die Kinder schon nach $1/4$ Std. auf 2-4 Brettern übereinander balancieren. Dazwischen sind jeweils zwei Zigarrenkisten oder Handstandklötzchen. Das sind keine „Fabelwerte", sondern langjährige reelle Erfahrungswerte. Manchmal ist es sogar leichter, gleich auf zwei Etagen anzufangen! – Versuchen Sie's! No risk, no fun; Hilfestellung ist ja immer parat!

Methodische Tips für die ersten Übungen

Kein Kind darf ohne vorherige Einweisung auf die Rola, wenn es noch nie drauf gestanden hat! Anfänger brauchen unbedingt eine Anleitung (und Hilfestellung), sonst gehen sie nach dem ersten (logischen) Sturz nur ungern wieder an dieses herrliche Gerät!

Viele Kinder möchten gerne da zuerst aufsteigen, wo das Brett direkt über der Rolle liegt ... Das kann wehtun ...!Man sollte tunlichst den 1. Fuß da aufsetzen, wo nur das Brett am Boden liegt.

Abb. 5.4

Bei den ersten Versuchen hält man sich am besten gegenseitig am Unterarm fest, die Arme werden zum Abstützen auf die Unterarme des Partners gelegt. So wird vermieden, dass allzu lange mit den Armen ausgeglichen wird, die jetzt zwar noch kräftig aufstützen, die man aber später z.B. zum Jonglieren braucht. Die Schultern sollen möglichst locker bleiben (Abb. 5.4).

Tip:
Beine ein wenig beugen, dass sie wie Stoßdämpfer nachgeben und ausgleichen. Dabei immer eine leichte Rumpfspannung behalten, d.h. eine leichte „Bauchpresse" machen bzw. leicht 'hüsteln'.

Zwischendurch soll das Kind auch lernen, alleine ins kontrollierte Rollen hochzukommen: den Schwerpunkt ein bisschen verlagern und einige ruckelnde Bewegungen reichen meist schon. Es kommt beim Üben häufig vor, dass das Brett nach links oder rechts auf den Boden kommt, und von hier muss das Kind dann selbst hochkommen.

Bald braucht die Hilfestellung nur noch einen Finger hinzuhalten, oder die Hand braucht nur nur bei Bedarf gehalten zu werden. Auch kann man jetzt gegenüber zu zweit jeder auf seiner Rola stehen und bei Bedarf Halt beim Partner suchen. Die Rolas sollten dann so hingelegt werden, dass sie in Mittelstellung genau gegenüberliegen, sonst stützt man sich immer nur in schiefen und schlechten Positionen ab.

Man kann dies auch erweitern auf ca. sechs Leute, die sich bei Bedarf an den Händen festhalten und z.B. auf Kommando mit einer $1/4$-Drehung in Skateboardhaltung kommen, ansonsten unterschiedlichste Gegenstände hin- und herwerfen u.v.a.m.

All das fördert den Spaß, die Kommunikation, den ungezwungenen Umgang miteinander und das spielerische Vertrautwerden mit dem Gerät. Auf diese Weise wurde schon manche artistische Idee geboren ...

Für absolute Individualisten sei noch die Stockhilfe erwähnt – nicht als Sanktion, sondern als Stützhilfe! Man stützt sich nach Bedarf auf je einen Stock rechts und links und hat so eine lange Übungs- und Anpassungszeit an diese neue Gleichgewichtssituation. Man sollte sich aber nicht allzu lange stützen, sonst kommt, wie schon erwähnt, das Gleichgewichtserhaltungssystem nicht in Gang (Abb. 5.4b).

In einem weiteren Schritt fixiert die Hilfestellung die Hüfte des Balancierenden, sodass der Ausgleich nur von den Beinen kommt. Man kann auch immer wieder auffordern, locker in Schultern und Armen zu bleiben, sonst gelingen die vielfältigen Zusatzaufgaben wie Mund-, Stirn- und Kopfbalancen, Jonglieren und Handgeschicklichkeiten o.ä. nur mühsam. Ab der Hüfte aufwärts bleibt alles ruhig; erst ab Hüfte abwärts wird alles wie Stoßdämpfer ausgeglichen. Spätestens jetzt kann man anhand von Rechenaufgaben, die immer zum Lachen anregen, zeigen, wie der Körper reagiert, wenn sozusagen im selben Kopf noch andere Aufgaben als „nur" Gleichgewichthalten gesteuert und möglichst richtig gelöst werden sollen. Nun können auch einmal die Augen geschlossen werden. So kommen zusätzlich Vertrauen und bewusstes Körpergefühl ins Spiel, außerdem lernen die Beine mehr 'sehen', was und wie sie das Gleichgewicht ausbalancieren müssen.

Zusätzlich kann die Hilfestellung jetzt auf der Rückenseite die hinten verschränkten Hände mit dem Hüftgriff 'einsperren' und zwischendurch korrigierend (bremsend, führend) an Schulter oder wieder an der Hüfte halten, wobei der Übende ebenfalls die Augen schließen kann. Zwischendrin lässt die Hilfestellung die Hüfte leicht los, signalisiert aber die ständige Präsenz durch zeitweise antippende Berührung.

Wenn's kritisch wird, rechtzeitig und weich mit einer $1/4$-Drehung 'abspringen', sonst rutscht man über die Rolle oder fällt womöglich darauf.

Schon nach wenigen Minuten kann und will es der Balancierende alleine versuchen. Ein Kasten, Handballtor- oder Reckpfosten, Volleyballnetzpfosten oder die Sprossenwand, woran man sich bei Bedarf halten kann, „ersetzt" dann den Helfer. Oft reicht es auch, wenn man nur vor der Wand stehend übt und bei Bedarf an die Wand tippt.

Bei einer anderen, eher fortgeschritteneren Tecknik, lässt man die Beine gestreckt und gleicht nur mit der Hüfte aus. Das erfordert sehr frühes Erkennen und Gegensteuern, noch bevor die Rola allzu weit ausschlägt. Man wendet diese Technik an, um längere Zeit mit Partner auf der Schulter „arbeiten" zu können.

Einige Tricks, Übungen und Ideen

- Auf dem Brett „hüpfeln" d.h. ohne den Fußkontakt mit dem Brett zu verlieren, es durch kurzzeitige Entlastung leicht nach links oder rechts ausrichten.

- Auf der Rola sitzen und mit gehockten oder gar gestreckten Beinen die Arme auf Handstandklötzchen zum freien Schwebestütz durchstrecken („Vorhebhalte") Abb. 4d.

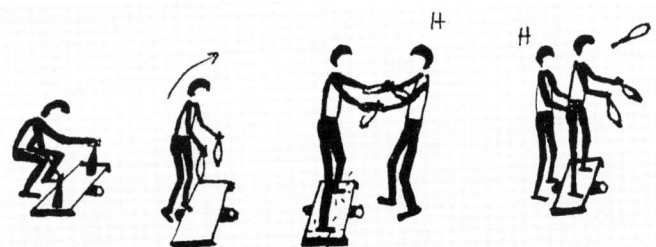

Abb. 5.5 a-d

- Gegenstände aufheben (Ball, Keule, Jongliertuch, Diabolo, Devilstick, Zigarrenkiste ...).

- *Aufspringen*: Vor das Brett treten, es in Kauerstellung an beiden Enden mit ausgestreckten Fingern oder zwei Keulen o.ä. ruhig halten, dann mit einem kleinen Sprung
aufhocken, um gleich in gewohnter Manier das Gleichgewicht zu finden. Anfangs
steht eine Hilfestellung (leichte Hockstellung und Kopf hoch!) und hält ihre Unterarme mit offener Handfläche bereit, falls der Springende sich festhalten muss. Die Hilfe
kann aber auch nur von hinten die Hüfte absichern, damit unmittelbar nach geglück-
tem Aufspringen, z.B. mit Keulenjonglage begonnen werden kann. (*Abb. 5.5 a-d*)

- Im Hockstand balancieren, Beine innen oder
Hände innen, dann ein Bein, je nachdem, nach
hinten oder vorne ausstrecken.
- Schritthocke rechts/links

Abb. 5.6 a, b

- Einseitig etwas enger auf dem (längeren) Brett
stehen und Gegenstände vom Brettende leicht
hochschleudern und fangen, indem man mit
dem Bein auf der anderen Seite kurz das Brett
herunterdrückt (Abb. 5.7 a und b).

Abb. 5.7 a   b

Natürlich kann (clownesk inszeniert) ein Partner, der neben einer weiteren Rola steht
(ca. 2 m entfernt) durch Tritt aufs Brett z.B. gleich drei Bälle hochschleudern ...

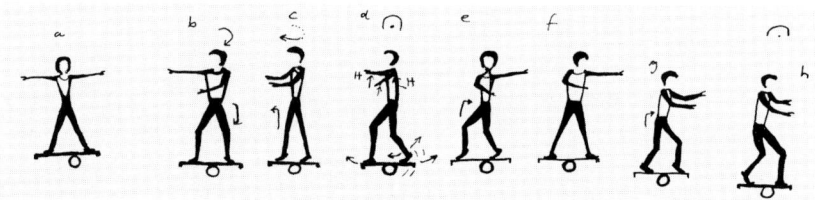

Abb. 5.8 a-h

- Eine ganz andere Gleichgewichtssituation erreicht man dadurch, dass man eine $1/4$-Drehung nach links, und dann natürlich auch nach rechts macht (Abb. 5.8 a-h). So steht man wie auf einem Skateboard. Dazu ist anfangs unbedingt an beiden Seiten eine Hilfe nötig (Handfläche auf Handfläche und Schulterstützgriff). Am einfachsten kann man nach kurzem Strecken in der Entlastung drehen. Die Ausgleichsaktion beim Rollen erfolgt hauptsächlich durch den hinteren Fuß, der am besten nur mit dem Ballen aufgesetzt wird.

Abb. 5.9

- Legt man das Brett zentriert auf die Rolle und geht mit einem Fuß rechtwinklig zur Rolle drauf, kann man auch auf einem Fuß stehend balancieren. Das Gewicht des anderen Fußes beim Ausgleichen reicht meist, um schon einige Sekunden oben zu bleiben. Aber hier auch wieder nur mit Hilfe, weil insbesondere eine Rücklage unangenehme Folgen haben kann, wenn man es nicht rechtzeitig erkennt und unkontrolliert abgehen müsste! (Abb. 5.9)

- Ohne große Probleme kann man – mit Hilfestellung – einen Grätschhandstand auf der Rola machen. Nicht um das Brett herumgreifen, ein Bodenkontakt könnte sonst wehtun! Am besten, man macht's gleich auf Handstandklötzchen, was 'virtuoser' aussieht, aber letztlich einfacher ist, weil man sich daran gut festhalten kann. Die Hilfe steht an der Rückenseite des Handstehenden und hält an den Oberschenkeln. Zum Abgehen einfach die Beine wieder zurückstoßen lassen (anfangs vielleicht noch 'umbauchen') und am besten in Schrittstellung landen (Abb. 5.10).

Abb. 5.10

- Legt man ein Brett auf einen Stuhl oder ein kleines Kästchen und stellt dann die Rola darauf, braucht man Assistenz beim Abspringen (an einer Seite das Brett kurz festhalten), sonst könnte es ein schwieriger oder folgenschwerer Abgang werden ... (Abb. 5.11).

Abb. 5.11

- Als kleine Sensation kann man statt auf einer Rolle auf einem Kastenzwischenteil balancieren, braucht dazu aber schon ein bisschen Eigengewicht, an beiden Seiten Helfer, die den Kastenteil mitführen und die vor dem Absprung kurz festhalten. Vorne steht anfangs ein „Fänger" und hinten auch eine Sicherheitshilfe (Abb. 5.12 a, b).

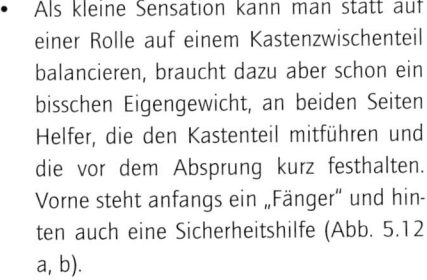  

Abb. 5.12 a   b

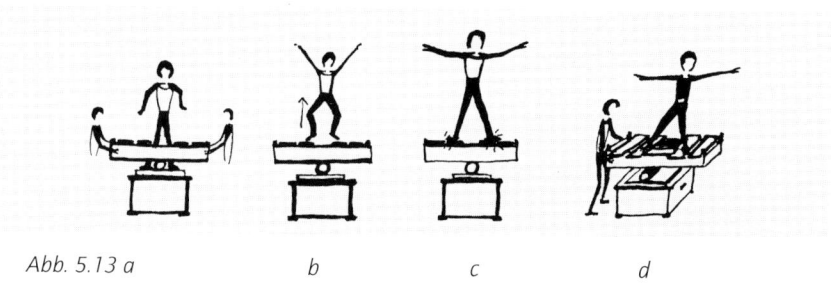

Abb. 5.13 a   b   c   d

Variation zu diesem Trick:

- Man legt den Kastenteil quer und springt auf zwei Bretter drauf, die rechts und links aufliegen. Damit diese nicht wegrutschen, kann man je 1-2 weitere Bretter anlegen, die durch die Holzzapfen am Ende nicht mehr wegrutschen können.

- Wenn z.B. auf einem Tisch genug Platz für einen 'Normal-Aufstieg' vorhanden ist, kann man auch nach $^1/_4$-Drehung heruntergehen und so seine Übung elegant beenden.

- Mit $^1/_2$-Drehung auf das Brett springen: Man steht zunächst mit dem Rücken zum Brett. Ein Assistent hält das Brett in Position und gibt ein kurzes Signal zum Springen.

- $^1/_2$-Drehung auf dem Brett (schöner Trick!): Diese eher geführte Bewegung kann in vier Schritten eingeübt werden, es sei denn, manche Kinder machen es intuitiv oder per Imitation des perfekten Vormachens gleich richtig nach. Wenn nicht, bzw. für die Erwachsenen/Übungsleiter, hier lieber die vier methodischen Schritte:

1. Um seine „Schokoladendrehseite" herauszufinden, stellt man sich leicht gegrätscht auf den Boden, geht etwas in die Knie, verwringt den Oberkörper leicht nach einer Seite und beginnt jetzt, in dieser leicht abgesenkten Position die Drehung zur anderen Seite einzuleiten. In dem Moment, wo der Oberkörper nicht mehr weiterdrehen kann, werden sozusagen die Beine nachgezogen/nachgedreht, wobei fast überhaupt nicht abgesprungen werden soll, sonst ist das Brett bis zum Landezeitpunkt womöglich wo

ganz anders und man landet auch 'woanders', nur nicht auf dem Brett! Kurz vor dem Nachziehen der Beine auf die Rolle sehen, damit die Orientierung gewährleistet ist.

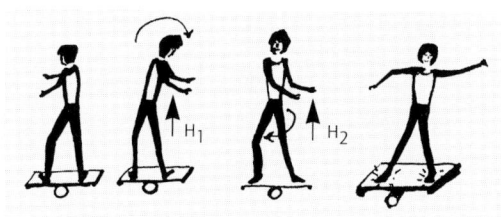

Abb. 5.14 a-d

2. Dasselbe Spiel auf einem „liegenden" Rolabrett ohne Rolle. Die Grätschöffnung der Beine bleibt beim „geführten" 'Minisprung' erhalten.

3. Wiederum mindestens zehn Mal möglichst die gleiche Übung auf einer noch ruhenden Rola. Die Landung erfolgt also jeweils nach beiden Seiten noch auf dem ruhenden, aber schiefem Brett.

4. Nun auf der „lebenden" Rola. Jetzt ist es gut, wenn das Brett so gut kontrolliert wird, dass es ziemlich ruhig liegt. Dann etwas tief gehen, zur Gegenseite „Schwung" holen, eine langsame, gleichmäßig gezogene Drehung in die Zielrichtung machen, Blick zur Rolle, Beine nachziehen und ausgleichen – geschafft ... Bravo! Ein Helfer stützt nach einer 1/4 - Drehung den ersten Unterarm, der zweite kommt von ganz alleine schnell genug in die Hand des Helfers. Nach ca. 10-20 Versuchen stellt man sich mit dem Rücken vor die Sprossenwand und versucht, diesen Trick alleine zu machen, wobei man sich bei Bedarf an den Sprossen halten kann.

Die häufigsten Fehler sind hierbei:
- zu früh mit ziehen/springen begonnen,
- es wurde abgesprungen anstatt nachgezogen,
- zu hoch (ab)gesprungen.
- Füße wurden geschlossen.

Auch kann man einmal versuchen, durch einen Reifen durchzusteigen. (Abb. 5.15 a-f)

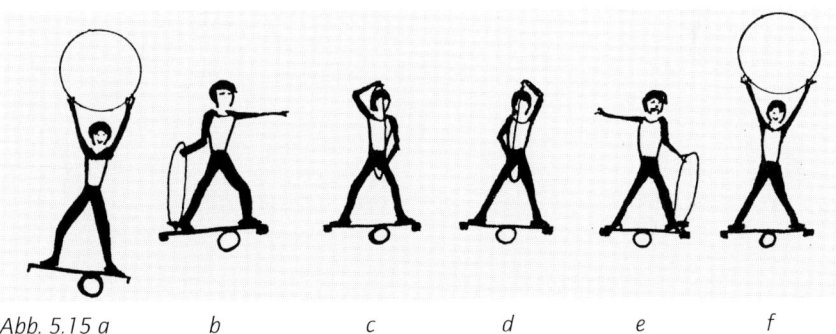

Abb. 5.15 a   b   c   d   e   f

Zum Seilspringen wird's nach einiger Zeit auch schon kommen. Erst einmal, wenn das Brett einigermaßen ruhig ist, kurz hochspringen (nur ca. 3-5 cm), dann wie wild ausgleichen – das braucht man später. Anschließend 2-3-mal springen usw. Danach kommt die schrittweise 'Arbeit' mit dem Seil, das entsprechende Timing, gekoppelt mit dem zeitweisen Schließen der Beine und sofortigen Aufmachen zur Landung mit Ausgleichen.

Übungen/Tricks mit Partner

Abb. 5.16

* Kinder oder den Partner auf ein breiteres Brett mit aufnehmen. Der Leichtere, meist auch der Kleinere, sollte möglichst passiv drauf stehen. Die Position kann so sein, dass beide in die gleiche Richtung blicken, also hintereinander oder eben auch gegenüberstehen in Tanz- oder Umarmungshaltung (Abb. 5.16).

Will man nebeneinander stehen, so entsteht ein ganz anderes Gleichgewichtsgefühl: Es geht kaum hin und her, sondern 'nur' auf und ab, ist aber eine tolle Erfahrung.
Aufstieg: Das Brett fast mit seiner Mitte auf die Rolle legen. Der Leichtere geht zuerst mit beiden Füßen auf die Hälfte des Brettes. Dann steigt der Schwerere auf. Beide legen je einen Arm um des Partners Hüfte, die andere jeweils auf einen Unterarm einer Hilfestellung, der darauf gefasst sein muss, fest und stark halten zu müssen, sobald der letzte Fuß auf die Rola kommt; daher muss auch je eine Schulter unterstützt werden, sonst geht's bei Gleichgewichtsverlust ganz schnell abwärts! (Abb. 5.17 a, b)

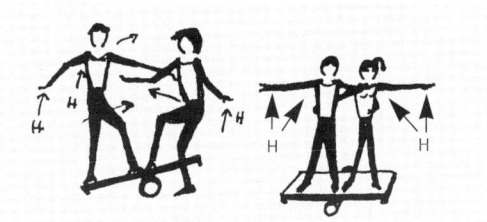

Abb. 5.17 a, b

* Jemanden auf die Schulter setzen und aufs Rola steigen. Fortgeschrittenere können das Kind vom Rola direkt hochheben und über den Kopf auf die Schulter setzen. Zur Sicherheit sollte hinten jemand stehen. Der Unterpartner (UP) dreht zum Beispiel 4-6 chinesische Teller an – oder lässt sie sich von Assistenten geben – und gibt sie jeweils in die linke und rechte Hand nach oben. Anschließend kann er noch mit drei Bällen oder Keulen jonglieren, Devilstick drehen, Ringe-Passing machen o.ä.

Abb. 5.18

* Bei günstiger Gewichtsrelation kann ein Oberpartner (OP) auch ganz auf die Schulter steigen. Zuerst wird natürlich der beidseitige Handkontakt behalten. Nach einiger Zeit kann UP zuerst mit einer, dann mit der anderen Hand in die Kniekehle von OP fassen und ihn aktiv auf seine Schultern drücken. Das erfordert einmal eine Beherrschung der Rolatechnik, zum anderen muss die Aufschultertechnik aus dem Schultersitzen gut

geübt sein. Auch muss ein langsames Abgehen mit Partner vom Rola geübt werden. Natürlich steht immer mindestens eine Hilfe hinten, eine vorne! (Abb. 5.19 a, b)

Abb. 5.19 a   b

- Einen Handstandpartner mit den Unterschenkeln über die Schulter hinter dem Hals einhaken lassen und so auf die Rola gehen oder erst auf der Rola in den Handstand aufschwingen lassen. Der (ehemalige Handstand-) Partner braucht sich jetzt nicht mehr mit den Händen auf das Brett aufzustützen und kann z.B. am Unterarm Ringe drehen, verkehrt herum jonglieren oder seinem „Träger" die Hände reichen. Zwischendurch kann UP wieder verschiedene Mehrfachhandlungen vorführen. Nach Abgabe der Utensilien (Ringe, Bälle ...) an die Assistenten erfolgt der 'Abgang' über einen flüchtigen Handstand auf dem Rola, und wie es sich nach solch einer Nummer gehört: anständig verneigen, denn das ist bei wenig Übung mit hoher Wahrscheinlichkeit ein gut gelungener Trick! Dabei muss man noch nicht mal einen Handstand können, aber bei dieser Gelegenheit vielleicht üben möchte – auch ein guter (intendierter) Nebeneffekt (Abb. 5.20).

Abb 5.20

- Schenkelstand auf dem Partner:
  - Dieser Trick kann über den Schultersitz entwickelt werden, wobei OP sehr behutsam, durch festen Griff an den Händen, langsam über den Kopf von UP auf die Schenkel steigt. OP muss passiv und nachgebend auf den wackelnden Schenkel stehen, nicht aktiv ausgleichen!

  - Die andere Möglichkeit ist, OP von vorne aufzunehmen. Das bedeutet, dass UP fähig sein muss, in der Hockstellung volle Kontrolle über die Rola zu haben. Mit

Abb. 5.21 a   b   c

einem leichten aktiven Absprung von OP (auf der Rola oder davor stehend) wird OP behutsam auf die ständig ausgleichenden Oberschenkel gesetzt. – Ein sehenswerter Trick, den zu üben es sich lohnt!

Mehrere Etagen, mehrere Rollen

Damit werden jetzt die Möglichkeiten erweitert und langsam zu „wirklichen", schon zirzensischen Kunststücken ausgebaut, indem mehrere Etagen aufgebaut, zwei Rollen rechtwinklig übereinander gelegt werden oder eine erste breitere Rolle senkrecht auf den Boden gestellt wird (Abb. 5.22 a-c).

Abb. 5.*22 a*   *b*   *c*

Aufstieg mit Hand und Fuß: Da in der Nähe meist Zigarrenkisten liegen, kann man diese verwenden und flach oder auf die Kante an die Enden des Brettes legen, um noch ein weiteres oder zwei weitere Bretter darauf zu legen. Nun kann man entweder sofort weich darauf springen (mit Hilfe an den Unterarmen und von hinten an der Hüfte!) oder etwas dramatischer den Aufstieg 'zelebrieren':

Die Rola wird leicht von der Mitte verrutscht, so dass ein Hebelverhältnis von $^2/_5$ zu $^3/_5$ entsteht. Zuerst den rechten Fuß am kurzen Hebel aufsetzen, die linke Hand auf der anderen Seite (mit Daumen nach vorne); dann langsam den Körper über die Rola bringen und in etwa doppelt so viel Gewicht auf den rechten Fuß (kurzer Hebel) wie auf die linke Hand bringen. Die freie rechte Hand kann sich an einer Helferschulter abstützen (wird bald nicht mehr nötig sein). Mittlerweile ist der linke Fuß entlastet und wird an die linke Hand gesetzt. Jetzt kann man sich auch mit der linken Hand bei Bedarf festhalten.

Der Rest ist Routine bzw. Übung, d.h. man muss lernen, wie viel Gewicht nach rechts asymmetrisch verlagert werden muss, wie viel auf der Hand sein soll und wie weit man demzufolge die Rolle am Anfang aus der Mitte nehmen muss. Das sollte man auch zwischendurch immer wieder üben (Abb. 5.23 a-c)

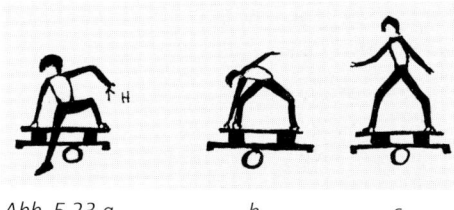

Abb. 5.23 *a*   *b*   *c*

Längerfristig könnte man sich die Bretter vorfertigen und z.B. bierglasgroße Kreise in die Bretter hineinfräsen oder im entsprechenden Durchmesser einen Holzkreis unten und eine

kleine runde Holzplatte oben am nächsten Brett aufschrauben oder
-kleben. Für die jeweiligen Etagen kann man sich ein spezielles Brett
anfertigen mit je zwei Holzklötzchen an den Enden nach oben und
unten angeschraubt (Abb. 5.24).

Abb. 5.24

Ansonsten kann man Zigarrenkisten
flach, an der Seitenkante oder gar hochkant (dann aber je zwei Kisten nebeneinander) auflegen oder auf die
(soeben benutzten) Handstandklötzchen weitere Bretter legen (Abb. 5.25
a, b).

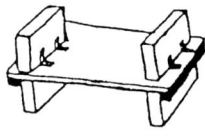 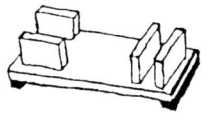

Abb. 5.25 a   *b*

Je nach Anzahl der Etagen reduziert sich normalerweise die Anzahl der zu jonglierenden
Gegenstände: zwei Etagen, vier oder fünf Bälle; drei Etagen vielleicht drei Keulen; vier Etagen drei Bälle. Als Gag kann man selbstverständlich eine Nummer gerade andersherum
aufbauen, sodass auf der zweiten Etage 'schon' mit zwei Bällen, auf der 4. mit vier Ringen
und auf fünf Brettern dann wirklich mit fünf Bällen jongliert wird (Abb. 5.26 a-h).

Abb. 5.26 a   b   c   d   e   f   g   h

2 und 1: Zunächst zwei längere Rollen mit kleinerem Durchmesser im Abstand von ca. 30 cm
parallel nebeneinander legen und eine größere und längere Rolle rechtwinklig darauf legen.
Dann wird das Brett zuerst optimal in die Mitte aufgelegt, zum Aufsteigen nach einer Seite
abgerollt und gleich ein Fuß darauf gestellt (Abb. 5.27 a, b).

Mit einer Hilfe- oder Sicherheitsstellung kann man nach wenigen Versuchen schon alleine und ohne vorheriges Abrollen des Brettes z.B. mit der „Hand-und-Fuß-Technik" aufgehen. Es sollte dennoch immer eine
Hilfe mit ausgestreckten Armen bereit-
stehen – oder man geht wieder an die
Sprossenwand.

Abb. 5.27 a   *b*

1 und 1: Nach einiger Zeit rollt die Hilfe die vordere untere Rolle hinter sich weg, sodass der Übende jetzt wie auf einem Einrad plötzlich alle Freiheitsgrade mit den Füßen nach allen Richtungen ausgleichen kann/muss. Es ist eine überaus reizvolle, aber auch für die Hilfestellung manchmal anstrengende Angelegenheit. Will der Übende seinen Partner schonen, kann er wieder vor der Sprossenwand weitermachen (Abb. 5.28).

Abb. 5.28 a, b

Für besonders Kühne sei der Trick mit der senkrecht aufgestellten unteren Rolle empfohlen, auf der die bisherige 'normale' Rola aufgelegt wird. Ist die untere Rolle nicht höher als 30 cm und hat einen Durchmesser von ca. 25 cm, so entspricht das der Strecke, die eine normale Rolle beim Hin- und Herrollen am Boden benötigt. Das Problem ist nur das Hinaufkommen, was sich aber mit Assistenz leicht lösen lässt: Die Hilfe hält das Brett, während der Artist einfach darauf springt. Ansonsten kann man wieder vor der Sprossenwand üben. Vor dem Herunterspringen wird wieder das Brett kurz festgehalten (Abb. 5.29).

Installation eines ständigen Rolas

Abb. 5.29

Eine Rola über ein Außenwandeck lässt sich einfach mittels zwei Karabinerhaken o.ä. als ständige Einrichtung z.B. für Pausensportaktivitäten installieren, indem ein Seil durch die Rolle gelegt und an den zwei Punkten befestigt wird. So braucht man nur noch ein Brett (mit 'Bremsen') und kann üben. Es kann auch gleichzeitig das Drahtseil sein, das man nach Verspannung, d.h. Anziehen der Doppelschrauben, als solches benutzen kann. Die Rolle kann man über die Verspannvorrichtung schieben ... (Abb. 5.30).

Schöner wäre es natürlich, es stünden einige Materialien zur Selbstbedienung, unter teilweiser fachgerechter Pausenaufsicht zur Verfügung. So könnten sich auch die Lehrer an diesen lohnenden Aktivitäten beteiligen und sich dann und wann von Schülern stützen lassen ...!

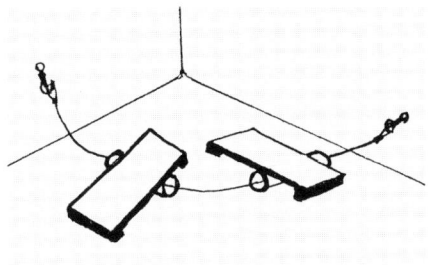

Abb. 5.30

2. Drahtseil

Ähnliche Strukturen für Methodik und Helferarrangements liegen beim spielerischen Üben zum Erlernen der Seiltechniken vor. Die Hilfestellung ist funktionell dieselbe wie in der Rola-Skateboardposition (Handfläche auf Handfläche, die andere Hand unterstützt die Schulter). Oder zum unkomplizierten Handstanderlernen kann man wie beim gegrätschten Rolahandstand verfahren. Also ran ans Gerät ..., aber zuerst einige Worte zum Aufbau.

Abgesehen von den gekauften professionellen Spannmechaniken und Drahtseilkonstruktionen ab 1.80 m bis zum Hochseil, die hier nicht behandelt werden (ebenso wenig wie Schräg- und Schlappseil), sind mit einfachen Mitteln am kniehohen Steifseil ähnliche Erfahrungen machbar. Auch ist der Schwierigkeitsgrad der Übungen jederzeit steigerbar. So kann man oft davon ausgehen, dass in einer Sporthalle Verspannvorrichtungen für Spannreck oder Stufenbarren vorhanden sind. Wenn nicht, lohnt es sich, von einer Nachbarhalle, Verein o.ä. einmal 2-6 Spannvorrichtungen auszuleihen. Das Seil sollte man selbst haben. Zur Zeit ist es eher selten, dass man eines geliehen bekommt, weil noch zu wenige eines besitzen. Es soll ein ca. 5-6 m langes, mindestens 1 cm dickes Seil mit professioneller Verspleißung an beiden Enden sein und am besten kunststoffummantelt. Bei einem Seiler kostet es ca. 100,- DM, manchmal auch weniger (Abb. 5.31). Natürlich kann es auch nur 3-4 m lang sein. Am besten beide kaufen und gleich einen Karabiner dazu, um sich eventuell zu verbinden. Dann ist man variabel und hat mehr davon. Mit einem Befestigungsseil für Surfbretter (3 m) kann man auch schon was anfangen.

Abb. 5.31

Nun sollte man in seiner Sporthalle einmal nachsehen oder gleich vermessen, wo welche Tennis-, Volleyball-, Badminton-, Sprossenwand- oder Reckhülsen mit der nächsten Hülse bzw. Bodenhaken kombinierbar sind. Nicht zu vergessen ist dabei die variable Länge der Verspannvorrichtung bzw. Umlenkung der Kettenglieder zu einem oder zwei der vier Bodenhaken für Spannreck/Stufenbarren. Diese Verspannvorrichtung mit den Kettengliedern kann man über einen Unterstellbock und dem anschließenden Seil zum nächsten Unterstellbock führen, über den die Kettenglieder zum nächsten Bodenhaken gespannt werden (Abb. 5.32).

Ein Unterstellbock kostet ca. 10,- DM im Baumarkt oder im Autoteile-Zubehörladen.

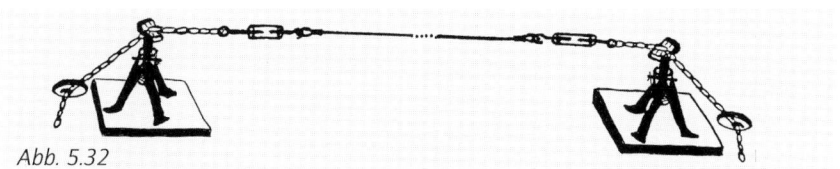

Abb. 5.32

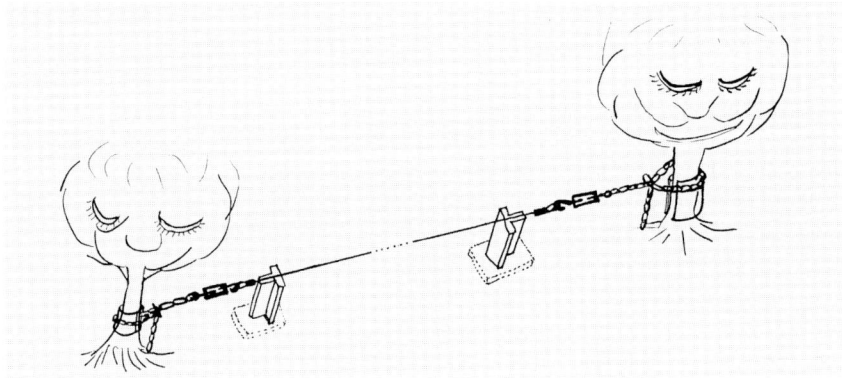

Abb. 5.33 a

Mit einem Holzbalken- oder Blechschutz um zwei Bäume kann man ebenfalls im Garten einfach und erfolgreich ein Drahtseil installieren (Abb. 5.33 a).

Arbeitet man nur mit je einer Verspannung an den Enden, braucht man zusätzlich einige 'Schäkel' (auch nur ca. 3,-), mit denen man die Kettenglieder nach dem Herumführen um die Stange oder den Baum befestigen kann (Abb. 5.33 b).

Abb. 5.33 b

Eine weitere Idee lässt sich – als ständige Einrichtung – um eine Häusernische realisieren (Abb. 5.34, vgl. auch Abb. 5.30 als weitere Kombination)

Abb. 5.34

Befestigt man das Seil mittels zweier Ver-
spannungsvorrichtungen an den Reckpfosten (tiefenversenkbar wäre ideal für spätere, unkomplizierte Schief- und Höhenver-
stellung), braucht man zwei Stahlstifte, die
durch die Kettenglieder passen, denn die
„Reckpistolen" passen meist nicht durch.
Man kann sie beim Schrotthändler oder
bei einer Schlosserei für ca. 2,- DM erste-
hen (Abb. 5.35 a+b). Normalerweise fängt

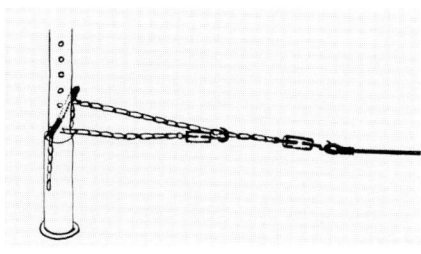

Abb. 5.35 a

man auf der tiefsten Stufe an, damit im Falle des Abrutschens und Abspringens mit dem
Seil zwischen den Beinen mögliche Verletzungen vermieden werden. Wenn Weichböden
mit Filzmatte ausliegen, dürfte nichts passieren, denn auch beim Abfedern in den Knien ist
das Seil in der niedrigsten Reckstufe noch nicht 'gefährlich'.

Nachdem diese Aufbauprozedur einmal durchlaufen ist, geht alles viel leichter.

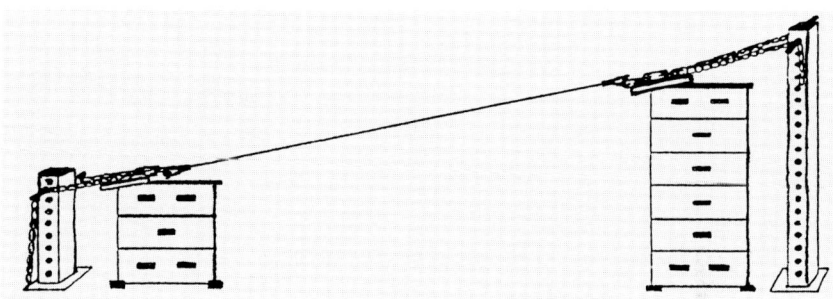

Abb. 5.35 b

Übungen

- Auf einer Linie tastend vorwärts gehen, dabei
den Schwerpunkt ca. 5 cm senken und auf dieser
Höhe permanent beibehalten. Die Fußspitze
zuerst leicht vorwärts schiebend ansetzen, dann
den ganzen Fuß aufsetzen (Abb. 5.36). Der

Abb. 5.36

Abstand zwischen den Füßen ist 1-2 handbreit, nicht mehr. Wie schon bei der Rola,
gilt hier in noch höherem Maße, eine mittlere Rumpf- bzw. Oberkörperspannung ständig zu behalten (Abb. 5.37 a-f). 'Hüsteln' und Räuspern unterstützt den permanent
erhöhten Bauchmuskeltonus. Die Arme gleichen seitlich (leicht vorwärts gehalten) aus.

Abb. 5.37   a   b   c   d   e   f

Entweder läuft je eine Hilfe rechts
und links mit Stützgriff an Hand
und Schulter mit (bald reicht nur
noch ein Fingerstütz), oder für die,
die wieder ganz alleine üben wollen, liegen wieder Stöcke bereit
(Abb. 5.38 a+b).

* Rückwärts gehen, ebenso tastend,
  dann bewusst die Füße setzend.

* Beim Vor- und Zurückgehen die
  Augen schließen.

Abb. 5.38 a   b

Der Helfer muss gelegentlich mit einem Fuß das zitternde Seil „beruhigen"...
Bei den Kindern reift schnell der Wunsch, über das Seil zu laufen/'rasen'/rennen. Bitte,
das können sie gerne haben, nur brauchen sie da eine andere Fußtechnik:
* Für das schnelle Gehen werden die Füße schräg aufgesetzt. Daher muss man jetzt
  auch 'noch etwas seitlicher' an seinen Füßen vorbei den nächsten Schritt setzen. Das
  kann man auch zuerst wieder auf einer Linie oder einem Sprungseil üben (Abb. 5.39).

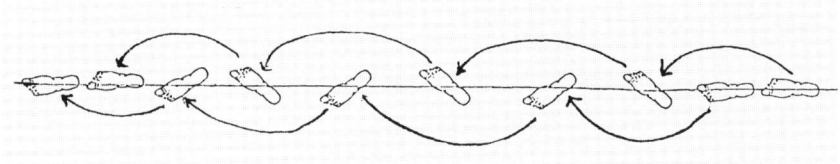

Abb. 5.39

Für diese Technik sind Gymnastikschuhe schon zu dünn. Es tut sonst in der Fußmitte weh, daher ruhig mit leichten oder normalen Sportschuhen darauf laufen.

- Bisher sollte man vorsichtig und ohne Wippen gehen. Jetzt darf/soll man einmal richtig das Wippen betonen, bei jedem Schritt, um dann, ohne einen Schritt zu machen, im Moment der kurzfristigen 'Schwerelosigkeit' $1/2$ Fuß vorwärts zu gleiten/schleifen/hüpfen. Das geht zwar auch mit beiden Beinen, ist aber nicht so leicht, alleine zu bewältigen, weil das andere Bein zum Ausgleichen fehlt. Also auch mal nur mit einem Bein rutschen, wobei jeweils das freie Bein ausgleichen kann. Die Hilfe läuft wieder 'brav' mit!

- Das Wippen kann man gleich zum Wechselspringen weiterentwickeln, indem zuerst ein Fuß vorwärts und wieder rückwärts wippend gesetzt wird, dann der andere. Schließlich wird im gleichen Durchgang mit beiden Beinen auf der Stelle das (balletthafte) Wechselspringen geübt. Hier ist die doppelte Stützhilfe besonders wichtig (Schulter und Hand). Der Fußkontakt ist wieder seitlich, sonst rutscht man zu schnell ab (Abb. 5.40).

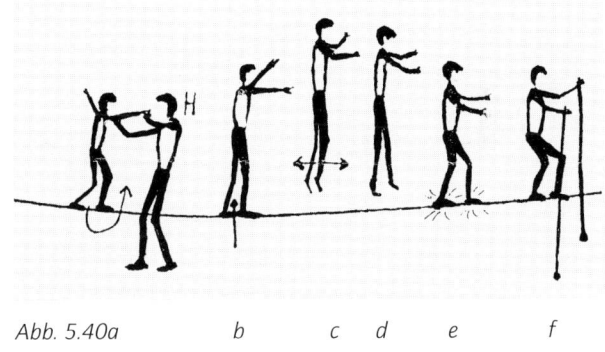

Abb. 5.40a   b   c   d   e   f

- Eine kleine Mutprobe, gekoppelt mit Vertrauen ist das Aufspringen von der Seite, zuerst mit voller Hilfe vor dem Absprung, dann erst mit Hilfe, wenn man auf dem Seil gelandet ist (Abb.5.41 a-d).

Hinweis für den Übungsleiter
Vorsicht ist für den Übungsleiter bei folgender Situation geboten:
Wenn das Kind aus Angstgründen oder, weil es nicht hoch genug abgesprungen ist, das Seil nur kurzzeitig berührt, und dann auch nur mit den Zehen, dann kann es am Schienbein wieder abrutschen. Für diese unnötige Situation hat man anfangs eine Hilfe von hinten an Hüfte oder Schulter, weil man das schlecht von vor dem Seil adäquat verhindern kann. Nach einigen Sprüngen sieht man schon, ob das Kind wirklich ganz aufs Seil aufspringt, oder immer noch zaudert.

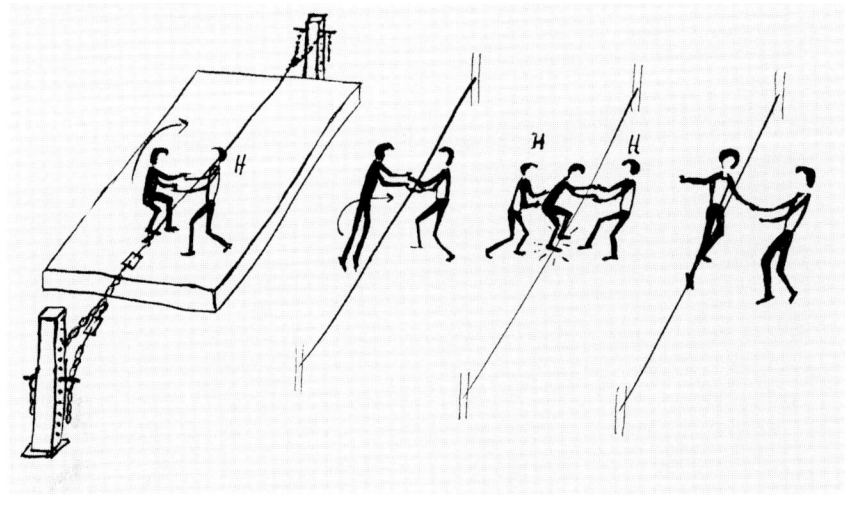

Abb. 5.41   a   b   c   d

- Nach dem seitlichen Aufspringen kann man entweder seitlich weiterrutschen, mit oder ohne Wippen, oder auch nach $^1/_4$-Drehung vorwärts oder rückwärts weiterlaufen.

- Es lassen sich viele aus der Gymnastik und dem Tanz bekannte (und vielleicht bisher unbekannte) Positionen auf dem Seil verwirklichen, so z.B. Standwaagen in verschiedenen Variationen der Armführung, Hüftstellung und Kopfhaltung (Abb. 5.42 a-c).

Danach richtet sich auch die funktionelle Hilfeleistung, die einmal eher an Rumpf oder Hüfte, zusätzlich Vorderseite Oberschenkel, oder an einem oder beiden (Ober-) Armen, an der Hand oder unter der Schulter stützt.

Abb. 5.42   a   b   c

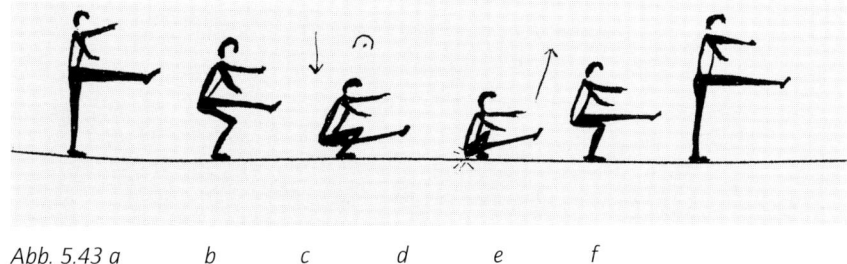

Abb. 5.43 a   b   c   d   e   f

- Eine Kniebeuge zu machen, ist auf dem Seil auch ganz spannend, da man nur einmal wippen muss, um wieder hochzukommen und gleichzeitig (so ganz nebenher und beiläufig) etwas für die Beinkräftigung tut. Selbstverständlich sollte man das auch auf beiden Beinen einzeln machen (Abb. 5.43 a-f).

- Standwaage wie Kniebeuge macht sich leichter, wenn ein zweiter Seilläufer mitmacht, also braucht man auch 2-4 Helfer. So kann man schnell motivierende und 'fotogene' Situationen schaffen (Abb. 5.44 a+b).

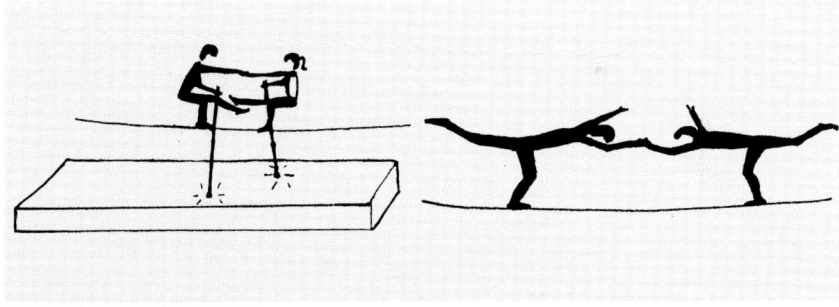

Abb. 5.44   a   b

- Man kann auch einmal umeinander herumgehen, indem man eine elegante $1/2$-Drehung mit kurzer Umarmung macht, im Moment der Überkreuzung der Beine (Abb. 5.45 a-d). Aber zuerst mit Hilfestellung in Zeitlupe erfühlen, was für Schritte man wann und wo zu machen hat, wann die Drehung, Handwechsel etc. kommt.

- Diese $1/2$-Drehung kann man auch alleine anstreben, ohne Partner auf dem Seil, nur halt mit Hilfe.

Abb. 5.45 a   b   c   d

- In die Hocke gehen. Bei Bedarf immer schnell ein Bein aus-
  stellen und den nächsten Versuch unternehmen (Abb. 5.46).

Abb. 5.46

- Auf dem Seil knien, was nicht ganz einfach ist und beidsei-
  tig geübt werden soll; vielleicht hat man ein „Schokoladen-
  bein" herausgefunden (Abb. 5.47).

Abb. 5.47

Diese letzten drei und noch weitere Übungen kann man auch synchron mit Partner versuchen.

- Man kann auch über den Partner steigen, später sogar drüberspringen.

- Grätschhandstand ist ebenso unproblematisch wie auf der Rola, da bei gestreckten
  Armen die gegrätschen Beine von der Hilfe leicht gehalten werden können. Tut es
  nach einiger Zeit an den vielleicht zu zarten Händen etwas weh, so kann man auch
  einen Lederhandschuh drüberziehen.
  Nach dem ersten gelungenen Handstand wollen natürlich alle Handstand machen,
  klar! Ist ja auch ein tolles Gefühl.

- Nun kann man das Solo-Handstandbild erweitern, indem die nächsten zwei, die Handstand machen wollen, als Zusatzhilfe schon einmal mit aufs Seil kommen und je einen

gegrätschten Fuß halten, selbst natürlich auch an
der 'freien' Hand gestützt werden. „Notfalls" kann
man an dem freien Fuß noch einen Jonglierring drehen – der Effekt und das Erlebnis ist sensationell!
(Abb. 5.48)

Abb. 5.48

• Für Kinder, die aus dem Turnen kommen, sollte es
reizvoll sein, zu vergleichen, wie sich ein „Schweizer
Handstand" (Zeitlupen-Handstand mit gestreckten Armen und gegrätschten Beinen)
auf dem Seil anfühlt. Hilfestellung kann/soll sein, wenn es gewünscht wird, ansonsten
ist es ein herrliches Gefühl, nach Erreichen der Endposition gestreckt und dennoch
locker auf den Weichboden überzufallen. Wer die Handstandposition an den Ringen,
am Barren, am Boden, am Pauschenpferd kennt und vielleicht schon kann (am Reck
ist es ja immer nur ein flüchtiger Handstand), der sollte es unbedingt auf dem Seil versuchen! (Abb. 5.49 a-c)

Abb. 5.49 a   b   c

• Hat man in einer Gruppe 'spagatverdächtige' Kinder, so wird diese Fähigkeit natürlich
  sofort auf dem Seil ausprobiert (wieder nur mit Hilfe).
  – Erst mal in breiter Grätsche auf dem Seil stehen (frontaler Schulterstütz) und immer
    weiter grätschen ... ('Querspagat') (Abb. 5.50).
  – Über den seitlichen Sitz auf dem Seil versucht man, das
    hintere Bein auf das Seil zu bringen (Hilfe), dann auch
    das vordere (Abb. 5.51 a-c). Jetzt kann man auch aus
    einem immer länger werdenden Schritt bis in den Schritt-
    spagat gelangen (Abb. 5.51 d-f).

• *Stütz:* 3-4 Kinder können jetzt auf dem Seil sitzen. Die Füße
  berühren noch den Boden. Jeder kann für sich einmal ein *Abb. 5.50*

Abb. 5.51 a-f

Bein, dann das andere, dann mal kurz beide Beine anheben (gehockt). Damit nun
nicht alle Kinder nur draufsitzen, um sich freudvoll nach hinten auf den Rücken fallen
zu lassen (macht auf Weichboden irre Spaß), sollte je eine Hilfe hinten stehen und an
der Schulter austarieren sowie mit einer Hand unter dem Knie das Bein (oder beide
Beine) etwas anheben. Ältere Kinder können schon auf 20 oder 30 zählen, während
sie immer noch im freien Stütz sind. Ein Rekord darf natürlich auch versucht werden!
(Abb. 5.52 a-f)

Abb. 5.52 a-f

- Eine weitere Position, die unbedingt mit spaßvollem 'Abstürzen' verbunden ist, ist das
  'Liegen' auf dem Seil. Dafür setzt man sich kurz längsseitig auf das Seil, legt sich langsam auf den Rücken ab, hat aber noch Bodenkontakt mit den Füßen. Die starke Hand
  fasst hinter/über dem Kopf das Seil, an dem jetzt gedrückt und gezogen werden muss,
  um die Balance hal-
  ten zu können, denn
  jetzt werden auch
  die Beine zum Seil
  genommen und fest
  aneinander gepresst.
  Die freie Hand stützt
  solange sie will, auf
  dem   Weichboden

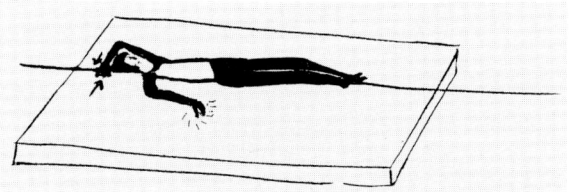

Abb. 5.53

ausgleichend und verbleibt allenfalls einige Sekunden leicht gestikulierend in der Luft, bis es mit einem freudvollen „Huch" zu einer sehr plötzlichen, aber spaßigen 'Bauchlandung' kommt. Sofort wird der nächste Versuch unternommen! (Abb. 5.53)

• Etwas länger liegend verweilen, nämlich locker eine Minute, kann man auf einem breiten Abschleppband (7 cm), das von der Konstruktion her mittels Rätsche festgezurrt werden kann. Da es dehnbar ist, muss man einige Male nachspannen, um sich bei einer Höhe von knapp 1 m wie in eine Hängematte zu legen. Die Füße können das Band richtig festhalten, und die Hand über dem Kopf kann, durch Zug und Druck das Gleichgewicht gut stabilisieren.

• Zwischendurch kann man versuchen, an einer Reckstange, die rechtwinklig zum Drahtseil zwischen die Kettenglieder eingehängt wird, erst einmal 'normal' hinaufzugehen, dann aber auf allen vieren einige Versuche wagen (Abb. 5.54 a+b). Man hat gute Chancen, die Stange bis nach oben auf allen vieren hochzulaufen, wenn man vorher schon – ca. 2 m vor Fuß-Hand-Kontakt mit der Stange – auf der Ideallinie angeht. Es ist eine ziemlich singuläre Erfahrung, wie wenig Schritte man meistens nur schafft und wie simpel es aussieht und sich anfühlt, wenn es selten, aber doch mal gelingt!

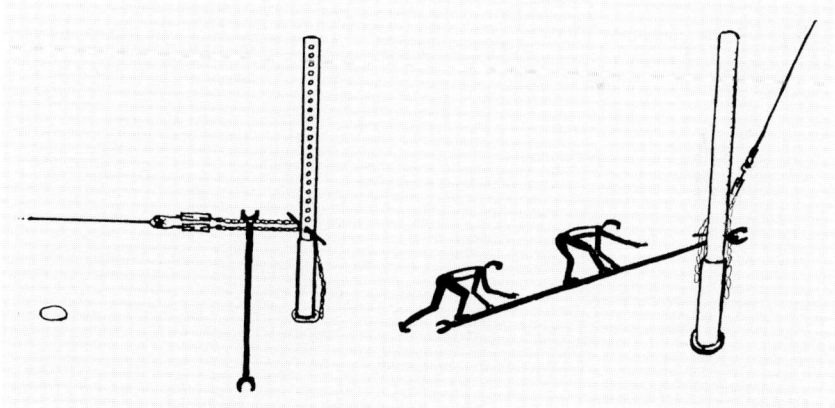

Abb. 5.54 a und b

• Eine Balancierstange ist zwar sicher nicht in jeder Turnhalle, aber mit ein wenig Phantasie kann man sich doch eine zusammenbasteln oder -stecken. An eine Reckstange oder Barrenholm z.B. kann man rechts und links noch eine weitere Stange anbringen, indem man sie ca. 1 m überlappend befestigt. Im 'Kammgriff' gehalten, d.h. bei abwärts gehaltenen Armen zeigen die Handflächen nach vorne, kann man damit schon ganz gut ausgleichen. Es geht umso leichter, je eher man spürt und erkennt, wie viel Gewicht aus dem 'Lot' gekommen ist. Das ist halt auch wieder ein bisschen mit Übung verbunden ... (Abb. 5.55)

- Seil-Einradfahren ist auch möglich, selbst wenn man noch kein „Einradheld" ist. Aber das Erlebnis kann man durchaus in vollen Zügen genießen, indem man mittels Aufstiegshilfe und zwei

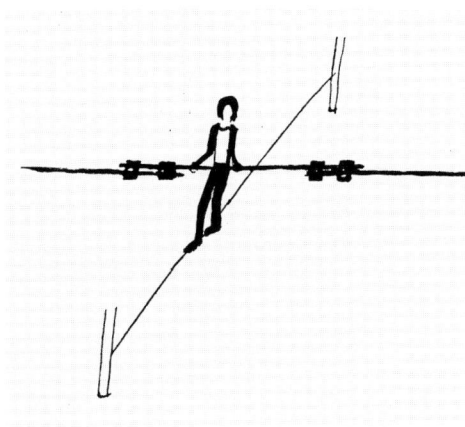

Abb. 5.55

Stöcken auf einem alten Einrad ohne Mantel seine ersten 'gefährlichen' Tritte auf dem Seil tut. Die eine Hilfe sollte auf das Rad aufpassen, es von hinten unter dem Sattel mitführen, die andere Hilfe kümmert sich um das Abfangen und Stützen (trotz Stöcke) des Oberkörpers (Abb. 5.56). Dann will man auch dieses Kunststück immer wieder versuchen und perfektionieren. Auch der Kick der Selbstüberwindung verlangt nach Wiederholung.

Abb. 5.56

• Seilspringen ist auf dem Drahtseil leichter als auf der Rola. Man soll als Voraussetzung zuerst am Boden ohne große Probleme hüpfen können; dann auf dem Seil Sprünge von 5 bis ca. 10 cm Höhe gut und weich ausgleichen können (vgl. Abb. 5.40). Danach kommt ohne Sprungseil die Armbewegung als 'störende' Zusatzbewegung zum Hüpfen dazu – mit dem entsprechenden Timing. Erst dann wird nach leichtem Vorwippen erst ein

Abb. 5.57 a-c

Durchschlag mit dem Sprungseil, dann mehrere Durchschläge hintereinander versucht (Abb. 5.57 a-c). Der Rest ergibt sich mit weiterem Üben von selbst.

Als Steigerung kämen jetzt die üblichen Seiltricks dazu wie Doppeldurchschlag, Arme überkreuzen, vw. rw., vorbeischwingen ..., was mit dem Seil halt alles geht. Hilfestellung gibt man zunächst nur beim einmaligen Durchschlag, und zwar unmittelbar nach dem Seildurchschlag. Bald haben die Kinder gelernt, selbst zu entscheiden, wann sie abbrechen, abgehen oder weitermachen und deshalb später schwieriger abgehen müssen.

• Jetzt kämen weitere Mehrfachhandlungen dazu, wie z.B. mit einem Devilstick oder Diabolo spielen, mit 1-3 Bällen, Ringen oder Keulen/Klobürsten o.ä. jonglieren. Da aber jetzt die Hände zum Ausgleichen fehlen, weil sie ja gezielte und wohl dosierte Würfe und kontrollierte Bewegungen abzuleisten haben, müssen die Füße/Beine noch früher und schon auf kleine Abweichungen ausgleichend reagieren. Ein zu großes Schaukeln des Oberkörpers ist hier nicht ratsam, dann lieber absteigen (Abb. 5.58 a-c).

Abb. 5.58 a-c

- Reizvolle Varianten, die man auch schon in der ersten Stunde, z.B. auf einer Reckstange von Kasten zu Kasten üben kann, wären von Partnern gut zugeworfene Jonglier-, Hand-, Volley- oder Basketbälle zu fangen, jonglieren und wieder abzugeben (Abb. 5.59).

Das waren jetzt in der Summe schon einige Erfahrungen mit erlebnispädagogischem Wert aus der Ecke der „Wagnispädagogik", die eben im Gegensatz zur „Bewahrungspädagogik" mit solchen kalkulierbaren Risi-

Abb. 5.59

ken arbeitet und so den Kindern viele schöne, einzigartige und auch wichtige, eigentlich unverzichtbare Erlebnisse durch diese und ähnliche Situationen und Arrangements ermöglicht.

- Ein beliebter Fortgeschrittenentrick ist das Laufen in einer leeren Fahrradfelge (mind. 24 Zoll). Durch das 'Gefangensein' beider Füße in diesem Rad sind Ausgleichsbewegungen mit den Beinen schlecht möglich, was daher schon eine gute Beherrschung eines ruhigen, sicheren und langsamen Seillaufens voraussetzt – aber wieder zuerst am Boden üben (Abb. 5.60).

Abb. 5.60

An dieser Stelle gebührt endlich dem zum Seil gehörenden typischen Regenschirm etwas mehr Aufmerksamkeit, denn mit einem solchen kann man schon beachtliche Ausgleichskräfte zur Wirkung bringen. Im richtigen Moment den Regenschirm kurz und kräftig nach oben zu drücken oder nach unten zu ziehen, entspricht der Krafteinwirkung von 5-10 kg. Mit Hin- und Herschwenken ist dagegen mit dem Schirm wenig Ausgleichskraft erzielbar. Etwas mehr wird mit dem „Fächer", einem geschlossenen Reifen, erzielt; er hat seine Kraftwirkung rechtwinklig zum Regenschirm (vgl. Abb. 5.34).

Ein Clown macht es natürlich mit einem (physikalisch) wirkungslosen Mini-Regenschirm, weil er seine präsentierten Techniken ja besonders gut beherrscht – so sollte es jedenfalls sein.

Monitum: Leider werden hier oft erste schwere Fehler gemacht, indem die jungen Kinderclowns zwar meist schon gut geschminkt und kostümiert sind, aber oft rein technisch nicht viel zeigen können. Diese pädagogische (und für die Sache negative) Stigmatisierung bzw. Prägung findet oft recht früh mit der 1. Frage des Grundschullehrers statt: „Wir wollen diesen Sommer eine Zirkusaufführung machen. Wer möchte Clown sein? ..." Also meist bevor überhaupt eine Disziplin geübt wird oder ein Überblick gegeben wird, was Clowns alles können müssen, um die Ehre zu haben, wirklich das Schwierigste spielen zu dürfen, wird suggestiv vermittelt, dass der Clown ja noch nichts können muss und doch schon Clown sein darf => und genau das darf man den Kindern nicht vermitteln! ... wenn ich mir diese Bemerkung erlauben darf ... Also, in aller Kürze: Bitte, sagen Sie Ihren Kindern z.B. erst nach einigen Wochen des Übens, wenn Sie gesehen haben, wer sich auch von der Person her eignet und technisch in mehreren Gebieten fit ist, außerdem etwas Komisches und Unbeschwertes in seiner Ausstrahlung hat, dass er oder sie Clown sein darf, wenn das Kind damit einverstanden ist! Und dann wird wieder kräftig unter der neuen Perspektive an der Clownsnummer oder an den vorzutragenden Nummern geübt und gearbeitet, natürlich auch wieder mit Spaß, versteht sich!

Man könnte noch einige weitere Seilübungen aufzählen, aber Vollständigkeit ist hier nicht das oberste Ziel, und mit den vorgeschlagenen Übungen und den selbst weitergedachten Möglichkeiten mit ihrer großen Variationsbreite sollten viele Monate/Jahre sinnvoller Äquilibristiktätigkeiten nachvollziehbar und machbar geworden sein. Das gilt gleichermaßen für sportliche wie für nicht so sportliche Kinder, für lern- oder geistig behinderte wie für hochintelligente Kinder, ebenso wie für den Erwachsenen-Freizeitsport ...

3. Einradfahren

Beim Zweiradfahren muss die Balance zwischen rechts und links gelernt werden.

Beim Einradfahren kommt auch noch das Vorne und Hinten dazu. Man kann nach allen Seiten umkippen. Deshalb ist ein behutsames und geduldiges Vorgehen beim Erlernen dieser Gleichgewichtskunst nötig, zumal die Lernerfolge nicht so schnell sichtbar oder spürbar sind. Das Einrad verlangt mehr Willenskraft und Persistenz und damit mehr Konzentrationsausdauer. Das sind alles persönlichkeits- und charakterbildende bzw. -stabilisierende Werte, die man mit fast allen zirzensischen Disziplinen bewusst ansteuern kann.

Einräder gibt es heute schon für ca. 180,- DM – meist aus Asien importiert und ausreichend für „Otto Normalverbraucher". 'Profis' kaufen sich allerdings stabilere und besser gebaute „Markenräder". Dafür geht man in einen der „Jonglierläden", die es mittlerweile in allen größeren Städten gibt.

Es gibt 16-Zoll-("), 20"- und 24"-Räder. 16"-Räder sind für Kinder unter zehn Jahren gut geeignet. Sie sind sehr wendig, zum Lernen zwar etwas wackelig, aber immer noch besser als ein zu großes Rad, auf dem das Kind gar nichts machen kann. Die 20"-Räder sind die Standardräder und eignen sich gut für Anfänger (Kinder wie Erwachsene).

Prinzipiell gilt: Je kleiner das Rad ist, desto wendiger kann man damit fahren und braucht weniger Kraft, muss allerdings öfter treten. Je größer, desto ruhiger und vor allem auch schneller kann man fahren und größere Distanzen schneller überwinden. Es ist nur etwas schwerfälliger und man muss etwas kräftiger treten.

Bequemes Sitzen ist beim Einradfahren sehr wichtig. Deshalb empfiehlt es sich, beim Kaufen verschiedene Sättel auszuprobieren. Weil der Sattel am Anfang oft auf den Boden knallt, bastelt man sich entweder einen strapazierfähigen Sattelüberzug oder verstärkt wenigstens die Sattelränder mit gutem Klebeband und dämpfendem Hartschaum.

Auch die Pedale werden bei Anfängern sehr strapaziert. Gummiblock- oder Kunststoff-Pedale sind am haltbarsten. Sie verkratzen und beschädigen auch den Hallenboden nicht. Den Übergang vom Pedalgewinde zur Kurbel kann man nach einiger Zeit verschweißen, wenn man nicht alle paar Monate neue Kurbeln bestellen will.

Mit einem „Schnellspanner" (ca. 12,- DM) kann man unkompliziert die individuelle Höhe einstellen, d.h. wenn man aufrecht im Sattel sitzt, sollte man anfangs mit der Fußspitze noch Bodenkontakt haben.

Zur Kleidung: Die Nähte von Unterhosen oder Jeans spürt man bei längerem Fahren im „Sitzfleisch". Radfahrerhosen sind daher ideal. Am Anfang sind über die Knöchel gehende Turnschuhe empfehlenswert. So sind die Knöchel wenigstens etwas geschützt, wenn das Einrad dagegenkippt. Die Sohle sollte griffig sein und einen leichten Absatz besitzen, damit zumindest am Anfang die Füße nicht so leicht nach vorne wegrutschen.

Natürlich kann man sich gleich auf das Einrad setzen und versuchen loszufahren. Bewegungsbegabten Kindern oder Kindern, die schon früh durch Kinder- und Gerätturnen mit vielen alltagsunüblichen Bewegungen konfrontiert waren, gelingt es manchmal erstaunlich schnell, einige Meter frei zu fahren. Ein Wochenende reicht oft schon aus, und das Kind kann ganz frei fahren. Je nach Gruppenzusammensetzung kann es aber ratsam sein, behutsamer anzufangen und dafür alles umso bewusster zu erleben, damit man es nicht nur für sich gelernt hat, sondern gleich über die spezifischen Probleme bei der Weitervermittlung Bescheid weiß.

- *Balancieren:* In einem Türrahmen oder zwischen zwei Kästen kann man versuchen, auf das Rad aufzusteigen und ausbalanciert oben zu bleiben (Pedale in Mittelstellung). Vorsichtiges Bewegen der Pedale zeigt, wie das Rad reagiert. Das muss erst einmal koordinativ verschaltet und bewusst erfahren werden.

- *Fahren mit Hilfe:* Zunächst braucht man einen festen Halt. Eine Mauer, ein Zaun oder ein Geländer sind schon mal gut geeignet. Man hält sich daran fest und versucht nun, auf dem Einrad sitzend das Gleichgewicht zu finden. Wenn das sicher gelingt, kann man das Rad durch leichtes Treten der Pedale etwas hin- und herbewegen. Nach einiger Übung können die Pedaldrehungen größer werden und irgendwann kommt der Moment, wo sich die Hand vom sicheren Halt lösen kann. Erst ein kleines Stück, dann versucht man, immer freihändiger entlang des Geländers oder der Wand zu fahren.

Man soll anfangs immer auf eine Stützhilfe zurückgreifen können. Das können ein oder zwei Helfer an der Seite sein, die an der Hand und unter der Schulter stützen. Das können aber auch ein paar Skistöcke zum Fahren auf einem Weg sein, oder normale Stöcke (Besenstiele) mit einem „Bremspflock" bzw. Mostverschlusskappen zum Lernen in einer Halle (Abb. 5.61). Stöcke vermitteln schon früh das Gefühl, selbst fahren zu können. Das ist für die Motivation wichtig.

- Man kann auch einen Ballwagen vor sich herschieben oder mit zwei weiteren Einrädern (an der Hand) fahren, wobei man sich nach Bedarf auf einem Rad abstützen oder es hochnehmen kann.

Allzu lange sollte man sich aber nicht mit den Stöcken verwöhnen lassen, sonst übernimmt unser Gleichgewichtserhaltungssystem nicht die Regelung.

Abb. 5.61

- *Zu zweit fahren:* Wenn zwei Fahrer nur wenige Meter alleine oder mit einem Stock fahren können, können sie händchen- oder schulterhaltend nebeneinander bald schon die erste Hallenquerung absolvieren. Das gegenseitige Stützen und Stolperverhindern ermöglicht in der Summe eine bessere Stabilität! – Eine grundlegende und wichtige Erfahrung für Kinder wie für Erwachsene (Foto 5.2).

Foto 5.2

- *Aufsteigen:*
  * Zunächst muss man sich beim Aufsteigen seitlich festhalten (Hilfe, Stock oder Wand, Pfosten, Auto, Laternenpfahl ...), später geht das auch ohne Hilfe. Man nimmt dann den Sattel mit dem breiteren Ende unter das Gesäß, und bringt etwas Gewicht auf das Pedal, das unten steht. Nun beginnt man, sich mehr und mehr auf den Sattel zu setzen und langsam das Gewicht vom Standfuß in Richtung Sattel zu verlagern. Dafür hat man seine Stöcke oder zwei Helfer. Von anfangs fünf Kontaktpunkten (Partner, Wand oder Stock, Einrad, zwei Beine) fällt jetzt noch ein weiterer weg und es bleiben nur noch drei übrig, was die Sache so wackelig, aber auch so spannend macht. Mit $1/4$-Pedaldrehung des 2. Fußes (nach vorne oder hinten) übt man erst einmal die optimale Mittelstellung und die sinnvoll-gute Körperhaltung. Genau diese gilt es sooft wie möglich beim tastenden Vorwärtsfahren immer wieder zu erreichen und zu behalten, damit möglichst viele optimale „Soll-Werte" wiederholt

„einprogrammiert" werden. Eine Hilfe kann mit dem Fuß am Radmantel etwas nach-
helfen und das Rad dadurch nach vorne schieben, falls der 2. Fuß genau mit senk-
rechter Kurbel steht und deshalb nicht nach vorne zum Losfahren auf das Pedal
drücken kann. Ist der Fahrer geschickt, kann er gleich beim Aufsetzen des 2. Fußes
das Pedal einige cm zurücktreten, gewissermaßen Schwung holen bzw. den Schwerpunkt nach vorne verlagern, und kommt dadurch leichter in Tritt. Genau auf diese
Erfahrungen kann man später beim freien Aufstieg zurückgreifen! Die Stöcke oder
Hilfen müssen vor dem Kontaktpunkt des Rades stehen oder mitgehen, sonst
bekommt der Übende gleich Rücklage, hängt sich passiv in den Sattel und kann
so keine Rückmeldung über die nötigen Ausgleichsaktionen bekommen.

* Eine andere Aufstiegsart, die sozusagen 'Geschmacksache' ist,
  funktioniert genauso gut, ist aber nach Erfahrung vielleicht
  erst am 2. Lerntag lohnend einzusetzen. Man sitzt wieder im
  Sattel, ein Fuß wird – diesmal fast unbelastet – auf das waage-
  recht nach hinten gestellte Pedal aufgesetzt. Dann wird das
  Gewicht – wie oben/eben beschrieben – ganz über den Sattel
  gebracht, während der andere Fuß gleich mit 'Losfahrdruck'
  auf das andere Pedal aufgesetzt wird (Abb. 5.62). Am Anfang
  kann es hilfreich sein, das Rad (+ Pedal) hinten zu blockieren
  (Rolabretter, Bordsteinkante o.ä.). Tritt man es durch zu viel
  Gewichtsbelastung herunter, so schlägt das andere Pedal
  gegen das Schienbein des Standbeines – das kann wehtun!
  Als gieriger Anfänger, genauso wie als engagierter Übungslei-
  ter/Lehrer täte man gut daran, sich z.B. durch Fußballstutzen   *Abb. 5.62*
  am Schienbein zu schützen. Ist man also schmerzfrei aufgestie-

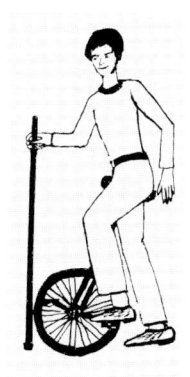

gen, kann man entweder gleich (mit oder ohne Stöcke oder Hilfestellung) losfahren
oder erst wie eben beschrieben, die 'Mittellage' erfühlen und dann mit Stock- oder
Partnerhilfe seine ersten Meter fahren.

Grundsätzlich lässt sich bei den verschiedenen Einradlehrweisen sagen, dass auch der Weg
über „Trial and Error", also mit minimaler Hilfe und so gut wie ohne Anweisungen, gang-
bar ist. Das Kind hat am Ende des Lernprozesses u.U. überdauernder, stabiler und varia-
bler gelernt, auf alle möglichen und variablen Stolpersituationen schneller adäquat zu reagieren, als wenn es nur einen vorgeschlagenen Weg erfahren und ausprobiert und nur diesen trainiert hat. Daher sollte man über diese Problematik mindestens Bescheid wissen,
um je nach Bedarf die eine, andere oder dritte Methode (begründet) anzuwenden.

• *Absteigen:* Normalerweise steigt oder besser fällt man nach einigen Tritten immer wieder unfreiwillig nach vorne in den Stand; das ist für den Anfänger ungefährlicher als

nach hinten abzugehen ... Aber es ist ja immer jemand da, der abstützen kann. Es soll-te allerdings zur „Ehre" des Einradfahrers zählen, beim Absteigen sofort den Sattel festzuhalten, sonst muss man bald wieder einen neuen kaufen.

- *Kurven:* Von Anfang an ist eine einseitige Fahrweise unbedingt zu vermeiden, d.h. man sollte am Ende des Geländers oder der Wand das gleiche Stück in der anderen Richtung wieder zurückfahren. Auch Slalom und Kreise sollen immer in beiden Rich-tungen gefahren werden. Durch eine leichte Gewichtsverlagerung und Vordrehen des Oberkörpers in die Fahrtrichtung – etwa durch Vornehmen des kurvenäußeren Armes – legt man sich leichter in die Kurve hinein. Ein 'Hüftschlenker' immer wieder in die neue Richtung erleichtert das Kurvenfahren. Nach einigen Links- und Rechtskreisen, Schlangenlinien und Links/Rechtskurven kann man gleich mal einige „Achter" fahren. Die mitlaufende Hilfe führt und korrigiert von hinten an beiden Oberarmen die Hüft-Schulterverwringung. Verbale Erinnerung veranlasst die Lernenden, während des Fah-rens immer wieder die jeweils optimale Körperhaltung (fast aufrechtes, gerades Sitzen, Blick nach vorne, Arme fast in Kurventangente, Verwringung, Körperspannung) bzw. die richtige Körperposition einzunehmen.

- *Notlösung:* Eine ganz witzige Art, mit dem Einrad umzugehen, ist die, dass man sich auf ein Rolab-rett setzt, das man auf die beiden Schwebebalken-Transportrollen legt – oder direkt auf ein Skateboard – und sich jetzt tretenderweise fortbewegen kann; mit den Armen muss man das Einrad zusätz-lich noch kräftig nach unten drücken ... (Abb. 5.63).

Abb. 5.63

Tips zur spielerischen Stabilisierung des Vorwärtsfahrens

- Während des (auch noch kurzen) Fahrens hie und da in die Hände klatschen, die Arme vor der Brust verschränken, den Oberkörper und die Arme 'gelangweilt' nach vorne locker hängen lassen, kurz mal das Gewicht vom Sattel wegnehmen, mal den rechten, dann auch den linken Fuß auf dem Pedal versetzen (geht am leichtesten, wenn das Pedal oben vorbeikommt).
- Auch lässt man sich z.B. einen Ball oder sonstige Jongliermaterialien zuwerfen und hantiert ein bisschen damit herum, je nachdem, wie gut man das schon kann.
- Man kann auch den Oberkörper verdrehen, um sich schauen, jemanden zuwinken, anderen zurufen ... Das ist spielerisch sinnvoll, damit das Fahren immer selbstverständ-licher und leichter gelingt.

- Reizvoll ist auch, einmal so schnell wie möglich (aber kontrolliert), dann als Kontrast so langsam wie möglich zu fahren. Dasselbe auch bei einem Slalom versuchen ... der Langsamste hat gewonnen ...!).

- In einem Hallenteil kann man einen Hindernisparcours auf-

Abb. 5.64

bauen, wo man über Uneben-
heiten wie dünne/dickere Matten, über ein Rolabrett (ohne 'Bremse' und in „Mittel-stellung" am Boden arretiert) mit dünner oder dickerer Rolle fahren kann (Abb. 5.64).
- Auch über Seile, Reifen, durch Engstellen kann man fahren und draußen im Freien z.B. versuchen, Bordsteinkanten herunterzufahren (mit Sicherheitsstellung!), auf Wiesen- und Feldwege fahren. Zu Hause mal zum Bäcker mit dem Einrad – oder in die Schule ... Mal geht es etwas bergauf, mal mehr bergab.
- In der Halle spielen Kinder gerne Einrad-Basketball, Korbball oder Hockeyvariationen, wobei ein Ringtennis bzw. Tennisball oder größerer Softball auch ausreicht. Richtungs-wechsel, enge und weite Kreise, beschleunigen, ausweichen, stoppen, wieder neu (frei) aufsteigen, zu mehreren (Zug-)fahren, Polonaisefiguren ausdenken, kombinieren etc., all das kommt nach einiger Zeit von selbst (Abb. 5.65, 5.66).
- Sich in Linien begegnen (nebeneinander/hintereinander), also entweder auf Lücke aneinander vorbei weiterfahren, oder im Slalom sich durch die Linie durchschlängeln.
- Staffelspiele, Einradralley, Fangspiele, Transportspiele und Rückschlagspiele aller Art tun ein Übriges für das sichere Beherrschen des Einrads.

Sind diese Elemente mehr oder weniger alle vorhanden, ist es kein weiter Schritt mehr, ans Choreographieren zu denken, d.h. jetzt werden feste Folgen auf Musik einstudiert. Dazu gehören z.B. in 2er- bis 4er-Kreisel fahren, enge/weite Kreise fahren. Weitere Ideen wird man schon selbst finden oder kann wieder in entsprechender Fachliteratur danach suchen.

Abb. 5.65

Abb. 5.66

Schwierigere Übungen

- Im Grunde genommen kann man dieselbe Methodik anwenden, nur verkürzt, wenn's jetzt an die „Giraffe" geht. Das ist das Hocheinrad ab einer Sattelhöhe von ca. 1,80 m (und das geht bis über 20 m (!) Höhe). Nur sollte vor dem Fahren mit der normalen kleinen Giraffe ein Absprungtraining (nach hinten und nach vorne) vorgeschaltet werden, denn ohne diese Erfahrung könnte es zu Verletzungen kommen, wenn man z.B. seine erste ganze Runde gefahren ist, schon 'harte' Oberschenkel hat und dann erstmals abspringen will ...! Nach der Schnupperphase, z.B. an der Sprossenwand und an den Handballtoren entlang, laufen auf alle Fälle anfangs wieder zwei Helfer mit, führen, stützen und begleiten an der Hand und an der Sattelstange mit. Bald reichen zwei, dann nur noch ein Stock, bis es gelingt, gezielt frei zu fahren und die erworbenen Einradfähigkeiten auf die Giraffe zu übertragen (Kurven, rückwärts, zu mehreren, pendeln, Pirouette, ...).

- Der freie Hochradaufstieg braucht schon ein halbes Jahr Training, ist aber zu kompliziert, um hier genau erklärt zu werden. Kehren wir wieder zurück zum Einrad.

- Mit den Füßen auf dem Radmantel fahren bedarf einiger Übung, ist aber für Kinder durchaus im Bereich des Realisierbaren. Die Methodik und Hilfe dafür kann jetzt selbst gefunden werden (Abb. 5.67).

- Dieses Wheel-Walking (Mantelfahren) kann man auch im Seitverhalten versuchen!

Abb. 5.67

- Rückwärtsfahren kann man z.B. aus der Kreiselposition mit Partner weiterentwickeln, d.h. die Innenhände stützen sich gegenseitig, außen können entweder zwei Helfer oder zwei Stöcke für Stabilität sorgen. Die aufgerichtete Schulter des Rückwärtsfahrenden wird beim Fahren leicht nach hinten gedrückt, die Arme etwas geöffnet. Anfangs fährt man vorsichtig Tritt um Tritt, nach einigen Übungstagen geht auch das in einer fließenden und runden Bewegung. Alleine an der Wand kann man es natürlich auch lernen, indem man einige Tritte vorwärts, dann rückwärts fährt, z.B. vier Tritte vorw., zwei rückw. oder drei vw., fünf rw. usw., um sein Präferenzbein herauszufinden, das die überwiegende steuernde Arbeit leistet, wenn es an die nächste Übung geht.

- „Pendeln" heißt eigentlich 'Stehenbleiben': Die Schultern bleiben dabei ruhig, und man bewegt sich nicht meterweise nach vorne oder hinten, sondern man tritt die

Pedale immer nur einen knappen Halbkreis rhythmisch vor und gleich wieder zurück. Die Hüfte geht dabei auch leicht vor und zurück und gleicht auch seitlich durch kurze, kleine Verwringungen nach rechts und links aus. Erfahrungsgemäß und logischerweise braucht das Stehen bzw. „Pendeln" wesentlich länger als das Fahren. Man kann sich hier wieder anfangs mit Stöcken behelfen, damit man nicht so oft neu aufsteigen muss. Als Hinführung und gleichzeitige Geschicklichkeitsübung kann man wieder zuerst einige Schritte vorwärts, dann wenige zurückfahren, dann nur $1^1/_2$ Schritte vor und zurück, bis man Rhythmus und Gleichgewicht in den Griff bekommt. Anschließend kann man seine ganze Handgeschicklichkeits- und Jonglierkunst zeigen (bis hin zum Keulen-Passing).

- Kinder können es bei fleißigem Üben auch schaffen, mit nur einem Fuß vorwärts, später auch rw. zu fahren! Den anderen Fuß stellt man auf den Gabelvorsprung, sofern eine kleine Standfläche von der Konstruktion her dafür vorgesehen ist. Das Spannende daran ist 'unsichtbar', weil nur der Akteur in der Kreisbewegung mit dem Fuß die Dosierungsunterschiede von aktivem Herunterdrücken des vorderen Halbkreises und passivem Mitgehenlassen des Fußes auf dem 2. Halbkreis realisiert. Entwickelt werden kann das einbeinige Fahren einmal beim normalen Vorwärtsfahren durch langsames Verlagern auf ein Bein, das andere geht passiv mit, bis man es von den Pedalen nehmen kann; zum anderen müsste man das einbeinige Pendeln beherrschen, um von da aus zu starten. Das fällt meist schwerer.

Weitere Kunststücke (auf der nach oben offenen 'Richter-Skala'):

- Hüpfen auf der Stelle bis hin zum Seilspringen. (Oberschenkel fest zusammenpressen).

- Das Fahren auf dem Drahtseil wurde dort schon beschrieben (Abb. 5.68).

- Man fährt, ohne auf dem Sattel zu sitzen, nur auf den Pedalen und hält den Sattel erst mit einer Hand fest, damit man mit der anderen Hand noch ausgleichen oder gestützt werden kann. Später kann man ihn dann mit beiden Händen wie einen Lenker vor sich festhalten. => Auch wieder etwas für einen guten Clown!

- Stellt man den Sattel etwas höher und dreht ihn auch noch um 90°, so kann man den Oberkörper darauf legen und in dieser lustigen Position gestikulierend fahren. Natürlich gehen anfangs wieder zwei Helfer mit und stützen an den Händen.

Abb. 5.68

• Zu dritt bis zu fünft mit einer Ballettstange o.ä.: 1-2 Fahrer rechts und 1-2 links halten eine stabile Stange in Schulterhöhe, eine leichteres Kind turnt daran ebenso leichte Reckübungen und diverse andere Positionen: Auf- und (Knie-) Umschwünge, Bauchwaage; Hangwaagen (vor- oder rücklings (Abb. 5.69).

Abb. 5.69

4. Kugellaufen

Die Kugel übt bei Kindern eine ganz ungewöhnliche Faszination aus, sie ist etwas ganz Besonderes. Wer es einmal geschafft hat, darauf zu laufen, wer sie sozusagen beherrscht, dieses vollkommene, runde, fantastische und perfekte Etwas, den hat sie für immer in den Bann gezogen. Die Kinder personifizieren sie regelrecht, behandeln die Kugel manchmal wie ihren Freund, mit dem sie spielen, rumbalgen und eigentlich immer zusammen sein wollen.

Abb. 5.70 a, b

Wie kann man sich ihr zum 1. Mal nähern? Respekt hat man allemal, ungefährlich ist sie auch gerade nicht, Reaktionen auf unsachgemäße Kraftimpulse bleiben nicht ungestraft; dennoch, die Anziehungskraft der Kugel ist unwiderstehlich, daher ist Vorsicht, Umsicht, Übersicht und nur positive Absicht geboten.

Nach einer Phase des Anfreundens, in der man sich mit dem Bauch auf die Kugel legt, hin- und herrollt, darauf reitet, kniet, sitzt (Abb. 5.70) und so die ersten Erfahrungen mit den spezifischen Reaktionen sammelt, reift der Wunsch, auf ihr draufzustehen.

Dazu rollt man die Kugel in eine Ecke oder vor die Sprossenwand – wo man auch mit einem Stock alleine üben kann – klemmt sie fest und ermöglicht so dem Kind, angstfrei aufzusteigen, da es sich ja auch an zwei Händepaaren festhalten kann. Das ist völlig

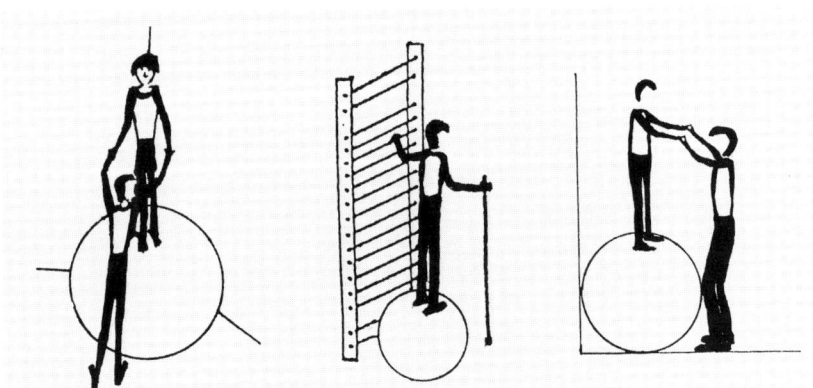

Abb. 5.71 a-c

ungefährlich, solange die Kugel fixiert ist (Unterschenkel-
außenseite der Hilfestellung) (Abb. 5.71 a-c). Bald schon
kann man die Kugel etwas mehr freigeben, aber nicht
ohne zusätzliche Hüfthilfestellung von hinten (Abb. 5.72).
Die ausgleichenden, leichtfüßigen Tippelschritte, eine
Fußbreite auseinander, haben sie ja vorher bei der Lehrer-
demonstration gesehen. Am Boden können ja alle Kinder
schnell mal leise gazellenhaft trippeln!

Abb. 5.72

Einige organisatorische Tips, bevor's richtig ans Üben geht

* Balancierkugeln sind über Jonglierläden oder über den Sportgerätehandel zu bekommen.

* Die neuen, kleinen Kugeln (60 cm, ca. 450,- DM) muss man erst aufrauhen, sonst sind
  sie zu glatt, bei den größeren (70 cm, ca. 690,- DM) ist das nicht nötig.

* Es empfiehlt sich, Gymnastikschuhe mit einer dünnen Gummisohle anzuziehen. Man
  kann in einer Halle oder auf einer sauberen Wiese auch barfuß üben.

* Der Boden sollte nicht zu glatt sein, sonst rutscht die Kugel z.B. schon beim Aufspringen weg (=> Verletzungsgefahr).

* Unterschiedliche Böden wie Rasen, Filzmatten, Hallenboden, Manegenparkett, Säge-
  mehl, Sand etc. steigern das Gleichgewichtsgefühl.

- Für die ersten Schritte kann man sich ja zunächst begnügen, der Kugel nur wenig Raum zum Laufen zu lassen, indem man sie in vier drumherum stehenden kleinen Kästen oder Matten „einsperrt". Zwei Helfer stehen auf den Kästchen, immer bereit, um ein Herunterfallen zu verhindern (Hüftbegeitung und Handstütz, falls nötig) (Abb. 5.73). So weit zu den ängstlichen Kindern, die aber erfahrungsgemäß sehr schnell Vertrauen zu sich und zum Kugellaufen gewinnen werden.

Abb. 5.73

- Jetzt kann man wie beim Einrad zwei Stöcke mit einem Pfropfen dran zu Hilfe nehmen und sich damit – wie ein alter Mensch mit Stock – vorsichtig mit vielen kleinen Trippelschritten vorwärts bewegen (Abb. 5.74).

Abb. 5.74

- Zum Stehenbleiben, also ohne sich gezielt mit der Kugel fortbewegen zu wollen, tippelt man 4-6 Mal pro Sekunde leichtfüßig nach links und rechts, um permanent auszugleichen. Der Oberkörper bleibt natürlich ruhig dabei.

- Zwischendurch können und sollen die Kinder immer wieder kniend oder auf allen Vieren ihr Gleichgewicht auf der Kugel suchen. Man kann sie damit alleine lassen, wenn ausgemacht ist, dass sie nicht draufstehen dürfen.

- Nach einiger Zeit sollen die Kinder alle üblichen Laufrichtungen ausprobieren, vor- und rückwärts, sogar auch mal seitwärts nach rechts und links, eine ganze Drehung tippeln (Hilfestellung sollte mitgehen!), leicht 'hüpfeln', auch mit kleinen Drehungen hüpfen.

Vorwärtsgehen ist ja in Wirklichkeit eine Fußbewegung für das Rückwärtsgehen! Die Hilfestellung muss anfänglich immer hinten mit erhobenen Händen auf Hüfthöhe des Übenden sein, hie und da antippen, damit der Übende spürt, dass er gehalten wird.

- Zwischendurch kann man versuchen, zumindest kurz ohne Tippeln den 'Zentralpunkt' zu erwischen und ganz ruhig zu stehen, d.h. die Ausgleichsbewegungen werden sehr früh ohne Absetzen nur in den Fußgelenken vorgenommen.

- Mehr als 2-3mal 1-2 Min. oben auf der Kugel ist für Erwachsene oft schon zu viel, die Kinder hingegen können nie zu viel bekommen, nur muss man eben wegen des „Selbstüberschätzungssyndroms" höllisch aufpassen, dass man sie nicht zu früh mit der Kugel alleine, sondern immer mindestens mit 1-2 Kameraden üben lässt.

- Nach hinten fallen wäre schlecht, daher soll schon in den ersten Übungsminuten das bewusste und kontrollierte Abspringen unbedingt mitgeübt werden. Dazu lässt man sich ohne tippeln langsam und bequem nach vorne fallen und fängt die Landung weich ab, d.h. bis zu einem Kniewinkel von ca. 90°, nicht tiefer (Abb. 5.75 a-d). Also nicht von der Kugel kräftig abspringen. Das muss nun auch nach allen Seiten geübt werden. Man mimt eine Unsicherheit zur Seite hin (rechts oder links) und dreht sich schnell in diese Richtung, die Arme dürfen dazu gerne hoch zur Absprungseite mitge-

nommen werden, damit man kontrolliert nach vorne abgehen kann. Nie seitwärts oder womöglich in Rücklage nach rückwärts abspringen – unausdenkbar. Die Übungsleiter müssen darauf achten, dass hier keine Fehler passieren. Kinder sehen diese 'Strenge' sofort ein, man muss aber, wie gesagt, konsequent nachkontrollieren, damit die Kugel auch nicht andere gefährdet.

Abb. 5.75 a-d

- Ein Abgang nach hinten ist allenfalls über eine kontrollierte flüchtige Bückstellung mit Abstützen der Hände erlaubt (Abb. 5.76 a-c).

- Bald sollen die Arme keine Ausgleichsbewegungen mehr machen, man kann sie locker hängen lassen und nur im Notfall benützen.

Abb. 5.76 a-d

- Wenn jetzt – egal nach welchem Aufgang – beim normalen Kugellaufen die Ausgleichsbewegungen mit den Armen nicht mehr (so stark) sein müssen, kann man mit allen erdenklichen Jonglier- oder Handgeschicklichkeitsgegenständen auf der Kugel hantieren. Voraussetzung ist einmal, dass das Umgehen mit den Materialien sowie die jeweiligen Tricks beherrscht werden, und dass ebenso das Kugellaufen auch unter Störeinflüssen

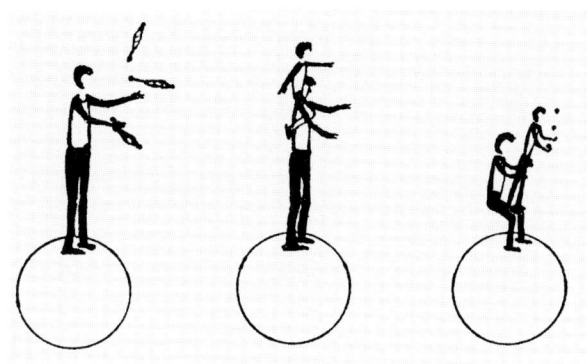

Abb. 5.77 a - c

noch gut bewältigt wird. Nach einigen Monaten kann man sogar leichte Partner auf die Oberschenkel oder Schultern stellen (Abb. 5.77 a-c).

• Als weitere wichtige Übung für diese Sturzvermeidungsreflexe und Gleichgewichtserhaltungsreaktionen stößt oder zieht man das Kind leicht am rechten oder linken Oberschenkel oder im Bauch-/Hüftbereich, schupst abwechselnd vorne und hinten ein bisschen in alle Richtungen und in unterschiedlichen Zeitabständen, mal schnell hintereinander, mal erst wieder nach 2 s Pause. Die beiden Hilfen sind natürlich sofort für eine Sturzhilfestellung gewappnet. Diese Übung mögen Kinder sehr, weil sie hier beweisen wollen/können, wie gut sie die Kugel schon beherrschen, oder weil sie damit sagen wollen, dass sie noch weiterüben möchten, um ihre Reflexe und die Reaktionsfähigkeit zu schulen und sie in vollem Umfang kennenzulernen und einsetzen zu können. Woher sollen sie auch sonst adäquate Reaktionen und Reflexe zeigen, wenn sie nicht die Gelegenheit dazu hatten, sie auszubilden!

• Jetzt wäre es an der Zeit, ans Aufhocken bzw. Aufspringen zu gehen. Für Kinder gibt es verschiedene Möglichkeiten, die auch von der Kugelgröße abhängen. Hat man das Glück, eine 70 cm-Kugel zu haben, dann ist das Erlernen schon leichter als auf einer 60 cm-Kugel.

– Das Aufspringen muss bei kleineren Kindern über die Zwischenstation „Hocke" geschehen. D.h. sie laufen mit 2-4 Schritten an, springen (meist beidbeinig) leicht ab und landen zuerst mit den Händen, dann mit den Füßen in Hockstellung auf der Kugel. Den Rest (aufrichten + ausgleichen) regeln sie von alleine (Abb. 78 a-f). Die (seitlichen) Helfer stützen zunächst rechts und links am Oberarm und halten mit der

Abb. 5.78 a-f

entfernten Hand die des Kindes, wenn es dann auf der Kugel steht. Mit der 'nahen' Hand wird die Schulter gestützt. Ein verkrampftes Festhalten beider aneinander soll nicht sein; möglichst bald soll auch die zusätzliche hintere Hilfe nur noch locker an der Hüfte mitführen (Abb. 5.79).

Die seitliche Hilfe bietet ihre Hand jetzt nur noch zum kurzfristigen Abstützen an und verhindert mit der 'nahen' Hand oberhalb des Gesäßes eine Rücklage (Abb. 5.80). Durch hie und da kurzes Antippen wird Präsenz und Vertrauen signalisiert.

Abb. 5.79

* Klappt das mit dem Aufhocken noch nicht gleich, weil 70 cm doch noch ein bisschen zu hoch oder zu schwierig für jüngere und kleinere Kinder ist – oder weil zu wenig abgesprungen wurde – dann kann man die 'Vierpunkt-Position' auf Schienbein und Händen als „Zwischenstation" wählen (vgl. Abb. 5.70 a). Bei Stützgriff am Oberarm wird dann erst ein Bein aufgehockt, der Rest dürfte klar sein.

• Wartende oder unbeteiligte Kinder können auch auf einem (nicht sprungfähigen) Medizinball trainieren: aufspringen, drehen, hüpfen, kombinieren, abspringen, ... Vorwärtslaufen ist wegen der Asymmetrie des Medizinballes relativ schwer, beim Sprungball zu gefährlich.

Abb. 5.80

• Andere Übungsalternativen wären große Plastikfässer, Lauftrommeln (von Telefonkabeln), aber auch ganz normale Rola-Rollen, auf denen man sich langsam vorwärts bewegen kann.

Beim 'normalen' Aufspringen läuft die Hilfe anfangs bei den Angehschritten mit, später bietet sie die flache Hand zum Stütz an, kurz bevor einbeinig abgesprungen wird. Die andere Hand sichert immer im Bereich der Hüfte ab. Je nach Anlaufgeschwindigkeit ist der 1. Auftreffpunkt ca. 30 cm vor dem „Nordpol" (Abb. 5.81 a-d). Würde man erst senkrecht oben auf diesem Pol Kontakt haben, fiele man ziemlich unkontrolliert auf der anderen Seite wieder herunter, und zwar in Rücklage!

Abb. 5.81a-d

- Wichtig ist auch noch, dass man auf eine leicht rollende Kugel aufspringen kann; also übt man gleich alle vier wesentlichen Situationen: Die Kugel rollt auf einen zu/ weg, kommt von links/ rechts. So hat man dann die nötige Flexibilität und kann je nach Situation 'variabel' reagieren.

- *Aufspringen mit Drehung vor und nach der Landung*: Hierbei empfiehlt sich ein beidbeiniger Absprung mit kräftigem Armschwung, was man natürlich zuerst ohne Drehung üben muss (Abb. 5.82 a-e). Durch den wichtigen Armschwung nach oben,

Abb. 5.82 a-e

der für die Stärke des Drehimpulses entscheidend ist, kann die Hilfe nicht mehr an den Händen abstützen und muss sich daher auf das Mitführen an der Hüfte konzentrieren. Beide Hilfen drehen an Bauch und Rücken mit und stützen gleichzeitig ab oder verhindern ein unkontrolliertes Abgehen. Bei nur einer Hilfe steht diese besser so, dass bei der ersten $1/_4$-Drehung die Hüfte – also die Rückenseite – und nicht der Bauch gehalten werden kann. Die Ausgestaltung des Dreh-Aufspringens kann bis zu mehreren Drehungen ausgestaltet werden, sieht verblüffend aus und kommt immer gut an!

- Sobald ein Kind schon ordentlich auf der Kugel laufen kann, noch ohne dass das Aufspringen beherrscht wird, wird ganz zwanglos ein „Slalom" aufgebaut, mit Keulen,

Rola-Rollen o.ä. – und schon haben die Kinder wieder einen schönen Anreiz, in Ruhe, langsam und mit steter 'Konzentration auf den Punkt' diese Aufgabe zu bewältigen. Sie können den Slalom vorwärts, seitwärts oder gar rückwärts ablaufen. Durch den Wunsch, die Aufgabe trotz mehrfacher Abgänge immer wieder aufs Neue bewältigen zu wollen, wird zwangsweise auch das Aufspringen spielerisch geschult, wobei die Hilfe (meist die Lehrperson) für die verschiedenen Varianten motivieren kann.

Abb. 5.83 a

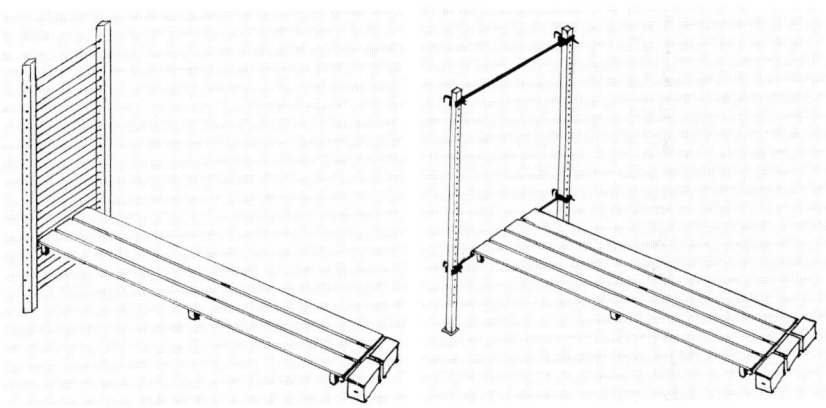

b   *c*

- Wenn jetzt alle Laufarten gekonnt werden und auch ein Slalom nichts Neues ist, dann wird es Zeit, auf einer schiefen Ebene (später gar Wippe) hinauf- und hinunterzulaufen. Zwei Helfer begleiten am besten auf erhöhter Position oder auf der schiefen Ebene selbst, wenn sie breit genug ist (3-4 Bänke in die Sprossenwand, auf eine tiefe Reckstange eingehängt oder auf 2-3-teiligem Kasten aufgestellt. Damit genug Haftung da ist, muss man einen Bodenturnläufer (meist gelb oder blau) drüberlegen. Man startet von den kleinen Kästchen aus und kommt dort auch wieder an (Abb. 5.83 a-c).

- Anstatt von unten kann man jetzt von oben z.B. von einem (4-6-teiligen) Kasten auf die Kugel springen – aber zunächst nur mit beidseitiger Hand- und Schulterstützhilfe! (Abb. 5.84). Statt vom Kasten springt man später vom Hochrad, wobei eine Hilfe mit einer Hand von hinten die Sattelstange hält, mit der anderen die Hand abstützt.

Abb. 5.84

- Klappt das einigermaßen, so kann man jetzt mit der Kugel von einem Kastendeckel auf eine am Boden liegende Matte springen. Bald darf es ein 3- bis 4-teiliger Kasten sein. (Abb. 5.85 a-e). Danach am besten gleich umdrehen und wieder zurück zum Kasten, um von der Kugel rüberzuspringen. Zwei Helfer gehen stützend an Schulter und Hand mit, notfalls erhöht auf Kastendeckel.

Abb. 5.85 a-e

Von der Bewegungstechnik her muss man darauf achten, dass die Landung sehr weich mit sofortigem Ausgleichen sein muss, denn die Füße treffen in dem Moment auf, wo die Kugel gerade vom ersten Bodenaufprall hochkommt. Auch muss man vor dem Landen etwas Vorlage haben, weil einmal die Rücklage generell gefährlicher ist, und weil zum anderen die Kugel durch den Miniflug und Rückprall vom Boden ca. 20-30 cm weiter gesprungen ist. Den Kindern macht der Nervenkitzel besonders Spaß und sie wollen es immer wieder wagen, sofern sie Vertrauen in die Hilfe haben und vom Charakter her nicht allzu ängstlich sind! Es ist ein gut kalkulierbares Risiko, verbunden mit dem nötigen „Kick" einer kleinen Sensation; außerdem gibt es innerhalb einer Zirkusnummer ganz schön was her. Man musste ja auch einiges dafür wagen und üben!

- *Seilspringen auf der Kugel:*
  - Ähnlich wie beim Rola- und Drahtseil-Seilspringen soll man es zuerst am Boden üben, und zwar möglichst ohne viel Armschwung.
  - Sodann macht man einen, zwei, dann mehrere Hüpfer hintereinander.
  - Anschließend werden die Hüpfer mit dem typischen kleinen Armschwung versucht, aber noch ohne Seil, dagegen schon mit dem richtigen Timing! Zwei Helfer stehen immer bereit, weil bei leicht 'verzogenem' Hüpfen ein ganz schneller 'Absturz' passieren könnte!
  - Jetzt kommt das Seil mit auf die Kugel, auf der man während des Laufens einfach mit links und rechts auf und über das Seil läuft bzw. das Seil unter die Fußsohlen durchbringt. Und wieder an Bauch und Rücken absichern!
  - Nun kann nach den vielen „Trockenübungen" der erste „Nassversuch" beginnen. Die Helfer halten vor dem Seildurchschlag am Gürtel oder der hinteren Tasche und nach dem Seildurchschlag an Bauch und Rücken. Es versteht sich von selbst, dass bei steigender Sicherheit die Hilfe zur Sicherheitsstellung wird, aber immer noch sehr wachsam sein muss. Nach einigen Duzend Versuchen können sich die Kinder selbst dosieren, dennoch sollte immer eine potenzielle Hilfe in unmittelbarer Nähe sein. Nach einigen Wochen wird ohne Nachfedern 10 sogar 20 Mal und mehr, auch im Wechsel mit überkreuzten Armen auf der Kugel Seil gesprungen!!

Zwei Kugeln

- Hat man die Möglichkeit, mit zwei Kugeln zu trainieren, kann man bald das Springen von Kugel zu Kugel üben. Mit ständiger, langsam reduzierter Hilfe wird man es schnell alleine schaffen.
- Sind die Kugeln ungleich groß, ergeben sich zwei unterschiedliche Arten des Kugelwechsels:

  - Von der großen zur kleinen reicht es, wenn man sich nur etwas nach vorne fallen lässt und aus den Ballen einen kleinen, beidbeinigen Hüpfer in wohl dosierter Distanz und weicherLandung auf die kleine Kugel macht, um sofort wie üblich auszugleichen.

– Von der kleinen zur großen Kugel muss man logischerweise aktiv abspringen, wobei es leichter scheint, mit kurzer Zeitverzögerung die Beine hintereinander auf die große Kugel zu setzen; allerdings ohne zu große Vorlage, sonst läuft die kleine Kugel nach hinten weg und kann andere gefährden; zudem bekommt man keine Absprungreaktionskraft nach oben (Abb. 5.86 a-c). Verbinden kann man diesen Kugelsprung dann mit einem Seildurchschlag.

Abb. 5.86 a-c

• Bei zwei Kugeln bietet es sich auch an, nebeneinander oder einander gegenüber zu laufen und sich gegenseitig zu halten. Das geht besser, als man am Anfang glaubt. Ähnlich, wie man zu zweit nebeneinander länger Einrad fahren kann als alleine, kann man sich auf der Kugel sicherer bewegen, wenn man z.B. eine Hand des Partners hält und sich mit der anderen mit einem Stock abstützt (Abb. 5.87). Man kann auch eine Drehung unter die Partnerhand machen.

Abb. 5.87

• Wer jonglieren kann und jetzt auch die Kugel beherrscht, kann Passing von Kugel zu Kugel üben, sei es mit Bällen, Ringen oder Keulen ...
• Ein kleines, tolles Wagnis ist es, mit Bocksprung über den Partner und direkt auf der Kugel zu landen, was man erst auf einen 2- bis 4-teiligen Kasten übt, danach, mit beidseitiger Hilfe, auf der Kugel. Choreographisch kann man es nach einer Einradnummer einschieben oder wenn der Partner von der 2. Kugel herunterspringt, den Partner von der anderen Kugel hinüberspringen lässt und danach auf die erste Kugel tauscht (Abb. 5.88). Mit dem Minitrampolin lassen sich ebenfalls schöne Verbindungen einstudieren.

Abb. 5.88 a-c

Mit Partner

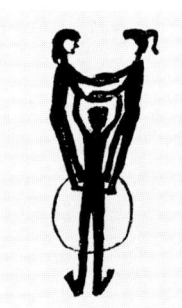

- Wer gut alleine auf der Kugel zurechtkommt, kann ohne
  weiteres zu zweit versuchen, durch ständig ausgleichende
  Tippelschritte die Balance zu halten. Das wird ja schon
  immer von chinesischen Artisten in den berühmt-traditio-
  nellen 'Löwendressuren' gezeigt, die zu zweit unter einem
  Kostüm auf der Kugel z.B. eine Wippe hinauf- und hinun-
  terlaufen. Als Vorübung dafür stellt man sich seinem Partner am Boden gegenüber im 'Hand-Unterarmgriff' haltend
  und tippelt leichtfüßig und leicht drehend umeinander;
  dabei geschieht der Gleichgewichtsausgleich durch leichte Klimmzugbewegungen. An
  der Sprossenwand kann man das gut üben. Man muss auch damit rechnen, dass man
  sich etwas auf die Füße tritt ... Die Hilfestellung hält, stützt und führt an beiden Oberarmen. Hie und da können sich die Hände von der Sprossenwand lösen. Dann kann
  eine 2. Hilfe an den anderen Oberarmen ebenfalls halten und führen, immer leichter,
  bis es sich von alleine regelt. Für den Aufstieg geht meist der Schwerere zuerst hoch,
  sucht Griff mit dem Partner, der zunächst einen Fuß hochstellt, dann vollends hochge-
  zogen wird bzw. natürlich selbst noch vom Standbein abspringt. Es ist ein sehr freud-
  volles Erlebnis, wenn man es nach ca. fünf Versuchen fast eine halbe Minute schon
  aushält – und es wird immer leichter, bis man nicht mehr herunter will ...

- Als nächste Stufe kann man eine Hand lösen und sich 'anständig' präsentieren, am Handgelenk Jonglierringe drehen oder
  etwas jonglieren, um sich nach einer halben Drehung auch zur
  anderen Seite hin zu präsentieren.
- Als weitere Schwierigkeit kann einer der Partner eine ganze
  Drehung machen, wobei der Griff logischerweise mehrmals
  gewechselt werden muss (Griffe am Boden üben).
- Schließlich können beide gleichzeitig die ganze Drehung auf
  der Kugel zeigen. Den Griffwechsel und das Maß, wie weit man
  dabei auseinander ist, kann wieder gut zuerst auf dem Boden
  trainiert werden.

Der Weg ist nun nicht mehr weit, wo nicht nur drei auf einer 70er-Kugel stehen können,
sondern wo sich ein buntes Treiben entwickelt, aus dem sich bei eventuellen Aufführungen
viele gute Nummern präsentieren lassen. Spätestens dann hat man kapiert, wie unendlich
viel Gutes den Kindern widerfahren ist, wenn sie diese äquilibristischen Gelegenheiten hatten, um sozusagen wagnispädagogisch gut kalkulierte Risiken locker und kontrolliert
bewältigen zu können.

Literaturhinweise

Allgemeines über Zirkuspädagogik und Artistik

BALLREICH, R./V. GRABOWIECKI, U.(Hrsg): Zirkus spielen. Ein Handbuch für Artistik, Akrobatik, Jonglieren, Äquilibristik, Improvisieren und Clownspielen. Hirzel Verlag Stuttgart 1992/AOL Verl. Lichtenau.

BALLREICH, R./v.GRABOWIECKI, U.: Zirkus in Schule, Verein, Ausbildung. In: BALLREICH,R./v.GRABOWIECKI, U. (Hrsg.): Zirkus spielen... Hirzel Verl. Stuttg. 1992/AOL Verl. Lichtenau, S. 26-34.

BALLREICH, R.: Auf dem Seil über dem Abgrund. Zirkuspädagogik als Abenteuererlebnis. In: Zeitschrift für Erlebnispädagogik 17 (1997) 7/8, 20-29.

BORKENS, K./GÖDDE, R./RENNEBERG, T.: Das kleine Gauklerhandbuch. Ökotopia Spielevertrieb und Verlag; Münster 1992, 3.

BUSSE, H.-J.: Artistik – Hohe Schule der Körperkunst. ZP-Verlag Leipzig 1991.

BUTTE, A.: Etwas bewegt sich: Schule macht Zirkus – Zirkus macht Schule (3-teilig) Sportunterricht-Lehrhilfen 38 (1989), Heft 7-9, 97-99.

BUTTE, A.: Bewegungskünste und Zirkus in Schule und Verein – Bewegungstheater, Balancehalten, Einradfahren, Akrobatik, Jonglage. Pohl-Verl. Celle 1996.

DRIESCHNER, R.: Akrobatische Attraktionen. (Workshop zur Vermittlung gewagter Kunststücke.) In: BRINKMANN, A./SPIEGEL, E.: Freizeitsport mit Jugendlichen. Reinbek 1986, 48-64.

FEHRMANN, U.: Erlebnisorientierter Akrobatikunterricht. In: „Sportpädagogik" 16 (1992) 6, 19-27.

FEHRMANN, U. Akrobatiktheater im Turnkurs. In: Sportpädagogik 16 (1992) 6, 63-67.

GAAL, J.: Bewegungskünste – Zirkuskünste. Jonglage – Einrad – Akrobatik für Schule, Verein und Freizeit. Hofmann Verl. Schorndorf 1994.

v. D. GOLTZ, I.: Zirkuspädagogik und Gesundheitsförderung – ein sportpädagogisch-soziologisches Experiment mit Kindern. 1. Staatsexamensarbeit Stuttgart 1995.

v. D. GOLTZ, I.: Einführung in die spielerische Artistik mit schulspezifischen Lerninhalten. Ein Unterrichtsversuch in einer 8. Mädchenklasse (Gymnasium). 2. Staatsexamensarbeit Stuttgart 1997.

v. GRABOWIECKI, U.: Spielerische Akrobatik für jedermann. In: Sportpädagogik 8 (1984) 5, Seelze, 45-48.

v. GRABOWIECKI, U.: Zirkusbibliographie (ca. 700 Hinweise, tlw. and. Sprachen, Artikel und Bücher zum Zirkusbereich (wird auf Anfrage zugesandt geg. Schutzgeb. (7.-) incl. Porto).

v. GRABOWIECKI, U: Spielerische Artistik, spielerische Akrobatik, Gag, Slapstik, Pantomime und Jonglieren. Unveröff. Manuskript (250S.) Stuttgart, 1983-1995.

v. GRABOWIECKI, U.: Zirkusspiel: Akrobatik, Aquilibristik, Jonglieren. In: Soppa, H.-R. (Red.): Auf der Suche nach dem Gleichgewicht. Dokumentation eines Symposiums vom 6-8.9.1995, S. 17-22. Oberschulamt Tübingen 1996.

v. GRABOWIECKI, U.: Zirkuspädagogik. Eine schillernde pädagogische Angelegenheit. In: Zeitschrift für Erlebnispädagogik 17 (1997) 7/8, 30-42.

v. GRABOWIECKI, U.: Plädoyer für eine etwas andere Schulpause. In: ZIEGENSPECK, J.W. (HRSG.): Zirkuspädagogik. Grundsätze – Beispiele – Anregungen. Verl. Edition Erlebnispädagogik. Lüneburg 1997.

HARTUNG, S.: Akrobatik – Ein guter Einstieg ist die beste Basis. In: Sportpädagogik 13(1989) 6, 54-57.

HOYER, K.: Lernen im Zirkus. In: Zeitschrift für Erlebnispädagogik 17 (1997) 7/8, 43-49.

HOYER, K. (Hrsg.): AOL-Zirkus (Arbeitsmappe). Rheinmünster 1993 (neu überarbeitet) 1. Aufl. 1985; Bezug: AOL-Verl., Lichtenau; 07227-4349.

KIPHARD, E.J.: Die Akrobatik und ihr Training. Ruhrländ. Verl.ges.; Essen 1961.

KIPHARD, E.J.: Kinderzirkus – eine Möglichkeit der Sozialisation milieugeschädigter Kinder und Jugendlicher. In: „Motorik" 5 (1982) 4, 143-148.

KIPHARD. E.J.: Pädagogische und therapeutische Aspekte des Circusspielens. In: Zeitschrift für Erlebnispädagogik 17 (1997) 7/8, 14-20.

KIPHARD, E.J.: Sportakrobatik – die Wiederentdeckung der Körperkünste. In: „Praxis der Psychomotorik", 11 (1986) 2.

KNAUS, M.: Die professionelle Akrobatik. Examensarbeit, Sportwiss. Tübingen 1980.

KRUSE, V.: Zirkus als erlebnispädagogische Möglichkeit in der Schule. In: Zeitschrift für Erlebnispädagogik 17 (1997) 7/8, 50-58.

MEHRTENS, L.: Jonglieren, Akrobatik, Clownerien. Oldenbg. 1982.

SPORTPÄDAGOGIK, Themenheft „Gleichgewicht halten." 8 (1984) 5, Friedr. Verlag, Seelze.

SPORTPÄDAGOGIK, Themenheft „Bewegungskünste." 11 (1987) 3, Friedr. Verlag, Seelze.

SPORTPÄDAGOGIK, Themenheft „Akrobatik". 16 (1992) 6, Friedr. Verlag, Seelze.

RYBAK, A.: Akrobatik und Jonglieren im Schulsport. Eine Alternative zu traditionellen Sportarten. Unveröffentl. Manuskr. (Zula) PH Ludwigsburg, 1988.

TREIBER, J.: Artistisches mit Einrad, Ball und Seil. BLV München, Wien, Zürich 1994.

Äquilibristik

AARTSMA, D./HOUTHOFF, D./FABER, K.: Gemeinsam Balance halten. In: Sportpädagogik 16 (1992) 6, 28-31.

BAUMANN, N.E.: Äquilibristik. Zentralhaus für Kulturarbeit, Leipzig 1968. (Orig.text: Iskusstwo, Moskau 1963).

v. GRABOWIECKI, U.: Spielerische Äquilibristik: Rola, Einrad, Kugel, Drahtseil (Teil 1-4). In: Der Übungsleiter. Arbeitshilfen für Übungsleiterinnen und Übungsleiter im Deutschen Sportbund, 30 (1997) ca. H. 9-12.

KIPHARD, E.J.: Übungsanregungen zur Verbesserung der Körperbalance. In: Turnen und Sport 53. (1979), 194-196 u. 217-221.

MARAUN, H.-K. Gleichgewicht halten. In: Sportpädagogik 8 (1984) 5, 6-14.

MARAUN, H.-K. Balancieren. In: TREBELS: Spielen und Bewegen an Geräten, 64-82; Reinbek 1983.

MASCHAK, W.: Der Radler-Zirkus. Dimension und persönl. Erfahrungen in d. freien Bildungs- und Jugendarbeit eines Bremerhavener Sportvereins. Verl: Der Senator f. Jugend u. Soziales. Ref. Jugendförderung, Bremen 1984.

THOULEY, P.: Zur Gleichgewichtsproblematik im Sport. In: Sportpädagogik 8 (1984) 5, 13.

Rola

BÜßER, P.: Balanceakt auf der Rola-Rola. In: Sportpädagogik Heft 9 (1984) 5, 54.

v. GRABOWIECKI, U.: Rollbrettbalancen. In: BALLREICH, R./v.GRABOWIECKI, U. (Hrsg.): Zirkusspielen – Ein Handbuch für Artistik … Hirzel Verl. Stuttgart /AOL Verl. Lichtenau 1992, 166-172.

v. GRABOWIECKI, U.: Spielerische Äquilibristik - Rollbrettbalancen (Rola). In: Der Übungsleiter. Arbeitshilfen für Übungsleiterinnen und Übungsleiter im Dt. Sportbund 30 (1997) 11+12.

SCHULZE, B./LOEWEN,A.: Akrobatisches auf dem Rollbrett. In: Sportpädagogik 16 (1992) 6, 32-37.

Drahtseil

DIMITRI, M.: Drahtseilbalance. In: BALLREICH, R./ v. GRABOWIECKI, U.: Zirkusspielen – Ein Handbuch für Artistik ... Hirzel Verl.Stuttgart /AOL Verl. Lichtenau 1992, 186-192.

v. GRABOWIECKI, U.: Spielerische Äquilibristik – Drahtseilbalancen. In: Der Übungsleiter. Arbeitshilfen für Übungsleiterinnen und Übungsleiter im Dt. Sportbund 31 (1998) 3+4.

LORKE, A.: Auf dem Seil laufen. In: Sportpädagogik 11 (1987) 3, 36-38.

Einrad

BALLREICH, R./v. GRABOWIECKI, U./TSCHACHOTIN, P.: Einradfahren. In: BALLREICH, R./v. GRABOWIECKI, U.: Zirkusspielen – Ein Handbuch für Artistik ... Hirzel Verl. Stuttgart/AOL Verl. Lichtenau 1992, 173-177.

DINKLAGE, B./BARDELL, B.: Die Kunst des Einradfahrens. Moers 1990.

v. GRABOWIECKI, U.: Spielerische Äquilibristik – Einradfahren. In: Der Übungsleiter. Arbeitshilfen für Übungsleiterinnen u. Übungsleiter im Deutschen Sportbund 31 (1998) 5+6.

HÖBER, S.: Einradfahren. Vom Anfänger zum Könner, Reinbek 1991.

TIEGS, U.: Lauftrommeln. In: Sportpädagogik 3/87, Seelze, S. 24.

WENCK, G.: Das Einrad. In: Sportpädagogik 11 (1987) 3, 46-49.

WILEY, J.: The Complete Book of Unicycling Solipaz Publishing Comp.; P.O.Box 366, Lodi, California 95241 (1984) (6. Aufl.=1989).

Kugel

v. GRABOWIECKI, U.: Spielerische Äquilibristik – Kugellaufen. In: Der Übungsleiter. Arbeitshilfen für Übungsleiterinnen und Übungsleiter im Dt. Sportbund 31 (1998) 1+2.

SCHACHL. A.: Kugellaufen. In: BALLREICH, R./ v. GRABOWIECKI, U. (Hrsg.): Zirkusspielen – Ein Handbuch für Artistik ... Hirzel Verl. Stuttgart / AOL Verl. Lichtenau 1992, 178.

TIEGS, U.: Lauftrommeln. In: Sportpädagogik 3/87. Seelze, 24.

H. Janalik

Ju-Do: Ein Weg zum rücksichtsvollen Umgang mit sich und anderen

Vorbemerkungen

Die seit einiger Zeit bei Heranwachsenden zu beobachtenden Veränderungen im Freizeit-verhalten und die damit zusammenhängende Wahl ihrer sportlichen Handlungsfelder (SCHMIDT 1996, 20ff.) kommen u.a. auch der Sportart Judo zugute. Die Mitgliederstatisti-ken der entsprechenden Vereine und Abteilungen verzeichnen vor allem bei den 6- bis 11-jährigen Kindern hohe Zuwachsraten, wobei erfreulich viele Mädchen diese aus Japan stammende Bewegungskunst erlernen wollen.

Auffallend ist nun, dass sich ein großer Teil der Kinder nach einiger Zeit mit der am häu-figsten gebrauchten Begründung: „Es hat keinen Spaß mehr gemacht" wieder zurückzieht. Diese „Entwicklung" ist mit dem Phänomen der Fluktuation, d.h. mit dem heute üblichen oftmaligen Wechsel der sportlichen Aktivitäten allein nicht zu erklären. Aufschlussreich bei der Suche nach wirklichen „Aussteigeursachen" ist, die subjektiven Motive und Veranlassun-gen zu erforschen, die hinter der Floskel vom ausgebliebenen Spaß stehen. Die dann zum Vorschein kommenden wirklichen Gründe der Kinder lassen sich schlüssig mit der Tatsache verbinden, dass in der mit dem Alter zunehmend kleineren Gruppe der Jugendlichen (12-18 Jahre), die noch regelmäßig Judo betreiben, vorrangig diejenigen anzutreffen sind, die zu den Erfolgreichen auf der Wettkampfebene zählen. Nicht zuletzt deshalb gehören sie eher zu den Selbstbewussten, Selbstsicheren, motorisch „Begabten", physisch und psychisch Robusten. Kaum noch anwesend sind die „Ungeschickten", „Gehemmten", „Ängstlichen", „Unsportlichen", diejenigen, die ihren Körper nicht unter Kontrolle haben oder die mit einer anderen Vorstellung zum Judo kamen und deshalb den gewohnten Betrieb störten. Sie wur-den allmählich ausgegrenzt, obgleich gerade sie Hilfe am nötigsten gehabt hätten.

Die Wünsche der Kinder und Jugendlichen, die sich einer Judogruppe anschließen, sind mannigfaltig. Meistens möchte man etwas lernen, um stark zu sein, sich wehren zu kön-nen, anderen gegenüber überlegen zu sein. Immer häufiger werden neuerdings, besonders von Jungen, als Beweggründe für die Teilnahme an Karate- und Judokursen bestimmte „Fernsehhelden" genannt. Diese, oft ausgestattet mit irgendeiner asiatischen Kampf-(Tötungs-)technik, scheinen unverwundbar, unbesiegbar, allen überlegen zu sein. Die all-täglichen Gegenerfahrungen der Heranwachsenden produzieren Identifikation mit diesen Eigenschaften. Die Mischung aus Kraft, Brutalität, Cleverness und Coolness, mit der offen-bar alle Probleme gemeistert werden können, erscheint nachahmenswert.

Aber es gibt auch Kinder, die in erster Linie Aufmerksamkeit und Zuwendung wollen oder die kommen, um bald etwas Besonderes zu beherrschen, das sie dort demonstrieren können, wo sie um Anerkennung bemüht sind.

Als Kinder und Jugendliche einer konsum- und erlebnisorientierten, in gewisser Weise auch langweiligen, weil entlasteten Zeit wollen sie schließlich mit Hilfe ihres Körpers erleben, erfahren, genießen, letztlich etwas für sich gewinnen. Sensation, Spaß, Nervenkitzel sind „in"!

Insgesamt sind es Wünsche, die angesichts der von den Kindern und Jugendlichen „mitgebrachten" und „verkörperten" individuellen Lebensgeschichten Sinn machen und deshalb dort Berücksichtigung und Aufarbeitung finden sollten, wo beabsichtigt ist, Heranwachsende in ihrer Entwicklung zu fördern und auf ihr weiteres Leben vorzubereiten, beispielsweise in der Schule und im Verein.

Kinder und ein Großteil der Jugendlichen definieren sich – ohne sich im Regelfall dessen ganz bewusst zu sein – in erster Linie über ihren Körper. Er ist sozusagen ihr Kapital und der Mittelpunkt ihres Seins. Er bildet den zentralen Ort, wo Phänomene wie Freude, Lust, Zufriedenheit, Selbstsicherheit, Neugier, Gestaltungswille, Harmoniewünsche und Kommunikationsbedürfnisse, aber auch Einsamkeit, Verunsicherung, Enttäuschung, Wut, Verweigerung, Ablehnung und vielfältige Verletzungen ihren Ausdruck finden. Über ihren Körper wenden sie sich den Personen und Objekten ihrer Umwelt zu und setzen sich mit ihnen auseinander. Über ihren Körper entsprechen sie gesellschaftlichen Erwartungen oder distanzieren sich von ihnen in vielfältiger Weise, können dabei „außer sich" geraten, „drehen durch", bedrohen sich und andere und geben radikale „Antworten" auf die sie oft überfordernden Bedingungen ihrer Lebenswirklichkeit. Damit wird einsichtig, wie eng „innen" und „außen" gekoppelt sind und warum dem Körper und der Körperlichkeit der Heranwachsenden – um deren ganzheitliche Verfasstheit zu dokumentieren, müsste von Leib und Leiblichkeit gesprochen werden – besondere Aufmerksamkeit gewidmet werden muss.

Die innere und äußere Realität von Kindern und Jugendlichen hat sich im Vergleich zu früheren Jahrzehnten nämlich dramatisch verändert. Die gesellschaftliche Entwicklung mit Phänomenen wie Technisierung, Verstädterung einschließlich Sinnverarmung der Lebensräume, Kommerzialisierung und Individualisierung hat auch das Leben der Heranwachsenden in hohem Maße beeinflusst, sodass die körperlichen, psychischen und sozialen Kosten ein bedenkliches Ausmaß erreicht haben.

Ist es da nicht naiv, in sportlichen Handlungsfeldern wie Judo hilfreich ausgleichende, harmonisierende, Sicherheit bietende oder gar entwicklungs- und persönlichkeitsfördernde Instanzen zu sehen?

Schließlich ist Judo im Laufe der Zeit primär Teil einer versporteten Bewegungswelt geworden, die sich analog zur Gesellschaft „entwickelt" und dabei wenig Rücksicht auf die besondere Lebenssituation und Körperlichkeit von Kindern und Jugendlichen genommen hat. Dies zeigt sich besonders dort deutlich, wo Judopraxis unreflektiert der sportiven Entwicklung folgt und sich dann durch nachstehende Sachverhalte charakterisieren lässt:

- Infolge einer vorherrschenden ein-sinnigen Sportdeutung – Judo ist Wettkampfsport – beschränkt sich das Lernen und Üben auf das möglichst effiziente Reproduzieren von Techniken mit früher Spezialisierung auf wenige, besonders erfolgversprechende Fertigkeiten. Diese Form der Auseinandersetzung macht Judo zum austauschbaren sportiven Programm.

- Individuelle Gegebenheiten, insbesondere im emotionalen und sozialen Bereich wie beispielsweise Ängste, Hemmungen, Unsicherheiten und Aggressivität, die sich nachhaltig im judospezifischen Bewegungshandeln auswirken, bleiben oft unberücksichtigt, unbearbeitet oder werden von der Lehrkraft routiniert „geordnet". Am sportlichen Erfolg orientierte Methoden können sich „Umwege" und geduldige, sensible Individualarbeit mit Zeit für das „Lesen zwischen den motorischen Zeilen" nicht leisten.

- Die starke Vorbildwirkung des modernen Hochleistungssports für den Schul- und Freizeitsport hat Konsequenzen für den Umgang mit dem eigenen und fremden Körper. Auf der Jagd nach sportlichem Erfolg scheint für Rücksichtnahme kein Platz zu sein. In der Wettkampfszene werden Signale des eigenen Körpers negiert und Schwächen der Gegner gnadenlos, manchmal sogar brutal genutzt. Daraus ergeben sich fragwürdige Folgen für individuelles Wahrnehmen, Erleben und den jeweiligen Körpergebrauch.

- Die Wettkampfszene vermittelt den Eindruck, dass eine athletisch konditionelle Ausbildung in Verbindung mit solider Technik für den Erfolg ausreichend sei. Wahrnehmungssensibilität und -kompetenz erscheinen dagegen als verzichtbar. Deshalb lernt man als Angreifer, den Gegner mit Kraft (Foto 6.1) in die für die eigene Spezialtechnik günstigen Körperpositionen zu zwingen (Gleichgewicht brechen), statt über feinste ganzkörperliche Registrierung des Partnerverhaltens zu einer angemessenen, energieökonomischen Bewegungsantwort zu gelangen (geistesgegenwärtiges Handeln).

- Wenn in der gängigen Auffassung Judokompetenz mit Kraft, „richtigen" Techniken und Erfolg im Wettkampf verbunden wird, dann erscheint das Anfänger-Sein fast logisch als eine möglichst schnell zu überwindende Defizitphase. Gefühle der Minderwertigkeit, des vermeintlichen Nichtkönnens und eine meist selbst verordnete Zurückhaltung hindern Anfänger an der aktiven Mitgestaltung des Lernprozesses. Hier wird völlig verkannt, dass gerade während dieser Zeitspanne große Chancen zum besseren Selbsterkennen (Ich-Analyse), zur Entwicklung von Körper- und Partnerverständnis sowie zur Entdeckung der tiefgründigen „Ju-Do-Weisheiten", z.B. hinsichtlich einer energieökonomischen Bewältigung von Alltag, gegeben sind. Stattdessen führt nicht selten der Ehrgeiz, möglichst schnell zu den Fortgeschrittenen zu gehören, zu Verkrampfung und Außenorientierung, die Wahrnehmungs- und Sinnessensibilität behindern.

- Aufgrund ihres unsensiblen, groben Gebrauchs im vorwiegenden Gegeneinander bei Lernen, Üben und Trainieren kommt es zu einer Abstumpfung der Sinne (vgl. ZIMMER 1995). Partner/„Gegner" werden über gedankenloses Verhalten zum Zweckmittel degradiert. Hier entwickelt sich der Verlust des Blickes für das „rechte Maß" der Mittel und des Energieaufwandes und nicht zufällig wird von „stumpfsinnigem Training" gesprochen.

- Von Anfang an kommt es im Lernprozess zu einer deutlichen Rollen- und Aufgabentrennung zwischen Tori (Angreifer) und Uke. In früheren Übersetzungen wurde Uke bezeichnenderweise als „Erleidender", „Erduldender" wiedergegeben. Heute wird der Begriff „Abwehrender" bevorzugt. Da Tori im Lern- und Übungsprozess normalerweise die aktionsbestimmende Rolle spielt, wird sie besonders von Anfängern als die attraktivere angesehen und deshalb bevorzugt angestrebt. Daraus ergibt sich eine unbewusste Abwertung der Uke-Funktion und eine gewisse Abneigung gegen die damit verbundenen Perspektiven und Aufgaben, z.B. Unterliegen, Fallen, sich zum Üben zur Verfügung stellen usw.

Aus pädagogischer Sicht erweisen sich die genannten Tatbestände als fragwürdig und veränderungsbedürftig, weil sie sich letztlich **gegen** den Menschen richten können und subjektive Sinndeutungen über Bewegung kaum zulassen.

Es soll nun nicht der Eindruck erweckt werden, man brauche nur die aufgeführten bedenklichen Aspekte sportiver Judopraxis positiv zu wenden und man habe automatisch die empfehlenswerte und subjektiv nutzbare Form des Judo für Schule und Verein. Von einem solch naiven Machbarkeitsglauben muss Abschied genommen werden. Menschen sind keine trivialen Systeme und auch eine optimal reflektierte und geplante erzieherische Maßnahme ist auf die Hoffnung angewiesen, dass der gesetzte pädagogisch-didaktische Impuls vom Individuum angenommen und angemessen umgesetzt wird.

Vor diesem Hintergrund ist auch der Möglichkeitshorizont von Judo zu sehen. Judo ist ein Anlass, eine Gelegenheit, ein **Angebot** mit hoher „Gewinnchance", insbesondere auch für Kinder und Jugendliche. Judo **kann** ein pädagogisch bedeutsames Thema im Bewegungsunterricht von Schule und Verein sein und einen spezifischen Beitrag zur ganzheitlichen Entwicklung und zur Neuordnung der Person-Umwelt-Beziehung leisten. Das Ausmaß und die Qualität der Wirkungen aber sind nicht zuletzt abhängig von der Art der Vermittlung, deren gängiger Zuschnitt dringend pädagogischer und didaktischer Reflexion und Erweiterung bedarf.

Das im Folgenden in seinen Grundstrukturen vorgestellte Konzept einer möglichen Umgangsform mit Judo möchte einen Beitrag zu dieser Erweiterung leisten. Die dazu getroffenen Überlegungen sind nicht als Alternative oder Gegenentwurf zu gängigen judospezifischen Lehr-Lern-Arrangements in Schule und Verein zu verstehen. Etablierte Sinnperspektiven, z.B. die der Leistungsoptimierung oder des Wettkampfes sollen nicht aufgelöst oder diffamiert, sondern sinnvoll integriert und modifiziert werden. Zielsetzung ist, im Hinblick auf die schon – und auch noch nicht – aktiven Kinder und Jugendlichen eine verstärkte Reflexion bei den Lehrenden über diese mittlerweile fast nur noch als „versportete", medaillenträchtige Zweikampfsportart Judo bekannte fernöstliche Bewegungskunst anzuregen. Damit ist die Hoffnung verbunden, zu einem erweiterten Verständnis von Judo und Judopraxis, aber auch von Sport und Sporttreiben insgesamt zu gelangen.

Das Konzept erhebt den Anspruch, ein (bewegungs-) pädagogisches zu sein, d.h. es wird mit dem Lehren und Lernen von Sport ein erzieherisches Moment verbunden – sowohl in der Schule als auch im Verein. Daher gilt es zu fragen, unter welchen Bedingungen und mit Hilfe welcher Form der Auseinandersetzung Judo zur persönlichen Entwicklung und Lebensvorbereitung beitragen kann.

Die Erfolgswahrscheinlichkeit steigt sicherlich mit jedem Bemühen um Selbsterziehung und Selbstentwicklung mit Hilfe sinnlicher und kommunikativer Impulse, die über Bewegung und Bewegungslernen gegeben werden können. Je individueller die Auseinandersetzung mit Judo überdies gestaltet werden kann, je vielfältiger dessen Erscheinungsbild für die Kinder und Jugendlichen ist und je stärker diese sich bei der Sinnzuweisung einbringen können, desto größer ist auch die Wahrscheinlichkeit einer persönlichen Identifikation mit der Sache.

Eine der wichtigen Leitlinien für die Lehrarbeit muss sein, auf jeder Alters- und Leistungsstufe das Gefühl des Könnens und des selbst bewirkten Gelingens zu ermöglichen. Damit kann der Grundstein für ein neues Selbstwertgefühl gelegt werden, (vgl. den Beitrag von R. ZIMMER in diesem Band) – ein wesentlicher Aspekt im Hinblick auf die Persönlichkeitsentwicklung von Heranwachsenden und deren soziale Integration. „Individuen sind dann am ehesten bereit, sich auf Erwartungen anderer einzulassen, wenn sie über ein stabiles Selbstkonzept verfügen, denn diskrepante Erfahrungen führen zu weiterer Verunsicherung" (KLEINDIENST-CACHAY 1996, 25).

Das Konzept stützt sich auf mehrere Wurzeln. Zu ihnen zählt die eigene leistungssportliche Judovergangenheit, die die Vor- und Nachteile einer ausschließlich auf die Wettkampfperspektive zugeschnittenen Bewegungsausbildung erfahren ließ. Dazu gehört auch eine immer noch andauernde, mit aufmerksamer Wahrnehmung und intensivem Austausch verbundene Lehrarbeit mit Kindern, Jugendlichen und Erwachsenen auf unterschiedlichen Leistungsniveaus und in unterschiedlichen Einrichtungen (Verein, Schule, Hochschule) sowie eine intensive, analytische Beobachtung der Wettkampfszene, vor allem der des Nachwuchses.

Schließlich erwies sich als besonders gewinnbringend das Studium der einschlägigen Literatur[1], das die Aufmerksamkeit wieder auf die Ursprünge des Ju-Do (vgl. TIWALD 1981; JANALIK 1992, 108-112) lenkte.

---

[1] Einen besonderen Überblick findet der Judointeressierte in den Lehrbriefen des Deutschen Judo-Bundes.

Zu den Ursprüngen des modernen Judo

Als der Japaner KANO 1882 eine „Schule zum Studium des Weges" gründete, profilierte er sich aus heutiger Sicht als weiser Pädagoge, da seine bewegungskulturellen Vorstellungen weit über die Erfindung eines motorischen Fertigkeitssystems hinausgingen. Aus der intensiven Auseinandersetzung mit historischen Selbstverteidigungskünsten (Jiu-Jitsu) seines Landes hatte er ein eigenes System von Angriffs- und Abwehrtechniken entwickelt, das aber erst durch die Bindung an zwei alles Handeln durchdringende Prinzipien Ju-Do, d.h. übersetzt etwa „sanfter Weg", genannt werden kann und von daher verständlicherweise mehr ist als sportives Programm. Es sind

1. der „Grundsatz des bestmöglichen Gebrauchs von Geist und Körper" und
2. der „Grundsatz des gegenseitigen Helfens zum beiderseitigen Wohlergehen".

„Ju" stellt das Prinzip des Nachgebens und der Anpassung an die Absichten des Partners dar. Es ist gleichsam eine Art Perspektivenwechsel bzw. Perspektivenübernahme, um zu einer Problemlösung zu gelangen. „Do" bedeutet Weg und Lehre, um durch aktive Betätigung – dies kann Sport, aber auch eine ganz andere Tätigkeit sein – die eigene Persönlichkeit zu entwickeln.

Im Verständnis KANOS ist Ju-Do das Prinzip individueller Lebensgestaltung und sein Techniksystem nur eine Möglichkeit des Einübens. Eindeutig stellt er damit „sportliches" Bewegungshandeln in den Dienst der Persönlichkeitsentwicklung und Lebensbewältigung.

Die Vollendung des „Do", des „Weges", zeigt sich gerade in der Fähigkeit, das tägliche Leben spontan und energieökonomisch zu leben. Die zu erzielende Bewusstseins- und Willensentkrampfung, die Fähigkeit zur Entspannung sowie ein neues Verhältnis zum eigenen Körper und zu anderen Menschen – z.B. über ein gestärktes Selbstwertgefühl – können eine verbesserte Lebensqualität schaffen. Ju-Do-Lernen ist Begreifen und Erfahren von Ich und Welt mit dem Körper.

Die ursprüngliche Art der Ausübung von Ju-Do in Form von „Kata" (gestaltete Form), „Randori" (Üben mit partnerschaftlicher Absprache) und „Shiai" (Kampf) war mehrsinnig, also mehrperspektivisch ausgelegt, ging weit über das reproduzierende Erlernen von Techniken hinaus. Erst von daher konnte Ju-Do zu einer lebenslangen Aufgabe werden, was zu ständiger und intensiver Auseinandersetzung mit sich selbst und anderen zwingt und auf nachhaltige Veränderungen in der Art der Alltags- und Lebensbewältigung zielt.

Um deutlich zu machen, dass diese originäre Form bei der Gestaltung meines Konzepts Pate gestanden hat, soll im Folgenden der Schreibweise Ju-Do – an Stelle von Judo – der Vorzug gegeben werden. Auf diese Weise soll das erweiterte Verständnis von dieser Bewegungskunst im Bewusstsein verankert werden.

Unter Ju-Do soll also im Folgenden eine mehrperspektivisch reflektierte und geleitete Praxis verstanden werden. Die Auseinandersetzung mit Ju-Do soll eine große Breite individueller Sinndeutungen zur Erfahrung bringen, d.h. subjektiv Bedeutsames erschließen lassen. Die auch heute noch oft anzutreffende und weiter oben beschriebene, einsinnig versportete Auffassung dieser fernöstlichen Bewegungskunst wird mit der Schreibweise „Judo" gekennzeichnet.

Beispiele aus der Ju-Do-Praxis mit Kindern

Die im Zusammenhang mit den folgenden Praxisbeispielen[2] angeführten Aufgaben, Lernschritte, Bewegungsformen, Lehrimpulse und allgemeinen Hinweise dürfen nicht als ein geschlossener, inhaltlich, methodisch und zeitlich festgelegter Kurs missverstanden werden. Es handelt sich vielmehr um **eine mögliche Kombination** von relativ wenigen Bausteinen aus einem umfassenden „Bausatz Ju-Do", die für die thematische Einheit „Ju-Do kennen lernen" ausgewählt wurden. Auch die unter einer der folgenden Überschriften aufgelisteten, exemplarischen Aufgaben sind nicht grundsätzlich so aufzufassen, dass sie im Verlauf einer Stunde alle nacheinander abzuhandeln sind. Über Auswahl und Reihenfolge müssen die Beteiligten jeweils situativ entscheiden.

Der Bausatz umfasst einerseits vielfältige ju-do-spezifische Elemente. Dazu zählen beispielsweise alle bekannten Techniken des Fallens, des Werfens, des Festhaltens, spezielle Wahrnehmungs- und Sensibilisierungsformen, aber auch bestimmte Übungsmethoden. Andererseits gehören Elemente dazu, die aus anderen Bewegungsfeldern entliehen sind, weil sie wertvolle Dienste bei der Auseinandersetzung mit Ju-Do leisten können, z.B. Spielformen, die das soziale Miteinander fördern, Formen zur Sinnesschulung und Übungen zur Körpererfahrung.

Die Auswahl der „Bausatzelemente" und die Struktur ihrer Zusammenfügung richtet sich letztlich nach der konkreten Zielgruppe und ihren jeweiligen Besonderheiten. Eine Gruppe mit verhaltensauffälligen Kindern verlangt eine andere Schwerpunktsetzung als eine Gruppe, deren Mitglieder Zusammenarbeit und gegenseitiges Helfen attraktiv finden. Rauflustige, draufgängerische Jugendliche über den Einstieg „(Walzer-) Tanzen" (JANALIK 1992, 123) für Ju-Do aufzuschließen, ist im Regelfall ebenso fragwürdig, wie ängstliche, schwache Kinder am Anfang mit Ringen und Raufen zu konfrontieren. Im ersteren Fall eignen sich vielleicht vielfältige Spielformen zum Thema Gleichgewicht in Verbindung mit Rauf- und Kampfspielen, die durch Regelvereinbarungen humanisiert sind (ZIELKE 1996, 50; BIL 1994, 30-37). Bei der zweiten Gruppe könnten etwa kindgemäße Formen der Körper- und Sinneserfahrung fruchtbar die Erstbegegnungsphase bestimmen.

---

[2] Ein Großteil der folgenden Ausführungen sind unter dem Titel „Ju-Do – eine pädagogische Chance. Ein etwas anderes Konzept zur Vermittlung einer Sportart" erschienen in: Körpererziehung 47 (1997) 2, 60-68.

Schon diese wenigen Beispiele verdeutlichen, dass die **Mitarbeit** der jeweiligen Kinder und Jugendlichen am Lehr-Lern-Arrangement unumgänglich ist, – nichts geht **gegen** sie, sondern alles nur **mit** ihnen.

So ist die gemeinsame Verständigung Voraussetzung für das dauerhafte Gelingen von Lehr-Lern-Prozessen. Im Idealfall werden die für einen Themaschwerpunkt relevanten Elemente aus dem o.g. Bausatz von allen Beteiligten gemeinsam herausgefiltert, zusammengesetzt, gegebenenfalls verändert, ergänzt und auch aussortiert. Das Zurückstellen oder Ausschließen von Teilen kann unter der Fragestellung: „Was geht momentan aus welchen Gründen noch nicht?" zu einer reizvollen Aufgabe mit intensiven kommunikativen Austauschprozessen werden.

Bei der Planung der Vorgehensweise spielt die Wahl eines spezifischen Sinnstranges eine entscheidende Rolle. Er bildet sozusagen oberstes Ordnungs- und Orientierungsprinzip für die inhaltliche und methodische Gestaltung des Kurses. Ein „Sinnstrang" ist eine thematische Einheit mit sinnvoll aufeinander bezogenen, bzw. zu beziehenden Teilschritten und Einzelaspekten. Für Kinder und Jugendliche, die mit Ju-Do beginnen wollen, bieten sich in Abhängigkeit von den individuellen Gegebenheiten beispielsweise folgende Sinnstränge an:

- Ich und mein Körper.
- Wir machen unsere Kräfte gleich.
- Mit Hilfe von Ju-Do stark werden.
- Wir verstehen uns beim Üben immer besser - vom Missverstehen zum Verstehen.
- Habe ich jetzt gewonnen oder verloren?
- Was heißt Siegen durch Nachgeben?
- Miteinander im Gegeneinander.
- Wir gestalten eine Gemeinschafts-Kata mit und ohne Musik.
- Was bedeutet: Ju-Do ist ein Bewegungsdialog?
- Vom Tanzen zum Ju-Do.
- Wir brechen die verfestigte Form von Judo auf und machen daraus Ju-Do.
- Ju-Do-Prinzipien im Alltag.
- Vom Raufen und Ringen zum Ju-Do. Dieser Sinnstrang wird für Kinder häufig als Einstieg gewählt, bedarf aber m.E. einer besonderen Bearbeitung, weil sich hier sehr schnell Ohnmachtsgefühle einstellen können.

Wie das nachfolgende Beispiel zeigt, können auch mehrere Sinnstränge miteinander verbunden werden. So umfasst der vorgeschlagene Einstiegsweg Aufgaben aus den Sinnsträngen: „Ich und mein Körper", „Wir unterhalten uns mit Hilfe von Bewegung und verstehen uns dabei immer besser", „Fliegen und Landen", „Hilfst du mir beim Fallen, helfe ich dir beim Werfen" und „Was wir lernen, können wir auch in eine schöne Form bringen". Denkbar sind auch ganz andere Kombinationen und Einstiegsmodalitäten.

Da in der einschlägigen Literatur zahlreiche Vorschläge zur Erarbeitung einzelner Judotechniken nachgelesen werden können, wird auf eine diesbezügliche detaillierte Dokumentation verzichtet und eher das beim Ju-Do-Lernen Übergeordnete aufgezeigt.

Spielen, erleben, erfahren, nachdenken

Zu **jeder** Ju-Do-Stunde gehören an entsprechender Stelle

- vielfältige, altersgruppengemäße Spielformen, wie etwa die bekannten Laufspiele, Platzsuchspiele, Fangspiele, Staffeln und Geschicklichkeitsspiele, wobei der kooperativen Perspektive besondere Aufmerksamkeit geschenkt wird. Gespielt wird unter veränderten, neue Erfahrungen eröffnenden Bedingungen. Dazu zählen z.B. der begrenzte und begrenzende Raum der Judomatte, der „Judogi", d.h. die spezielle Ju-Do-Kleidung und das barfüßige Fortbewegen.

- Gezielte Aufgaben zur Schulung aller Sinne (vgl. ZIMMER 1995; ZIMMER/CICURS 1995), wie beispielsweise „mit den Füßen sehen", d.h. Material der Matte, deren Unebenheiten und Temperatur, aber auch andere Objekte mit Hilfe der Füße und unter Ausschluss der Augen wahrnehmen und identifizieren. Zu den ju-do-spezifischen Aufgaben in diesem Rahmen zählt u.a., muskuläre und andere körperliche Reaktionen bei anderen festzustellen, z.B. beim synchronen Gehen in dem Moment, bevor der Partner einen Wurf ansetzt oder sein Gleichgewicht zur Verfügung stellt.

- Sensibilisierungsübungen im Hinblick auf den eigenen Körper und den von anderen (vgl. die folg. Praxisteile sowie JANALIK 1992, 119-126; ZIMMER/CICURS 1995;

Foto 6.1: Erlebtes austauschen

KLIEBISCH/WEYER 1996). Oberste Handlungsmaxime in einer pädagogisch legitimierten Ju-Do-Praxis ist, den Partner – auch im Kampf – äußerlich und innerlich nicht zu verletzen. Die Fähigkeit, verständnisvoll und fürsorglich mit dem Körper von anderen umzugehen, setzt die Sensibilität gegenüber dem eigenen Körper voraus.

- Ausführliche Gesprächsphasen, in deren Verlauf sich die Kinder oder Jugendlichen zusammen mit der Lehrkraft über Erlebtes und Erfahrenes austauschen (Abb. 6.1). Kennzeichen für eine Entwicklung in diesem pädagogischen Prozess ist ein beobachtbar wachsendes Maß an Selbständigkeit und Eigenverantwortung der Kinder.

„Stockfechten" mit dem Gymnastikstab

Diese im Hinblick auf das Normalverständnis von Ju-Do eher ungewöhnliche Tätigkeit wurde deshalb in den Bausatz aufgenommen, weil sich mit Hilfe einer alltagsnahen Bewegung fundamentale Aspekte von Ju-Do demonstrieren, erleben und erfahren lassen, z.B. die entscheidende Bedeutung der Wahrnehmung oder das Prinzip „Stark werden durch Nachgeben", lange bevor dies mit ju-do-spezifischen Elementen geschehen kann.

Zusätzliches Ziel ist zum einen, mit Hilfe vieler Sinne das rechte Maß beim Einsatz der eigenen Kräfte zu finden (Energieökonomie) und zum anderen, den ju-do-spezifischen partnerschaftlichen Bewegungsdialog vorzubereiten. Die Erfahrung lehrt, dass in vereinzelten Fällen besonders Mädchen und junge Frauen bei dieser Phase Hemmungen haben, mit dem Stab zu schlagen. Ihnen muss Zeit und die Möglichkeit der abwartenden Beobachtung eingeräumt werden.

Einzelarbeit:
- Der Gymnastikstab wird an einem Ende mit beiden Händen gefasst und in Form von Einzelschlägen bruchlos, d.h. ohne Richtungsabweichungen und zeitliche Verzögerungen auf verschiedenen Kraftwegen (z.B. Diagonale, Senkrechte, Parallele zum Boden) geführt.

- Gelingt es, auf den eigenen Stab nur einen kurzen, richtungsweisenden Kraftimpuls zu geben und sich dann von ihm führen zu lassen (lockere Fassung)?

- Die Stabschläge sollen bei allmählicher Verringerung der Geschwindigkeit bis hin zum Zeitlupentempo ohne Abweichungen geführt werden.

- Die vorangegangenen Einzelschläge in verschiedene Richtungen sollen jetzt zu einer flüssigen Gesamtbewegung verbunden werden. Diese Aufgabe macht eine bestimmte Orientierung des Körpers im Raum und eine entsprechende Koordinierung der eigenen Bewegungen mit denen des Stabes notwendig. Der komplexe Bewegungsablauf kann auf höherem Könnensniveau in eine außerordentlich anspruchsvolle, gestaltete

Form (Kata) gebracht werden, die mit oder ohne Musikbegleitung einem Beobachter den Eindruck eines Tanzes mit dem Stab vermittelt. Aber auch Anfänger können die Aufgabe imponierend lösen und auf diese Weise Gefallen an der Übungsmethode der Kata gewinnen.

Partnerarbeit (mit regelmäßigem Rollentausch zwischen Impuls- und „Antwortgeber"):

- Koordinative und konzentrative Höchstleistung in Verbindung mit verfeinerter Wahrnehmung fordert die Form der „Spiegelkata" mit Partner oder in der Gruppe. Aufgabe ist, die eigenen Stabschläge mit denen des Partners exakt, d.h. spiegelbildlich zu synchronisieren. Anfangs wird untereinander abgesprochen, wer die „Führungsarbeit" übernimmt und wann gewechselt wird. Später soll die Ablösung nicht über das Wort, sondern über Körpersprache erfolgen.

- Einer der beiden Partner gibt unterschiedlich starke Kraftimpulse auf den Stab des anderen. Dieser beantwortet jeweils sofort die über sein taktiles und kinästhetisches System empfangenen Impulse möglichst mit der gleichen Schlagintensität. Nach einiger Zeit soll auch die visuell und auditiv wahrgenommene Information (Trefferstelle am Stab und dazugehörender Ton) möglichst analog beantwortet werden.

- Gewisse Schwierigkeiten bereitet oft die nächste Aufgabe, nämlich die unterschiedlichen Kraftimpulse des schlagenden Partners über die Wirkung am eigenen getroffenen Stab zu beobachten (wohin geht mein Stab wie schnell?). Dazu ist nämlich eine sehr lockere, aber dennoch fixierende Stabhaltung Voraussetzung

- Die in Zeitlupe vom Partner geführten Schläge werden jeweils mit dem Stab gebremst bzw. blockiert. Der Abwehrende muss sehr schnell eine entsprechend günstige Körperposition finden, um den Schlag optimal, d.h. im rechten Winkel zur Schlagrichtung stoppen zu können (Foto 6.2). Zur Erleichterung für den Blockierenden wird anfangs die Schlagrichtung nicht gewechselt und erst später ständig variiert.

- Je nach Könnensstand ist die Möglichkeit eines Partnerwechsels oder der Aufgabenerfüllung in Gruppenarbeit gegeben. Im letzteren Fall steht der Abwehrende im Kreis, muss genau beobachten und blitz-

Foto 6.2: Blockieren/Stoppen

schnell reagieren. Die Außenstehenden schlagen im Zeitlupentempo und in festgelegter Reihenfolge. Dies kann zur Aufgabenerschwerung nach einer gewissen Zeit auch
aufgegeben werden.

*   Die Zeitlupenschläge des Partners – später der Partner im Kreis – werden jetzt zur
    Abwehr nicht mehr blockiert, sondern mit dem im rechten Winkel zur Schlagrichtung
    aufgelegten, „begleitenden" Stab weitergeführt. Wie schwierig diese Aufgabe ist, zeigt
    sich darin, dass vom Abwehrenden häufig die Schlagrichtung nicht genau wahrge-
    nommen wird und er mit seinem Stab nicht begleitend, sondern richtungsändernd ein-
    wirkt. Bei richtiger Ausführung entsteht eine optimale Kräfteüberlagerung bzw. -sum-
    mierung zwischen Angriffs- und Abwehrkraft. Dieses Phänomen ist ein typisches Kenn-
    zeichen energieökonomischer Ju-Do-Handlungen.

An dieser Stelle soll auf eine Perspektive hingewiesen werden, die nicht erst im speziellen
Rahmen ju-do-spezifischer Fertigkeiten individuelle Bedeutung erhält. Es ist das **Üben**, die
beharrliche, von höchster Wahrnehmungsleistung und Aufmerksamkeit (Geistesgegen-
wart) geprägte Auseinandersetzung mit einem Bewegungsproblem. Kinder von heute sind
oft ruhelos, unkonzentriert, oberflächlich, unstetig, ungeduldig, neigen dazu, bei Misserfol-
gen schnell das Feld zu räumen. Ihnen muss nahe gebracht werden, an einer Sache bleiben zu können, sich mit ihr zu verbinden. Stockfechten und Ju-do sind keine flüchtigen
Warenelemente eines Erlebnissupermarktes, die man „wegwirft", wenn etwas nicht gleich
gelingt. Erst die Leitlinie einer Kultur des Verweilens eröffnet die Chance, über geistesgegenwärtiges Üben – auch im Kampftraining – zu einem Erlebnis der „fließenden", genussvollen Bewegung zu gelangen.

Führen und sich führen lassen
(Körpersensibilität und Vertrauensbildung)

Ziel ist, über feinfühlige Partnerformen im Bewegungsgeschehen Verantwortungsgefühl
und Vertrauen zu entwickeln. Gefördert wird behutsames und achtsames Umgehen mit
sich und dem jeweils anderen, z.B. durch vielfältiges Führen einer Partnerin (auch um Hindernisse oder auf Geräten, wie z.B. dem Schwebebalken oder der Bank), die mit zunehmendem Vertrauen ihre Augen geschlossen halten kann.

Die Art, wie geführt wird, ist anfangs beliebig (Abb. 6.3). Sie muss nur vertrauensbildend
wirken und Sicherheit verleihen. Ausgiebig Zeit muss zur Absprache des Signalsystems
innerhalb der Partnerschaft gegeben werden, insbesondere dann, wenn das Ausmaß des
direkten Körperkontakts zwischen Führendem und Geführten geringer wird:
*   Führen mit zwei Händen, z.B. an der Schulter des Partners, gegebenenfalls auch mit
    zusätzlichem Körperkontakt;

- Führen mit einer Hand;

- Führen mit einem Finger;

- Führen mit der Spitze des Gymnastikstabes;

- Führen mit Hilfe akustischer Signale (von laut nach leise).

Abb. 6.3: Führen und Führen lassen

In diesem Rahmen können zahlreiche andere Formen des gegenseitigen rücksichtsvollen Führens/Helfens aufgegriffen werden, die in anderen Sportarten und Handlungsfeldern ihren Eigenwert haben, z.B. das Helfen im Gerätturnen.

Ein hohes Maß an Bereitschaft, sich auf andere einzustellen und eine feine Kraftdosierung werden durch die Aufgabe eingefordert, beim ju-do-spezifischen Synchrongehen – das ist eine mit Tanzschritten vergleichbare Schrittfolge – den Wechsel in der Führung zu üben. Dieser soll so vonstatten gehen, dass er von außen nicht erkennbar wird. Kinder tun sich beim Erfüllen dieser Aufgabe anfangs schwer, weil der Erfolg nur dann eintritt, wenn mit dem partnerschaftlichen Einfühlen und Verstehen in der Bewegung gleichzeitig ein Verzicht auf gewohnte Ich-Demonstration, z.B. in Form von besonders aktivem Verhalten, verbunden ist.

Auch beim Paartanz ist es übrigens ein Qualitätsmerkmal, die Führung so unauffällig zu leisten, dass dies nur für die beiden Tanzenden selbst erspürbar wird. Ein großer japanischer Meister hat einmal gesagt: „Ju-Do muss getanzt werden." Neben der Leichtigkeit der Bewegung sprach er damit diesen Aspekt der individuellen Selbst-Vergessenheit und Zurücknahme an, der entscheidende Voraussetzung für eine überdurchschnittliche Katavorbereitung und -vorführung ist.

Das rücksichtsvolle Führen und achtsame Helfen bekommt dann große Bedeutung, wenn Fallen und Werfen miteinander gekoppelt werden. Deshalb muss schon im Vorfeld dort mit viel Geduld und Verständnis kompetente Hilfe geleistet werden, wo Kinder oder Jugendliche Auffälligkeiten im Umgang mit anderen zeigen, z.B. Abneigung gegen körperliche Nähe, Spaß am Wehtun, „Benutzen" von anderen, um sich darzustellen. Auch sie sollen lernen, Körperkontakte einzugehen, zu genießen und gemeinsam zu gestalten, auch etwaige Negativerlebnisse zu bearbeiten.

Schieben, ziehen, widerstehen, ausweichen, tragen – das Spiel mit der Kraft

Ziel ist, Kräfte und Gegenkräfte bewusst zu erleben, sie in einen Zusammenhang mit dem eigenen Körper zu bringen und die beispielsweise beim Stockfechten gewonnenen Erfahrungen bezüglich angemessener Kraftdosierung umzusetzen. Auch mit geringer Kraft kann nämlich durch kluges Handeln eine hohe Wirkung erzielt werden (1. Prinzip von KANO).

Das Experimentieren mit dem Phänomen Kraft soll auch dazu dienen, eigene Körperreaktionen bewusst zu registrieren, z.B. Atemstockungen beim Krafteinsatz. Vielleicht erinnern sich manche Kinder an Vorgänge, bei denen eine relativ geringe Kraftanstrengung – etwa im Fußballzweikampf – aus diesem Grund zu einem hohen Erschöpfungsgrad geführt hat. Vielleicht ist ihnen auch bekannt, dass Experten im Moment notwendiger Kraftanstrengung ausatmen. Alle diese Sachverhalte werden im Ausprobieren vergegenwärtigt und anschließend ebenso besprochen wie individuelle Wahrnehmungen bei aggressivem Krafteinsatz, Gefühle beim „Erleiden" von Kraft, bei großer Über- oder Unterlegenheit im direkten Kräftemessen usw. Letztlich soll der physikalische Kraftbegriff eine Erweiterung im Bewusstsein der Kinder erfahren. Folgende Aufgaben bieten sich u.a. an:

*   Wegschieben des stehenden Partners, der vorerst keinen Widerstand leistet. Mit unterschiedlichen Kontaktpunkten, z.B. mit beiden Händen an dessen Schulter, an dessen Hüfte, mit einer Hand an dessen Kopf, Brust oder Bauch, mit der Schulter an dessen Rücken, Gesäß wird ausprobiert, ob sich daraus auch Unterschiede im Kraftaufwand und in der Wirkung ergeben.

*   Der Partner variiert die Ausgangsposition: Hocke, Knie- und Bankstellung, Rücken- und Bauchlage, auf einem Bein stehend.

*   Der Partner leistet jetzt in den verschiedenen Positionen Widerstand. Der Schiebende setzt sich mit folgenden Fragen auseinander: „Wie reagiere ich auf den Widerstand?" „Werde ich aggressiv, ziehe ich mich zurück, resigniere ich schnell?" „Welche Folgen hat meine Gefühlslage für meine „Kraft"?" Schon jetzt kann daran gearbeitet werden, sich zu zügeln, eine innere Bremse zu entwickeln, aggressive Bewegungsimpulse in sozial verträgliche zu überführen.

*   Krafteinsatz soll einmal mit Pressatmung, das andere Mal mit Ausatmung stattfinden. Ergeben sich Unterschiede?

*   Der jeweils geschobene Partner schätzt seinerseits den spürbaren Kraftimpuls subjektiv ein und äußert seinen Eindruck („stark", mittel, schwach, aber auch brutal, wehtuend, wild, aggressiv u.a.).

- Beide Partner versuchen, ihre Körper in unterschiedlichen Positionen auf der Basis der Formel: Kraft = Gegenkraft auszubalancieren (auch als Rückenschieben und mit geschlossenen Augen).

- Der Geschobene variiert seine Gegenkraft, d.h. die Skala seiner Reaktionen soll das Blockieren (Widerstand geben) umfassen, ebenso den Verzicht auf Widerstand (sich wegschieben lassen) und das Weiterführen des empfangenen Kraftimpulses durch Formen des Ausweichens und zusätzlichen eigenen Krafteinsatz. Letzteres ist die klassische Vorstellung des Siegens durch Nachgeben.

- Gleiche Aufgabenstellungen für die Aktion „Ziehen".

- Schieben und Ziehen mit Einsatz von „Zusatzgeräten", z.B. von Teppichfliesen, Rollbrettern, dicken Socken.

- Schließlich soll ausprobiert werden, andere so zu transportieren und zu tragen, dass ein möglichst geringes Lastempfinden verspürt wird (Tragen auf dem Rücken, über der Schulter, mit den Händen in Vorhalte, mit Hilfe des Partners).

- In Abhängigkeit von der sozialen Atmosphäre kann die Aufgabe gestellt werden, den Partner auf dem Boden gegen dessen Widerstand festzuhalten.

Auf der Suche nach der mittleren Spannung in meinem Körper

Im Verlauf bisheriger unterschiedlicher Tätigkeiten wie Gehen, Laufen, Sprinten, Hüpfen, Schleichen usw. wurde schon die Aufmerksamkeit auf bestimmte Muskeln und Muskelgruppen gelenkt und diese über das Gegensatzpaar Anspannen/Entspannen lokalisiert. Jugendliche können sich mit der Problematik eingeschränkter Entspannungsfähigkeit auseinander setzen: „Wann verkrampfe ich?" „Wie zeigt sich das?" „Unter welchen Bedingungen kann ich locker bleiben?"

Ziel ist jetzt, die „entspannte Spannung" im Körper zu finden, die bei geringem Energieverbrauch die beste Ausgangsbasis für reaktionsschnelles, angemessenes Handeln ist. Schon der Anfänger sollte erste Erfahrungen dahingehend machen, dass dieser optimale Zustand aus einem Zusammenspiel zwischen psychischer Entspannung, muskulärer Entkrampfung, fließender Atmung und ökonomischem Krafteinsatz resultiert.

Der Zugang zu dieser „mittleren Spannung" wird am besten über Differenzwahrnehmung erzielt:

- Eine auf dem Rücken liegende Partnerin, die nacheinander die muskulären Spannungszustände „verspannt" – „locker/lasch" – „mittlere Spannung" auf ihren Körper zu übertragen versucht, wird zur Kontrolle von einer anderen an den Fersen leicht angehoben. Bei der sog. mittleren Spannung soll nur so viel muskuläre Spannung erzeugt werden, dass sich der Körper gerade noch in Streckung halten kann (Foto 6.4). Der Atem soll ruhig fließen.

- Bewusstes Erleben dieser mittleren Spannung in Rückenlage (Zeit lassen).

- Anschließend wird dieser „wachsame" Spannungszustand auch beim Gehen

Foto 6.4: Auf der Suche nach der „mittleren Spannung"

und Üben auf der Matte praktiziert und zwar allein und auch mit Partnerin.

- Regelmäßig werden mit den Teilnehmern Entspannungsübungen durchgeführt und besprochen.

Ich und mein Gleichgewicht

Im Gleichgewicht zu sein bedeutet allgemein Sicherheit, aus dem Gleichgewicht geraten Unsicherheit. Das gilt für das physikalische Phänomen Gleichgewicht ebenso wie für das psychische. Deren Zusammenspiel ist für die Ju-Do-Ausübung äußerst wichtig. Ziel ist deshalb, den Kindern zu helfen, ihre Fähigkeit zu verbessern, den eigenen körperlichen Schwerpunkt steuern zu können, um eine verbesserte Bewegungsqualität zu gewinnen.

Für Kinder ist das berechenbare Spiel von „Gleichgewicht haben, verlieren, wiedergewinnen" höchst reizvoll und für ihre Entwicklung außerordentlich förderlich. Prämisse für unsere Arbeit ist: Wer über sein Gleichgewicht verfügt, ist bereit, es zur Verfügung zu stellen. Also ist dieser Aspekt intensiv zu bearbeiten. Um das Körpergleichgewicht zu verbessern und zu stabilisieren, werden alle verfügbaren Gleichgewichtssituationen und -positionen am Ort und in der Bewegung genutzt, geübt und ständig verändert.

- Dabei kann auf alle Situationen zurückgegriffen werden, die das vestibuläre System besonders herausfordern. Dazu gehören z.B. feststehende und mobile Geräte wie einzelne Turngeräte, Rollbretter, Rollschuhe, Pedalos, Therapiekreisel, gespannte Taue. Aber auch einfache Aufgaben wie das Balancieren auf Bodenmarkierungen oder die zahlreichen Spiele, die das geschickte Ausbalancieren des Körpers verlangen, z.B. Hahnenkampf, Ring-Kreis, Gegenverkehr, sind hilfreich auf dem Weg, äußeres (und inneres) Gleichgewicht zu finden. Schließlich sollen die Kinder für sich herausfinden, bei welcher Gleichgewichtsposition sie sich besonders sicher und stabil fühlen. Passend dazu kann sich die gemeinsame Erarbeitung einer stabilen Standposition anschließen, bei der die Wirbelsäule – bei lockeren Schultern – aufrecht gehalten wird, die Knie leicht gebeugt sind und der Schwerpunkt konzentrativ in den Unterbauch abgesenkt wird. „Sich im Boden wie ein Baum verankern" lautet die kindgemäße Beschreibung dieser Position, die regelmäßig geübt werden sollte.

- Bei Jugendlichen, die die Bedeutung des äußeren und inneren Gleichgewichts kennen, hat sich das Aufgreifen und Bearbeiten alltagssprachlicher Redewendungen als ergiebig erwiesen. Formulierungen wie „bodenständig sein", „den Boden unter den Füßen verlieren", „aus dem Gleichgewicht geraten", „die Balance verlieren", „aus dem Lot geraten", „seine Mitte verlieren und wiedergewinnen", „durchdrehen", „außer sich sein" verweisen auf das enge Wechselspiel zwischen Physis und Psyche, das gerade im (Wett-) Kampf zum zentralen Problem werden kann.

- Im Hinblick auf die nachfolgende Übung sollte ausprobiert werden, wie weit man sich in verschiedenen Situationen aus dem stabilen Gleichgewicht in die Labilität hinauswagen kann, ohne zur Rückkehr die Hilfe anderer in Anspruch nehmen zu müssen.

Gleichgewicht aufgeben und mit Hilfe anderer wiedergewinnen. Vorbereiten von Fallen und Werfen

Es gehören Mut und Überwindung dazu, sich freiwillig aus dem Gleichgewicht zu begeben. Es fällt leichter, wenn man sicher sein kann, dass man aufgefangen wird. Zu den unerlässlichen Voraussetzungen einer Bewegungskunst, deren sinnlicher Reiz sich primär aus dem Werfen und Fallen von Körpern ableitet, gehören Vertrauen und Verantwortungsbewusstsein bei den Ausübenden, d.h. bei Tori und Uke.

Ziel der folgenden Phase, die eigentlich jede und jeder Judoka durchlaufen müsste, ist, eine Rollen- und Funktionsänderung bei Uke und Tori vorzubereiten, die für beide das judo-spezifische Lernen, Üben, Kämpfen und Gestalten zu einem gleichberechtigten Bewegungsdialog, d.h. zu einem Verständigungsprozess werden lässt. In Erinnerung zu rufen ist, dass Uke – normalerweise übersetzt als der „Erleidende", „Erduldende" – bisher über das sog. „Gleichgewichtbrechen" durch Tori in eine für diesen günstige Wurfposition gezwungen wurde. Im Regelfall geschieht dies über einen heftigen Krafteinsatz, der Uke erschüttern soll. **Jetzt wird Uke zum Initiator, zum Auslöser jeglicher Aktionen, indem er sein Gleichgewicht zur Verfügung stellt, wodurch Tori in die sensible, empathische Wahrnehmungsrolle geleitet wird.**

Diesen folgenreichen Rollenwechsel vorzubereiten, dazu dient eine Abwandlung der FEL-
DENKRAIS' schen Pendelübung:

- Zu einer Übungsgruppe, die einen Kreis
  bildet, gehören sechs bis sieben Personen,
  von denen jeweils eine in die Kreismitte
  geht und bewusst in der künftigen Rolle
  von Uke agiert, d.h. also später geworfen
  wird. Uke bringt sich in eine mittlere
  Spannung, sodann in eine stabile Gleichgewichtsposition und schließt die Augen.
  Danach gibt er **freiwillig** sein Gleichgewicht in verschiedene Richtungen auf, d.h.
  er stellt es zur Verfügung und begibt sich
  somit in die Verantwortung der anderen.
  Diese – sozusagen in der Tori-Rolle – müssen aufmerksam beobachten, denn sie
  haben folgende Aufgabe zu lösen: Genau
  an dem Punkt, an dem sich Uke so weit

Foto 6.5: „Feldenkrais"-Kreis

aus seiner Gleichgewichtsposition hinausbegeben hat, dass er sich mit eigener Kraft
nicht mehr halten kann, sollt ihr ihn mit euren Händen berühren, ein Stück weiter
nach „außen" begleiten, dann zurückführen und an dem Punkt sofort loslassen, wo er
mit eigener Kraft sein stabiles Gleichgewicht wiedergewinnen kann (Foto 6.5). Jede
Person muss beide Rollen intensiv erleben und erfahren.

Die präzise Zusammenarbeit und hohe Verantwortungsleistung einfordernde Wahrneh-
mungsaufgabe, nach deren Bewältigung jeweils eine intensive Rückmelde- und Besprechungsphase erfolgt, kann später u.U. noch anspruchsvoller werden, indem auch die Kreis-
bildenden während der Aktion die Augen schließen (Körper als totales Wahrnehmungsme-
dium!).

Mit einer Variation der Pendelübung lässt sich ein Experiment mit erstaunlicher sozialer
Wirkung durchführen. Im Gegensatz zur ersten Form wird jetzt Uke von den Außenstehenden zum „Pendeln gebracht", d.h. mehr oder weniger hin- und hergestoßen. Die Aktion
von außen macht ihn zum passiven „Spielball" und lässt nach Rückmeldung der Betroffenen unangenehme Gefühle entstehen. Von Ohnmacht über Angst bis hin zu Wut reichen
die geäußerten Kommentare. Unabhängig vom Alter besteht Konsens in der Ablehnung
dieser zweiten Form.

Die Konträr- oder Differenzerfahrung hat deutlich gemacht, wie sinnvoll es ist, besonders am Anfang körperlicher Kommunikation Partnern fürsorglich zu begegnen, einen Perspektivenwechsel vorzunehmen und das gemeinsame Lernen und Üben rücksichtsvoll zu gestalten. Die beschriebene Pendelübung lässt die Kinder oder Jugendlichen auch verstehen, **warum** im Rahmen des vorgestellten Ju-Do-Konzepts anders vorgegangen wird, **warum** das Erlernen der Wurf- und Falltechniken eine andere Definition der Uke- und Tori-Rolle zur Grundlage hat und **warum** das Kämpfen mit zeitlicher Verzögerung verwirklicht wird.

Das Gleichgewichtschenken durch Uke bleibt für einen längeren Zeitraum Basis des ju-do-spezifischen Fertigkeitslernens. Man kann sagen, dass die ersten Würfe alle aus dieser Initiative entwickelt werden. Da Tori auf die kraftraubende Einleitungsaktion des Gleichgewichtbrechens verzichten kann, wird es für ihn leichter, die schon weiter oben angesprochene Summierung von Kräften experimentierend zu erfahren. Über zunehmend verbesserte Wahrnehmungsleistung lernt er, die von Uke vorgegebene Kraftimpulsrichtung zu erkennen und in Form einer Wurftechnik optimal fortzuführen. Der Vorteil dabei ist, dass Tori ständig seine Wahrnehmung bemühen und verbessern muss, um die **angemessenen** Bewegungsantworten geben zu können. Hier bahnt sich das höchste technische Niveau von Ju-Do an, nämlich über sensible Wahrnehmungsleistung intuitiv die richtige Bewegungsantwort geben zu können.

Vor diesem Hintergrund erhält ein regelmäßig bemühtes Ritual seinen Sinn. Für jede Übungsgruppe stehen drei schwarze Gürtel (Meistergürtel) zur Verfügung, die für den Zeitraum einer Woche denjenigen Judoka verliehen werden, die den Prinzipien des Ju-Do am besten entsprochen haben. Beim ersten Mal erfolgt die Verleihung durch die Lehrkraft. Danach geht diese Aufgabe in den Verantwortungsbereich der jeweils letzten Träger über, die mit Hilfe genauer Beobachtung während des Übens, Kämpfens usw. ihre Nachfolger bestimmen, am Stundenende auszeichnen und ihre Wahl begründen.

Fliegen, Fallen und Werfen

Parallel zum Bewusstwerden der Notwendigkeit einer rücksichtsvollen und verantwortungsbewussten Umgangsweise mit der Partnerin oder dem Partner wird eine intensive Experimentierphase eingeschoben, die die Suche nach möglichen Formen des „Landens" und der „Landehilfe", woraus sich später der Wurf entwickelt, beinhaltet.

Da der Einsatz von Weichbodenmatten nicht nur Ängste abbaut, sondern auch zum vielfältigen, mutigen „Fliegen" animiert und die Kreativität der Kinder anspornt, werden viele Landearten eingebracht, z.B. Sitz- und Liegevariationen, Formen des Abrollens, des Landens auf den Füßen und auch auf allen vieren. Von Seiten der Lehrkraft werden auch die etablierten Formen vorgestellt, ohne die von den Kindern eingebrachten zu entwerten. Die bekannte Ju-Do-Rolle vorwärts lässt sich übrigens ausgezeichnet mit Hilfe eines großen Sitzballes erlernen und üben.

Das „Fliegen" des Körpers – und sei es noch so kurz – wird unter Hinzuziehen eines dabei unterstützenden Partners zum gemeinsamen Wurf-Lande-Erlebnis. Die Auswahl der Würfe richtet sich nach der Zielgruppe und der von ihr bevorzugten Richtungen des Gleichgewichtschenkens in der Uke-Rolle.

Wenn Uke sein Gleichgewicht am liebsten in Richtung frontal vorne schenkt, kann die Erstbegegnung mit Werfen über die Hüftwürfe, die den meisten Kindern oder Jugendlichen aus alltäglichen Szenen des Balgens bekannt sind, oder über die Schulterwürfe erfolgen. Letztere können z.B. mit Hilfe der bekannten Pendelübung entwickelt werden, die dazu aus der Kreis- in die Partnerform verlegt wird.

Mögliche Vorübungen:

- Beim Synchrongehen beobachtet Tori Uke. Wenn dieser beginnt, sein Gleichgewicht zu schenken, ruft Tori „jetzt" und fängt Uke frontal auf. Eine Zusatzaufgabe für Tori kann sein, das Auffangen mit einem Ausatmen zu koordinieren, weil sich später an dieser Stelle der Wurfansatz und damit ein energieökonomischer Krafteinsatz vollzieht.

- Uke gibt jetzt im Stand sein Gleichgewicht auf und wird von Tori – wie im Kreis – zum richtigen Zeitpunkt mit Hilfe der Hände abgefangen (Foto 6.6)

- Nach einiger Zeit fängt Tori Uke mit dem Rücken ab. Dazu schiebt er sich aus seitlich versetzter Parallelstellung (beide schauen in die gleiche Richtung) mit einem side-step rechtzeitig vor Uke (Foto 6.7), dessen Körper er zusätzlich mit den Hände seitlich sichern kann.

Haben sich die beiden Partner bis zu diesem Zeitpunkt vertrauensvoll abgestimmt und hat Uke den Mut, eine hohe Flugrolle auf eine Weichbodenmatte zu machen, steht der Ausführung eines Schulterwurfes („Seoi-Nage") nichts im Wege:

Foto 6.6: Uke schenkt – Tori fängt!

Foto. 6.7   Foto 6.8: Vor dem „FLiegen in den
                                             Raum" und Landen

- Dazu fängt Tori Uke mit dem Rücken ab, indem er tief unter dessen Schwerpunkt (Foto 6.8) geht (Hockstellung) und ihm dadurch die Möglichkeit bietet, in den „Raum fliegend" eine Flugrolle auf die Weichbodenmatte zu machen.

- In der Hock- oder Kniestellung fasst Tori mit beiden Händen Uke am linken oder rechten Ärmel und unterstützt dessen frontalen Impuls in Richtung Weichbodenmatte durch Seoi-Nage-Zug und abschließendes Hochziehen am Ärmel, um das seitliche Abschlagen zu erleichtern (vgl. KRÜGER 1983, 82f.).

- Das Auffangen Ukes durch Toris Rücken erfolgt aus der face-to-face-Position, wodurch Tori zu einer halben Drehung gezwungen wird, deren Ausführung er aber experimentierend selbst finden soll. Auf diese Weise ergeben sich individuelle „Eindrehtechniken" (am Ort) zu den Schulterwürfen, die auch für die Hüftwürfe Gültigkeit haben.

- Die Verbindung von Ukes Gleichgewichtschenken und Toris Eindrehtechnik wird mit dem synchronen Gehen gekoppelt, das wiederum selbst wichtige Fragen aufwirft: Wer führt? Wie führt eine Person? Wie geht der Wechsel in der Führungsarbeit vonstatten? Wie wird der Atem koordiniert? Welche Spannungszustände sind spürbar?

- Aus dem synchronen Gehen lassen sich im Anfängerunterricht zwei andere Würfe entwickeln: Gibt Uke während des Gehens sein Gleichgewicht lieber nach hinten, in Richtung Absitzen auf, kann er von Tori in Form eines behutsamen Eckfall-Wurfes („Sumi-Otoshi") seitlich abgelegt werden. Gibt Uke sein Gleichgewicht lieber nach schräg vorne, kann sein Landen durch eine Art Handwurfbewegung („Uki-Otoshi") von Tori unterstützt werden.
- Ebenso denkbar ist es aber auch, einen Hüftwurf als ersten gemeinsamen Wurf mit weicher Landung zu wählen. Dabei wird Toris ausgestelltes Spielbein zur „Rutsche" für Uke, der mit dieser Hilfe sanft auf den Boden abgelegt werden kann und auf diese Weise allmählich die seitliche Fallform erlernt.

Gestalten und Darstellen (Kata)

Alles spricht dafür, die üblicherweise dem fortgeschrittenen Judoka vorbehaltene Übungsform der Kata möglichst früh in den Bewusstseinshorizont von Anfängern zu bringen. Schon das Vorhandensein einer kleinen Zahl von „solide gefestigten" Fertigkeiten, z.B. Begrüßungsritual (Foto 6.9), ju-do-spezifisches Gehen, Führen des Partners, einfache Wurfansätze oder Würfe, Fallen macht es möglich, gemeinsam eine kleine Einzel-, Partner- oder Gruppenchoreographie zu erarbeiten. Passende Musik kann das Bemühen um Synchronität der Bewegungsabläufe erfolgreich unterstützen.

Foto 6.9: Begrüßungsritual

Die Praxis zeigt, dass das „Ringen" um eine „gute Gestalt" und eine harmonische Gestaltung bei Übenden aller Altersstufen einen hohen Identifikationsgrad mit der Sache auslösen kann. Freude und Wohlbefinden sind dann der Lohn für ein „meditatives" Bei-der-Sache-sein. Die Rückmeldung durch die Kinder und Jugendlichen, die mit dieser Ju-Do-Methode früh in Berührung kamen, war durchweg positiv.

Abschließende Bemerkungen zum Praxisbeispiel

Sport und Bewegung sind nicht etwas Sinnvolles an sich, sondern sinnvolles Handeln eröffnende Gelegenheiten. Die daraus resultierende Chance für das Individuum, zu eigenen bedeutsamen Bewegungssituationen zu gelangen, ist aber insofern stark eingeschränkt, als aufgrund gesellschaftlicher Entwicklungen, Machtverhältnisse und Einwirkungsmöglichkeiten bestimmte Sinnperspektiven (Sport ist gesund, ist Wettkampf, ist gestählter Körper...) quasi zu verbindlichen gemacht wurden. Auch Judo ist diese Entwicklung gegangen. Damit verbunden ist die Gefahr, dass Menschen diese Sinndefinitionen als gegeben ansehen, Veränderungen überhaupt nicht in Erwägung ziehen und vor allem Kinder und Jugendliche nicht oder zu wenig in den Genuss fördernder Bewegungs- und Sportangebote kommen.

Vor diesem Hintergrund wurde der Versuch unternommen, das versportete Judo mit seiner eher einsinnigen Ausrichtung mehrperspektivisch zu erweitern. Das dabei entstandene Ju-Do-Konzept, das in Teilbereichen dargestellt wurde, ist so konstruiert, dass Kinder und Jugendliche über die Auseinandersetzung mit den spezifischen Impulsen sehr bald folgende subjektive und soziale Gewinne erzielen können:

• Die eigene Wahrnehmung sensibilisieren und vertiefen;

• die Achtsamkeit und Rücksicht gegenüber dem eigenen Körper und dem von anderen erhöhen;

• die eigenen Kräfte entdecken und ökonomisieren;

• sich mit anderen messen, ohne sie innerlich und äußerlich zu verletzen;

• eine breitere Sichtweise zum Gegensatzpaar Sieg/Niederlage und auch zu Judo und Sport gewinnen;

• Ruhe ertragen und sich auf eine Sache konzentrieren (Beharrlichkeit);

• Bewegung allein und mit anderen gestalten, (vielleicht sogar) ein Stück der Ju-Do-Prinzipien in den Alltag hineinnehmen und dort beispielsweise die oft zitierte „heitere Gelassenheit" praktizieren können.

Voraussetzung für das Erreichen solcher Fähigkeiten ist jedoch, dass Lernende wie Lehrende nicht nur Nähe zum Sport entwickeln, sondern im gleichem Maße Distanz, um Veränderungs- und Erweiterungsbedürftiges überhaupt zu erkennen (vgl. Schierz 1997, 48). Durch die bloße Übernahme und Reproduktion der Sinndeutung „Judo ist Wettkampf- und Zweikampfsportart" verliert diese Bewegungskunst an Bedeutung für die Möglichkeit individueller Persönlichkeitsentwicklung und Lebensgestaltung. Die mehrperspektivische Umgangsweise mit Ju-Do dagegen bietet Heranwachsenden Beweggründe und Veranlassungen, sich mit der eigenen Körperlichkeit und der von anderen vielfältig auseinander zu setzen und dabei Bedeutsames zu erfahren. Dazu gehört zweifelsohne auch die anspruchsvolle Sinnperspektive des Kämpfens, mit deren Hilfe u.U. die radikalste Form der Selbstanalyse eingegangen wird.

Literaturverzeichnis

BIL (Berliner Institut für Lehrerfort- und -weiterbildung und Schulentwicklung): Konstruktiv handeln. Basistexte zur Grundschulausstellung zur Verminderung von Gewaltbereitschaft. 1994.

BRÜNDEL, H./HURRELMANN, K.: Einführung in die Kindheitsforschung. Weinheim, Basel 1996.

DEUTSCHER JUDO-BUND: Lehrbriefe Trainer-C und Fachübungsleiter Judo. Gesamtausgabe. Dreieich-Sprendlingen 1995.

HENTIG, H.v.: Bildung. München, Wien 1996.

JANALIK, H.: Lebenslange Körpererfahrungen durch Judo. In: TREUTLEIN, G./FUNKE, J./SPERLE, N.: Körpererfahrung im Sport. Aachen 1992, 107-129.

KLEINDIENST-CACHAY, C.: Empathie in Spiel und Sport. In: Sportpädagogik 20 (1996) 2, 19-28.

KLIEBISCH, U./WEYER, D.: Selbstwahrnehmung und Körpererfahrung. Interaktionsspiele und Infos für Jugendliche. Mühlheim an der Ruhr 1996.

KRÜGER, H.: Körpererfahrung im Judounterricht. In: FUNKE, J.(Hrsg.): Sportunterricht als Körpererfahrung. Reinbek 1983, 71-84.

KURZ, D.: Leibeserziehung und Schulsport in der Bundesrepublik Deutschland: Epochen einer Fachdidaktik. Bielefelder Beiträge zur Sportwissenschaft, 17. Bielefeld 1993.

SCHIERZ, M.: Sportunterricht und sein (möglicher) Beitrag zur Allgemeinbildung. In: Pädagogik 49 (1997) 5, 44-48.

SCHMIDT, W.: Veränderte Kindheit – Veränderte Bewegungs- und Sportwelt: Analysen und pädagogische Konsequenzen. In: SCHMIDT, W. (Hrsg.): Kindheit und Sport – gestern und heute. (Schriften der Deutschen Vereinigung für Sportwissenschaft, 76). Hamburg 1996, 9-30.

TIWALD, H.: Psycho-Training im Kampf- und Budo-Sport. Ahrensburg 1981.

ZIELKE, O.: Judo – der sanfte Weg zur Empathie. In: Sportpädagogik 20 (1996) 2, 49-53.

ZIMMER, R..: Handbuch der Sinneswahrnehmung. Grundlagen einer ganzheitlichen Erziehung. Freiburg 1995, 3. Aufl.

ZIMMER, R./CICURS, H.: Psychomotorik. Neue Ansätze im Sportförderunterricht und Sonderturnen. Schriftenreihe zur Praxis der Leibeserziehung und des Sports. Bd. 190. Schorndorf 1954

Sybille Schur

Rope Skipping –
eine kommunikative und kreative Form der
Gymnastik für Jugendliche

Vorüberlegungen zur Didaktik der Gymnastik

Jugendliche haben Phantasie, setzen sich gern mit Gleichaltrigen auseinander und verfügen in der Regel über ein ausgeprägtes Bewegungsbedürfnis. Knüpfen wir an diese vielseitigen Anlagen an und nutzen sie in der sportlichen Jugendarbeit dazu, Selbstvertrauen, verantwortliches Handeln, Eigenständigkeit, Teamgeist und Freude an der Bewegung und damit vielleicht auch die Entwicklung der Persönlichkeit zu fördern! Einige Formen der Gymnastik eignen sich hervorragend dazu.

Foto 7.1: Wheel: Aller guten Dinge sind drei.

Die Möglichkeiten, die ein unterrichtliches Handeln in der Gymnastik bietet, werden von viel zu wenig Übungsleitern und Lehrern, insbesondere den männlichen, genutzt. Viele fühlen sich einfach durch fehlende oder zu geringfügige Ausbildung und durch kaum vorhandene eigene Bewegungserfahrung im weiten Feld der gymnastischen Ausprägungsformen unsicher. Das ist verständlich und daher wird Passivität in diesem Bereich von der Allgemeinheit ohne weiteres akzeptiert. Rollenerwartung und Rollenverhalten werden so festgeschrieben. Zudem steht die Gymnastik traditionell in dem Ruf, eine weibliche Domäne zu sein, was als zusätzliche Legitimation der eigenen Ablehnung von männlichen Sportlern angeführt wird. Doch je seltener ein Unterrichtsangebot in der Gymnastik praktiziert wird, desto schwieriger wird es für den Unterrichtenden, diese Klischees aufzubrechen und umso unmöglicher wird es für die Sportler, eigene Bekanntschaften mit Gymnastik zu schließen und sich ein eigenes Urteil über diese Art der Bewegungserfahrung zu bilden. – Ein unauflösbarer Teufelskreis?

Zugegebenerweise bedarf es schon einer gehörigen Portion Mut und vor allem Reflexion der eigenen Rolle, sich als Unterrichtender auf unsicheren Boden zu begeben; aber einen Versuch ist es zumindest wert!

Welchen Formen der Gymnastik wird hier das Wort geredet?

Sicherlich ist nicht an die vielen möglichen Formen der „Jazzgymnastik" gedacht, bei denen es oft mehr oder weniger darum geht, eine Folge vorgegebener Bewegungsmuster nachzuahmen.

Auch die Rhythmische Sportgymnastik, bei der erst auf sehr hohem Leistungsniveau das Reglement als Rahmen für eigene künstlerische Freiheit sinnvoll genutzt werden kann und nur absolute Perfektion den ästhetischen Ansprüchen der Zuschauer, Kampfrichter und Gymnastinnen entspricht, scheint für den Breitensport ungeeignet zu sein.

Skigymnastik nach Musik ist z.Zt. die einzige Form von Gymnastik, die von und für beiderlei Geschlecht in gemischten Gruppen weit verbreitet und allseits akzeptiert ist. Gut angeleitet, bewegt man sich als Teilnehmer nach motivierender Musik, Anspannung und Entspannung sowie Kräftigen und Dehnen stehen in einem ausgewogenen Verhältnis, alle Muskelpartien werden gebührend und unter Beachtung der aktuellen funktionellen Erkenntnisse berücksichtigt. Dabei werden alle Teilnehmer so angeleitet, dass sich keiner überfordert und jeder seinen Kreislauf optimal belastet. Gelingt all dies, kann man mit dem Bewusstsein, dem Körper etwas Gutes getan zu haben, nach Hause gehen. Der Nachteil daran ist, dass das Gelingen dieser Sportstunde einzig und allein vom Interesse und Können des Übungsleiters abhängt und üblicherweise nach einem Muster abläuft, das pädagogischen Intentionen keinen Platz einräumt. Der einzelne Sportler „lässt sich" marionettenhaft „bewegen" als sei er ein willenloses, auf Körperlichkeit reduziertes Wesen.

Worum es uns in der Gymnastik geht, ist die Rückbesinnung auf individuelle Möglichkeiten und Fähigkeiten. Es steht also keinesfalls die Vermittlung von vorweggedachten, genormten Bewegungsabläufen im Zentrum dieses Gymnastikunterrichts, sondern ein Gestaltungsvorgang, der erst durch die affektive Teilhabe am gemeinsamen Sporttreiben und das Sich-Einlassen auf die Bewegungssituation möglich ist. Der große Vorteil gymnastischer Bewegungsformen ist, dass sie noch nicht so eindeutig durch ihre Darstellung in den Medien und aufgrund der Vorerfahrung der Schüler in Verein und Schule auf Wettkampf, Konkurrenz, Überbietung, normierte Sportstätten und bestimmte Regeln festgelegt sind (vgl. RODE 1995, 97); dies ermöglicht eine unerschöpfliche Vielfalt und ein ungeheures Maß an Akzeptanz vieler nebeneinander existierender Lösungsmuster oder Darbietungsformen.

Erleichtert wird ein kreatives Arbeiten in der Gymnastik dadurch, dass kaum Vorkenntnisse vorausgesetzt werden müssen und schon nach relativ kurzer Zeit Erfolgserlebnisse möglich sind.

In offenen, allerdings immer thematisch zu begrenzenden, Handlungsspielräumen soll den Sportlern ein Entdecken, Ausprobieren und Erfinden ermöglicht werden. Dabei ist es zunächst fast beliebig, mit welchem Handgerät (Reifen, Ball, Keule, Band, Stab,...) oder mit welchem „Medium" (Luftballon, Zeitung, Bettlaken, Feudel etc.) experimentiert wird. Wichtig ist nur, dass es währenddessen möglich ist, zu lernen, Vorschläge und Einwände anderer zu berücksichtigen und angemessen zu behandeln. Der gemeinsame Erfolg in Form eines gelungenen Bewegungserlebnisses stützt sich auf solche kommunikativen Fähigkeiten. So findet Kommunikation zu einem Thema sportlichen Handelns statt, an dessen Ausgestaltung durchaus auch für den Alltag bedeutsame Erfahrungen und Erlebnisse wie Freisein, sich durchsetzen, Abmachungen aushandeln, Verabredungen treffen, etwas leisten, etwas schön finden, zurückstecken können, überzeugt werden, Verbindlichkeiten eingehen etc. von Bedeutung sind.

Zugleich ist auch Selbsterfahrung möglich, weil man sich in der Gymnastik durchaus auf neuem Terrain bewegen kann, Spaß am Experimentieren und Entdecken zumindest subjektiv neuer Bewegungsformen und -qualitäten entwickeln kann. In diesem kreativen Tun werden Bewegungsmuster und -folgen mehrfach entwickelt und verworfen, bis man vielleicht zu einer Bewegungsfolge kommt, die man als eigene oder als Gruppenergebnis annimmt. Wenn diese kreativen Phasen nicht wegen Überforderung zu einem lästigen, widerwilligen Tun, sondern aufgrund der Aufgabenstellung zu einem positiven Erlebnis werden, kann sich Befriedigung und Stolz über die eigene Leistung einstellen. Im Idealfall steigt durch die selbständige Erarbeitung das Selbstwertgefühl, die Identifizierung mit der Bewegungsgestaltung wird weitaus größer sein als mit einer vorgegebenen Einstudierung. Das Gelingen der eigenen Komposition wird subjektiv als Erfolg gewertet, sodass das dazu notwendige Üben intrinsisch motiviert sein wird.

Es steht also keinesfalls die Vermittlung von Bewegungsabläufen im Zentrum dieses Gymnastikunterrichts. Äußern Teilnehmer allerdings von sich aus den Wunsch, eine Übungsfolge qualitativ auszuarbeiten, sie „schöner" oder „schwieriger" zu machen, ist dies unterstützenswert. Solange wir uns am individuellen Bewegungsverhalten orientieren und eigene Bewegungsvorstellungen erarbeiten, brauchen wir nicht das Überstülpen fremder Bewegungsmuster zu fürchten. – Ästhetische Erziehung wird bislang im Sport noch viel zu stiefmütterlich behandelt!

Außer der Bewegung selbst gehören folgende Gesichtspunkte zum pädagogisch arrangierten, gemeinsamen Sporttreiben gerade von Kindern und Jugendlichen, die in ihrer Persönlichkeit noch nicht gefestigt sind:

- Empfinden/Wahrnehmen des eigenen Körpers,
- Empfinden/Wahrnehmen der anderen in ihrer Körperlichkeit und ihren verbalen Äußerungen,
- das eigene Tun reflektieren, sich darüber austauschen,
- auftretende Konflikte gemeinsam lösen,
- gemeinsam Entscheidungen treffen,
- gemeinsam gestalten,
- sich gegenseitig helfen und korrigieren, anregen und bestätigen.

Ein Übungsleiter/Lehrer sollte diese Elemente sportunterrichtlichen Handelns ständig vor Augen haben und die Jugendlichen nach und nach durch gemeinsame Reflexion diese Lernziele verinnerlichen lassen. Schon ARTUS/PALISSEN-KASPAR (1985, 359) stellten fest:

„Tanz- bzw. Gymnastikunterricht ist […] keineswegs per se förderlich für die Entwicklung von Kreativität, Spontaneität, Phantasie, Kooperation, Selbständigkeit, Konzentration, Kommunikation u.ä. bedeutsamen Lernzielen. Tanz- und Gymnastikunterricht, der sich gezielt auch um die Persönlichkeitsentwicklung der tanzenden und Gymnastik treibenden Menschen über die Ausdifferenzierung der Bewegungsmöglichkeiten hinaus bemüht, muss Wahrnehmungs-, Gefühls- und Denkprozesse, die im Unterricht auftreten, bewusst machen und mit ihnen arbeiten."

Ein sicherer Pädagoge, der über gute sportmotorische Fertigkeiten in anderen Bereichen verfügt und ansonsten von seinen Jugendlichen akzeptiert wird, hat es gar nicht nötig, auch noch ausgerechnet in der Gymnastik über eine hohe motorische Eigenkompetenz zu verfügen, um hier sinnvollen Unterricht zu geben. Vielleicht hat er es sogar in einer Hinsicht leichter, weil sein zugegebenes Nicht-Können jedenfalls nicht dazu führen kann, durch zu hohe Gütemaßstäbe in der eigenen Bewegungsdemonstration auf die Jugendlichen abschreckend und unerreichbar zu wirken.

Das Seilspringen, oder auch moderner und im Folgenden „Rope Skipping" genannt, ist eine Form der Gymnastik, in der alle oben genannten Anforderungen erfüllt werden können. Dies trifft auch gerade für Anfänger und Ungeübte zu.

Rope Skipping als eine attraktive Variante der Gymnastik für Jugendliche

Das Rope Skipping ist ein Sammelbegriff für das Springen mit verschiedenen neuartigen Seilen (Single Rope, Beaded Rope und Double Dutch). Das neue Material lässt, teils durch Griffe, teils durch weniger Luftwiderstand leistende Seile, ein schnelleres, kraftsparenderes und präziseres Schlagen als mit herkömmlichen Hanfseilen zu (genauere Erklärungen siehe unten). Diese Voraussetzung und die Tatsache, dass moderne Musik mit dem entsprechenden „beat" nicht nur Jugendliche anspricht, sondern auch noch die Sprungausführung unterstützt, hat zu intensiver Auseinandersetzung und wesentlicher Weiterentwicklung geführt. Ob allein (d.h. im Single Rope), zu zweit (zumeist im Beaded Rope) oder in Gruppen (Beaded Rope oder Double Dutch), das Rope Skipping hat einen hohen Aufforderungs- und Erlebnischarakter. Auf den ersten Blick ist dies erstaunlich, da auch auf deutschen Straßen und Schulhöfen das Seilspringen doch eigentlich bekannt ist. Das Springen mit dem Seil ist in den 90er Jahren sozusagen neu entdeckt worden (die Regensburger „Traumfabrik" sieht sich selbst als einen der ersten und ganz wichtigen Multiplikatoren. Vgl. PAWELKE 1997).

Erfahrung in Hochschule, Schule und auf Lehrgängen haben gezeigt, dass nach kurzer Probierphase vor allem Jugendliche nicht mehr so schnell von den Seilen lassen wollen. Es bringt einfach Spaß, zumal sich ein Gelingen einfacher Sprünge sehr rasch einstellt. – Sind die Jugendlichen erst motiviert, bietet sich dem Lehrer und Übungsleiter ein weites pädagogisches Feld:

Die Koordination zwischen Seilschlägern und Springern, mit Partnern oder dem Gegenüber ist Voraussetzung für ein Gelingen, wenn man sich nicht nur allein mit dem Single Rope beschäftigt.

Das notwendige Miteinander beschränkt sich nicht auf das Motorische. Ohne das gemeinsame Planen von (Kleinst-) Zielen, „wird sich nichts bewegen". Damit ist sozial-affektives
Handeln und Erleben gezwungenermaßen Bestandteil jeden Unterrichts bzw. Übens.
Die kognitive Dimension wird einerseits im Reflektieren und Bewusstmachen über die
oben angesprochenen Dinge eröffnet. Andererseits fördert das Erfinden neuer Sprungvarianten und -kombinationen, das Durchdringen der raffinierteren Seiltechniken auch das
analytische Denken.

Die anfangs ungewohnte Belastung der Sprunggelenke und Waden sowie der Arme bieten Anlass zum Praktizieren angemessener Erwärmung und Entspannung.

Bei intensivem Üben werden sich automatisch ein hoher Puls und Schweißbildung einstellen; je nach Zielgruppe ein Anlass, sich über Teilgebiete der Leistungsphysiologie sowie
über Belastung und Training zu informieren.

Da das Rope Skippen besonders in der Gruppe attraktiv ist, sollen Gestaltungsprinzipi-
en der Partner- und Gruppenarbeit erkannt und erweitert werden.

Es ist wohl unumstritten, dass Rope Skipping gut in die sportliche Jugendarbeit sowie
sinnvoll in jeden schulischen Lehrplan zu integrieren ist.

Springen mit verschiedenen Seilen

Im Folgenden wird skizziert, wie man sich in wenigen Übungsstunden den oben gesteck-
ten Zielen nähern kann. In den beschriebenen Grundzügen ist diese Vorgehensweise mehrfach in der Aus- und Fortbildung von Studenten, Lehrern, Übungsleitern sowie von Studenten in verschiedenen Schulpraktika erprobt worden. Es werden hier keine Rezepte zum
„richtigen Erlernen des Rope Skippings" vorgestellt. Vielmehr soll dieser Teil als ein Versuch verstanden werden, die oben als idealtypisch beschriebenen pädagogischen und
sportlichen Intentionen möglicherweise zu realisieren, also die Theorie auch im Text praxis-
nah zu vermitteln. Die Persönlichkeit des Unterrichtenden und die Zielgruppe der Teilnehmer gilt es, für potenzielle Nachahmer immer mit zu berücksichtigen. Dies ist eine sehr
stringente, geführte Einführung, die am Teilnehmer orientiert ist. Freiräume für die Teilnehmer sind eingeplant, begrenzt und damit überschaubar, aber im Ergebnis offen.

Voraussetzung
Jeder sollte feste Turnschuhe mit gutem Halt für die Füße und dämpfender Sohle tragen.
Eine Musikkassette (110-130 bpm für Anfänger) sollte mit unterschiedlichen, für die Ziel-
gruppe motivierenden Titeln zusammengestellt werden.

Eine weitere Musikkassette mit einigen ruhigen Titeln zum Stretchen und Massieren der
Waden wäre hilfreich – wichtig ist es, häufig zum selbständigen Lockern und Entspannen
der Waden aufzufordern, um einem Muskelkater vorzubeugen.

Single Rope

Dieses Seil sieht aus wie eine Wäscheleine aus Plastik mit zwei Griffen. Die Griffe erlauben eine sehr hohe Rotationsgeschwindigkeit des Seiles.

Es bietet sich an, mit diesem Seil zu beginnen, um so auf einfachste Art und Weise den Sprungrhythmus zu entwickeln und Seil- und Fußtechniken zu erfahren.

Jeder hat ein Single Rope, notfalls können einige normale Springseile zur Ergänzung und zum ständigen Tauschen ausgegeben werden.

Vorgehensweise

- Alle Teilnehmer probieren die neuen Seile aus und springen sich dabei ein (Material-erkundung; Gewöhnung).

- Lockern der Beine; Fußgymnastik und Stretching. Teilnehmer beschreiben und erläutern ihre Erfahrungen zu den Seilspezifika (Reflexion, Erwärmung).

- „Versucht, einzelne Sprünge mehrfach hintereinander zu springen!"

- „Fallen dir zehn verschiedene Sprünge ein?"

- „Tauscht mit einem Partner alle zehn Sprünge aus, bringt sie euch gegenseitig bei!"

- Der Lehrer entdeckt vielleicht noch einige selten in dieser Gruppe gezeigte Sprünge und bittet um Demonstration, Erläuterung und Nachahmung (Erweiterung der eigenen Perspektive, Kooperation).

- Manchmal sind Ergänzungen seitens des Lehrers angebracht wie: „Könnt ihr auch das Seil beim Springen rückwärts schlagen?" „Wer schafft es, das Seil bei einem Sprung doppelt zu schlagen?"

- „Einigt euch mit einem Partner auf vier verschiedene Sprünge (die Anzahl variiert je nach Erfahrung, Alter und Können der Teilnehmer), legt eine Reihenfolge fest und springt diese gleichzeitig" (sich einigen, gestalten, üben).

- Die Paare sollen ihre Sprungfolge vorturnen. Wer nicht mag, sollte nicht genötigt werden! (Freude am Gestalten und Demonstrieren haben).

- Besprechung der ersten Ergebnisse z.B. unter choreographischen Gesichtspunkten:
  - Gab es verschiedene Ausführungen des „Gleichzeitigen" (synchron nebeneinander, hintereinander, gegenüber)?
  - Gab es Platz- oder Frontwechsel?
  - War die Schlagrichtung bei identischen Sprüngen gleich oder verschieden?

Aus solchen Beobachtungen und Überlegungen anhand des von den Teilnehmern gelieferten „Materials" lassen sich weitere Aufgabenstellungen finden, durch die das Gezeigte umgestaltet oder erweitert werden kann.

Automatisch wird die Frage nach Möglichkeiten eines Richtungswechsels auftauchen – gemeinsam lassen sich viele Lösungen finden ...

Je nachdem, wie die Wünsche und Vorstellungen gelagert sind, lässt sich das Choreographieren auf größere Gruppen anwenden, die Sprungfolgen können verlängert, erschwert oder in der Ausführung verbessert werden. Es kann auch versucht werden, nach einem ganz bestimmten Musikstück zu springen.

Eine andere Alternative wäre, es bei dem Status quo zu belassen und sich einer anderen Seilart zuzuwenden. Das Beaded Rope ist dem Single Rope verwandter als das Double Dutch, während Letzteres zunächst attraktiver

Foto 7.2: „Kleine Leute machen große Sprünge": Hochsprung im Single Rope.

erscheint. Allein das Springen im Double Dutch hat für Jugendliche eine ungeheure Attraktivität.

Beaded Rope

Kleine Plastikhülsen, die sogenannten „beads", die auf eine dünne Schnur gezogen sind, verleihen diesem Seil eine gewisse Form, auch wenn es relativ langsam geschlagen wird. So haben die Springer mehr Zeit für ihre Tricks, die mit anderen Seilen mitunter so nicht möglich sind. Auch hier erleichtern Griffe das schnelle Drehen. Da im Beaded Rope häufig mehr als eine Person springt, ist es etwas länger als das Single Rope. Grundsätzlich sind alle Sprünge des Single Ropes auch mit dem Beaded Rope möglich, sodass hier nur noch auf Besonderheiten dieses Seils eingegangen wird. Methode und Zielsetzung bleiben erhalten.

Besonderheiten

Das Partnerschaftliche äußert sich in diesem Seil vor allem in der gemeinsamen Nutzung. Diese Möglichkeiten auszuprobieren, sollte das erste Ziel sein:

- Einer hat beide Griffe, der andere kommt hinzu.
- Jeder schlägt an einem Griff, mal springt er dabei über das Seil, mal steht/dreht/ springt er daneben.

• Im Springen und Schlagen können die Griffe übergeben werden;
man bewegt sich dabei nebeneinander, gegenüber, umeinander
herum; ebenso vorwärts, rückwärts, seitwärts.

Allein die Aufforderung: „Springt
zusammen mit einem Seil und wech-
selt dabei die Griffe", führt erfahrungsgemäß bei 25 Teilnehmern zu
ca. zehn verschiedenen Lösungen.
Diese alle zu variieren, wäre bei intensivem Ausprobieren schon ein stun-
denlanges Projekt.

Interessanter mag es sein, sich
zunächst Verbindungen auszudenken,
wie man von einem Sprung in den
nächsten kommt, ohne das Seil anzu-
halten – auch hier lassen sich kleine
Kompositionen zusammenstellen.

*Foto 7.3: Beaded Ropes behalten ihre Form, sie
fallen nicht in sich zusammen – auch wenn sie
langsamer sind!*

Eine Folge auch mit zwei oder sogar mit drei Paaren auszuarbeiten, ist eine große Herausforderung und bedarf genauer Abstimmung.

Eine weitere Attraktivität ist das sogenannte „wheel". Auf diesen Bewegungsablauf
kommt man nicht unbedingt von allein, daher eine Beschreibung (s. Foto 7.1): Die Partner
stehen im Abstand von ca. 30 cm Schulter an Schulter nebeneinander; jeder hat einen
Griff seines eigenen Seiles in der äußeren Hand, das andere Seilende nimmt der Partner in
seine innere Hand. Die Koordinationsschwierigkeit besteht darin, dass nun der rechte und
linke Arm asymmetrisch, um 180° versetzt, arbeiten. So schlägt man einmal ein Seil für
sich, einmal für den Partner, jeweils zusammen mit dem Nebenmann.

• Andere Teilnehmer können vor oder hinter einem der Schlagenden ohne Seil mitsprin-
gen („Besucher").
• Zunächst können in die Grundform des Wheels Drehungen und Platzwechsel eingebaut werden.
• Auch mit drei, vier oder beliebig mehr Personen ist das Wheel möglich.

Die Variationsmöglichkeiten sind un-
vorstellbar groß. Mit wachsendem
Anspruch ist ein intensives Üben notwendig. Je länger und komplizierter
die Sprungfolgen werden, desto
anstrengender wird das Springen und
umso notwendiger wird ein kooperati-
ves Verhalten untereinander.

Double Dutch

Beim Double Dutch werden zwei ca. 5-
7 Meter lange Seile von zwei sich ge-
genüberstehenden Teilnehmern gleichzeitig über außen nach oben, über die
Körpermitte abwärts und um 180° versetzt im Kreis geschlagen.

Double Dutch heißt eigentlich so viel   *Foto 7.4: Wheel: Eine Hand schlägt für den Part-*
wie „Kauderwelsch", was daran liegen   *ner – dabei sind „Besucher" willkommen!*
mag, dass man trotz hoher Motivation
zunächst nicht versteht, wie es möglich sein soll, in die gegenläufig geschwungenen Seile
hineinzuspringen, ohne deren Rhythmus zu unterbrechen. Hat man es dann doch bewerk-
stelligt, strebt man sofort zu neuen Zielen, denn das Double-Dutch-Springen ist keine
Hexerei. – Des Rätsels Lösung lautet: selektive Wahrnehmung!

Will man den Zeitpunkt des Hinein- oder Herausspringens aus dem Double Dutch erfas-
sen, ist es am einfachsten, man konzentriert sich auf den Verlauf eines Seiles. Steht man
neben einem der Seilschläger, um in das Seil zu gelangen, läuft man z.B. dann in die Mitte
der Seile, wenn das hintere Seil am eigenen Gesicht vorbei abwärts geschlagen wird.
Durch Beobachten, Ausprobieren und gemeinsames Nachdenken kommt man oft auf verschiedene Lösungsmöglichkeiten für ein Problem.
    Am ökonomischsten ist es, 5-7 Teilnehmer an einem Double Dutch springen zu lassen.
Die Schläger sollten häufig untereinander ausgewechselt werden.

Je nach Intention kann es sowohl angebracht sein, leistungshomogene als auch leistungs-
heterogene Gruppen an einem Double Dutch zu haben. Die Ausgleichs- und Unterstüt-
zungsmöglichkeiten guter Schläger ist für den Anfänger wie für das Einüben schwieriger
Sprünge hervorzuheben.

Foto 7.5: Double Dutch: Die Seile werden über außen nach oben, über die Körpermitte abwärts und um 180° versetzt im Kreis geschlagen.

Variationsmöglichkeiten:

- Gelingt erst das Hineinspringen ins Double Dutch, stehen einem viele Wege offen, wobei ein sicheres Verlassen der Seile zunächst nicht so wichtig ist. Anfangs wird ein Hängenbleiben das Springen ohnehin häufig unterbrechen.

- Im Double Dutch lassen sich alle Sprünge ausführen, die man schon vom Single Rope kennt.

- Man kann von jeder Seite und aus jeder Richtung in die Seile springen.

- In den Seilen kann man sich um seine eigene Längsachse drehen.

- Interessant ist es, mit einem Partner im Double Dutch zu springen; dabei ist es z.B. möglich, nebeneinander oder hintereinander, mit oder ohne Handfassung zu springen.

- Das ganze „System", bestehend aus Schlägern und Springern kann sich vorwärts, rückwärts oder seitwärts bewegen.

- Schwieriger ist das Springen mit einem Single Rope im Double Dutch.

- Eingänge (Bockspringen über einen Schläger) und Ausgänge (Rad) lassen sich variieren.
- Später kann man auch versuchen, Akrobatik im Double Dutch auszuprobieren (Liegestütz, Handstand, Salto).
- Eine weitere Überlegung ist, Materialien wie Bälle, Hüpfbälle, Jongliergeräte mit ins Double Dutch zu nehmen.

Mit zunehmender Praxis wird man immer erfindungsreicher!

Vorschlag für eine Choreographie einer größeren Gruppe

In Vereinsgruppen oder Arbeitsgemeinschaften, in denen in der Regel längerfristig zu einem Thema Sport getrieben wird, bietet es sich an, als Krönung der Gemeinschaftsarbeit eine Aufführung zusammenzustellen. Entweder werden die verschiedenen kleinen Gestaltungen in einem festen Ablauf nach- oder nebeneinander gezeigt. Gut macht es sich dabei, wenn alle drei Seilformen abwechselnd vorkommen. Oder aber, was weitaus schwieriger und zeitaufwendiger ist: die Gruppe erstellt eine Großchoreographie, die von vornherein als Gesamteindruck geplant wird.

Folgende Grundidee könnte schon nach ca. sechs Einheiten Rope Skipping von Anfängern ausgestaltet werden. Es ist zu vermeiden, dass nur ein Single Rope, Beaded Rope oder Double Dutch zur Zeit in Aktion ist; so entstehen keine Pausen, wenn jemand hängen bleibt, und niemand steht zu sehr auf dem Präsentierteller.

Die Gruppe steht in Blockaufstellung oder in versetzten Reihen, Blick nach vorn.

```
V   V   V   V              V    V   V    V
V   V   V   V      oder      V    V   V    V
V   V   V   V              V    V   V    V
V   V   V   V               V    V   V    V
```

Alle springen gemeinsam eine leicht eingängige Folge in mehrfacher Wiederholung (z.B.: Schlusssprung, rechts, Schlusssprung, links).

Anschließend zeigt Reihe 1 gemeinsam einen Grundsprung in Wiederholung und läuft dann an den Seiten entlang hinter die Gruppe.

Es folgen die anderen Reihen mit jeweils „ihrem" Sprung.

Anschließend springen alle gleichzeitig im Pulk möglichst verschiedene Sprünge bzw. jeder seinen Lieblingssprung.

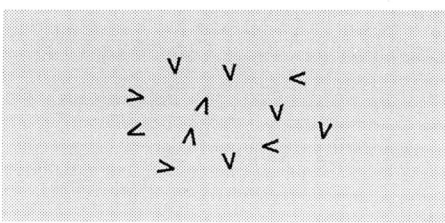

Während die ganze erste Gruppe von der Bühne läuft oder springt, kommen aus einer anderen Richtung die nächsten Teilnehmer ins Blickfeld. Zwei oder drei Paare zeigen gleichzeitig verschiedene Sprünge mit dem Beaded Rope.

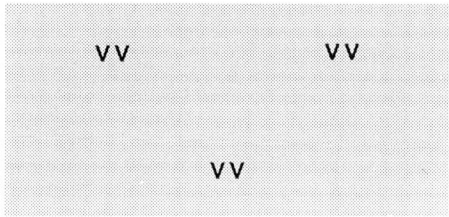

Das Schlussbild könnten drei möglichst gleich große Double-Dutch-Gruppen bilden, die alle den gleichen einfachen Ablauf zeigen. Erst wenn alle Teilnehmer mit dem ersten Sprung fertig sind, beginnen alle drei Gruppen mit dem nächsten.

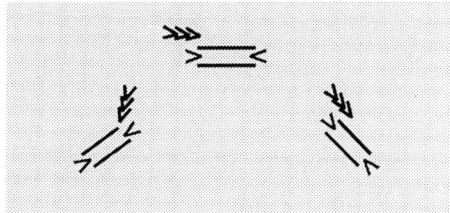

Alle Ausführungen dieses Textes verstehen sich mehr als theoretische Grundlage zum Gestalten beim Rope Skipping. Es wurde versucht, Prinzipien der pädagogischen Arbeit an einem sportspezifischen Beispiel zu verdeutlichen.

Für konkrete praktische Anregungen mit zahlreichen Abbildungen und genauen Bewegungsbeschreibungen sei ausdrücklich auf BÖTTCHER und KALBFLEISCH hingewiesen.

Literatur:

ARTUS, Hans-Gerd/PALISSEN-KASPAR, Maud: Freies Tanzen als Einheit aus Improvisation, Körperbildung und Gestaltung. In: HAGEDORN, Günter u.a. (Red.) (1985): Handeln im Sport. 6. Sportwissenschaftlicher Hochschultag. Clausthal-Zellerfeld.

BÖTTCHER, Henner (1997): Rope Skipping. Spring Dich fit! Aachen.

KALBFLEISCH Susan E./BAILEY, Tom (1987): Double Dutch Handbook. Ontario.

KALBFLEISCH Susan E. (1988): Skipping. Das ideale Fitness-Training. Waldeck.

PAWELKE, Rainer (1997): Faltblatt zur 14. internationalen Sportkultur-Akademie der Regensburger Traumfabrik vom 4.-6. April 1997.

RODE, Jürgen: Fachdidaktik und Lehrpläne, S. 97. In: BRAUWEILER, Fred/KUGELMANN, Claudia/SCHRICKER, Günter (Hrsg.) (1995): Fachtagung Sport. Quo vadis Berufsschulsport? – Perspektiven in der Differenzierung und Weiterentwicklung. Neusäß.

Fotonachweis: Agentur Minkus mit freundlicher Genehmigung der Deutschen Turnerjugend!

Christiane Kleinke

Let's fetz – mit Hip-Hop und Funk

Im Tanz drückt sich der Mensch über die Bewegung auf unterschiedlichste Weise aus und reagiert dabei auf verschiedenste Impulse. Die Entwicklung eines aktuellen Tanzstiles ist eng verknüpft mit der Musik. Ein neuer Musiktrend zieht oftmals eine neue Tanzrichtung nach sich, dazu gehört ein entsprechendes Outfit!

Verbreitet werden Musik – und Bewegungselemente – oftmals durch Videoclips im Fernsehen. Meist ist nicht etwas völlig Neues entstanden, sondern es erfolgt eine „Umformung" oder Erweiterung mit Variationen. In den 80er Jahren tauchte der Break-Dance vor allem in der Jugendszene auf. Isolationstechnik, Pantomime und roboterhafte Bewegungen kennzeichneten diesen Stil, der vor allem von Jungen getanzt wurde.

Hip-Hop ist ein Tanzstil, der dem Bereich des Street-Dance zugeordnet werden kann. Er entstand in den Straßen von New York und Los Angeles.

Hip = Hüfte – Hop = Sprung. Kennzeichnend für den Stil sind kurze Sprünge, Federungen, Isolationen und ein hohes Bewegungstempo, da die Betonung in der Bewegung nicht nur auf jede volle Zählzeit, sondern auch auf dem Zwischenbeat getanzt wird. Die Zählweise und der Bewegungsablauf erfolgen also immer auf – und eins – und zwei –. Musikalisch ist diese Tanzform eng mit der Rap-Musik verbunden.
- Bei Funk wird die Bewegung weicher und runder ausgeführt. Es wird nicht so viel gesprungen.
- Die Übergänge zwischen den Stilrichtungen sind fließend.

In diesem Beitrag steht nicht nur das Übermitteln neuer Kombinationen im Mittelpunkt, es sollen auch Anregungen für das Vermitteln von Tanzformen gegeben werden. Nicht nur „Schritte lernen", sondern Körperwahrnehmung und -erfahrung, Rhythmus–, und Koordinationsfähigkeit, Anpassung an Partner und Gruppe, das Spiel mit der Bewegung, durch Variationen Bewegungen erfahren und festigen, sind wichtige Dimensionen und Ziele des Tanzens. Spaß am Tanzen, an der Bewegung durch das Umsetzen der Musik, sollte beim Tanzen im Vordergrund stehen und nicht eine „Fuß–kopflastige Bastelstunde für Schritte."

Methodische Tips

Auf dem Weg zum Erlernen von Bewegungen, Schrittfolgen und Tänzen sollten auch immer Rhythmus-, Orientierungs-, und Wahrnehmungsfähigkeit, Ausdruck und Improvisationsfähigkeit und das Erleben unterschiedlicher Dynamik geschult werden.

Der Einstieg kann über das Nachvollziehen, also über die Bewegungsanweisung erfolgen. Kinder und Jugendliche sollten dann aber die Chance haben, mit dem Neugelernten im Rahmen einer gebundenen Bewegungsaufgabe umzugehen, es zu verinnerlichen, auch eigene Umsetzungsmöglichkeiten und Variationen zu finden, um dadurch das Bewegungsrepertoire zu erweitern. Eine gebundene Bewegungsaufgabe gibt den Rahmen vor, die Lösungsmöglichkeit bleibt den Teilnehmern selbst überlassen. Je enger die Eingrenzung ist, umso leichter fällt es vor allem Ungeübten, mit der Aufgabe umzugehen .

Zum Beispiel
- Einen vorgegebenen Schritt mit unterschiedlicher Dynamik tanzen.
- Zu dem Schritt nur ganz bestimmte Körperpartien einsetzen.
- Einen Schritt in unterschiedliche Richtungen ausführen.

Weitere Möglichkeiten werden in diesem Beitrag aufgezeigt.

Zur Musikauswahl

Kinder und Jugendliche hören in ihrer Freizeit viel Musik oder schauen sich Musikvideos im Fernsehen an, die oftmals einen hohen Bewegungs- und Tanzanteil aufweisen.

Die aktuelle Popmusik hat für Kinder und Jugendliche hohen Aufforderungscharakter, sie ist bekannt, sie fühlen sich in ihr wohl. Die Musik motiviert zur Bewegung. Natürlich kann auch ein Gegeneffekt auftreten. Wird die Musik zu häufig gehört, verliert sie eventuell ihren Reiz. Die hier genannten Musiktitel können bei Erscheinen des Buches bereits wieder „out" sein. Es gibt möglicherweise andere Gruppen oder Interpreten.

Die genannte Musik ist austauschbar, wenn sie charakteristisch für Hip-Hop und Funk ist. Das Stück der Backstreet Boys „We' ve Got It Goin' On" weist eine besondere Struktur auf. Es setzt sich aus fünf Teilen zusammen. Die Bewegungselemente dieser Kombination können natürlich auch auf eine andere Musik übertragen werden.

Interpreten: Backstreet Boys, Bobby Brown, Coolio, Janet Jackson, Michael Jackson, Ini Kamoze, Salt'N'Pepa, Spice Girls.

Erläuterungen zu den Tanzbeschreibungen:

Zz – Zählzeit	re – rechts
sw – seitwärts	tap – unbelastetes Aufsetzen eines Fußes
vw –- vorwärts	step – Schritt
rw – rückwärts	Dreh – Drehung
li – links	Pivot turn – 2x $\frac{1}{2}$-Drehung um ein Stand-
	bein, z. B. re vw, $\frac{1}{2}$-Dreh li re vw, $\frac{1}{2}$-Dreh li

Spiel- und Übungsformen für einige typische Elemente

Musikvorschlag: M. Jackson „ They Don' t Care About Us" / „ Black Or White"

Grundschritt

Takt 1
+ re Knie anziehen
1 re Bein belasten, sw setzen
+ li Knie anziehen
2 li Bein belasten, neben re setzen
+ re Knie anziehen
3 re Bein belasten, sw setzen
+ li Knie anziehen
4 li tap neben re

Takt 2
+ 5 – 8 Wiederholung gegengleich

Der Bewegungsablauf kann auf „+ 1" als eine Zz oder getrennt auf „+" – „1" ausgeführt werden, bei der 2. Möqlichkeit ist das Tempo höher.

Anregungen zur Durchführung
Aufstellung im Kreis, Ausgangsposition - Schlussstellung
Zur Vorbereitung des Rhythmus und des Bewegungsablaufes :
- am Ort auf + re Knie anziehen, auf 1 re Bein belasten, in die Hände klatschen, fortlaufend

Variationen:
- die Bewegung gegengleich ausführen
- im Wechsel mit re und li
- mit kanonartigen Einsätzen
- nur mit re in der Fortbewegung im Kreis , wie Takt 1, + 1 – 2
- gegengleich ausführen
- Takt + 1 – 4 mir re und li im Wechsel
- Einbeziehen des Oberkörpers auf + Contraction auf 1 Oberkörper aufrichten
- den Bewegungsablauf in die Kreismitte und zurück ausführen , also vw und rw

Möglichkeiten der Arm- Schulter- Kopf-
bewegung:

- Auf den „Off-Beat" (+) beide Arme in den Ellenbogen abgewinkelt vw strecken, auf die volle Zählzeit mit Fäusten an den Körper ziehen (Foto 8.1).

- Auf den „ Off-Beat" die Unterarme vw kreuzen.

- Die Arme nacheinander vw strecken und heranziehen.

- Die Unterarme mit Fäusten in Bauchhöhe auf den „Off-Beat" übereinander schieben und beide Hände an die Hüften ziehen.

- Beim „ Off-Beat" eine oder beide Schultern hoch ziehen, auf die volle Zz absenken.

Abb. 8.1

- Auf + 1 den Kopf mit Blick zur re oder li Schulter drehen , auf + 2 wieder in die Ausgangsposition.

Grundschritt „Kick"

Mr. President „I Give You My Heart"

Ausführung

Takt 1
+ re Knie anheben
1 re Bein strecken, auf li leicht abspringen
+ Gewicht auf re durch einen kleinen Sprung, li Knie gleichzeitig anheben,
2 li Bein strecken, auf re leicht abspringen
+3 - 4 Wiederholung gegengleich

Anregungen zur Durchführung:
Aufstellung im Kreis, im Block mit einer Blickrichtung

Variationen:
- In Raum durcheinander gehen in Hip-Hop-Technik, d. h. auf den „ Off-Beat" leicht in den Knien nachfedern, den ganzen Fuß jeweils aufsetzen, zu mehreren finden und den Kick am Ort gemeinsam tanzen.
- Den Kick in andere Richtungen ausführen.
- Zur Unterstützung des Kicks eine stoßende Armbewegung einsetzen.
- Auf Linien nebeneinander stehen und bei der Kickbewegung auf dem Standbein leicht zurückrutschen (die Linie stellt eine Orientierungshilfe dar).
- Zwei Linien stehen sich gegenüber und setzen in Reaktion aufeinander individuell die Arme ein.
- 3 x die Kickbewegung tanzen, auf Zz 4 Beine schließen mit $^1/_4$-Dreh re, beide Reihen drehen sich, bis sie mit Front wieder zueinander stehen, anschl. die Aufgabe mit $^1/_4$-Dreh li.

Teil I

Takt 1
+1 - +4 – 4 Schritte vw, re, li, re , li (mit Hip-Hop-Technik)

Takt 2
5 re sw zur Grätsche stellen, re Arm diagonal aufwärts strecken
6 li sw zur Grätsche stellen, li Arm diagonal aufwärts strecken
7 + 8 Beine schließen, öffnen, schließen (kleine Sprünge), Arme abgewinkelt vor dem Körper mit geschlossenen Händen halten (Foto 8.2)

Takt 3
9 – 12 4 Schritte rw, re, li, re, li

Takt 4
13 – 16 Wiederholung von Takt 2

Takt 5 – 8
17 – 32 Wiederholung der Takte 1 – 4

Foto 8.2

Teil II

Takt 1

1 – 4 re sw, li kreuzt vor re, re sw, auf 4 li Bein sw mit einer Kickbewegung in die Luft strecken, Arme auseinander ziehen (wie ein Gummiband, das zwischen den Händen gespannt wird, Foto 8.3).

Takt 2

5 – 8 Wiederholung von Takt 1 gegengleich

Foto 8.3

Takt 3 u. 4

9 – 16 Wiederholung von Takt 1 – 2

Takt 5

+17 + 18 re sw, li tap neben re, in der tiefen Hocke in die Hände klatschen
+19 + 20 li sw, re tap neben li, mit beiden Armen li oben 2x kurz federn

Takt 6

+21 – +24 Wiederholung von Takt 5

Takt 7

25 – 28 re kreuzt vor li - li kurz abheben, re rw – li kurz abheben, re kreuzt vor li – li kurz abheben, re rw – li kurz abheben
Zz 1 und 2 und 3 und 4 und

Takt 8

29 – 30 re kreuzt vor li – li kurz abheben, re rw – li kurz abheben
Zz 5 und 6 und
31 – 32 in die Grätsche springen, Schlusssprung
Zz 7 8

Möglichkeiten zur Erarbeitung der Kombination Teil I :
- Durcheinander gehen auf 4 Zz, mit re beginnen, auf 5 am Ort re sw setzen, auf 6 li sw setzen zur Grätsche, auf Zz 7 + 8 stehen.
- Bei Zz 5 + 6 ganz bewusst vor einem Partner stehen.
- Auf Zz 7 + 8 3x in die Hände klatschen.
- Am Ort vor einem Partner stehen, re Bein sw setzen, dazu re Arm diagonal aufws strecken, li Bein sw setzen, li Arm diagonal aufws strecken, 3x in die Hände klatschen, Beine dabei schließen.
- Aufgabe mit 4 Schritten verbinden, auf Zz 5 + 6 vor einem Partnern stehen und oben genannte Aufgabe durchführen, auf Zz 7 + 8 3x klatschen.
- Aus der leichten Grätschstellung die Beine auf 1 + 2 schließen, öffnen, schließen und umgekehrt.
- Das Klatschen durch eine Armbewegung ersetzen – Teil I in Blockaufstellung tanzen.
- Zwei Gruppen stehen sich gegenüber, beide beginnen vw.
- Eine Gruppe beginnt rw, die andere Gruppe vw.

Möglichkeiten zur Erarbeitung der Kombination Teil II:
- Seit, kreuz, seit, Kick in Blockaufstellung nach re und li ausführen.
- Zur Unterstützung der Kickbewegung die Stimme mit einem kurzen Laut einsetzen
- Bei dem Kick die Arme mit Spannung bewegen .
- Paarweise oder in Gruppen „gegeneinander" tanzen.
- Takt 5 und 6 von Teil II erst ohne Armeinsatz und Klatschen tanzen, dann mit Klatschen, Armeinsatz oder Unterstützung der Stimme.
- Teil I und Teil II, Takt 1 – 6 verbinden , Takt 5 u. 6 zunächst 1x wiederholen, damit das Zeitmaß stimmt.
- In Kleingruppen Aufstellungsformen finden lassen und Variationen der Armbewegung
- Takt 7 und 8, Zz 25 – 30 klatschen, Zz 31 und 32 Grätsche, Schlusssprung ausführen.
- In Reihen hintereinander stehen, Takt 7 und 8 tanzen.
- Den Schlusssprung mit $1/_4$-Dreh vollziehen (Foto 8.4).
- Teil II zusammenfügen.
- In 2 Gruppen gegenüber stehend tanzen, Gruppe A nimmt die Arme bei Takt 5 erst aufwärts auf Zz +17 +18, auf Zz +19 + 20 in der tiefen Hocke klatschen.

Foto 8.4

Coolio „Too Hot"

Teil I

Takt 1

+1 + 2 re sw stellen, re Ellenbogen sw abwinkeln li sw stellen, li Ellenbogen sw abwinkeln (Hände vor der Brust) (Foto 8.5)
3 + 4 3x Beine Twist (auf den Ballen)

Takt 2

5 - 6 $1/2$ Kreis mit der Hüfte
7 - 8 2x Kopfisolation vw

Foto 8.5

Takt 3

9 +10 li kreuzt vor re, re sw aufsetzen , li Ferse sw setzen, beide Arme mit lockeren Händen abgewinkelt aus dem Ellenbogen neben den Körper
11 + 12 li sw, re kreuzt vor li, li sw, re Ferse sw aufsetzen, Arme wie 9 - 10

Takt 4

13+14 schnelle Kopfisolation sw (Foto 8.6)
15 + 16 + $1/1$-Dreh gesprungen, re, li, re, li

Teil II

Foto 8.6

Takt 1

1 - 2 re tap rw, Arme öffnen, re neben li, Arme vor dem Körper kreuzen
3 - 4 li tap rw, Arme öffnen, li neben re, Arme vor dem Körper kreuzen

Takt 2

5 + 6 re Ferse vw, beide Arme oben 2x kreuzen, re neben li
7 + 8 li Ferse vw, beide Arme oben 2x kreuzen, li neben re

Takt 3 u. 4

9 - 16 Wiederholung von Takt 1 u. 2

Teil III

Takt 1
1 - 2 re kreuzt vor li, li kurz abheben, re rw setzen, li kurz anheben
3 - 4 zwei Schlusssprünge, Arme frei gestalten

Takt 2
5 - 8 Wiederholung gegengleich (evtl. $1/1$-Dreh)

Takt 3
9 - 12 re, li, re, $1/2$-Dreh. li, li belasten

Takt 4
13 - 14 auf 13 re vw $1/2$-Dreh. li, Beine schließen
15 + 16 zwei kleine Schlusssprünge, auf 16 Klatschen

Teil IV

Takt 1
1 + 2 re diagonal vw, li hinter re, re diagonal vw
3 + 4 li diagonal vw, re hinter li, li diagonal vw

Takt 2
5 + 6+ im Halbbogen über li auf den Ausgangspunkt zurück mit Belastung auf re, li Bein vw strecken mit gebeugtem Fuß, hierbei auf re leicht rw rutschen, Wiederholung mit li beginnend
7+8+ Wiederholung von 5+6+

Takt 3 - 4
9 - 16 Wiederholung von Takt 1 - 2

Möglichkeiten zur Erarbeitung der Kombination Teil I

- Zur Musik im Raum bewegen, mit kurzen Bewegungen der Ellenbogen „imaginäre" Luftballons in unterschiedlichste Richtungen kicken.
- Unter Einsatz der Stimme z.B. kurz -"Ha"- den re Unterarm vor dem Körper abwinkeln, dabei re Bein betont re sw setzen, Wiederholung mit li.
- In Verbindung mit Gehschritten auf + 1+ 2 usw.
- Die Bewegung re und li ausführen, anschließend 3x in die Hände klatschen, Bewegungsbegleitung: Ha – ha – klatsch, klatsch, klatsch.
- Das Klatschen durch drei kurze Sprungbewegungen mit geschlossenen Beinen ersetzen, z. B. „Twist".
- Einteilung in zwei Gruppen, Gruppe A gibt den Rhythmus vor, Gruppe B führt die Bewegung aus, Wechsel.
- Paarweise voreinander auf dem Boden sitzen, nur durch Kopfbewegungen „ein Gespräch" führen.
- Mit stimmlicher Lautmalerei unterstützen.
- In Linien nebeneinander stehen, Hüfte gegen Hüfte, in Anpassung an die Gruppe durch seitliches Drücken oder durch Kreisen die Hüften bewegen.
- $^1/_2$-Kreis mit der Hüfte und zwei Kopfbewegungen vor, rück, vor, rück kombinieren.
- Teil I , Takt 1 und 2 verbinden.
- Den Rhythmus – kurz, kurz, lang + kurz, kurz, lang klatschen.
- Schritte dazu finden lassen.
- Takt 3 in ununterbrochener Folge üben, zunächst ohne, dann mit Armeinsatz.
- Takt 4, kurzes „Kopfschütteln" in Verbindung mit vier schnellen Laufschritten am Ort ohne Drehung.
- Paarweise voreinander stehen, „Kopfschütteln" und vier Laufschritte erst ohne, dann mit Drehung.
- Teil I komplett verbinden.

Möglichkeiten zur Erarbeitung der Kombination Teil II

- Tap, step im Wechsel mit re und li in verschiedene Richtungen tanzen, bei step in die Hände klatschen (Federungen auf den Off-Beat nicht vergessen).
- Den Bewegungsablauf minimiert, auf engem Raum bis zum Maximum auf weitem Raum tanzen.
- Den tap nur rw ausführen.
- Eine Gruppe findet eine Armbewegung für den tap, die andere für den step.
- Die Gruppenergebnisse vorstellen und eine Verbindung der Armbewegung für tap und step herstellen.
- Takt 2 wie Takt 1 erarbeiten, den tap durch step ersetzen.
- Beim Aufsetzen der Ferse 2 x in die Hände klatschen.

- Statt des Klatschens die Arme in Kopfhöhe 2x schnell kreuzen.
- Das Kreuzen der Arme kann auch auf anderen Ebenen geschehen.
- Takt 1 und 2 miteinander verbinden und fortlaufend tanzen.
- In Kleingruppen mit unterschiedlicher Aufstellung festigen.
- Teil I und Teil II kombinieren.

Möglichkeiten zur Erarbeitung der Kombination Teil III

- Den Rhythmus für Teil III, Takt 1 klatschen 4x schnell, 2x lang oder die Stimme einsetzen hop, hop.
- 4x schnell klatschen, zwei Schlusssprünge.
- Zu den Schlusssprüngen mit geballten Fäusten Armbewegungen finden lassen, es sollten hauptsächlich kurze Stoßbewegungen aus den Unterarmen sein.
- Die Schlusssprünge mit $1/_1$-Drehung ausführen, d.h. auf jeden Sprung $1/_2$-Drehung.
- Bei der Drehung die Arme mit abgewinkelten Unterarmen und Fäusten vor dem Körper halten.
- Takt 1, Zz 1 + 2 einbeziehen.
- Takt 1 mit oder ohne Drehung tanzen.
- Takt 1 und 2 mit oder ohne Drehung ausführen.
- Takt 3 vorbereiten durch – re vw, $1/_2$-Dreh li auf li, re vw, $1/_2$-Dreh li auf li (pivot turn) oder gegengleich.
- Zwei Gruppen stehen sich gegenüber, Takt 3 und 4 zueinander beginnend tanzen, die Drehung sehr akzentuiert ausführen, d.h. möglichst lange die andere Gruppe anschauen und dann drehen – Teil III, Takt 1 – 4 verbinden.

Möglichkeiten zur Erarbeitung der Kombination Teil IV

- Teil IV Takt 1 in fortlaufender Folge in Reihen hintereinander tanzen.
- Paarweise in freien Raumwegen nebeneinander.
- Eine Armbewegung finden lassen (die Arme können locker mitschwingen).
- Auf Zz 1+2 die Unterarme aus den Ellenbogen abgewinkelt 2x vor den Körper ziehen, auf 3+4 Ellenbogen an die Hüfte ziehen, die Unterarme abwinkeln, Hände zur Faust.
- Takt 1 wie beschrieben tanzen, Takt 2, den Halbbogen auf 5+6+7+8+ ausgehen.
- Takt 1 und 2 tanzen.
- Takt 1 und 2 paarweise durchführen, Partner A beginnt mit re, Partner B mit li, so dass beide auseinander und aufeinander zu tanzen.

- Teil III und VI miteinander verbinden.

- Teil I – IV tanzen.

- Teil I – IV in unterschiedlichen Aufstellungsformen tanzen.

Die eingesetzte Musik der Backstreet Boys setzt sich aus fünf Teilen zusammen. Wenn ein Tanz durchgehend gestaltet wird, ist das zu berücksichtigen.

Musik: Backstreet Boys „ We' ve Got It Goin' On" (Maxi)

Teil I

Takt 1
+1 – 4 re sw, li neben re, re sw, li neben re (mit Arm oder Kopfeinsatz)

Takt 2
+5 – 6 re seitws zur Grätsche (Gewicht auf beide Beine) Arme im Wechsel in den Ellenbogen abgewinkelt 3x schnell hin- und herbewegen
7 Beine schließen (leicht gebeugt)
+ 8 Kreisen der Schultern (Foto 8.7)

Takt 3 u. 4
+9 – 16 Wiederholung gegengleich

Teil II

Foto 8.7

Takt 1
+1 – 2 re, li diagonal vw
+3 – 4 3 Schritte re, li, re diagonal vw, Arme leicht gerundet vor dem Körper kreisen, Hände zur Faust

Takt 2
5 – 8 Wiederholung gegengleich

Takt 3
9 – 12 re seitws, li tap neben re, li seitws, re tap neben li (leicht gesprungen) re seitws zur Grätsche, Arme seitlich angewinkelt mit Spannung neben dem Körper

Takt 4

13 - 16 Beine schnell bewegen (zittern), re Arm langsam von li über vorne über den Kopf ziehen, li Arm auf dem Rücken

Teil III

Takt 1

1 + 2+ re eingedreht vor li, li abheben, re hinter li, li abheben

3 + 4+ Wiederholung

Takt 2

5 + 6+ Wiederholung von Takt 1, 1 - 2+

7 + 8 auf 7 Beine schließen, auf + Sprung, auf 8 klatschen

Takt 3

9 - 10 re tap diagonal rückws, step re, Arme unterstützen die Bewegung

11 - 12 li tap diagonal rückws, step li, Arme unterstützen die Bewegung

Takt 4

13 - 14 re tap diagonal rückws, step re

15 - 16 auf li $^1/_1$-Dreh. li, Beine schließen

Teil IV

Takt 1

1 - 4 re seitws, li neben re, re seitws, li neben re, re seitws, li neben re, li Unterarm vor dem Körper auf- und abbewegen, re seitws, li Knie ausgedreht hochziehen, Arme von oben mit gefassten Händen bis zur Körpermitte ziehen

Takt 2

5 - 8 Wiederholung gegengleich

Takt 3
9 – 12 Wiederholung von Teil III, Takt 1, auf 12 Beine schließen

Takt 4
13 – 14   re rückws setzen, (beide Beine gleich belasten in der Grätsche) li Arm mit geflexter Hand vorws strecken, re Arm über den Kopf ziehen (Foto 8.8)
15 – 16 li Bein neben re setzen ($^1/_4$-Dreh. re) beide Knie 2x kurz beugen, strecken, dazu Arme abgewinkelt vor dem Körper einsetzen

Foto 8.8

Teil V

Takt 1
+1 – 3+ aus dem abgewinkelten Knie, re Ferse, li Ferse, re Ferse aufsetzen
4 mit Gewicht auf beiden Füßen kurz beide Fersen abheben, in den Knien nachgeben (Foto 8.9)

Takt 2
5 li Kick vorws
6 li rückws aufsetzen
7+ Sprung mit $^1/_4$-Dreh. li
8 Klatsch

Takt 3 – 4
9 – 16 beide Fußspitzen ausdrehen, parallel dazu Armeinsatz, Handflächen gegeneinander, Unterarme abwinkeln, die Hände auf- und abwärts bewegen

Foto 8.9

Möglichkeiten zur Erarbeitung der Kombination Teil I

- Um die Musik aufzunehmen, im Raum durcheinander gehen und klatschen.
- Zur Vorbereitung der typischen gefederten Hip-Hop-Bewegung dicht im Pulk zusammenstehen und aus den Knien federn.
- Im Kreis sw bewegen, Schritt re sw, mit Hochziehen des Knies auf – + – beginnen, li neben re setzen, usw. dazu klatschen auf den Beatschlag oder Off-Beat.
- Takt 2 der Tanzbeschreibung, re bzw. li sw setzen und Beine schließen, in freiem Spiel miteinander erproben, durcheinander gehen, vor einem Partner stehen und in die Grätsche springen nach re oder li mit der Spielidee – sich gegenseitig den Weg versperren.

Spielform zur Vorbereitung des Arm-Schultereinsatzes

- Mit der Vorstellung, Farbe an den Händen zu haben, den Raum mit großen, weiten Bewegungen ausmalen.
- Mit „dicken Pinseln" kurze Farbkleckse in den Raum „klatschen".
- Mit der gleichen Vorstellungshilfe die Schultern bewegen, weich, eckig.
- Teil I zunächst ohne Arm- und Schultereinsatz, aber mit Rhythmusbegleitung tanzen, die Teilnehmer unterstützen Zählzeit + 8 durch den Einsatz der Stimme.
- Zählzeit + 8 wird realisiert durch den Schultereinsatz.
- In zwei Gruppen gegenüber die Folge tanzen.
- Teil I mit Arm- und Schultereinsatz tanzen.
- Den Rhythmus von Teil II, Takt 1 und 2 klatschen, 1, 2, 3 + 4, lang, lang, kurz,kurz, lang
- Eine Gruppe klatscht, die andere setzt den Rhythmus in Bewegung um
- Schrittfolge mit Armeinsatz, Arme leicht gerundet vor dem Körper, Hände zur Faust, kreisend bewegen.
- Takt 3 und 4 in zwei Gruppen gegenüber vorbereiten, zunächst im halben Tempo, dann im vorgegebenen Tempo.
- Teil III eng im Pulk erarbeiten, um durch den Gruppenrhythmus den Ablauf leichter zu erlernen.
- Zur Vorbereitung von Teil IV , Takt 4, 13 – 14, stehen sich zwei Reihen gegenüber, re rw setzen mit $^1/_4$-Dreh re, die Reihen sehen sich jedoch dabei an, die Stimme wird unterstützend eingesetzt.
- Teil IV , Takt 4, 15 – 16 üben.
- Teil IV Takt 3 und 4 zusammenfügen, beide Reihen tanzen Takt 3 und 4 jeweils mit $^1/_4$-Dreh re.
- Zur Vorbereitung von Teil V auf beiden Füßen in der Grätsche stehen, in den Knien nachgeben, die Fersen kurz vom Boden abheben, die Knie nach vorne schieben.
- Paarweise in der Grätsche mit gebeugten Knien stehen, die Arme lang neben dem Körper, mit Unterstützung der Stimme oder Schnipsen kurz die Fersen vom Boden heben und senken.

- Die Aufgabe auf 1+2+3+4+ durchführen, anschließend 4x die Schultern isoliert auf- und abbewegen oder 4x klatschen, 4 x re und li Ferse vw mit abgewinkeltem Fuß aufsetzen.
- Teil V Takt 1 und 2 verbinden.
- Mit re oder mit li beginnen.
- Die Handflächen vor dem Körper gegeneinander drücken, Unterarme abgewinkelt, Beine leicht gebeugt in der Grätsche, Füße parallel, die Fußspitzen auf Zz 1 nach außen drehen, auf 2 wieder parallel.
- Das Tempo erhöhen, auf + ausdrehen, auf 1 parallel.
- Die Arme mit den geschlossenen Händen zunächst langsam, dann schnell auf- und abbewegen.
- Die Armbewegung variieren, während die Bewegung der Füße bleibt, z.B. die Unterarme vor dem Körper im Wechsel kreuzen, jeweils einen Arm aufwärts strecken.

Möglichkeiten zum Erlernen und Verbesserung der einzelnen Teile: „Puzzle-Tanz"
- Den Raum in verschiedene Zonen teilen und in den einzelnen Zonen die Teile des Tanzes ohne festgelegte Wiederholungszahl tanzen, die Zonen selbständig wechseln.
- Die TN können die Teile des Tanzes selbst in beliebiger Reihenfolge zusammensetzen und auch in Kleingruppen über die Aufstellung entscheiden.

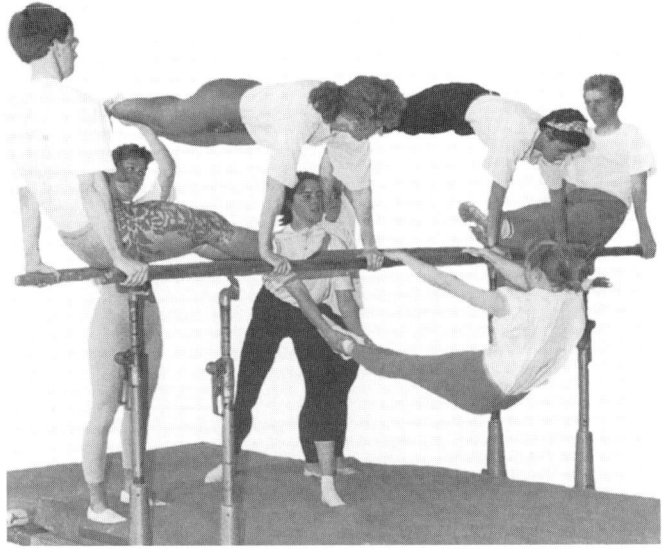

Foto entnommen aus „Gerätturnen für alle – Freies Turnen an Geräten" (Bruckmann/ Dieckert/ Herrmann) mit freundlicher Genehmigung des Pohl-Verlages Celle.

Marita Bruckmann

Freies Turnen –
Mit dem Partner und in der Gruppe

Das Freie Turnen – ein Turnkonzept für alle

Zu den im Gerätturnen bereits etablierten Richtungen **Leistungsturnen/Kunstturnen** und **Formgebundenes Turnen** (zu verstehen als ein normgebundenes Gerätturnen, als ein wettkampfmäßig betriebener Breitensport) ist vom Deutschen Turner-Bund in dem Zeitraum 1987/1988 die Richtung **„Freies Turnen"** als ein wesentlicher Bestandteil des Turnens an Geräten entwickelt worden (vgl. dazu DEUTSCHER TURNER-BUND 1989; DIECKERT 1990). Das Freie Turnen, dessen Grundideen immer schon im Kinderturnen und in Ansätzen auch im Turnen der Grundschule bestimmend waren, will ein **Turnen für alle** anbieten, also auch für die weniger Talentierten, die Ängstlichen, die Koordinationsschwachen, die Hochgewachsenen. Es muss also ein Bewegungsgut und Aufgabenspektrum im Vordergrund stehen, das Bewegungsanreize für alle Schüler und für alle Breiten- bzw. Freizeitsportler eröffnet. Damit rückt der Mensch als sich bewegendes Subjekt in den Mittelpunkt der Turnbetrachtung. Ein systematischer Zugriff als Grundlage für didaktische Entscheidungen wird sich weniger aus den vorhandenen Bewegungsstrukturen des Gerätturnens als vielmehr – in der Auseinandersetzung mit einer vielfältigen „Gerätewelt" – aus den Grundtätigkeiten des Bewegens, aus den Bewegungsabsichten und den jeweils individuellen Bewegungsdeutungen der Übenden ergeben.

Angesichts der Vielfalt und Fülle an Aufgabenstellungen, Geräten, Gerätearrangements sowie der Spannbreite möglicher **Sinnrichtungen**, Sinnzuschreibungen und Bewegungsdeutungen, die dem Freien Turnen immanent sind, fällt es schwer, eine konzeptionelle Richtung zu favorisieren. In den letzten Jahren sind zahlreiche Veröffentlichungen erschienen, die durch unterschiedliche Zugehensweisen einen jeweils speziellen Beitrag zu einem subjektorientierten Zugang zum Gerätturnen leisten und konkrete Entscheidungshilfen für ein Turnen für alle geben wollen (z.B. BRUCKMANN/ DIECKERT/HERRMANN 1991; BRUCKMANN 1992; BRUCKMANN 1993; DEUTSCHER TURNER-BUND 1989; DIECKERT 1990; FUNKE 1992; LAGING 1992; TREBELS 1985).

Freies Turnen geht von grundsätzlich **offenen Bewegungs- und Lernsituationen** aus. Fähigkeitsorientierte Aneignungs- und Vermittlungswege sowie erfahrungsgeleitetes Lernen stehen im Vordergrund. Das Freie Turnen wird jedoch **falsch interpretiert**, wenn man meint, es werde lediglich geklimmt und gehangelt, es werde alles nur ausprobiert, ohne vertiefendere Auseinandersetzung mit den Bewegungsproblemen. Bei allen wünschenswerten

Freiräumen zum Experimentieren sollte sich das Turnen nicht auf Vorläufiges, Flüchtiges, Halb-Gekonntes beschränken. Erst das Verweilen bei einer Bewegung, das Wiederholen und Verbessern eröffnet dem Übenden die Möglichkeit, Turnen an Geräten als lustvoll zu erleben, als Könnenszuwachs und Leistung zu erfahren, sich eine andere Qualität und damit eine neue Dimension des Bewegens zu erschließen. Insofern hat das **Üben** auch im Freien Turnen einen besonderen Stellenwert. Ausgangspunkte zum Üben sind hier allerdings keine formal-ästhetischen Gesichtspunkte äußerer Normgebungen, sondern bewegungsfunktionale Aspekte und eigene Bedürfnisse der Übenden, die es allerdings zu wecken gilt. So könnte die Übenden u.U. reizen, eine gefundene Bewegung wiederholend sicher zu turnen, einen Salto auch ohne Hilfe zu beherrschen, eine Gerätekombination mühelos zu überwinden, verschiedene Bewegungen fließend miteinander zu verbinden, mit einem Partner Bewegungen zu synchronisieren. Alle diese Ziele sind nur durch Üben zu erreichen.

Zu den sinnvollen und lohnenswerten Erfahrungen, die Kinder, Jugendliche und Erwachsene im Freien Turnen machen können, sind auch jene zu zählen, die sich aus dem **Partner- und Gruppenturnen** ergeben (vgl. dazu Bruckmann 1992). Das individuelle Turnen – mit seinen pädagogisch bedeutsamen Erfahrungen und Erlebnissen – soll durch spezielle Erfahrungen und Erlebnisse, die mit dem Partner- und Gruppenturnen verbunden sind, erweitert und bereichert werden. Die im Folgenden entwickelten Beispiele wollen mit jeweils unterschiedlicher thematischer Akzentuierung Anregungen für die Praxis geben, konkrete Aufgaben und Lösungen vorschlagen und darüber hinaus zur Reflexion über das bisherige Turnverständnis herausfordern.

Mit dem großen Ball die Turnerfahrungen erweitern

Der Pushball oder der Physio-Gymnastikball mit einem Durchmesser von 90 bis 120 cm sind interessante Turngeräte, auch draußen auf dem Rasen oder auf Sand. Im Kinderturnen können für die folgenden Aufgabenstellungen auch große Pezzibälle verwendet werden.

Ein besonderer Reiz liegt im **Experimentieren** mit diesem beweglichen, weichen, elastischen und damit unüblichen Turngerät. Hinsichtlich der motorischen Beanspruchung werden die räumliche, zeitliche und dynamische Anpassung an das sich bewegende Gerät sowie auch an den oder die Partner im Vordergrund stehen. Die hier vorgeschlagenen Aufgabenstellungen oder Kunststücke setzen **grundlegende Bewegungserfahrungen** im Turnen voraus. Das Gelingen einzelner hier vorgestellter Bewegungen kann von der Körpergröße abhängig sein.

Der didaktische Ansatz geht davon aus, dass die Übenden mit dem Ball experimentieren, Lösungen finden und ausarbeiten, wobei Impulse durch Lehrer oder Übungsleiter die Phantasie anregen können. Die im Folgenden aufgeführten Lösungen dienen dazu, den Lehrenden ein gewisses Repertoire zur Anschauung anzubieten.

Über den frei liegenden Ball turnen

Die Lösungen sind in der Regel Anwendungen von
bereits Erlerntem unter nun veränderten Bedingungen.

- Freie Sprünge über den Ball.
- Grätsche oder Hocke mit Handstütz auf dem Ball.
- Aus der Bauchlage mit Stütz der Hände auf dem
  Boden vom Ball in den Handstand hochprellen las-
  sen (Abb. 9.1).
- Aus dem Anlauf Handstützüberschlag vorwärts   *Abb. 9.1*
  über den Ball.
- Partner A liegt über dem Ball, Partner B springt mit Stütz der Hände auf dem Gesäß
  von A eine Grätsche über A hinweg.

Über den rollenden Ball turnen

Wenn mit Handstütz über den Ball gesprungen worden ist, so rollt der Ball in der Regel in
die entgegengesetzte Richtung, er setzt sich also in Bewegung. Eine interessante Aufgabenstellung liegt nun darin, in der Gruppe nacheinander über den Ball zu turnen und sich
dabei dem räumlichen Verlauf des Balles geschickt anzupassen.

- Aus zwei Diagonalen anlaufen und im Wechsel eine Grätsche über den Ball springen.
- Ein Partner rollt den Ball und der andere Partner springt über den entgegenrollenden
  Ball hinweg.

Vorschläge für Partnerturnen

- Partner A wirft B den Ball zu; B fängt den Ball auf,
  legt sich bäuchlings auf den Ball und turnt dann
  über den Ball eine Rolle vorwärts, indem er den Kopf
  zur Seite nimmt und den Ball festhält; die Rolle wird
  im Sitz beendet, und B wirft A den Ball zu; A turnt
  nun wie zuvor B.

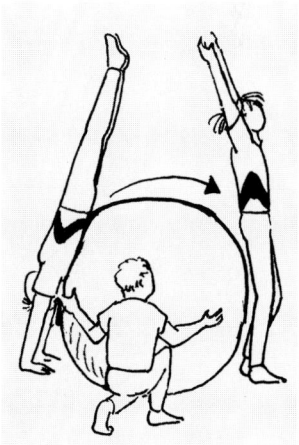

- Aus dem Handstand vorwärts überschlagen (Abb. 9.2).
  Zwei Helfer halten den Ball fest; der Turnende
  schwingt nah am Ball langsam in den Handstand
  auf, wobei er von einem Partner gesichert werden
  kann. Der Turnende legt sich langsam bei gespann-
  tem Körper auf den Ball ab, und die beiden Helfer
  rollen den Ball in Bewegungsrichtung, sodass der
  Übende auf die Füße gelangt. Der Partner kann mit-   *Abb. 9.2*

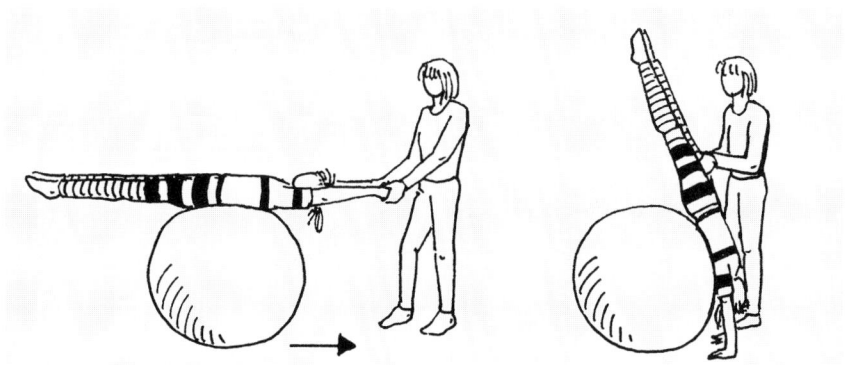

Abb. 9.3

gehend die Bewegung sichern. Diese Übung ist besonders gut geeignet, um in das gestreckte Überschlagen einzuführen. Entscheidend ist allerdings, dass sich der Turnende nicht mittels Hohlkreuz um den Ball legt, sondern das Überschlagen mit optimaler Spannung in der Körpermitte turnt, wobei der Ball zügig gerollt wird. Ab einer Körpergröße von etwa 1,70 m wird man über dem Ball zu stark im Hohlkreuz sein.

- Aus dem Stand rückwärts überschlagen (Abb. 9.3).
  Zwei Helfer halten wie zuvor den Ball seitlich fest. Der Turnende legt sich mit erhobenen Armen und Körperzusammenschluss wie ein Brett rücklings auf den Ball. Ein Partner fasst die Handgelenke und zieht den Übenden über den Ball, wobei der Übende – um Hohlkreuzhaltung zu vermeiden – auf seine Füße blicken soll. Der Übende setzt die Hände auf den Boden, nimmt den Kopf etwas in den Nacken und turnt dann mit Hilfe oder Bewegungssicherung einen Überschlag rückwärts. Auch diese Übung ist für größere Turnende nicht so zweckmäßig, da sie über dem Ball im Hohlkreuz liegen würden.

Über den festgeklemmten Ball turnen

Der Pushball wird von zwei Partnern in Rückenlage zwischen den Beinen eingeschlossen und fixiert (Abb. 9.4 und 9.4 a). Nun ergeben sich folgende Turnmöglichkeiten:

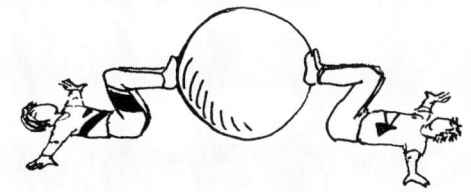

Abb. 9.4

- Sprunggrätsche oder Sprung-
  hocke
- Hockwende
- Aufknien – Abspringen („Mut-
  sprung")
- Nackenüberschlag
- Sprungrolle über den Ball
- Phantasiesprünge

Abb. 9.4 a

Der schwebende Ball

Zwei Partner halten den Ball bei hochge-
streckten Beinen auf den Füßen, wobei zwischen den Partnern eine Lücke bleibt (Abb.
9.5).

- Die Übenden rollen den Ball mit ihren
  Füßen auf den Füßen. Dabei können zwei
  weitere Übende zu jeder Seite ein Rad
  über den Rumpf der Liegenden turnen
  (Achtung: Die Liegenden müssen dabei
  die Arme eng an den Körper legen!);
  außerdem kann ein weiterer Partner eine
  Rolle unter dem Ball durchturnen.

Abb. 9.5

Aufgaben
- Zwei Partner lösen die Ballhalter ab, wobei der Ball nur mit den Füßen berührt werden
  soll.
  Vorschlag für eine Lösung: Die Partner turnen zur Lücke hin eine Rolle vorwärts aufeinander zu und bremsen die Rolle in der Rückenlage ab. Sie übernehmen dann mit erhobenen Beinen den Ball von den Liegenden, und diese turnen dann eine Rolle rückwärts.

- Der Ball liegt auf dem Boden. Vier Partner turnen in einem angemessenen Abstand
  kreuzförmig eine Rolle vorwärts in Richtung des Balles, bleiben in der Rückenlage liegen, nehmen den Ball mit den Beinen/Füßen auf und lassen ihn dann auf den Füßen
  „tanzen". Das Bewegungsbild kann noch gestaltet werden, indem die vier Partner ihre
  Hände fassen oder mit den Armen abgestimmte Bewegungen ausführen.

- Ein Übender turnt eine Rolle vorwärts unter dem Ball durch und kickt ihn während der Rolle mit den Füßen weg. Der Ball wird von einem Partner aufgefangen.

Über das Erproben und Ausarbeiten verschiedener Lösungen hinaus kann es eine lohnenswerte Aufgabe sein, mit dem großen Ball – ergänzt durch Bodenturnen – eine Gruppengestaltung zu entwickeln.

Beim Turnen am Kasten die Ziele selbst bestimmen

Das Turnen am Kasten ohne Absprunghilfe beinhaltet eine Vielfalt an Bewegungsmöglichkeiten, Fertigkeiten und Gestaltungsanreizen auf jedem Könnensniveau, insbesondere für Partner- und Gruppenturnen. Die Vielfalt des Bewegens geht einher mit einer Fülle koordinativer Beanspruchungen. Viele der Bewegungen entwickeln sich aus dem Hindernisturnen oder sind ein Anwenden von bereits Bekanntem unter veränderten Bedingungen. Insofern ist ein methodisches Erarbeiten der Bewegungen in der Regel nicht erforderlich. Das Miteinander- und Voneinander-Lernen kann daher im Vordergrund stehen.

Beim Entdecken und Ausarbeiten der Bewegungsmöglichkeiten können folgende Bewegungsabsichten leitend sein:

- auf den Kasten turnen
- auf dem Kasten turnen
- vom Kasten herunterturnen
- über den Kasten turnen.

Man kann Bewegungen aus verschiedenen Richtungen erproben (Längsrichtung, Querrichtung, Schrägrichtung oder auch kombinierte Richtungen, wie: in Querrichtung auf den Kasten und in Längsrichtung vom Kasten herunter), es kann mit einem Bein oder mit beiden Beinen abgesprungen werden, außerdem kann man sich vorwärts, rückwärts, seitwärts oder auch mit Drehung zum Kasten hin bewegen.

Spezielle Bewegungsmöglichkeiten mit dem **Partner** ergeben sich, indem man nebeneinander, hintereinander, aus der Gegenrichtung turnt, mit Berühren des Partners, über den Partner hinweg, unter dem Partner durch oder auch mit Platzwechsel turnt. Bezieht man Formen des Bodenturnens in unmittelbarer Nähe des Kastens mit ein, so ergeben sich noch weitere Gestaltungsmöglichkeiten. So kann z.B. ein Partner parallel zum Kasten eine Rolle vorwärts turnen, während der andere Partner vom Kasten über ihn hinwegspringt.

Im Sinne einer systematischen Entfaltung bzw. Aneignung von Bewegungsmöglichkeiten und damit Erweiterung der Fähigkeiten und Fertigkeiten können auch hier wiederum bestimmte Aufgabenstellungen die Phantasie der Übenden anregen.

Vorschläge zum methodischen Vorgehen

Zunächst könnten Bewegungsmöglichkeiten entdeckt und ausgewählte Lösungen zu Fertigkeiten ausgeformt werden. Der Ansatz kann dabei das Hindernisturnen sein. Ein Beispiel: Das Überwinden des Kastens aus dem schrägen Anlaufen kann durch „Tips" zur Laufkehre oder zu anderen Fechtersprüngen entwickelt werden. Ist nun ein gewisses Übungsgut aufgebaut worden, ergeben sich für das weitere Vorgehen unterschiedliche Akzentuierungen. Da offene Bewegungssituationen zugrunde liegen, werden sich beim Bewegen der einzelnen Schüler oder Kleingruppen unterschiedliche Absichten und Interessen herausbilden. Die Ideen und Bewegungslösungen der Übenden können vom Lehrenden aufgenommen und als Aufgabenstellungen zur Auswahl angeboten werden.

Beispiele für ein Aufgabenangebot
- Möglichst viele verschiedene Lösungen sicher turnen können.
- Besonders schwierige Lösungen beherrschen.
- Einige ausgewählte Formen fließend miteinander verbinden.
- Zu zweit besonders originelle Lösungen zeigen.
- Mit einem Partner eine Partnerübung entwickeln.
- Zu viert eine Gruppenübung entwickeln.
- Zwei Kästen miteinander kombinieren und daran Bewegungsmöglichkeiten entwickeln.

Diese hier genannten Aufgaben sind unter Berücksichtigung verschiedener Sinnperspektiven des Bewegens zusammengestellt.

Eine andere Möglichkeit besteht darin, die an den einzelnen Kästen turnenden Kleingruppen zu beobachten, um ihnen dann – auf der Grundlage ihrer bisherigen Lösungen – Vorschläge für ein weiteres, vertiefenderes Erarbeiten zu machen.

Es wird hier beispielhaft von den folgenden Annahmen ausgegangen
1. In einer Gruppe überwiegt das paarweise synchrone Turnen.
   Aufgabe: Mit dem Partner drei verschiedene Bewegungen am Kasten fließend miteinander verbinden und synchron turnen.

2. Eine zweite Gruppe hat gemeinsam das folgende Bewegungsmotiv entwickelt: Mit Absprung in Längsrichtung auf den Kasten rollen zum Grätschsitz am Ende des Kastens, die Beine schließen und aus dem Sitz am Kastenende vom Kasten „abschneppern". Das Schließen der Beine mit dem Abschneppern erfolgt immer dann, wenn der nächste Turnende den Vordermann berührt.

Abb. 9.6

> *Aufgabe:* Zu dem geturnten Motiv „den Platz freimachen" sollen noch weitere Lösungen gefunden werden.

3. Im Zentrum der Arbeit einer dritten Gruppe steht die Form „Handstand auf dem Kasten" mit zwei Helfern, die auch auf dem Kasten stehen.
   Aufgabe: Dieses Bewegungsbild aus dem Gruppenturnen entwickeln, wobei auch die drei weiteren Gruppenmitglieder einbezogen werden müssen (Abb. 9.6).

4. Eine vierte Gruppe begibt sich beim Turnen in Grenzsituationen und sucht nach risikoreichen und originellen Partnerformen.
   Aufgabe: Lösungen finden, bei denen sich die Partner beim Turnen berühren.

5. Die fünfte Gruppe hat mit der Entwicklung einer Gruppengestaltung begonnen.
   Aufgabe: Eine Gruppengestaltung am Kasten in Verbindung mit Bodenturnen entwickeln, bei der sich möglichst alle Gruppenmitglieder gleichzeitig bewegen sollen.

Solche oder ähnliche Aufgabenstellungen können im Schulsport auch als Grundlage für die Notengebung herangezogen werden. Dabei ist zu beachten, dass sich die Beurteilungskriterien aus den jeweiligen Aufgabenstellungen und Zielsetzungen ergeben müssen. Für die hier genannten Aufgaben 1. bis 5. sind daher jeweils unterschiedliche Beurteilungskriterien heranzuziehen.

Das Spiel mit dem Gleichgewicht

Aus dem Gleichgewicht kommen, das Gleichgewicht wieder finden und im Gleichgewicht bleiben sind motivierende Bewegungsprobleme für alle Altersstufen. Die selbst gebaute Bankwippe bietet eine Fülle an Bewegungsreizen, sich mit dem Gleichgewicht in spielerischer Weise auseinander zu setzen. Wagnis und Risiko, Leisten, Gestalten und Miteinander können hier als individuelle Sinndeutungen akzentuiert werden, sodass eine breite Basis für selbstbestimmtes Handeln der Übenden gegeben ist. Während z.B. die einen durch das Erproben schwieriger Kunststücke Grenzsituationen des Gelingens oder Misslingens suchen, finden andere besonderen Gefallen an harmonisch abgestimmten Bewegungen mit dem Partner. Unabhängig von den jeweiligen persönlichen Schwerpunktsetzungen werden insbesondere Gleichgewichtsfähigkeit und kinästhetische Differenzierungsfähigkeit gefordert und gefördert.

Bankwippen kann man auf verschiedene Weise bauen:

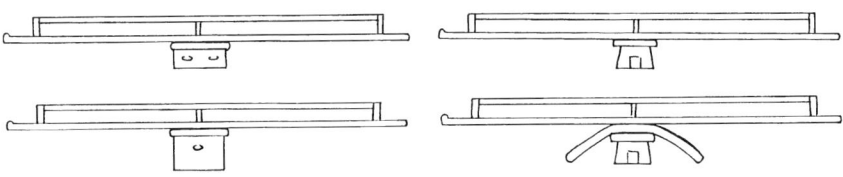

Abb. 9.7

Bei allen hier gezeigten Wippen sollte zur Schonung von Bank und Boden jeweils unterhalb der Bankenden eine Turnmatte gelegt werden.

Folgende **Sicherheitsvorkehrungen** sind zu beachten:

- In unmittelbarer Nähe der Bank sollten sich keine Schüler aufhalten.
- Bei Anfängern nie von der Bank abspringen – auch nicht am Ende! Die Übenden sollten am Ende der gekippten Bank absteigen.
- Die Bank muss über der Auflage immer wieder in die Gleichgewichtslage gebracht werden.
- Unsichere Übende sollte zunächst mit Gleichgewichtshilfe durch Handfassung über die Wippe gehen.
- Nicht unter Zeitdruck turnen! Keine Wettbewerbe!
- Damit sich die breite Fläche der Bank auf Dauer nicht aus der Halterung löst, sollten die Übenden nicht zu häufig auf der breiten Seite stehen.

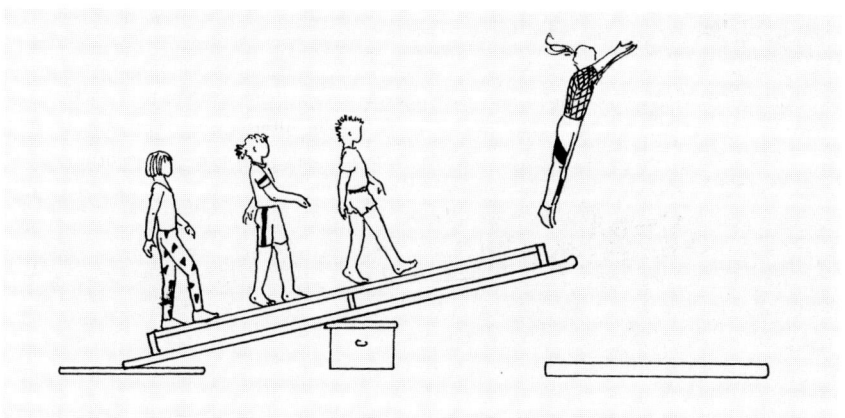

Abb. 9.8

Aufgaben zum Experimentieren und zum Entwickeln von Kunststücken

- Allein, zu zweit, zu dritt oder zu viert hintereinander über die Bank gehen, a) auf der Breitseite, b) auf der Schmalseite. Die Bank wird durch die Gruppe einmal „gewippt", und der Übende steigt am Ende ab.

- Schwierigkeitssteigerung: 4-5 Übende gehen hintereinander auf der Schmalseite der Bank, sodass die Bank aufwärts steht; der Erste geht nun die Bank bis zum Ende hoch, springt auf eine Matte ab, läuft dann zum anderen Ende der Bank und steigt erneut auf; nun folgt der Nächste usw. (Abb. 9.8). Achtung: zum Beenden des fließenden Abspringens muss ein sicherer Abgang gewählt werden!

Die Bank in der Gruppe zum Wippen bringen

Zu zweit oder mehreren an einem Ende aufsteigen, über die Bank gehen und Kunststücke finden, mit denen die Bank zum Wippen gebracht wird.

Beispiele
Drei Übenden gehen zunächst hintereinander über die Bank, der Erste geht über die Mitte hinaus, der Zweite stellt sich in Grätschstellung über die Mitte und der Dritte bleibt am nahen Ende.

Abb. 9.9

a) Alle nehmen ihren Platz ein, indem sie über die Breitseite der Bank gehen. Die beiden Äußeren setzen sich an den Enden auf die Schmalseite mit Fußstellung auf der Breitseite. Die Bank wird durch Hoch- und Tiefbewegung der Äußeren und durch Gewichtsverlagerung des Mittleren zum Wippen gebracht.

b) Alle gehen über die Schmalseite der Bank. Die Bank wird in die Waage gebracht, wobei der Mittlere stabilisiert und die beiden Äußeren jeweils den optimalen Gleichgewichtspunkt suchen. Der Übende mit dem Rücken zum Mittleren turnt auf beiden Füßen eine halbe Drehung. Die beiden Äußeren fassen anschließend mit einer Hand die jeweilige Hand des Mittleren. Nun kann durch Gewichtsverlagerung des Mittleren und durch Tief- und Hochbewegen der Äußeren die Bank zum Wippen gebracht werden.

Eine weitere Aufgabenstellung
Die drei Übenden sollen ihre Plätze tauschen. In Abb. 9.9 ist eine weitere Lösung dargestellt.

Die Bank in der Gruppe durch Kunststücke in der Waage halten

a) Beispiel für eine einfachere Lösung

Ein Übender steigt in der Mitte auf die Schmalseite der Bank und nimmt eine Grätschstellung ein. Zwei weitere Übende steigen aus der Querrichtung gleichzeitig auf die breite Fläche und stellen sich dann mit einem Bein über die Schmalseite hinweg auf die andere Seite der breiten Fläche. Nun gehen sie gleichzeitig nach hinten oder nach vorn, ohne dass die Bank ihre Waagestellung verliert. Die beiden Übenden können auch vom Boden aus mit Griff auf der Schmalseite der Bank mit einem Bein auf die breite Seite steigen und dann eine Standwaage turnen. Aus der Standwaage können sie dann zur Hockstellung auf die Schmalseite hochsteigen.

b) Beispiel für eine schwierigere Lösung

Ein Übender hockt in der Mitte auf der Schmalseite der Bank und nimmt eine Grätschstellung ein. Zwei weitere Übende turnen aus der Querrichtung gleichzeitig eine Hockwende auf die schmale Seite und richten sich auf. Nun gehen sie gleichzeitig nach hinten oder nach vorne, ohne dass die Bank ihre Waagestellung verliert. Sie können aus der Hockwende auch eine Kniewaage mit Stütz auf der Bank turnen oder nach dem Aufrichten aus der Hockwende eine Standwaage probieren.

Die gefundenen Lösungen von der „Waagebank" und der „Wippbank" können zu einer kleinen Gestaltung verbunden werden.

In Querrichtung über die Bank hinwegturnen

Es ergeben sich Bewegungsmöglichkeiten über die schräge (gekippte) und über die waagerechte Bankstellung. Um die Bank zu wippen oder in die Waage zu bringen bzw. in der Waage zu halten, könnte ein Übender, wie bereits zuvor, in der Grätsche über der Bankmitte stehen.

Beispiele für Lösungen

a) Der Partner wippt die Bankenden im Wechsel nach unten. Über die schräg-abwärts stehende Bankseite wird jeweils ein Rad oder eine Rolle geturnt.

b) Der Partner in der Mitte hält die Bank in der Waage und zwei weitere Partner turnen rechts und links synchron eine Sprungrolle oder eine Hockwende über die Bank.

c) Zwei Partner bauen mit Stütz der Hände auf der Schmalseite und mit Stand in leichter Schrittstellung auf der Breitseite der Bank zu beiden Seiten des in der Mitte stehenden Partners einen Bock auf der Bank. Durch Tief- und Hochbewegung der „Böcke" sowie durch Gewichtsverlagerung des Stehenden werden die Bankenden im Wechsel nach unten gedrückt. Das Wippen der Bank wird intensiviert, indem ein Turnender mit Stütz auf dem Rücken des „Bocks" eine Grätsche über den Partner springt (Abb. 9.10)

Aufgaben zum Gestalten in der Gruppe

Eine Möglichkeit zur intensiveren Auseinandersetzung mit den Bewegungsmöglichkeiten und Kunststücken an der Bankwippe ist gegeben, wenn die Übenden in der Gruppe eine Gestaltung entwickeln. Sie können die gefundenen Lösungen durch geeignete Übergänge miteinander verbinden. Ein weiterer Gestaltungsanreiz kann darin bestehen, vorgegebene Bewegungsbilder nachzugestalten, d.h. turnend aufzubauen und turnend abzubauen. Die Abbildungen 9.11 und 9.12 sollen als Anregung dienen.

Im Verlaufe des weiteren Übens kann man die Gestaltung auf ihre Stimmigkeit hin verbessern und die Ausführungsqualität optimieren, sodass die entwickelte Gestaltung als Erfolgskontrolle herangezogen oder auch in einem größeren Rahmen (wie Elternabend, Sportfest oder Zirkus) vorgeführt werden kann.

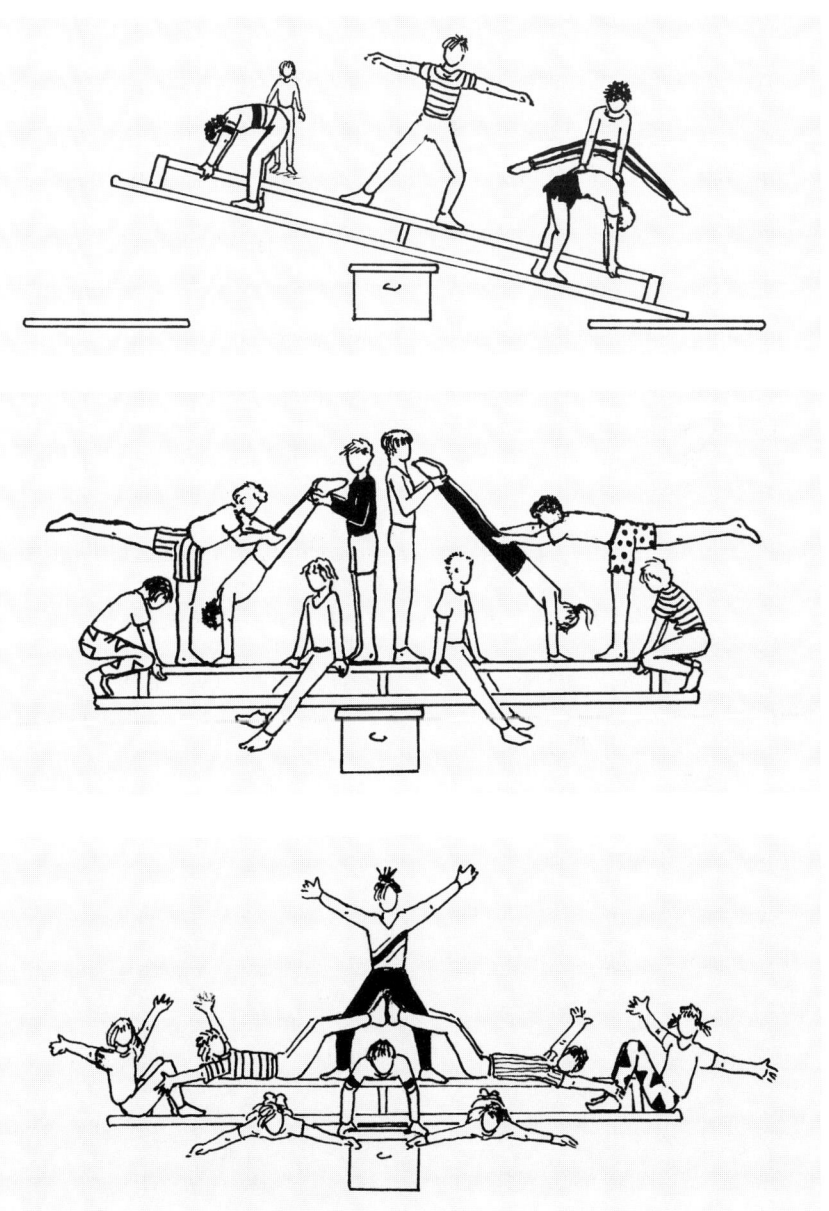

oben Abb. 9.10, Mitte Abb. 9.11, unten Abb. 9.12

Beim Gruppenturnen die Kondition verbessern

Körperliche Belastungen – eingebunden in gestalterische Aufgaben, in Synchronturnen oder auch in Gruppenwettbewerbe – sind für Kinder und Jugendliche zuweilen attraktiver als ein Einzeltraining. Eingebettet in Gruppenerleben und Miteinander besteht auch eher die Bereitschaft, bis an die Grenzen der Belastung zu gehen. Dabei ist allerdings anzumerken, dass ein gezieltes, individuell ausgerichtetes Training im Zusammenhang mit dem Gruppenturnen nicht oder nur begrenzt möglich ist.

Mit den folgenden Aufgabenstellungen und Beispielen soll eine gewisse körperliche Belastung für alle erzielt werden, sollen Pausen zu Erholung bestehen und sollte auch die Möglichkeit gegeben sein, individuell auszusetzen, wenn der Grad der körperlichen Belastung zu hoch ist und erneut einzusetzen, wenn eine angemessene Erholung erzielt wurde. Neben der körperlichen Belastung enthalten die Aufgaben auch jeweils spezielle Anforderungen im koordinativen Bereich.

Aufgabenstellungen mit Minitrampolin und Kasten

Bei den folgenden Aufgabenstellungen sollte das Minitrampolin **flach** (also ohne Schräge) aufgebaut sein. Die Kästen sollten nicht höher als vierteilig sein, um zu verhindern, dass schwere Turnende beim Sprung vom Kasten auf das Minitrampolin das Tuch bis zum Boden durchtreten. Die Übenden sollten über grundlegende Sprungerfahrungen mit dem Minitrampolin verfügen.

   Bei folgenden Aufgaben werden insbesondere Ausdauerfähigkeit der Beine, Rhythmusfähigkeit, kinästhetische Differenzierungsfähigkeit und Anpassungsfähigkeit gefordert.

Wanderspringen im Kreis

Die Bewegungsidee besteht hier darin, mit Handfassung der Übenden nach einem bestimmten Sprungrhythmus und ohne Unterbrechung des Bewegungsflusses in Kreisform die Geräte zu wechseln.

Abb. 9.13

a) Wanderspringen in der Dreiergruppe (Abb. 9.13)

Hierzu wird eine Gerätekombination aus zwei Kästen und einem Trampolin so aufgebaut, dass die Kästen in einer V-Stellung mit einer kleinen Lücke stehen und das Trampolin in dem Winkel zwischen den Kästen bündig abschließt. Um ein Auswechseln der Turnenden mit Niederspringen zu ermöglichen, sollte zwischen die Kästen eine Matte gelegt werden (wegen der besseren Dämpfung eine Niedersprungmatte oder zwei blaue Turnmatten aufeinander). Zur Erleichterung des Einwechselns neuer Partner steht ein kleiner Kasten an einer Seite des Trampolins.

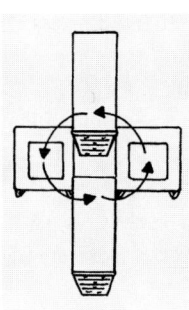

Abb. 9.14

b) Wanderspringen in der Vierergruppe (Abb. 9.14)

Die Gerätekombination wird nun aus zwei Kästen und zwei Minitramps gebildet. Hier ist darauf zu achten, dass die Trampoline so gedreht werden, dass sie nicht auf den „Füßen" der Kästen stehen.

Aufgabenstellungen für das Wanderspringen unter a) und b)

*   In einem bestimmten Sprungrhythmus die Geräte wechseln (z.B. eins und zwei und drei und v i e r: beim vierten Hochspringen wird gewechselt).

*   Den Rhythmus verändern (z.B. kürzere Zählzeiten).

*   Die Sprungrichtung ändern.

*   Innerhalb eines Durchgangs verschiedene Rhythmen wählen.

*   Einen Partner auswechseln und einen neuen einwechseln, ohne den Sprungrhythmus zu unterbrechen.

Zur Lösung der Aufgaben ist es sinnvoll, den gewählten Sprungrhythmus laut mitzusprechen. Die Höhe des letzten Sprunges vom Minitrampolin zum Wechseln sollte so gesteigert werden, dass die Füße sich jeweils über Kastenhöhe befinden. Durch die Handfassung wird Gleichgewichts- und Zughilfe erteilt.

Dem Partner auf den Fersen sein

Die Grundaufstellung besteht hier aus drei Kästen, drei Minitramps und einer Matte (Abb. 9.15). Ist noch ein viertes Minitrampolin vorhanden, so könnte unter Hinzustellung eines vierten Kastens der Kreis geschlossen werden. Sind nur zwei Minitramps vorhanden, so kann zur Sprungeröffnung anstelle des ersten Minitramps eine Bank an den Kasten gestellt werden (vgl. dazu die Abb. 9.16).

Die Sprungidee

Mit Absprung vom Minitrampolin erfolgt jeweils ein Sprung über den Kasten auf das nächste Minitrampolin. Alle Minitramps sollen immer besetzt sein, die Bewegungskette soll also nicht abreißen. Wer geturnt hat, stellt sich erneut an.

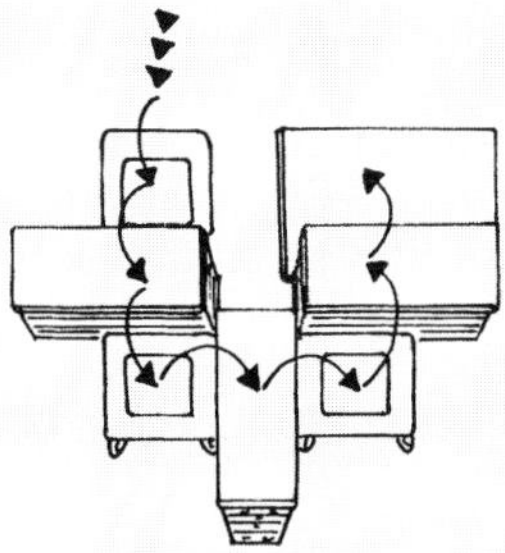

Lösungen

- Mit Stütz der Hände auf dem Kasten (die Finger zeigen zur Mitte) Hockwende mit Absetzen der Füße auf dem Kasten, Niedersprung auf das nächste Minitramp, Griff auf den nächsten Kasten usw. Zur

Abb. 9.15

Eingewöhnung sollte zunächst eine Zwischenfederung auf dem Minitramp erfolgen. Außerdem könnte aus **Sicherheitsgründen** der Einsatz des nächsten Turnenden so erfolgen, dass ein Minitramp frei bleibt.

- Wie zuvor, jedoch erfolgt jetzt die Hockwende über den Kasten mit Landung auf dem nächsten Minitrampolin und mit erneutem Absprung

- Schlusssprung auf den Kasten – Niedersprung mit $1/_4$-Drehung auf das Minitrampolin – Schlusssprung auf den nächsten Kasten usw.

- *Steigerung:* Schlusssprung über den Kasten mit $1/_4$-Drehung zur Landung auf dem Minitrampolin usw.

Auch bei diesen Formen sollte der gewählte Sprungrhythmus von den Turnenden und den noch wartenden Übenden mitgesprochen werden.

Variationen im Geräteaufbau

In der Abbildung 9.16 ist eine Variation dargestellt. Die Bank als Ersatz für das erste Minitrampolin wird wegen des erforderlichen Sicherheitsabstandes zur Landematte etwas schräg an den Kasten gestellt. Es können Hockwenden oder Schlusssprünge in Längsrichtung über die Bank geturnt werden, um

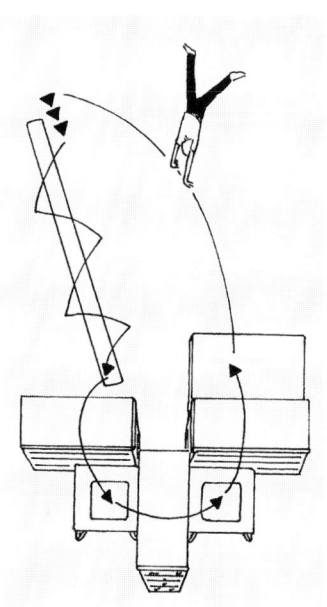

Abb. 9.16

dann von der Bank über den Kasten auf das Minitrampolin zu springen. Auch die Geräte-kombination in der Abbildung 9.15 ist noch durch eine Bank erweiterungsfähig, die in Längsrichtung vor das erste Minitrampolin gestellt wird. Um eine rhythmische Geschlos-senheit erzielen zu können, muss der Sprungrhythmus von der Kasten-Minitramp-Kombina-tion auf das Turnen an der Bank übertragen werden.

Eine Variation für Könner

Der Geräteaufbau besteht hier aus vier Kästen, zwei Minitramps und zwei Reutherbrettern, wobei Minitrampolin und Reutherbrett im Wechsel oder in einer anderen Abfolge aufge-baut sind. Es wird hier endlos im Kreis gesprungen. Wer erschöpft ist, scheidet zur Erho-lung aus, und ein Wartender kann einwechseln. Durch das wechselnde Springen mit Minitrampolin und Reutherbrett wird neben der Sprungkraft in hohem Maße die kinästhe-tische Differenzierungsfähigkeit gefordert und gefördert.

An einem starren Gerät flexibel turnen –
Konditionsturnen am Parallelbarren

Der Parallelbarren kann vielfältige Bewegungsanreize bieten und auch schwächeren Schülern Bewegungserfolge vermitteln. Dabei muss man sich allerdings von der Vorstel-lung lösen, im Schul- und Breitensport müsse der Barren wie im Wettkampfsport „beturnt" werden. Anstelle von Kippen, Felgen und Stemmen – die für eine bestimmte Adressaten-gruppe selbstverständlich auch motivierende Formen sind – wird es (zunächst) vielmehr darum gehen, die **Bewegungsmöglichkeiten** an den Holmen, zwischen den Holmen, von Holm zu Holm, unter den Holmen zu entdecken und zu erschließen. Das Turnen muss dabei nicht auf dem Stand des Hindernisturnens stehen bleiben. Die gefundenen Lösun-gen können und sollten turnerisch ausgeformt werden. So kann man z.B. aus dem Über-winden der Holme verschiedene Formen der Kehre entwickeln.

Mit dem Partner und in der Gruppe ergeben sich am Parallelbarren noch zusätzliche Bewegungsanreize, sowohl mit gestalterischen Absichten als auch unter Konditionsaspek-ten. Eine möglichst **lange Bewegungszeit** für alle Übenden kann nur erzielt werden, wenn mehrere gleichzeitig am Gerät turnen. Die motorische Beanspruchung bei den folgenden Aufgaben liegt vor allem in der Stützfähigkeit, der Haltefähigkeit in der Körpermitte, der Haltekraft in den Händen sowie in der Rhythmusfähigkeit, Orientierungsfähigkeit, Gleich-gewichtsfähigkeit und Anpassungsfähigkeit. Selbstverständlich kann der Parallelbarren auch für Mädchen ein motivierendes Gerät sein.

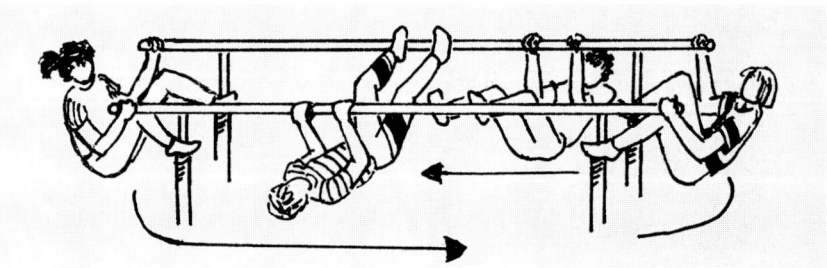

Abb. 9.17

Beispiele

- Vier bis sechs Übende hangeln mit Griff an dem einen Holm und Stütz der Füße gegen den anderen Holm um den Barren herum, ohne den Boden zu berühren. *Ein Tip:* An den Holmenden – beim Übergang vom einen zum anderen Holm – können die Füße auf die Holmarretierung gesetzt oder die Beine über den Holm gelegt werden (Abb. 9.17).

- *Erschwerung:* Wie oben, jedoch jeweils an den Barrenenden rückwärts überdrehen zum Hocksturzhang, dann langsam zurückdrehen und die Füße bzw. Beine wieder am Barren absetzen.

- Vier turnen gleichzeitig (Abb. 9.18); das Paar A turnt gegenüber an den Barrenenden: rückwärts überdrehen zum Hockstand-Rückenschaukel auf einer Matte mit Aufrichten – auf die Holmenden greifen und viermal in den Stütz hochspringen – erneutes Überdrehen rückwärts usw.; das Paar B turnt gleichzeitig in Querrichtung der Holme: unter dem ersten Holm durchkriechen – am zweiten Holm in den Stütz springen und langsamer Abzug vorwärts in den Stand – eine halbe Drehung und unter dem Holm durchkriechen – am zweiten Holm in den Stütz springen usw. Nach mehrmaliger Wiederholung wechseln die Paare ihre Positionen und turnen dann jeweils die andere Übung.

- Sechs Übende stehen hintereinander in der Holmengasse. Sie springen gleichzeitig in den Stütz und setzen sich dann zum Innenseitsitz jeweils im Wechsel auf den rechten bzw. linken Holm. Sie klemmen ihre Füße unter den anderen Holm und legen sich bei gestrecktem Körper langsam nach

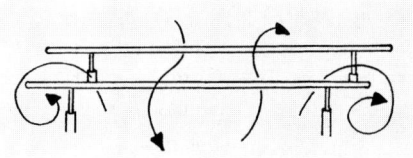

Abb. 9.18

hinten zum Waageliegen, wobei der Kopf leicht zur Brust geneigt wird. Die Übenden können sich dabei mit dem Oberarmgriff verbinden. Nach einer gewissen Haltezeit richten sich alle auf, drehen sich zur selben Seite, ergreifen die Holme und begeben sich aus dem Sitzen ins synchrone Schwingen. Nach mehrmaligem Schwingen wird wiederum der Sitz eingenommen, und die Übung wird mit dem Rückneigen fortgesetzt.

Ein Bewegungsbild nachgestalten

(Siehe dazu das Foto auf S. 222.)

Acht Turnende sind an der Übung beteiligt. 1 und 2 begeben sich mit Griff beider Hände auf dem entfernten Holm in den Liegestütz und werden dann von den Partnern 3 und 4 an den Fußgelenken gehalten. Die helfenden Partner bewegen die Beine der Turnenden jeweils nach unten, wenn die Arme im Liegestütz gebeugt und nach oben, wenn die Arme gestreckt werden. Die Partner 5 und 6 turnen mit Stütz an den Holmenden Stützschwingen und zwar rhythmisch abgestimmt mit den Liegestützen: Beim Heben erfolgt der Vorschwung und beim Senken der Rückschwung. In der Mitte zwischen 1 und 2 wird ein 6. Übender unterhalb der Holme von einem Helfer mit Griff an den Füßen gependelt, wobei der Turnende sich jeweils bis fast zum Stütz hochstemmt. Bei dieser Übung werden nicht nur die Turnenden, sondern auch die Helfer konditionell gefordert.

Folgende Aufgaben können gestellt werden:

a) Das Bewegungsbild nachgestalten.

b) Das Bewegungsbild nachgestalten und dann fließende Positionswechsel finden, sodass jeder an jeder Position geturnt bzw. geholfen hat.

c) Innerhalb eines selbst gestalteten Gruppenturnens das Bild durch turnerische Elemente aufbauen und wieder abbauen.

Vom Turnen in der Großgruppe zum Gestalten in Kleingruppen

Bei diesem Themenbeispiel wird aus einfachen Elementen eine Großgruppengestaltung erarbeitet, bei der auch schwächere Übende „auf Anhieb" mitturnen und sich damit von vornherein mit dem Turnen in der Gruppe identifizieren können. Das synchrone Gruppenturnen kann zudem ein besonders intensives **Gruppenerleben** bewirken. Das Konzept sieht vor, die Bewegungsfolge nach Bild- und Textvorlagen in kleinen Gruppen mit Hilfe des Lehrenden zu erarbeiten, sie dann zusammen mit dem Lehrenden auszuformen, sie innerhalb der Partnerschaften und dann der Großgruppe zu synchronisieren, Variationen zu finden und zum Schluss aus der Großgruppenarbeit Aufgabenstellungen für kreatives Gestalten in Kleingruppen zu entwickeln. Der hier vorgeschlagene Weg ist insbesondere dann zu empfehlen, wenn die Schüler noch keine Vorerfahrungen im selbständigen, kreativen Gestalten in der Gruppe haben. Durch das Nachgestalten der Großgruppenübung sollen die Übenden Fähigkeiten, Fertigkeiten und Vorstellungen entwickeln sowie Erfahrungen und Erlebnisse erwerben, die dann Grundlage für eigenes kreatives Gestalten sein können.

Die Bewegungsfolge

Aus acht kleinen Kästen, vier Matten und vier Bänken wird eine Gerätekombination aufgebaut (Abb. 9.19). Falls die kleinen Kästen nicht in ausreichender Anzahl vorhanden sind, können sie durch zweiteilige Kästen ersetzt werden. Die Bewegungsfolge (Abb. 9.20) wurde auf der Grundlage von vier Zählzeiten entwickelt: 1 und 2 und 3 und 4.

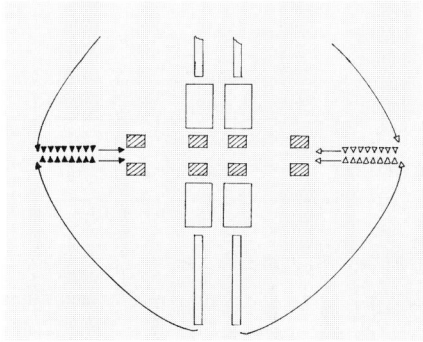

Abb. 9.19

Die Übenden stehen sich jeweils in Verlängerung der Kastenreihen zu beiden Seiten paarweise gegenüber. Sie turnen mit Beidhandfassung in vier Zählzeiten drei Seitgalopp mit Schlusssprung bis zum ersten Kasten, bei der 4. Zählzeit lösen sie die Handfassung und setzen sich auf den Kasten. Weitere vier Zählzeiten: $^1/_1$- Drehung auf dem Gesäß mit Anhocken der Beine und anschließendem Aufstehen zur erneuten Handfassung; vier Zählzeiten: Seitgalopp zum nächsten kleinen Kasten und Absitzen wie zuvor; vier Zählzeiten: $^1/_2$-Drehung auf dem Gesäß und die Füße auf den Boden stellen; vier Zählzeiten: aus dem Sitz vom kleinen Kasten Rolle vorwärts auf der Matte mit Strecksprung. An den Bänken und auf dem Rückweg auf

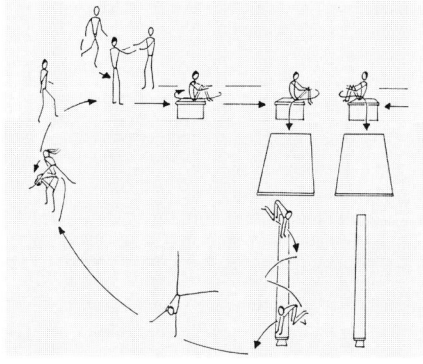

Abb. 9.20

dem Boden bis zur Ausgangsstellung können die Einzelnen nach ihren Wünschen turnen, wobei allerdings ein zügiges Fortbewegen gewährleistet sein muss. Da der Ablauf der Übung zyklisch angelegt ist, kann endlos geturnt werden. Wenn die Bewegungskette nicht abreißen soll, müssen auf jeder Seite mindestens sieben Paare stehen.

Synchronisieren

Um eine optimale Bewegungsdichte – und damit ein intensiveres Bewegungserleben (bei einem noch ausreichenden Sicherheitsabstand) – erzielen zu können, sollte der Bewegungseinsatz des jeweils nächsten Paares zusammen mit dem Seitgalopp des vorherigen Paares erfolgen. Damit ergibt sich einerseits für die Schüler eine eindeutige visuelle Hilfe für den Bewegungseinsatz und andererseits ein einheitliches Gesamtbild. Das Synchronisieren kann zunächst in den einzelnen Partnerschaften probiert werden. Dabei geht es darum, **Probleme** zu erkennen und **Lösungen** vorzuschlagen.

Die Übenden müssen lernen, ihre Bewegungen jeweils den vorgegebenen vier Zählzeiten anzupassen. So erfolgt z.B. auf dem ersten Kasten eine schnelle und auf dem zweiten eine langsamere Drehung. Des Weiteren ist herauszufinden und motorisch umzusetzen, dass zwischen den einzelnen Bewegungselementen fließende Übergänge erforderlich sind, so z.B. der sofortige Einsatz zum zweiten Seitgaloppabschnitt nach dem Aufstehen vom Kasten. Durch die Handfassung beim Seitgalopp wird das Synchronisieren erleichtert. Auch das Abstimmen der Drehrichtung auf dem Kasten trägt zu einem synchronen Bewegungsverlauf bei.

Da synchrones Bewegen ein hohes Maß an Disziplin und Konzentration erfordert, sollte das Turnen an der Bank und auf dem Boden bis zum Wiederbeginn nach individuellen Wünschen erfolgen.

Zur Steigerung der Motivation und zur Rhythmusfindung kann der Einsatz von Musik hilfreich sein. Geeignet sind alle Musikstücke, die deutlich erkennbare vier Zählzeiten aufweisen.

Variationen
In einem weiteren Schritt können die Übenden – bei gleichem Geräteaufbau – Variationen erproben.

Beispiele
- Während der Seitgalopphüpfer mit dem Partner einen Platzwechsel vornehmen.
- Während der Seitgalopphüpfer bei jeder Zählzeit in die Hände klatschen: zunächst in die eigenen, dann gegen die Hände des Partners, wieder in die eigenen und dann gegen die Hände des Partners, wobei sich die Partner zum Sitz auf dem Kasten voneinander wegdrücken. Diese „Klatschvariation" beinhaltet eine zusätzliche koordinative Leistung!
- Während des Turnens an der Bank mit dem Partner den Platz tauschen.
- Nach dem Turnen an der Bank die Raumwege kreuzen und zur anderen Gruppe turnen.
- An den kleinen Kästen andere Bewegungen turnen.
- Die Bewegungsfolge an den Bänken beginnen.

In Kleingruppen eigene Übungen gestalten

Nach den Erfahrungen im Miteinander-Turnen in der Großgruppe können vier Kleingruppen gebildet werden, die dann an je einem Viertel der Gerätekombination eigene Übungen entwickeln. Aus Sicherheitsgründen müssen die einzelnen Gerätestationen einen angemessenen Abstand aufweisen. Die Gruppen können aus den ihnen zur Verfügung stehenden Geräten auch eigene Gerätekombinationen bauen, die sie durch weitere Matten ergänzen können.

Folgende Aufgaben können den Gruppen als Anregung dienen
- Innerhalb der Gruppe stellen jeweils zwei Übende eine eigene Gestaltung zusammen.
- Die Gruppe teilt sich in Zweier- oder Dreiergruppen auf, die sich dann auf die einzelnen Geräte Bank, kleine Kästen und Matte (Matten) verteilen. Nun wird ausprobiert, wie man an dem Gerät partnerbezogen turnen kann. Die Kleingruppen turnen sich innerhalb ihrer Gruppe die gefundenen Lösungen vor und können das Gezeigte dann nachturnen.
- Die gesamte Kleingruppe entwickelt an der selbst gebauten Gerätekombination eine Gruppengestaltung.

Literatur

BRUCKMANN, M./DIECKERT, J/HERRMANN, K.: Gerätturnen für alle. Freies Turnen an Geräten. Celle 1991.

BRUCKMANN, M.: Gerätturnen in der Schule heute: Aus wenig viel machen! In: Sportunterricht 42(1993)1, 3-23.

BRUCKMANN, M.: Wir turnen miteinander. Ideen, Anregungen und Beispiele für Partner- und Gruppenturnen. Stuttgart 1992(2).

DEUTSCHER TURNER-BUND (Hrsg.): Freies Turnen an Geräten. Fortbildungsseminar für Lehrende an Hochschulen. Melle 1989 (darin grundlegende Beiträge zum Freien Turnen von BRUCKMANN, FUNKE, TREBELS).

DIECKERT, J.: Gerätturnen in der Krise! – Plädoyer für ein freies Turnen an Geräten. In: KRAINHÖFER, G.G./THIELECKE, K.(Hrsg.): Ran an die Geräte! BTV-Kongress Gerätturnen in Schule und Verein Regensburg 1987. München 1990, 23-42

FUNKE, J.: Grundzüge einer zeitgemäßen Turndidaktik. In: Leibesübungen/Leibeserziehung 1992/5, 3-7.

LAGING, R.: Erkunden-Erfassen-Üben-Gestalten. Ein Vermittlungskonzept für das Turnen der 10-14-jährigen Schüler. In: Leibesübungen/Leibeserziehung 1992/5, 8-13.

TREBELS, A.: Turnen vermitteln. In: Sportpädagogik 9 (1985) 5, 10-19.

Gerhard Treutlein / Heinz Janalik / Roland Ullmann

Laufen, Werfen und Springen – Leichtathletik neu entdeckt

Wie die Entwicklung der Mitgliederstatistik im Leichtathletikverband und Umfragen zur Beliebtheit von Sportarten bei Schülerinnen und Schülern zeigen, scheint die Leichtathletik im Verein und in der Schule an Attraktivität verloren zu haben. Während bei Kindern das Problem noch nicht so deutlich wird, rangiert diese Sportart bei Jugendlichen – vor allem bei Mädchen – zunehmend unter „ferner liefen". Das muss nicht allein an der Leichtathletik liegen, sondern kann u.a. auch mit der Art ihrer Präsentation und Vermittlung zusammenhängen. Ein Blick in die entsprechende Fachliteratur und die Analyse der Vermittlungswirklichkeit stützen die Richtigkeit dieser Vermutung. Folgende Tendenzen und Aspekte sind in diesem Zusammenhang zu nennen:

- Vorzugsweise frontale Unterweisung durch Lehrer und Übungsleiter.

- Die Lehrkraft als „Macher"/„Macherin".

- Der Lernende wird in eine eher reagierende Position gedrängt.

- Leichtathletik wird häufig auf das Training der motorischen Grundeigenschaften und auf die Ausübung einiger weniger Techniken reduziert.

- Attraktive Disziplinen, wie z.B. Hürdenlauf, Speerwurf, Stabhochsprung werden kaum bzw. zu wenig thematisiert.

- Dominierende Lernhilfe ist die Stimme der Lehrkraft. Statt Kommunikation herrscht „Einweginformation" und Langatmigkeit der Sprache vor.

- Offensichtlich werden ursprünglich vorhandene Bewegungsbedürfnisse – zumindest bei jüngeren Kindern – durch Phänomene wie Perspektivverengung, Methodeneinseitigkeit und Einschränkung spontaner Bewegungsmuster mit der Zeit zurückgedrängt.

(vgl. MÜNSTER 1995)

Schon mit diesen wenigen Punkten zeichnet sich das Bild der programmierenden Lehrkraft, des programmierbaren Lernenden und des fest installierten Programms „Leichtathletik" ab.

Hinzu kommt die Beobachtung, dass Lehrer und Übungsleiter beim Umgang mit dem Inhalt Leichtathletik der Beziehungsebene relativ wenig Beachtung schenken (vgl. JANALIK/TREUTLEIN 1997). Die Orientierung an der „richtigen" Leichtathletik und die damit verbundenen Einseitigkeiten auf der Sach- und Methodenebene sowie die Vernachlässigung der Beziehungsebene scheinen wichtige Gründe für den Attraktivitätsschwund der Leichtathletik bei Heranwachsenden zu sein, die überdies heute genügend reizvolle sportive bzw. bewegungskulturelle Alternativen vorfinden.

Zur Vergangenheit und Gegenwart der Leichtathletik

Die Leichtathletik ist, wie der Sport allgemein, einem steten Wandel unterworfen. Ein Blick in die Vergangenheit ermöglicht Vergleiche und eine distanzierte Betrachtung der Gegenwart als Voraussetzung für deren Einschätzung und Veränderung.

Unsere heutige Leichtathletik hat mehrere Wurzeln: die Lauf-, Sprung- und Wurfdisziplinen des Altertums, die volkstümlichen Übungen des deutschen Turnens und die Abspaltung der „leichten" Athletik von der Schwerathletik bzw. die vor allem aus England stammende Entwicklung des sportiven Laufens, Springens und Werfens.

- Im Mittelalter waren Laufen, Springen und Werfen Inhalte scherzhafter und erheiternder Wettkämpfe.

- Bei den Turnern waren beim Laufen, Springen und Werfen gute Haltung und Körperbeherrschung wichtig, die maximale Leistung war uninteressant.

- Laufen, Springen und Werfen dienten den Fußball-, Rugby- und Cricketspielern dazu, ihre spiel- und wettkampffreie Zeit sinnvoll auszufüllen, das Bewegungsbedürfnis zu befriedigen und ihr athletisches Vermögen zu entwickeln.

- Die Heiterkeit des Spielerischen wich im 19. Jahrhundert dem Wettkampfprinzip; Volksbelustigung und Wettkämpfe wie Sackhüpfen und Dreibeinlaufen, die der Erheiterung vor allem unterer Schichten gedient hatten, wurden durch die Sportifizierung des Laufens, Springens und Werfens verdrängt, „bei der neuen Leichtathletik gab es nichts mehr zu lachen" (EICHBERG 1986 b, 11). Das Funktionelle, die Wirksamkeit der Bewegung als wesentliches Prinzip, setzte sich durch.

Die Veränderungen der Leichtathletik spiegeln die Entwicklungen des industriellen Alltags wider. Die Prinzipien der Technisierung und der Quantifizierung flossen zunehmend in die „sportive" Leichtathletik ein (vgl. EICHBERG 1986 b, 11). Das Leistungsprinzip der Leichtathletik entsprach am besten den Mustern der Industriekultur. So wie sich die Leichtathletik der Öffentlichkeit heute präsentiert, ist sie Ausdruck des klassischen Leistungsindividualismus. Sie ist eine „bereinigte" Leichtathletik, in der im Regelfall jeder für sich allein Leistungen erbringt. Man tut dies auf der Grundlage eines physisch intensiven, zeitlich extensiven Trainings, in dem der eigene Körper eher als Maschine behandelt wird. Individualität und Leistungsfähigkeit werden gleichgesetzt, was den Einzelnen in all die Sackgassen führen kann, die mit dieser Gleichsetzung verbunden sind. Wenn z.B. Leistungssteigerung und Erfolg als Voraussetzung für Wohlfühlen gelten, was geschieht mit demjenigen, der leistungsschwach ist oder dessen Leistungsfähigkeit abnimmt?

Eine so orientierte Leichtathletik stellt nur einen schmalen Ausschnitt dessen dar, was Laufen, Springen und Werfen einmal waren und heute noch sein könnten. Bei der heutigen Spitzenleichtathletik steht das Leistungsmotiv sowie ein konkurrenzorientierter Wettkampfgedanke im Mittelpunkt und verdrängt alle anderen Sinnaspekte. Um dem Quantifizierungs- und Konkurrenzgedanken zu genügen, werden in der Leichtathletik andere Perspektiven wie Ästhetik, Gemeinschaft, Feiern, Spiel usw. immer mehr vernachlässigt. Die Zentrierung auf die Wettkampfperspektive lässt denjenigen Kindern und Jugendlichen, die damit weniger oder nichts anfangen können, nur eine Antwort – das Aussteigen.

Gegen solche Einseitigkeiten des Spitzensports bildeten sich im Laufe der Zeit Gegenbewegungen, die v.a. über neue Inhalte, Vermittlungsformen und eine verstärkte Aufmerksamkeit für den Körper ihre konzeptionellen Vorschläge begründeten. Dabei wurde jedoch geradezu das Naheliegende versäumt, nämlich traditionelle Sportarten auf ihre Veränderungsmöglichkeiten hin zu überprüfen. Schließlich kann auch die etablierte Leichtathletik attraktiv und sinnvoll sein, wenn es bspw. gelingt, sich von der ausschließlichen Erfolgsorientierung zu lösen und der individuellen Leistungsfähigkeit mehr Aufmerksamkeit zu schenken. In diesem Zusammenhang ist es aufschlussreich zu fragen, was denn die Leichtathletik für den Einzelnen sinn- und reizvoll macht.

---

[1]Wesentliche Teile der Seiten 246-256 sind entnommen aus: TREUTLEIN, G.: Leichtathletik in der Schule neu entdecken. In: Sportpädagogik 19, 1995, 12-20.

Anreizfaktoren und Tendenzen leichtathletischer Orientierungen

Befragungen zu Anreizfaktoren beim Umgang mit leichtathletischen Disziplinen (vgl. TREUTLEIN 1994, TISCH 1994) ergaben z.B. folgende Aussagen von aktiven und ehemaligen Leichtathleten:

- Positiv erinnere ich mich an Situationen im Sprinttraining, wenn ich das Gefühl hatte, „schön" zu laufen.

- Es ist ein herrliches Gefühl, nach einem anstrengenden Lauf, geduscht und müde, nach Hause zu gehen.

- Es ist schön für mich, im Herbst ausdauernd zu laufen, wenn das Laub an den Füßen raschelt.

- Was mir hier eigentlich gefällt, ist das Überwinden von Hindernissen.

- Das Werfen: hier liegt der Reiz für mich besonders im Flug des Geräts, wenn ich das gut getroffen habe.

- Ich hatte immer den Traum, mal bei Olympia dabei zu sein und wenn ich heute Bilder von den Olympischen Spielen sehe, bekomme ich Gänsehaut.

- Es ist ein tolles Ereignis, den ganzen Tag mit Gleichgesinnten verbracht zu haben. Und doch war ich auf mich ganz allein angewiesen und nur meine eigene Leistung zählte.

- Ich bin sehr gern mit unserer Trainingsgruppe zusammen und es gehört für mich dazu, mit ihnen zu „quatschen" und zu trainieren.

- Mich reizt die Vielfältigkeit, in der Leichtathletik kann man immer neue Bewegungsabläufe kennen lernen.

- Im Wettkampf gibt es den Reiz, in Form zu sein, seinen Körper zu beherrschen.

- Ich messe mich nach wie vor gerne mit Gleichaltrigen.

- Ich habe bisher für mich noch keine andere Sportart gefunden, die so vielfältig ist und so viele verschiedene Disziplinen bietet.

Obgleich diese Aussagen von „überzeugten" Leichtathletinnen und Leichtathleten getroffen wurden, lassen sich dennoch zwei unterschiedliche Tendenzen der leichtathletischen Orientierung in diesen Antworten unterscheiden, die vermutlich auch für Kinder und Jugendliche von Bedeutung sein könnten: sowohl die eher **bewegungs-, empfindungs-, gemeinschafts- und naturorientierte Tendenz** als auch die **eher wettkampf- und leistungsorientierte Tendenz**. Das Bild der gängigen Leichtathletik wird fast ausschließlich durch die zweite Richtung bestimmt. Technik der Weltbesten, Kondition, Leistungssteigerung sind Schlagworte, die diese Perspektive kennzeichnen.

Weitere Aspekte kommen hinzu. Die ursprüngliche Natursportart Leichtathletik hat sich von ihren Wurzeln gelöst und wird fast nur auf Kunststoffbahnen und normierten Sportplätzen oder gar in Hallen betrieben. Damit bleibt ein hohes Maß an möglicher sinnlicher Erfahrung auf der (Lauf-) Strecke.

Reizvoll kann es auch sein, den Bewegungsmöglichkeiten beim Laufen, Springen und Werfen experimentierend nachzuspüren, nach neuen Formen zu suchen bis zum (Er-) Finden von Qualitäten des Laufens, Springens und Werfens, die den eigenen Möglichkeiten angemessener sind. Leichtathletikunterricht und -training darf nicht zum reinen Kopiergeschäft, zum mechanischen Einüben und Wiederholen zweckrational ausgerichteter Bewegungstechniken auf normierten Anlagen verkommen, darf nicht nur Anpassungsvorgang sein.

Wichtig ist schließlich auch das Eingebundensein in eine Gruppe. Obwohl im Prinzip eine Individualsportart, bietet die Leichtathletik die Chance, Unabhängigkeit, Eigenverantwortlichkeit und Selbstbestimmung mit Kooperation, Bindung, Solidarität und gegenseitiger Unterstützung in hervorragender Art und Weise zu kombinieren. Der Leichtathlet als Nur-Einzelkämpfer und Einzelgänger, der ausschließlich mit sich selbst beschäftigt ist – mit dieser Vorstellung bleibt offensichtlich ein wesentlicher Teil reizvollen Laufens, Springens und Werfens verschlossen.

Die traditionelle Form, Leichtathletik anzubieten, bedarf also offensichtlich einer Ergänzung bzw. eines Wiederentdeckens in Richtung auf

- Bewegungsempfindungen und Körpererfahrungen;
- Leichtathletik als Individualsportart, eingebettet in Gemeinschaftserlebnisse;
- Leichtathletik als Natursportart;
- Identitäts- und Persönlichkeitsförderung durch Subjektivierung;
- Nachdenken über den Sport am Beispiel der Leichtathletik;
- Verändern und Gestalten etablierter Formen.

Wenn die Leichtathletik reizvoll sein soll, darf sie nicht nur mit der Vorstellung von Arbeit und Anstrengung verbunden werden, sondern auch mit Erwartungen von Genuss, Spaß und Lebensfreude. Monotonie, verordnete Arbeit und Bevormundung sind unpassende Begleiter und machen Leichtathletik auf Dauer, besonders bei Kindern und Jugendlichen, chancenlos. Das heißt, das Problem liegt nicht primär bei den **leichtathletischen Inhalten**, sondern bei den **Zielen und Absichten**, bei der **Art ihrer Vermittlung** sowie der **Gestaltung der Beziehungsebene**. Wenn die Zielsetzung ausschließlich Erfolgsoptimierung lautet, Laufen, Springen und Werfen vorwiegend deduktiv vermittelt werden (mit einer an der Technik der Weltbesten orientierten zweckrationalen Methodik) und Kinder im kommunikativen Prozess nur Reagierende sind, ist die Chance gering, dass sie einen persönlichen Sinn in ihrem Bewegungshandeln entdecken. Können hier Gründe dafür verankert sein, dass viele Kinder und Jugendliche, aber auch Lehrende die Leichtathletik als wenig sinn- und reizvoll, sondern eher als qualvoll empfinden?

Reizvolle „leichte" Athletik

Auf der Suche nach Orientierungen, denen die Jugend-Leichtathletik folgen könnte, lohnt es sich, der Bedeutung des Wortes „Leicht-Athletik" nachzuspüren, Leichtathletik ist dem Wortsinn nach „leichte" Athletik. Daraus lässt sich ableiten, dass die Auseinandersetzung mit leichtathletischen Disziplinen „leicht" vonstatten gehen soll, um letztlich ein gewisses Gefühl der Leichtigkeit in der Bewegung zu erreichen.

Was als „schwer" an der Leichtathletik empfunden wird, ist also ursächlich in ihrer aktuellen Form und den damit verbundenen Rahmenbedingungen (dazu gehören z.B. normierte Wettkampfstätten, standardisierte Geräteabmessungen und -gewichte) begründet. Als weitere, erlebnisreduzierende Faktoren sind anzusehen die z.T. hohen konditionellen Anforderungen sowie die oftmals den Einzelnen überfordernden, bewegungstechnischen Soll-Werte. Leichtathletik könnte für viele Menschen wieder zu einer wirklich als „leicht" empfundenen (und deshalb auch attraktiveren) Sportart werden, wenn eine flexible Handhabung und situative Veränderung der wettkampfbezogenen Verregelungen möglich gemacht würden.

Wenn man diese Einsichten auf die Leichtathletik in Schule und Verein überträgt, ergeben sich für Kinder und Jugendliche u.a. folgende Konsequenzen:

- Ein den individuellen Voraussetzungen angemessenes Geräteangebot mit entsprechenden Gewichten bei den Würfen und beim Stoßen, damit auch die Leistungsschwächeren die Geräte zum Fliegen bringen können. Eventuell müssen neue Wurfgeräte gestaltet (z.B. Schleuderball an einem Seil als „Wurfhammer") oder erfunden werden.

- Bei den Sprüngen und Würfen: Abkehr von technischen Leitbildern, die intensives Muskelkrafttraining voraussetzen. Stattdessen Angebot von anfängerfreundlicheren Techniken, die den genussvollen Zugang zum Fliegen des eigenen Körpers und zum Fliegenlassen von Geräten ermöglichen. Damit können Genuss und Freude an der Bewegung und bedeutsame Körpererfahrungen erleichtert werden (für das Kugelstoßen bedeutet das: Ersetzen der O'Brien-Technik durch Techniken früherer Zeiten).

- Wenn Springen etwas mit Leichtigkeit und Fliegen zu tun haben soll, sollte zumindest Anfängern und Leistungsschwächeren die Benutzung von Absprunghilfen erlaubt sein (trotz veränderter, aus wettkampfsportlicher Perspektive „falscher" Absprunggestalt), um die Dauer des Fliegens und das damit verbundene Erlebnis zu verlängern.

- Ermunterung, „eigene" Formen im Rahmen leichtathletischen Laufens, Springens und Werfens zu entwickeln (nachdenken, experimentieren, überprüfen, verwerfen, variieren,...) und leichtathletische Bewegungslandschaften selbst zu entwerfen (planen, konstruieren, vergleichen, verändern,...).

Unter solchen Voraussetzungen lassen sich im Leichtathletikunterricht jene spezifischen Merkmale von Bewegung und Bewegen herausarbeiten, die für Laufen, Springen und Werfen charakteristisch sind:

Laufen: Vom Boden weg und nach vorne streben, zusammen mit dem Gefühl einer selbst erzeugten Geschwindigkeit und der Leichtigkeit einer wohl koordinierten, flüssigen Bewegung. Bewegungsräume erschließen, sich aus eigener Kraft zum schnellen und langen Laufen bringen.

Springen: Erleben des Wegschnellens vom Boden, des Abhebens und Fliegens in eine erstrebte Höhe oder Weite, Auskosten der Flugphase, Erleben des Beschleunigens, der Schwere, der Höhe und Weite.

Werfen und Stoßen: Ein Gerät vom Körper weg über eine möglichst große Distanz befördern und fliegen lassen, etwas treffen, den Geräteflug gestalten.

Mehrperspektivische Präsentation der Leichtathletik

Reizvolle Leichtathletik darf sich demnach nicht auf das Abbilden und Reproduzieren der derzeitigen Wettkampfszene beschränken. Mit Hilfe eines mehrperspektivischen Ansatzes (vgl. hierzu KURZ 1992) kann die Einseitigkeit einer fertigkeitsorientierten Leichtathletikvermittlung aufgehoben werden. Erst die Breite erlebter und erfahrener Bewegungsangebote ermöglicht Kindern und Jugendlichen, individuellen Sinn zu finden. Eine mehrperspektivische Vorgehensweise schafft andere Blickwinkel und eine Vielfalt individueller Erfahrungen. Bei mehreren Autoren finden sich Beispiele für eine solche mehrperspektivische Präsentation der Leichtathletik.

SCHERLER etwa zeigt das mehrperspektivische Vorgehen exemplarisch für das **Laufen** auf: Er beobachtete, wie Kinder im Grundschulalter laufen und analysierte, wie sie laufen könnten, z.B. *umgebungsbedingt* (Orientierungsläufe, Hindernisläufe in der Halle ...), *gerätebedingt* (Laufen mit Sprungseilen, mit Rollschuhen ...), *partnerbedingt* (Laufstaffeln ...) und *gegnerbedingt* (Wettläufe, Laufspiele ...). Und er nennt Gründe, warum sie laufen sollten oder könnten, z.B. die *adaptive* (seinen Körper den Laufanforderungen anpassen), *sensitive* (seinen Körper beim Laufen erleben), *explorative* (Laufumgebung und -geräte erkunden), *produktive* (die Laufumgebung und -bewegung gestalten), *kommunikative* (sich durch Laufen verständigen) und *komparative* (eigene und fremde Laufleistungen überbieten) Bedeutung des Laufens.

ULLMANN hat Aspekte dieser Überlegungen aufgegriffen und in der Grundschule für das Laufen umgesetzt (siehe folg. Praxisteil).

Für das **Werfen** fanden PETERS/LUTZ (1994, 227) eine andere Systematisierung von Sinnperspektiven:

Distanzmaximierung	Mit korrekter Wurftechnik
Werfen im Sportspiel	Mit dem Schwerpunkt des Zielwerfens
Werfen im Alltag	Entfernen von Gegenständen, schnelle Distanzüberwindung mit Gegenständen
Werfen im Affekt	Als Aggressionsabfuhr, als Freudebekundung
Spielerisches Werfen	Geschicklichkeit im Umgang mit dem Wurfobjekt, Umgang mit Objekten mit reduziertem Krafteinsatz

Janalik erarbeitete (in Anlehnung an Ehni) mögliche Sinnperspektiven am Beispiel des **Hochspringens** (siehe auch folg. Praxisteil):

Sportform	Möglichst hoch springen
Brauch- oder Nutzform	Überspringen von Hindernissen in alltagsnaher Weise
Spaßform	z.B. beidbeiniger Absprung mit saltoartiger Rolle vorwärts
Kooperationsform	z.B. synchrone Sprungformen
Ästhetikform	Gestaltetes und schönes Springen

Mehrperspektivische Vorgehensweise macht sensibel für Perspektivenunterschiede. Sie verträgt sich allerdings nur begrenzt mit einer frühzeitigen Spezialisierung.

Körpererfahrung als bedeutsame Perspektive der Leichtathletik

Eine Leichtathletik, die sich an Kindern und Jugendlichen orientiert, muss auch und vor allem deren Körperwirklichkeit ernst nehmen. Die Leichtathletik ist eine Sportart, in der ein Körperverständnis aufgebaut und die Grenze erlebt werden kann. Das Problem dabei aber ist, ob man lernt, Grenzen zu akzeptieren, die durch den eigenen Körper gesetzt und von ihm oft deutlich signalisiert werden. Eine die Körpererfahrungen einbeziehende Gestaltung der Sport- und Bewegungserziehung sollte dazu führen, dass die Leichtathletik nicht unsensibel gegen den eigenen Körper (und den des Sportpartners) ausgeübt wird. Deshalb ist die Art und Weise, wie Körper, Bewegung und Umwelt wahrgenommen, erlebt und erfahren werden, eine wesentliche Perspektive im Rahmen eines mehrperspektivischen Ansatzes.

Über das bewusste Erleben des Körpers können Anreiz und Faszination entstehen, z.B. bei gelöstem, beschwingten Laufen im Gelände, beim Erfühlen einer geglückten, flüssigen Bewegung, beim Erleben von Geschwindigkeit beim Laufen, des Fliegens beim Springen und von extremer Spannung und Spannungslösung beim Springen, Werfen und Stoßen. Das Ziel ist somit ein Leichtathletikunterricht, der sensibles Wahrnehmen, Empfinden und Fühlen, Erleben und Erfahren im Sich-Bewegen ermöglicht.

Diese subjektive Seite wurde lange und zunehmend zurückgedrängt. Ein an Körperwahrnehmungen und -erfahrungen orientiertes Vermitteln von Laufen, Springen und Werfen relativiert den Stellenwert der in der Wettkampfleichtathletik gewonnenen Erfahrungen sowie des Technikwissens von Lehrenden und stellt die Wahrnehmungsfähigkeit und Sinnesqualität von Lernenden in den Mittelpunkt. Dementsprechend müssen sich Kinder und Jugendliche als Subjekte ihrer Bewegungs- und Sinneswahrnehmungen einbringen können. Körpererfahrungsorientierter Leichtathletikunterricht verlangt weniger das Nachmachen, sondern verstärkt erfahrungsorientiertes Suchen und Finden. Er fordert mehr intensive Beschäftigung mit dem Istwert von Bewegungen (bei geringerer Orientierung an Sollwerten) und Verlagerung der Aufmerksamkeit von den Hochleistungs- und Erfolgszielen zu den Mitteln und Wegen des Tuns. Die Konzentration der Aufmerksamkeit auf einen bestimmten Bereich kann zu Selbstvergessenheit und intensiverem Erleben der inneren und äußeren Vorgänge, letztlich zu einer Art intrinsischer Belohnung führen oder gar zu Flow-Erlebnissen (vgl. CSIKSZENTMIHALYI 1985, 203).

Der Schwerpunkt der Vorgehensweise liegt bei der Wahrnehmungszentrierung und dem Herstellen von Differenzerfahrungen. So kann z.B. beim Hoch- oder Tiefstart die Aufgabe lauten: Konzentriere dich auf das Spannungsgefühl in deinem Körper! Bei welcher Startstellung hast du eine möglichst hohe Körperspannung zum Explodieren beim Start zur Verfügung?

Nach einem ersten allgemeinen Experimentieren können Impulse gegeben werden, bspw. zu einer unterschiedlich hohen „Fertig"-Stellung, zu variiertem Einsatz der Arme, zu unterschiedlicher Haltung des Kopfes oder zur Variation der Länge des ersten Schritts (sofern die Schüler nicht schon von allein darauf kommen). Zudem sollte über die Frage: Atmest du beim Start ein oder aus? das Ausprobieren der günstigeren Möglichkeit angeregt werden (Einatmen beim Startvorgang verhindert das explosionsartige Lösen vom Startblock).

Es wird erkennbar, dass bei dieser Vorgehensweise die (individuelle) Technik dem Verständnis nachfolgt, auch angeregt über Fragen wie: Was ist bei den entsprechenden Bewegungen zu spüren? Wann wird ein flüssiger Bewegungsablauf erreicht (und erspürt)? Sind Schlüsselstellen der Bewegung fühlbar? (Wesentliches ist oft gar nicht beobachtbar.)

Zumindest zeitweise sollten die Ergebnisse solcher Aufgaben verbalisiert und manchmal bewusst daraufhin untersucht werden, welche Gefühle sie wecken. D.h., es sollte im Lauf der Zeit erarbeitet werden, wie leichtathletisches Bewegen so gestaltet werden kann, dass es zu subjektivem Wohlbefinden beiträgt.

Auch Anfänger können wertvolle und intensive Körpererfahrungen machen (vgl. JANALIK 1992). So kann z.B. beim Weit- oder Hochspringen durch kontrastierende Aufgabenstellungen die Körperstreckung intensiv bewusst gemacht und dadurch besonders effizient erreicht werden. Durch das Anbieten von Sprungsituationen, die die Körperstreckung gefahrlos ermöglichen, kann erfahren werden, wie wohltuend die Suche nach hoher Spannung und Körperstreckung sein kann. Über den Einsatz von Absprunghilfen können Anfänger eine erste Ahnung davon erhalten, was Fliegen beim Springen bedeutet und welche Gefühle dadurch bei Könnern ausgelöst werden. Eine solche Entwicklung der eigenmotorischen Anschauung ist eine wesentliche Voraussetzung für Eigenkorrektur, Selbständigkeit und Bewegungs- bzw. Körpersensibilität.

Ein solcher körpererfahrungsorientierter Leichtathletikunterricht verlangt eine veränderte Einstellung zu "Fehlern". Wenn der Lehr-Lern-Prozess nicht auf ein mechanistisches Reiz-Reaktionsgefüge reduziert werden soll (mit dem Schüler als Objekt), müssen „Fehler" akzeptiert, zum Teil sogar provoziert werden.[1]

Einige wesentliche (Körper-) Erfahrungen sind in der Leichtathletik nur zugänglich, wenn an einer Technik gefeilt und diese dazu vielfach wiederholt (geübt) wird. Anfängern wird dieser Prozess des Übens, Wiederholens und In-Sich-Hineinhörens unverständlicherweise oft wenig schmackhaft gemacht. Richtig verstandenes Üben ist aber kein teilnahmsloses, langweiliges Wiederholen: „Das Spannende am Üben ist ja, dass es aus der Innensicht nie als Wiederholung angesehen wird, sondern als aufregender Prozess der Annäherung an ein Können. Nur eben muss der Übende dies auch selbst wollen" (EHNI 1985, 22).

Vermittlungsprobleme in einem veränderten Leichtathletiktraining

Da sich Kinder und Jugendliche im Vergleich zu Erwachsenen anders bewegen und ihren eigenen Sinn in ihren Tätigkeiten suchen, sollte die Begegnung mit Laufen, Springen und Werfen entwicklungs- und altersgemäß erfolgen und sich nicht an erwachsenenorientierten Vermittlungskonzepten ausrichten. Ziel ist es, „dem individuellen Subjekt die Erfahrung seiner Leiblichkeit, die Lust an selbst zu wählenden Bewegungsformen und daran gebundenen Bewegungserlebnissen zu ermöglichen" (SCHULZ 1985, 201). „... sie sollen erfahren können, was an ihr (der Leichtathletik, die Verf.) reizvoll ist" (KURZ 1982, 11).

Ein interessante Art, ein vertieftes Verständnis von Laufen, Springen und Werfen zu gewinnen und zugleich ein Relativieren der heutigen Leichtathletik zu erreichen, kann u.a. durch ein Offenlegen und Nacherleben der Entwicklung von Disziplinen und Techniken angegangen werden.

---

[2]Wer Fehler vermeiden will und eine rezeptive Haltung der Kinder verlangt, läuft Gefahr, „sich mehr und mehr von jenem modernen Bildungs- und Sozialisationsideal zu entfernen, das doch eine selbstbewusste Persönlichkeit mit Kreativität und Phantasie samt inhaltlicher Kompetenz einfordert". (Psychologie Heute 24 (1997) 1, 70).

Beim Kugelstoßen z.B. war die ursprüngliche Idee, einen schweren Gegenstand möglichst weit wegzustoßen. Zur Gewährleistung der Chancengleichheit im Wettkampf erfolgte eine Begrenzung des Anlaufs (Stoßkreis). Innerhalb dieser Vorgabe wurden nach und nach immer effektivere Formen der Kugel- und Körperbeschleunigung bzw. der Verlängerung des Beschleunigungswegs der Kugel entwickelt. Je spezifischer die Formen wurden, desto mehr konditionelle und koordinative Voraussetzungen erforderten sie. Die verschiedenen Formen der Rückenstoßtechnik – das derzeitige Endresultat des Suchens und Findens durch die weltbesten Athleten – wird nun so vermittelt, als gäbe es nur diese eine Lösung und als sei sie die beste für jedermann. Das Nachvollziehen des historischen Weges kann die Kinder und Jugendlichen das Bewegungsproblem und das Entstehen der heutigen sog. „optimalen" Lösung und deren relative Gültigkeit verstehen lassen. Sie können dabei erkennen, dass die heutige „ideale" Technik wahrscheinlich eines Tages von anderen Techniken abgelöst wird und vermutlich auch die Regeln geändert werden. Wesentlicher dürfte aber die Erkenntnis sein, dass – ausgehend von den eigenen Voraussetzungen und Möglichkeiten – es sich für das Ziel „weit stoßen" als sinnvoller erweisen kann, gerade nicht die Rückenstoßtechnik anzuwenden oder aber diese so zu verändern, dass sie „passt" (z.B. bei schwach ausgeprägter Bauch- und Rückenmuskulatur: Verzicht auf eine tiefe Auslage).

Zusammengefasst: Der Reiz der Leichtathletik lässt sich besonders dann wirklich entdecken, wenn u.a. solche Vermittlungsverfahren angewendet werden, die das Nachdenken und die Kreativität der Schüler herausfordern, die für körperliche Reaktionen und Zusammenhänge in den Bewegungsabläufen sensibel machen und somit tatsächlich entdeckendes Lernen ermöglichen. Unter dieser Perspektive bekommen Organisationsformen des Lernens, die auf Selbständigkeit aufbauen, eine besondere Bedeutung.

Im Folgenden wird am Beispiel des Laufens, Springens und Werfens aufgezeigt, wie solche Vermittlungsverfahren in der Praxis umgesetzt werden können. Dabei wird auf unterschiedliche Schul- bzw. Altersstufen Bezug genommen. Während das Thema „Laufen" in einer Grundschulklasse erprobt wurde, sind die Unterrichtseinheiten zum Springen und Werfen für die Sekundarstufe I konzipiert. Beide Beispiele lassen sich ebenso gut in der Vereinsarbeit praktizieren.

R. Ullmann

Verschiedene Laufgelegenheiten – unterschiedliche Laufansprüche

Didaktische Überlegungen

Das folgende Praxisbeispiel geht von zwei Vorannahmen aus:

1. Begreift man Sich-Bewegen als Dialog zwischen Mensch und Umwelt, so sind beide „Partner" und spielen im Bewegungshandeln eine gleichberechtigte und gestaltende Rolle (vgl. Trebels 1992).

2. Um Einsichten in die „Welt des Laufens" und auf die „sich-dort-bewegenden-Läufer" zu eröffnen, bedarf es einer ganz besonderen Qualität des Sich-Einlassens auf diesen Dialog. Hierzu bietet sich ein Vorgehen an, das durch „Begegnungen mit Differenzen" gekennzeichnet ist. Für die praktische Umsetzung ergeben sich daraus folgende Konsequenzen:

   - Kinder und Jugendliche müssen mit ihren subjektiven Lauf- (Sprung-/Wurf-) wünschen, -bedürfnissen, -vorstellungen und -interessen genauso ernst genommen werden, wie die leichtathletische Bewegungswelt mit ihren objektiven Gegebenheiten (Stoppuhr, festgelegte Bahnen, Bewegungstechniken etc.).
   - Laufen (Springen/Werfen) ist in Form von vielfältigen Bewegungssituationen zu planen und anzubieten. Sowohl Lehrende als auch Kinder können dabei die Rolle des Architekten einnehmen.
   - Unterschiedliche Bewegungsformen des Laufens (Springens/Werfens) sind bei den Kindern zu provozieren; deren Lösungen müssen dann aber auch in ihrer individuellen Vielfalt akzeptiert werden.
   - Damit Kinder ihren persönlichen Bewegungsdialog kompetent und situationsangemessen gestalten können, ist kritisches Nachdenken und eine angemessene Verständigung erforderlich.

Beispielhaft auf die leichtathletische Basisbewegung „Laufen" bezogen, haben die genannten Punkte zur Konsequenz, dass auf der einen Seite die Kinder durch spezifische Umweltarrangements zu bestimmten Laufqualitäten animiert werden; auf der anderen Seite wiederum wirken die Kinder mit ihren mitgebrachten Vorstellungen von Laufen auf

---

³Wesentliche Teile der Seiten 257-262 sind entnommen aus: SCHÄFER, F./ULLMANN, R.: Aus Differenzen lernen. In: Sportpädagogik 19, 1995, 27-29.

ihre Laufumwelt aktiv ein. Innerhalb dieses Wechselspiels kommt es insgesamt zu einer breiten Palette individueller „Füllungen" bezüglich: Lauftempo, -arten, -richtungen, -untergrund, -gelände, -materialien, -bekleidung, -gefühle, alleine oder mit/gegen einen Partner laufen, in der Gruppe laufen, konzentriert oder „just for fun" zu laufen, aber auch die 50 m-Strecke – den leichtathletischen standardisierten Regeln und Normen entsprechend – so schnell wie möglich und bewegungstechnisch effektiv zu laufen.

Die im Folgenden beschriebene Unterrichtseinheit war so arrangiert, dass die Kinder einerseits die Möglichkeit erhalten, über das Angebot verschiedener Laufgelegenheiten unterschiedliche Ansprüche an ihre Lauffähigkeiten zu erproben, zu erleben und zu erfahren. Andererseits bekamen sie die Chance, sich selbst eine eigene Laufwelt zu konstruieren, diese einer Prüfung zu unterziehen und sich darüber auszutauschen. Da der größte Unterschied wohl zwischen dem Laufen auf einer normierten Bahn und jenem in einem natürlichen Gelände (Wald) besteht, werden die Kinder zum einen mit dem „Laufen auf der 50 m-Bahn", zum andern mit dem „Laufen in vielfältigem Gelände" konfrontiert. Zur Not – und in Stadtschulen gehört diese Not zum Schulalltag – kann ein natürliches Gelände auch in der Sporthalle „künstlich" hergestellt werden, wenn das Freigelände zu weit entfernt liegt. Im Sinne der Anschaulichkeit und um die Vorstellungskraft der Kinder zu unterstützen, kann man sich dabei begrifflich und inhaltlich von dem Wort „(Lauf-) Park" leiten lassen, der ja die unterschiedlichen Erlebnisse und Erfahrungen in Aussicht stellt.

Die folgenden „didaktischen Bausteine" zur Themenbehandlung stellen nur eine mögliche didaktisch-methodische Strukturierungshilfe dar. Sie können, je nach Zielgruppe, Themenschwerpunkt und Übungsleitervorstellungen, variabel kombiniert werden.

Bausteine zum Thema „Laufen"

Erster Baustein: Was wir schon alles über das „Laufen" wissen

Didaktischer Kommentar: Die aufgeführten Annäherungsversuche stellen eine Auswahl möglicher methodischer Zugänge dar, und zwar im Sinne erster aufgabenorientierender, aber noch unsystematischer Auseinandersetzungen. Diese sind sozusagen ein „geistiges Warming-up", deren Ergebnisse zunächst nicht tiefer hinterfragt werden müssen. Hinsichtlich des Lernalters und im Vertrauen auf die Fähigkeiten der Kinder zum „Learning by doing" sollte der Schwerpunkt anfangs eher auf einer handlungsbezogenen Phase liegen, in der sich die Kinder mit konkreten Laufanforderungen auseinander setzen müssen. Ein systematisch-strukturierender Reflexionsprozess sollte dann aber im weiteren Verlauf folgen. Hier können die ersten Eindrücke bzw. Erklärungsversuche der Kinder in den vertiefenden Auseinandersetzungsprozess sinnvoll integriert werden.

Aufgabenimpulse

a) Assoziationen abrufen

- Was fällt dir ein, wenn du das Wort „Leichtathletik" hörst?
- Was fällt dir zu „Laufen" ein?
- Was fällt dir zu „Laufen und Leichtathletik" ein?
- Was fällt dir zu „Laufen und Wald/Park/Stadt/Stadion/Sportplatz/Schulhof/Alltag" ein?

Foto 10.1 Assoziationen

b) Zeichnungen anfertigen und kommentieren

- Erinnere dich an die Bundesjugendspiele und versuche, den Laufwettbewerb (50 m-Lauf) zu malen!
- „Laufen im Wald/im Park etc." – welche Ideen fallen dir dazu ein? Male ein Bild dazu!

c) Fotos/Bilder betrachten und besprechen

- Alltagssituationen des Laufens (Spielplatz/zum Bus hetzen/Hofpause etc.) bzw. sportive Formen des Laufens (Fußballspiel/Eisschnelllauf/Olympiade/Sprint/Staffellauf etc.) als Motive präsentieren und erste Eindrücke, Ansichten und Gefühle von den Kindern verbalisieren lassen.

d) Bewegungsräume erkunden

- Besuch und Erkundung eines Stadions und eines Waldes/Parks unter der spezifischen Fragestellung „Welche Laufmöglichkeiten bieten sich hier an?" und „Worin bestehen Gemeinsamkeiten bzw. Unterschiede zwischen Stadion und Wald/Park?"

Zweiter Baustein: Wir planen einen Laufpark

Didaktischer Kommentar: Um lange Gesprächsphasen in den weiteren Bausteinen (2/3/4) zu vermeiden, empfiehlt es sich, die Aussagen der Kinder zunächst unkommentiert und unbearbeitet zu lassen und sie nur stichwortartig zu notieren. Meinungsäußerungen der Kinder können vom Lehrenden vorerst an der Tafel oder auf einem Notizblock festgehalten werden oder die Gruppe selbst notiert ihre Anmerkungen auf ein Blatt Papier. Die Aufarbeitung der Notizen muss später im gemeinsamen Gespräch erfolgen.

Zusammen mit ihren Eltern haben die Kinder am Wochenende einen echten Park erkundet und in Anlehnung daran diesen mit seinen Laufmöglichkeiten zu Hause aufgezeichnet.

Diese Vorentwürfe werden besprochen, Erlebnisse und Erfahrungen ausgetauscht. Weiterhin wird überlegt, auf welche Laufformen man sich beschränken sollte und mit welchen Alltags-/Klein- und Großgeräten man einen solchen Laufpark in der Sporthalle bauen könnte. Das Ergebnis wird in Form einer „Collage" gemeinsam auf einer großen Planskizze (Tapete) anschaulich illustriert und für jeden sichtbar an der Wand aufgehängt. Die Kinder können dadurch eine Art „innere Landkarte" entwickeln. Sie haben den Plan „im Kopf", eine räumliche und gerätebezogene Orientierung ist gegeben, was für den ökonomischen Aufbau einer Bewegungslandschaft von großem Vorteil ist.

Dritter Baustein: Wir bauen und erkunden unseren Laufpark

Nach dem gemeinsamen Aufbau des Laufparks anhand der Planskizze und nach einer sog. „Erstbegehung" – um mögliche Gefahrenquellen der Bewegungslandschaft aufzuspüren (Entwicklung und Förderung eines aktiven Gefahren- und Sicherheitsbewusstseins), – bekommen die Kinder nun die Gelegenheit, ihren Laufpark intensiv zu erkunden. Nach einer längeren Erkundung des Parkgeländes sollen sich die Kinder zu folgenden Fragen äußern: „Ihr seid gerade im Park gelaufen. Was ist für euch das Besondere daran? Wie habt ihr euch beim Laufen gefühlt? Welche Gedanken sind euch durch den Kopf gegangen?"

Vierter Baustein: Wir laufen auf der 50 m-Bahn

In dieser Sequenz sollen die Kinder jetzt auf der Kunststoff- oder Aschenbahn laufen und ihre Eindrücke sofort verbalisieren. Dazu werden sie nach dem spielerischen Aufwärmen aufgefordert, 50 m auf Zeit zu laufen. Direkt nach dem Lauf werden die Kinder gefragt: „Ihr seid gerade 50 m gelaufen, wie habt ihr diesen Lauf für euch erlebt, was ist in euch beim Laufen vorgegangen?" Nach einer kurzen Besprechungsphase wird ein weiterer 50 m-Lauf angekündigt. Zuvor jedoch werden die Kinder befragt: „In ein paar Minuten müsst ihr wiederum 50 m laufen. Was denkt ihr, was fühlt ihr jetzt gerade in diesem Moment?" Nach einem dritten Lauf sollen die Kinder zwei weitere Fragen beantworten:
a) Worauf sollte man beim 50 m-Lauf achten?
und
b) Warum sollte man eigentlich 50 m laufen?

Foto 10.2: 50 m-Lauf

Fünfter Baustein: Wir tauschen unsere Lauferfahrungen aus

- Um die bisherigen spontanen Stellungnahmen in einen geordneten Reflexionsprozess überzuleiten, wird den Kindern die Aufgabe gestellt, sich zum Begriff „Laufen" und zum Zusammenhang „Laufen und Leichtathletik" zu äußern. Die in den ersten Annäherungsversuchen verbalisierten Assoziationen können jetzt ergänzt, modifiziert und kritisch hinterfragt werden.

- Im Anschluss daran ordnen die Kinder ausgewählte Fotos/Bilder mit Laufszenen den Überschriften „Laufen" sowie „Laufen und Leichtathletik" zu. Bei den Laufszenen handelt es sich zum einen um das Laufen in alltäglichen Spiel- und Bewegungssituationen, zum anderen um Laufsituationen aus der Leichtathletikszene (die Fotos/Bilder können leicht aus Büchern oder Zeitschriften entnommen und als Kopiervorlage eingesetzt werden).

- Abschließend werden die Kinder – unter Beibehaltung des Prinzips der Kontrastierung – mit Fotoaufnahmen konfrontiert, die ihren eigenen Bewegungsdialog mit der jeweiligen Laufwelt dokumentieren.

Abschließender didaktischer Kommentar

Die Kinder beteiligen sich hoch motiviert am Gespräch, weil sie selbst im Mittelpunkt des Geschehens stehen. In kurzer Zeit werden alle Laufszenen angemessen zugeordnet. Begleitende Interpretations- und Erklärungsversuche beweisen, dass Kinder sehr wohl in der Lage sind, charakteristische Merkmale unterschiedlicher Laufwelten mit ihren spezifischen Ansprüchen zu erkennen. Kommt es zu Verstehensproblemen, können neben treffenden Fotos passende Aussagen aus den vorausgegangenen Themeneinheiten in den Gesprächsverlauf eingestreut werden, um den Erkenntnisprozess zu erleichtern und zu unterstützen. Aufgrund der Fotos/Bilder, der eigenen praktischen (Differenz-) Erfahrungen und verbalisierten Erkenntnisse entwickeln sich die Kinder Schritt für Schritt zu kompetenten „Laufexperten". Sie erweisen sich als ausgesprochen reflexionsfähig und erkennen, dass das Laufen auf der Bahn bzw. im Laufpark zwar auf anscheinend „gleichen" Prinzipien (vgl. nachfolgenden Tafelanschrieb) basiert, dass aber diese beiden Laufumwelten aufgrund ihrer unterschiedlichen Ansprüche den Läufern durchaus Verschiedenes abverlangen bzw. individuell unterschiedliche Laufqualitäten (Sinnperspektiven) hervorrufen. Die Kinder sind am Ende in der Lage, prägnante Differenzen herauszuarbeiten, ihre Entscheidungen für die eine oder andere Laufumwelt zu begründen, und sie wissen auch um die Konsequenzen ihrer Entscheidung. Das zeigt das Abschlussgespräch, in dem sich die Kinder mit einigen wichtigen Begriffen (Prinzipien) kritisch auseinander setzen und dessen Ergebnis in einem Tafeltext zusammengefasst ist (siehe Kasten).

50 m-Lauf	Begriffe/Prinzipien	Laufpark
gleiche Bedingungen Regelvereinheitlichungen (Fremd-) Kontrolle	Regeln	keine Vorgaben Regelabsprachen (Selbst-) Kontrolle
gewinnen, siegen schnell sein Spaß haben	Laufsinn	ausprobieren, erkunden vielseitig sein Spaß haben
gerade Bahn vorgegebene Strecke keine Hindernisse	Laufgelände	viele Laufwege selbst gewählte Strecke viele Hindernisse
Gegner Konkurrent Wettkämpfer	Läufer	Partner Helfer Mitspieler
blitzschnell laufen Lauftempo beschleunigen	Laufart	umsichtig laufen Lauftempo abstimmen

Fazit: Zum Spaß am Laufen ist – aus Sicht der beobachtenden Erwachsenen – der Spaß am Nachdenken über das Laufen und auch über die Leichtathletik gekommen. Dies wurde ebenfalls von den Kindern bestätigt. Damit kann angenommen werden, dass sich die Kinder auf den (Lauf-) Weg gemacht haben, reflektierende und selbständige Läufer zu werden.

Kurzum: Es kann davon ausgegangen werden, dass die Kinder jetzt schon besser erkennen, auf was sie sich einlassen, wenn sie eine bestimmte Laufwelt und damit Läuferrolle wählen. Die Leichtathletik, ob in Schule oder im Verein, kann von einer solchen Einstellung und Bewusstseinslage nur profitieren.

Sicherlich mag die beschriebene Vorgehensweise im Rahmen des Lehrens von Leichtathletik zuerst einmal ungewohnt erscheinen. Auf diese Weise jedoch werden den Kindern grundlegende Problemstellungen der Leichtathletik und damit des Sports einsichtig, was sie dazu befähigt, sich bewusst „dafür" oder „dagegen" entscheiden zu können.

(H. JANALIK)

Damit Hochspringen nicht zum Flop wird!

Organisationsrahmen

Zwei Hochsprunganlagen werden so aufgebaut, dass sich die beiden Übungsgruppen gegenseitig beobachten können (Abb. 10.1). Die beiden mit Matten abgesicherten Anlagen unterscheiden sich in der Sprunghöhe (z.B. 1m und 1,30 m), die von der Leistungsfähigkeit der Gesamtgruppe abhängt und in der „Dicke" des Mattenberges. Um ein Überspringen der Höhen zu provozieren und gleichzeitig Ängste abzubauen, ist jeweils eine Schnur gespannt. Je nachdem, welche Form der Mitarbeit die Jugendlichen gewöhnt sind, können an jeder Station Blätter und Schreibzeug zum Notieren von Zwischenergebnissen, Lösungsvorschlägen u.ä. ausgelegt werden. Ein Buch mit historischen Leichtathletikdisziplinen und Hochsprungvarianten kann gegebenenfalls als Vermittlungshilfe dienen. Eine fahrbare Tafel steht an einem markierten Ort, der für Besprechungsphasen ausersehen ist.

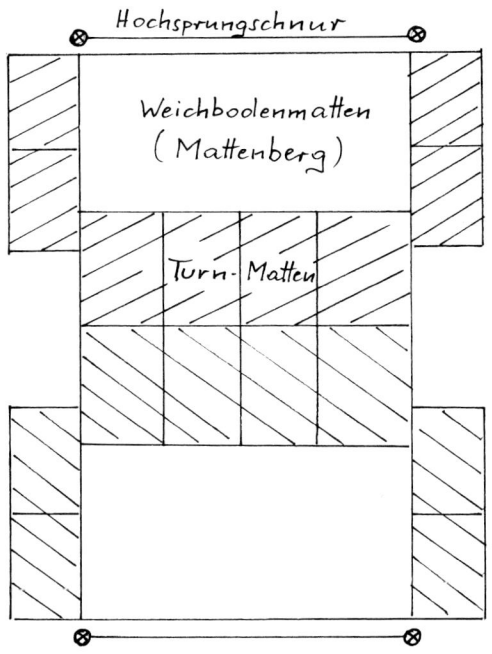

Abb. 10.1: Hochsprunganlagen

Beispiel für den Unterrichtsverlauf

Die Lehrkraft schreibt das Thema >Damit Hochspringen nicht zum Flop wird!< an die Tafel. Die „zweideutige" Formulierung schafft bei den Lesern sicherlich ein gewisses Aufgabenbewusstsein.

Nach einer intensiven Aufwärmphase folgt die erste Aufgabe:

*   **Überwindet die Schnur.**

    Kommentar: Es kann erwartet werden, dass die Mädchen und Jungen im Laufe der Zeit unterschiedliche Sprünge demonstrieren, obgleich am Anfang wahrscheinlich die Flopform überwiegt. Bleibt die gewünschte Vielfalt der Sprünge aus, lautet die nächste Aufgabe:

- Lasst euch von der weit gefassten Aufgabe leiten, die nicht auf Hochsprung zielt, sondern auf Überwinden der Schnur, bzw. auf Hochspringen. Zusätzlich sollt ihr im Verlauf der nächsten Sprungversuche die Lösungsformen eurer Mitschüler beobachten. Vielleicht entdeckt ihr trotz aller Unterschiedlichkeit der Sprünge auch etwaige Gemeinsamkeiten.

Kommentar: Individuelles Experimentieren und Wahrnehmen führen zu einer Art Bewegungsanalyse, aus der sich schließlich die Phasen Anlauf, Absprung, Flugphase und Landung ergeben. Versuche mit Standsprüngen beweisen aber auch, dass ein Anlauf für Hochspringen nicht unbedingt erforderlich ist.

Die vier Phasen werden an der Tafel notiert.

Bei den regelmäßigen Besprechungen sollte übrigens die Lehrkraft als zurückhaltender, auf die Wortwahl der Gruppe achtender Protokollführer und als unaufdringlicher Impulsgeber fungieren, um die selbständige Auseinandersetzung der Schüler mit der Sache nicht unnötig zu beeinflussen.

- Aufgabe: Versucht jetzt, diese vier Phasen möglichst vielfältig zu „füllen". Notiert die gefundenen Lösungen, wir werden sie anschließend an der Tafel sammeln und wenn nötig, besprechen.

Kommentar: Beim Lösen dieser oder auch der nächsten Aufgabe kann es passieren, dass die anfängliche Begeisterung bald verfliegt, das Suchen nach Lösungen weniger wird und sich Langeweile einstellt. Warum sollte man auch parallel zur Latte anlaufen oder eine Hockwende über die Schnur machen, wenn doch kein guter Hochspringer der Welt so handelt, man seinen Lieblingssprung, z.B. eine Rollform oder den Flop, schon gefunden hat oder sich der Verdacht aufdrängt, dass doch wieder alles in die (benotete) Sportform einmündet!

Im Hinblick auf diese durchaus möglichen, die weitere Arbeit beeinträchtigenden Denkmuster empfiehlt es sich, das Phänomen der beobachtbaren Lustlosigkeit mit den Jugendlichen zu diskutieren. Dabei wird u.a. immer deutlich, dass aus ihrer Sicht kreatives, experimentierendes Handeln, das etablierte Sportformen aufbrechen, verändern bzw. erweitern soll, nicht nur sinnvoller Bezugspunkte, Leitlinien und Sinnstränge (vgl. abschließender Kommentar) bedarf, sondern auch einer seriösen, glaubwürdigen Beziehungsstruktur zwischen Lehrenden und Lernenden. Nur auf dieser Basis kann dauerhaft die misstrauensgeleitete Einschätzung der Jugendlichen, die Aufforderung zu experimentierendem Handeln sei nur „Motivationstrick" oder Lehrerentlastung und die Handlungsergebnisse hätten in erster Linie unterstützende Funktion für das Erreichen eines doch schon vorher festgelegten Zieles (z.B. Floptechnik), korrigiert werden.

Im vorliegenden Fall erarbeiteten schließlich beide Gruppen genügend Elemente zu den Hauptphasen. Die „Füllvorschläge" werden an der Tafel protokolliert und schon an dieser Stelle wird erkennbar, dass ein Reichtum an Bewegungsvariationen verloren geht, wenn das Thema nur „Flop" lautet.

(Anlauf)	Absprung	Flugphase	Landung
geradeaus/frontal	einbeinig	Purzelbaum	auf dem Rücken
schräg zur Latte	zweibeinig	Salto	im Sitz
bogenförmig	bäuchlings	Purzelbaum	auf dem Bauch
parallel zur Latte	rücklings	Flop	seitlich
einbeinig	seitlich	Schere	auf dem Rücken
Schlusssprünge	Radwende	Straddle/Wälzer	auf einem Bein
synchron zu zweit	vom kl. Kasten	Flug-, Hechtrolle	auf zwei Beinen
rückwärts	mit Minitrampolin	Hocksprung	auf den Händen
seitwärts	lattenferner Fuß	Synchronsprünge	auf allen vieren
im Slalom	lattennaher Fuß	Hockwende	auf den Knien
langsam	mit Partnerhilfe	Minitrampolinsprünge	in der Hocke
schnell	einrollend	Saltogürtelsprung	abrollend

Kommentar: In den hier wiedergegebenen Vorschlägen einer 8. Klasse finden sich einerseits Wissensbestände aus der „richtigen" Leichtathletik, andererseits auch Bewegungselemente, die aus der Lust am Ausprobieren entstanden sind. Wichtig ist, dass diese individuellen „Produkte" vorerst nicht der gewohnten Bewertung in „richtig" und „falsch" unterzogen werden (können). Eine Bewertung, sofern sie überhaupt gewünscht wird, macht nur Sinn im Zusammenhang mit einem Bewertungsmaßstab oder einer Bezugsnorm. Dieser Aspekt wird in der folgenden Aufgabe vorbereitet:

• Verbindet jetzt die an der Tafel stehenden Einzelelemente zu unterschiedlichen Sprüngen und versucht, diese zu bewerten – auch untereinander.
An der Tafel kann dazu folgender, die Aufgabenlösung unterstützender Satz notiert werden:

Leichtathletik und Sport sind von Menschen gemacht, also können sie auch von Menschen (von uns) verändert werden!

Kommentar: Während sich die eingebrachten Sprungkreationen der Jugendlichen durch Vielfalt und Buntheit auszeichnen, fallen die wenigen getroffenen Bewertungen vergleichsweise einseitig aus. Entweder werden Sprungprodukte als schlecht/blöd/

unbrauchbar bezeichnet, oder sie erhalten das Prädikat gut/geil/prima. Um hier die Wahrnehmung zu sensibilisieren und zusätzlich den Aspekt subjektiver Sinnverleihung zu verdeutlichen, wurde abschließend folgende Aufgabe gestellt:

• Jede(r) von euch baut sich aus den an der Tafel stehenden Phasenelementen einen Wunschsprung zusammen, erprobt ihn und begründet ihn während der abschließenden Besprechungsphase.

  Kommentar: Relativ wenige Jugendliche kehren zu ihrem Sprung vom Anfang der Stunde zurück. Die meisten entscheiden sich für eine Form, die im Verlauf des Lehr-Lern-Prozesses entwickelt wurde.

Abschlussbesprechung:
Die Begründungen der gewählten Wunschsprünge lassen zahlreiche individuelle Beweggründe erkennen und beweisen damit die Relevanz und Dringlichkeit mehrperspektivischen Lehrens und Lernens. So präsentieren sich die individuellen Sinnzuweisungen dieser Stunde als: **Sportform** (z.B. Flop), **Spaßform** (z.B. Saltorolle), **Brauchform** (z.B. Hockwende), **Kooperationsform** (z.B. synchrone Flugrolle zu zweit), **Ästhetikform** (z.B. gestalteter Hocksprung vom Minitramp), **Gesundheitsform** (z.B. Schere), **„Jederkannform"** (z.B. Purzelbaum/Rolle vorwärts), **Kunststückform** (z.B. Flickflack).

Durch die spezifische Bedeutung, die eine bevorzugte Sprungform für das jeweilige Individuum hat, verbietet sich einerseits jegliche Bewertung von außen in Richtung „falsch" oder „richtig". Andererseits ist es dem Individuum aufgrund seiner getroffenen Sinnzuweisung grundsätzlich selbst möglich, die Angemessenheit seiner Bewegungsausführung zu beurteilen und auf dieser Grundlage eventuelle Verbesserungen anzugehen. Die Angemessenheit einer Spaßform beinhaltet andere Bewegungsvollzüge als die einer Sportform.
  Es ist einsehbar, dass – besonders im schulischen Sportunterricht – nicht alle der erarbeiteten „Sinnformen" weiter verfolgt werden können. Deshalb ist ein Verständigungsprozess darüber notwendig, welche von ihnen in weiteren Stunden bearbeitet werden sollten.
  Für die Jugendlichen wird in diesem abschließenden Gedankenaustausch auch deutlich, dass Leistung nicht nur das Erreichen einer bestimmten Hochsprunghöhe oder die Imitation einer Sportform sein kann. Die Diskussion ergibt, dass es beispielsweise aufgrund der heutigen Erfahrungen eine Leistung wäre, eine attraktive Hochsprungform zu finden, die es auch den Leistungsschwächeren möglich macht, ein Erfolgserlebnis zu haben. Auf diese Weise geht pädagogische Arbeit unauffällig in den Kompetenzbereich der Heranwachsenden selbst über.

Ebenso attraktiv wären aber auch Themen wie:
• Die Hochsprungentwicklung bis zum Flop. Oder:
• Warum soll ich nicht meine eigene Hochsprungtechnik entwickeln?

H. JANALIK

Jeder kann Speerwerfen!

Vorbemerkung

Die folgende Stunde wurde mehrfach mit Schülern der Sekundarstufe I durchgeführt, wobei der inhaltliche Ablauf nach anfänglichen Lehrkraftimpulsen fast ausschließlich durch die Jugendlichen selbst arrangiert wurde. Vorkenntnisse in Bezug auf Speerwerfen bildeten die Ausnahme.

Gerätebedarf

Haselnussgerten, einige „richtige" Frauenspeere (600 g), eventuell auch Bohnenstangen o.ä. Als brauchbare Ziele können dienen: Reifen, Eisenringe, Zeitungen, Kartons, mit Wasser gefüllte Luftballons, Äpfel usw.

Sicherheits- und Organisationsrahmen

Folgende Sicherheitsvorschriften und Verhaltensregeln sind angesichts der Gefährlichkeit des Geräts strikt zu befolgen und deshalb einsichtig im Bewusstsein der Jugendlichen zu verankern:

*   Speere werden grundsätzlich senkrecht getragen und gehalten.
*   Begrenzungslinien und Positionsmarkierungen sind unbedingt einzuhalten.
*   Das Werfen und Holen der Speere erfolgt prinzipiell auf vereinbarte optische oder akustische Signale hin.

Auch wenn es den Anschein hat, dass die Lerngruppe sich verantwortungsvoll verhält, ist von der Lehrkraft permanent höchste Aufmerksamkeit gefordert.

Aus unterschiedlichen Gründen hat sich der Kreis für das Werfen bewährt. Er bietet neben einer günstigen Übersichtsmöglichkeit für Lehrende auch eine hohe Sicherheitsgarantie. Außerdem kann problemlos und zeitsparend der Wechsel von Übungssequenzen zu Besprechungsphasen in der Mitte des Kreises durchgeführt werden.

Die Jugendlichen stehen zum Werfen mit dem Rücken zur Kreismitte auf dem Kreisumfang. Diese Stand- und Abwurfposition wird mit einem Markierungshütchen gekennzeichnet. Der Abstand zum Nachbarn beträgt etwa zwei Meter (zwei große Schritte).

Beispiel für einen Stundenverlauf

Nach einem speziellen Aufwärmen legen die Jugendlichen ihre jeweiligen Ziele aus und praktizieren damit bewusst oder unbewusst eine Form der Selbsteinschätzung. Sie sollen nämlich die Entfernung von ihrem Standort so wählen, dass ein Treffen des Zieles mit ihrem Speer höchstwahrscheinlich wird.

• Versucht, euer Ziel möglichst oft zu treffen (Abb. 10.2).

   Kommentar: Wenn eine geringe Trefferausbeute es nahe legt, kann die Zielentfernung verändert werden. Solche korrigierenden, die Differenz zwischen Wollen und Können abbauenden Veränderungen sind auch im Folgenden stets möglich. Sie führen allmählich zu einer Verfeinerung der Selbsteinschätzung.

Bei gleich bleibendem Ziel kann jetzt ein Speerwechsel stattfinden:

• Tauscht für die nächsten Versuche euren Speer aus. Jeder soll sowohl mit dem offiziellen Sportgerät Speer, als auch mit den anderen, sozusagen „natürlichen" Speeren geworfen haben, um etwaige Unterschiede feststellen zu können.

   Kommentar: Die Erfahrungswerte, die der Gerätetausch mit sich bringt, werden in der eingeschobenen Besprechungsphase ausgetauscht und bearbeitet. Überraschend ist für manche, dass sie mit dem Haselnussspeer „besser" werfen als mit dem Wettkampfspeer.

Die sich anschließenden Wurfversuche werden auf Vorschlag der Übenden mit einer Veränderung der Ziele verbunden:

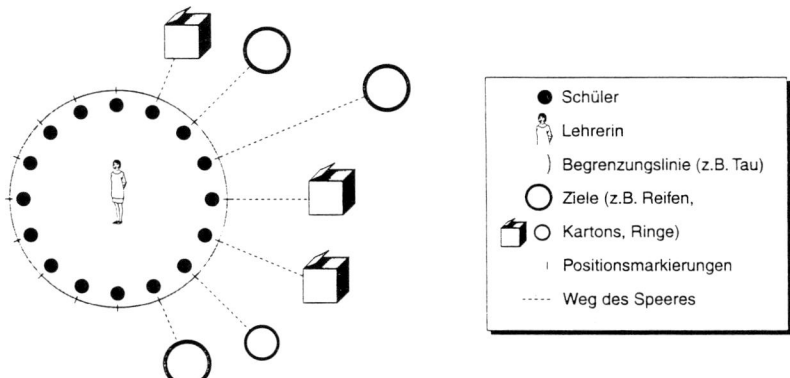

Abb. 10.2: Vorschlag zur Unterrichtsorganisation

- Behaltet für die nächsten Würfe den Speer, der euch am besten liegt. Durch einen Positionswechsel – wir werden nach jedem Wurf im Uhrzeigersinn weiterwechseln – habt ihr jetzt die Möglichkeit, auf andere Ziele in unterschiedlichen Entfernungen zu werfen.

Kommentar: Die neue Organisationsform führt automatisch zu einem Pendeln zwischen genau Werfen und Weiterwerfen. Im letzteren Fall ist beobachtbar, dass fast alle Übenden einen kleinen Beschleunigungsweg suchen, z.B. mit Hilfe eines Seitanstellschrittes oder von drei Schritten. Dieser Unterschied zum Standwurf wird in der darauf folgenden Besprechungsphase ebenso thematisiert wie aufgetauchte Fragen zur Griffhaltung, zum unruhigen oder „krummen" Flug des Speeres, zu seinem ausbleibenden Steckenbleiben usw.

Die nächsten Wurfdurchgänge sind so organisiert, dass bei jeder Abwurf- und Positionsmarkierung ein fester Speer verbleibt. Das heißt, dass nach dem Wurf das Gerät geholt und vor dem Weiterrücken zur nächsten Position an der Markierung wieder in den Boden gesteckt wird.

Kommentar: Durch die Beibehaltung des Rotationsprinzips entsteht ein hoher Übungseffekt und gleichzeitig eine Gewöhnung an die Unterschiedlichkeit der Fluggeräte. Auch das immer wieder notwendig werdende neue Einstellen auf wechselnde Ziele und deren Entfernungen bringt eine Vielzahl an Wurferlebnissen und Bewegungserfahrungen mit sich. So sammelt sich umfassendes Material für Besprechungsphasen, aber auch für weiteres Experimentieren, gegenseitiges Beobachten und nicht zuletzt für die Befragung von Experten.

Aus den verschiedenen Experimentierphasen und Überlegungen der Jugendlichen selbst resultieren weitere Variationen des Werfens mit einem Speer:

- Ständiges Kontrastieren der Zielentfernungen. Daraus eröffnen sich Fragen wie: Werfe ich anders, wenn ich auf Weite werfe oder ein Ziel anvisiere? Wie reagiert mein Körper auf die unterschiedlichen Anforderungen? Welche Folgen ergeben sich für die Flugkurve des Geräts?
- Jeweils zwei Jugendliche mit etwa gleicher Zielentfernung und Trefferausbeute schließen sich zusammen und werfen mehrfach auf ein gemeinsames Ziel. Hier bietet sich die Möglichkeit zu partnerschaftlichem Vergleich bei nahezu gleichen Ausgangsbedingungen.
- Beide Partner können den Vergleichsmodus abwandeln, indem sie sich beispielsweise auch drei Ziele suchen, die entweder eine hohe Trefferquote versprechen oder eher das Treffen schwierig machen.

- Der Vergleich kann auch gruppenweise erfolgen, z.B. indem bei vorgegebener Wurfzahl die Jugendlichen des einen Halbkreises gemeinsam gegen diejenigen des anderen Halbkreis um eine hohe Trefferquote ringen.
- In Partnerform wird versucht, gleichzeitig zu werfen, d.h. es kann der Abwurf oder die Flugbahn der beiden Speere oder auch deren Auftreffen auf dem Boden synchronisiert werden.
- Die Partner versuchen, ihren Wurf so zu setzen, dass die Landepunkte der Speerspitzen im Boden möglichst nahe beieinander liegen.

Kommentar: Solche Aufgaben (im Originalton der Jugendlichen heißen sie: „schön werfen", „gemeinsam werfen", „exakt werfen", „außergewöhnlich werfen") können sehr reizvoll sein, auch im Sinne von Sinnlichkeit.

Die erfolgreiche Bewältigung der situativen Herausforderungen lässt sich manchmal durch eine entsprechende Geländewahl unterstützen. Beispielsweise kommt ein Speer an einem Hügelrücken viel leichter zum Stecken als auf ebener Fläche. Auch ein kraftvoller Wurf wird bei geringer Entfernung durch einen Hügel eher provoziert. Diese Erfahrungen haben dazu geführt, dort, wo die Möglichkeit besteht, Ziele auf dem Hügelrücken auszulegen und relativ kleine Entfernungen zu empfehlen. Diese Organisation führte zu erstaunlichen Erfolgserlebnissen bei vorher weniger erfolgreichen Werfern. Selbst eine Verbesserung des Weitwerfens wird logischerweise durch eine erhöhte Abwurfstelle erzielt.

Als außerordentlich attraktive Aufgabe erweist sich immer das
- Werfen auf ein bewegliches Ziel.
  Dazu benötigt man zwei sehr lange Seile und einen großen, stabilen Karton. An dessen Schmalseiten wird jeweils eines der beiden Seile befestigt. Der Vorteil bei dieser Organisation ist, dass jeweils eine Person am Ende des Seils dieses zum Transportieren des Kartons nur aufwickeln muss. Bei nur einem Seil muss eine Person zum Ziehen immer erst auf die andere Seite laufen. Um die Gefahr des Schrägwerfens zu unterbinden, darf nur im rechten Winkel zur Abwurflinie geworfen werden. Eine angemessene Entfernung für die Gesamtgruppe muss allmählich über den Versuch gefunden werden.

- Der Karton – aus der Sicht der Werfenden meistens ein Wildschwein – wird an der in Reihe aufgestellten Gruppe (auf Abstand und Abwurflinie achten!) vorbeigezogen, anfangs mit geringer Geschwindigkeit.

- Haben sich die Werfenden nach mehreren Durchgängen auf Organisation, Entfernung und Objekt eingestellt, kann die Geschwindigkeit des „Wildschweines" verändert werden, beispielsweise von kontinuierlich schnell bis zu permanentem Tempowechsel. Der Speer wird als ursprüngliches Jagdgerät wieder entdeckt.

- Ist der schon erwähnte kleine Hügel vorhanden, ergibt sich die Möglichkeit, den Karton einmal am Grund des Hügels und einmal auf dem Kamm entlangzuziehen. Über dieses Arrangement werden unterschiedliche Flugkurven der Speere und damit unterschiedliche Bewegungsmuster bei den Werfenden abgerufen.

Kommentar: Bei den Jugendlichen, mit denen bisher dieses Arrangement durchgeführt wurde, war die Begeisterung so groß, dass sie nicht nur viel Phantasie darauf verwendeten, mit Hilfe eines Mattenwagens eine bewegliche Abwurframpe zu basteln. Der Veränderungsimpuls führte auch zu einer Umgestaltung der Geräte. Neben dem Anbringen von „Flugbändern" am Speerende (für das Schönfliegen) beeindruckten besonders die Versuche, bei denen nach dem Vorbild von „Papierflugzeugen" versucht wurde, die Flugzeit des Gerätes zu verlängern. Dies gelang z.B. bei den Haselnussspeeren – mit „richtigen" Speeren lässt sich nicht verändernd spielen – durch das Befestigen von Deltaflügeln aus Hartkarton.

Abschlusskommentar

Es ist zwar kein leichtes, aber ein bedeutsames und für alle Beteiligten gewinnbringendes Unterfangen zu vermitteln, dass ein „erweiterndes Abweichen" vom sportiven Speerwerfen weder minderwertige Leistungen noch etwas Falsches erzeugt. Auch das ist Leichtathletik, so lautete am Ende der Stunde die einhellige Meinung. Den Heranwachsenden wurde im Verlauf dieser mehrperspektivisch ausgerichteten Stunde deutlich, dass selbst das Speerwerfen mit vielfältigen Sinnzuweisungen verbunden sein kann, die wichtige, unersetzliche Erlebnis- und Erfahrungsqualitäten im Bewegungsfeld eröffnen.

Literatur

BECKER, U. (Hrsg.): Leichtathletik im Lebenslauf. Aachen 1994.

BERNETT, H.: Leichtathletik im geschichtlichen Wandel. Schorndorf 1987.

BETTE, K.H.: Sport und Individualisierung. In: Spectrum der Sportwissenschaften 5 (1993) 1, 34-55.

BRODTMANN, D./SCHIPPERT, D.: Leichtathletik im Schulsport der 90er Jahre. In: Körpererziehung 40 (1990) 4, 165-170.

CSIKSZENTMIHALYI, M.: Das Flow-Erlebnis. Jenseits von Angst und Langeweile im Tun aufgehen. Stuttgart: Klett-Cotta 1985.

DIGEL, H.: Brauchen wir eine neue Leichtathletik? Leichtathletik als organisierter Breitensport. In: Becker, U. (Hrsg.): Leichtathletik im Lebenslauf. Aachen 1994, 16-29.

EHNI, H.: Sport und Schulsport. Didaktische Analysen und Beispiele aus der schulischen Praxis. Schorndorf 1977.

EHNI, H.: Üben. In: Sportpädagogik 9 (1985) 6, 14-23.

EICHBERG, H.: Stärker, lustiger, tödlicher. In: KURZ, D./SCHÜTTE, U. (Hrsg.): Leichtathletik. Texte zur Theorie der Sportarten. Bd. 6. Schorndorf 1986.

EICHBERG, H.: Zur historisch-kulturellen Relativität des Leistens im Spiel und Sport. In: EICHBERG, H. (Hrsg.): Die Veränderung des Sports ist gesellschaftlich. Münster 1986, 9-34.

EICHBERG, H.: Ein grünes Nachwort. In: H. EICHBERG (Hrsg.): Die Veränderung des Sports ist gesellschaftlich. Münster 1986, 271-284.1.

FAHLENBOCK, M./KOTTMANN, L.: Leichtathletik – zu schwer für die Schule? In: Körpererziehung 44 (1994) 5, S. 166-171.

JANALIK, H.: Mehrperspektivität im Sportunterricht. Eine Grundlagenuntersuchung. Unveröff. Diplomarbeit. Heidelberg 1980.

JANALIK, H.: Warum das „Anfänger-Sein" nicht genießen? Elementare Erlebnisse und Erfahrungen im Skikurs mit Anfängern. In: TREUTLEIN, G./FUNKE, J./SPERLE, N. (Hrsg.): Körpererfahrung im Sport. Wahrnehmen – Lernen – Handeln. Aachen 1992, 155-168.

JANALIK, H./TREUTLEIN, G: Perspektivenübernahme bei kritischen Trainings- und Wettkampfsituationen in der Kinderleichtathletik. In: HOMMEL, H./HOPF.H. (Red.): Kinder in der Leichtathletik. Bericht vom Kongress des Deutschen Leichtathletik-Verbandes. Justus-von-Liebig-Verlag. Darmstadt 1997, 71-88.

KURZ, D.: Leichtathletik in der Schule. In: Sportpädagogik 6 (1982) 2, 11-18.

KURZ, D.: Sport mehrperspektivisch unterrichten. In: ADL (Hrsg.): Sport zwischen Tradition und Zukunft. Schorndorf 1992.

KURZ, D.: Handlungsfähigkeit im Sport – Leitidee eines mehrperspektivischen Unterrichtskonzepts. In: ZEUNER, A./SENF, G./HOFMANN, S. (Hrsg.): Sport unterrichten. Anspruch und Wirklichkeit. Bericht vom 1. Kongress des Deutschen Sportlehrerverbandes. St. Augustin 1995, 41-48.

MÜNSTER, H. P.: Zwischen Passivität und Partizipation. Eine analytisch-konstruktive Studie zur Schülerbeteiligung im Sportunterricht. Verlag Dr. Kovac, Hamburg 1995.

NETT, T.: Lehrweise der Leichtathletik. Hürdenlauf, Sprung, Wurf. Ein Wegweiser für Übungsleiter und Aktive. Berlin 1963.

PETERS, K./LUTZ, R.: Leichtathletik im Urlaub und Leichtathletik als Fest. In: BECKER, U. (Hrsg.): Leichtathletik im Lebenslauf. Aachen 1994, 225-229.

PETZOLD, H. (Hrsg.): Psychotherapie und Körperdynamik. 3. Aufl. Paderborn 1979.

RHEINBERG, F.: Zweck und Tätigkeit. Göttingen-Toronto-Zürich: Hogrefe 1989.

SCHERLER, K.H.: Laufen – wie es zum Thema des Sportunterrichts und außerunterrichtlicher Bewegungsgelegenheiten werden kann. In: KRETSCHMER, J. (Hrsg.): Sport- und Bewegungsunterricht 1-4. München 1981, 80-94.

SCHULZ, N.: Schulsport – Die aktuelle Diskussion um Aufgab en, Ziele und Inhalte im Überblick. In: DENK, H./HECKER, G. (Hrsg.): Texte zur Sportpädagogik, Teil II, Schorndorf 1985, Schorndorf 1985, 200ff.

TISCH, A.: Anreizfaktoren in der Leichtathletik. Wiss. Arbeit (Mskr.) Heidelberg 1994.

TREBELS, A.: Das dialogische Bewegungskonzept – Eine pädagogische Auslegung von Bewegung. In: Sportunterricht 41 (1992) 1, 20-29.

TREUTLEIN, G./FUNKE, N./SPERLE, N. (Hrsg.): Körpererfahrung im Sport. Wahrnehmen – Lernen – Gesundheit fördern. 2., überarbeitete Aufl. Aachen 1992.

TREUTLEIN, G.: Körperwahrnehmung und Körpererfahrung in der Leichtathletik. In: TREUTLEIN,G./FUNKE,J./SPERLE,N. (Hrsg.): Körpererfahrung im Sport. Wahrnehmen – Lernen – Gesundheit fördern. Aachen 1992, 67-106.

TREUTLEIN, G.: Zum Reiz der Leichtathletik. In: Becker, U. (Hrsg.): Leichtathletik im Lebenslauf. Aachen 1994, 205-209.

WOPP, Ch.: Die Leichtathletik und die Affenfalle oder Plädoyer für eine erlebnisorientierte Leichtathletik. In: Becker, U. (Hrsg.): Leichtathletik im Lebenslauf. Aachen 1994, 30-36.

Reiner Hildebrandt

Bewegungserfahrungen im Wasser

„Du verleihst der Schöpfung Leben, Daseinslust dem, der dich kennt. Schwimmen will ich,
in dir schweben, Wasser, du mein Element."

In diesem Loblied drückt der Lehrmeister der Schwimmmethodik, ANDREAS (1963) seine
Gefühle aus, die er empfindet, wenn er sich in das Element Wasser begibt: Es ist für ihn
ein Lebens-elexier, aus dem er Lebens- und Bewegungslust schöpft, weil er sich in ihm
wohl fühlt. Er genießt offensichtlich die Harmonie, in der er sich mit dem Element Wasser
befindet. Deutlich wird, dass er sich dieses Element einverleibt hat und dass er sich dieser
Gefühlszustände bewusst ist. Meine Vorstellung ist, dass Schwimmlehrer und Eltern, die
mit ihren Kindern ins Schwimmbad gehen, die Kinder und Jugendlichen in ihrem Prozess
des Schwimmenlernens so unterstützen, dass sie sich mit dem Wasser vertraut machen
können, sodass das „Sich-Bewegen im Wasser" zu einer natürlichen, lustbetonten Handlung wird – eben so, wie sie es für ANDREAS geworden ist.

Doch wie sieht die Unterstützung eines solchen Prozesses aus? Was heißt hier überhaupt „Schwimmen lernen"? Welches sind die weiterführenden Zielsetzungen eines solchen Lernprozesses? Wie ist der Lernprozess didaktisch-methodisch zu gestalten?

Auf diese und daran anknüpfende Fragen möchte ich im Folgenden einige Antworten
geben.

1. Was heißt „Schwimmen lernen"?

Unter „Schwimmen lernen" verstehe ich einen erfahrungsbezogenen Auseinandersetzungsprozess des Subjektes mit dem Wasser. D. h. immer dann, wenn ich Menschen als Lehrer
und als Betreuer gegenübertrete, beziehe ich mich auf deren Auseinandersetzungsprozess.

Ich gehe also in meinem Schwimmunterricht nicht von Formen der Auseinandersetzung
aus, die objektiv vorhanden sind, wie z.B. die vier Schwimmtechniken, sondern ich berück-
sichtige zuallererst die subjektive Handlungsstruktur und die Wechselbeziehung zwischen
Mensch und Umwelt. Damit befinde ich mich in Übereinstimmung mit solchen bewegungs-
pädagogischen Ansätzen, die darauf hinweisen, dass Bewegungen immer schon auf Erfahrungen treffen, dass bewegungszentrierte Mensch-Umwelt-Situationen von den Sich-Bewegenden im Lichte ihrer „Vor-Erfahrungen" gedanklich und eigenmotorisch aufgefasst, verstanden und beantwortet werden (vgl. FUNKE 1987; LANDAU 1981; MARAUN o.J., 26 ff.;
TREBELS 1990; LEIST/LOIBL 1990).

In meinem Schwimmunterricht und in Schwimmkursen mit Kindern und Jugendlichen mache ich immer wieder die Erfahrung, dass Kinder, die schwimmen lernen sollen, sich nicht nur auf die von mir gewünschte Art und Weise mit dem Wasser auseinander setzen, sondern in ihrer Bewegung mit dem Wasser Aktionen ausdrücken, die auch vom Schwimmen wegführen. Z.B. äußern Kinder den Wunsch, im Wasser zu spielen, zu spritzen, ein Floß zu bauen, Boot zu fahren etc. Die Bedeutung der Begegnung mit dem Wasser liegt also nicht unbedingt von vornherein fest. Der Prozess ist nicht eindeutig, sondern vieldeutig. In einem erfahrungsorientierten Schwimmunterricht gilt es, diese Vieldeutigkeit zuzulassen und auszuleben (vgl. VOLCK 1990, 13ff.; JOHN 1990, 42-45; LANDAU 1985, 23).

Unter einer subjektiven Erfahrungsperspektive scheinen mir also nicht die Fragen, welche Bewegungsformen wie zu erlernen sind, sondern „wie begegne ich dem Wasser" die adäquate Problemformulierung zu sein. Gegenstand der Gestaltung von Lehr-Lern-Prozessen sind dann weder die Bewegungsformen der Schwimmtechniken noch ihre biomechanisch-physikalischen Gesetzmäßigkeiten, sondern der Dialog des Einzelnen mit dem Element Wasser (vgl. VOLCK 1990; HILDEBRANDT 1990; 1993, 199).

Damit gerät das in den Blick, was das Eigentliche des Gegenstandsbereiches ausmacht, „dass sich Menschen in einem besonderen Medium – Wasser – bewegen, dass dieses Medium in besonderer Weise auf den Körper einwirkt, das – zwar auch wie die Luft – den ganzen Körper umgibt, aber anders erlebbar macht" (VOLCK/WILKE 1982, 192).

Dieses Besondere sowohl des Mediums Wasser als auch der menschlichen Bewegung im Wasser gilt es, in Schwimmlehrgängen zu entdecken und zu erfahren.

Als übergreifende Zielsetzung könnte man dies auch so formulieren: Der Einzelne soll die Bewegungsbedeutungen des Wassers entdecken und im Zusammenhang damit seinen Spürsinn für das Wasser entwickeln. Didaktisch bedeutet dies, dem Lernenden Gelegenheit zu geben, das Typische des Wassers individuell in Erfahrung zu bringen (vgl. HILDEBRANDT 1990).

2. Das dialogische Bewegungskonzept als bewegungs-pädagogische Grundlage

Ein Schwimmunterricht, der von der wahrnehmungstheoretischen Bezugsgrundlage der Wechselbeziehung zwischen Mensch und Umwelt ausgeht, benötigt für die didaktische Gestaltung ein korrespondierendes, bewegungspädagogisches Konzept. Ein solches sehe ich in dem dialogischen Bewegungskonzept des Niederländers GORDIJN. GORDIJN versteht Sich-Bewegen als einen subjektiven Dialog zwischen Mensch und Welt. „In seinem Bewegen bezieht sich der Mensch auf etwas außerhalb seiner selbst" (TAMBOER 1979, 16). Dies können im Schwimmen das Wasser, andere Menschen (Mitschüler) oder Geräte und Materialien sein. Dieses andere wird vom handelnden Subjekt auf seine Bewegungsbedeutungen befragt. Ein Kind, das sich in das Wasser begibt, befragt das Wasser nach seinen Eigenschaften zum Sich-Fortbewegen, zum Tauchen, zum Spritzen, zum Wellenerzeugen, zum widerstandsarmen Durchschlüpfen etc. In diesem persönlich-situativen Bewegungsdialog bringt das Kind seine subjektiven Bewegungsbedeutungen des Wassers hervor. Es macht z.B. beim Laufen im Wasser gleichzeitig die Erfahrung, dass dies anstrengend ist, weil das Wasser die Laufbewegung bremst. Beim Gleiten nach dem Abrenner kann es die Erfahrung machen, wie ein Pfeil durch das Wasser zu schießen und gleichzeitig das Wasser als ein leicht zu durchströmendes, schlüpfriges Element zu empfinden. Diese Beispiele zeigen, dass die Bedeutungen, die entstehen, immer das Ergebnis einer bewegungsmäßigen Auseinandersetzung des Subjekts mit der Umwelt darstellen. Sie sind niemals allein Eigenschaft eines Dinges und niemals allein vom Subjekt bestimmt. Insofern macht das Individuum zugleich Erfahrungen von der Welt als auch Erfahrungen des eigenen Selbst, beide verändern sich im Vollzug des Sich-Bewegens, sie entwickeln eine subjektiv bedeutsame Struktur. TREBELS beschreibt diesen Rückbezug auf die je individuelle, persönliche Perspektive sich bewegender Kinder wie folgt: „Es geht mithin um den je individuellen Bewegungsleib, um mein Spüren und Agieren, um die sich mir entfaltende Welt als meine Bewegungswelt, die sich im Prozess des Sich-Bewegens als 'mein' Bewegungsleib und 'meine' Bewegungswelt erst entfalten. Weder der Leib noch die sich mir eröffnende Welt sind konstant und unverrückbar, sie konstituieren sich allererst im Sich-Bewegen, im Dialog zwischen Mensch und Welt gewinnen sie jeweils Kontur, konstituieren sie sich erst in ihrem So-Sein" (1992, 24-25).

3. Zentrale Merkmale einer didaktischen Strukturierung: Problemorientierung und Erfahrungsoffenheit

Ausgangspunkt in meinem Schwimmkurs ist die Entwicklung und Erarbeitung eines breiten Bewegungsspektrums für die Interpretation des Bewegungsraumes Wasser. Bewegungen im, ins und unter Wasser werden unter dem Aspekt je unterschiedlicher Umgangsarten mit dem Wasser (laufen, schwimmen, springen, spritzen, tauchen, schweben, Wellen erzeugen etc.) in Erfahrung gebracht.

Unterricht zielt hier genau auf das, was TAMBOER (1979, 17) als Erfahrungen im Sinne der „direkten Überschreibung" bezeichnet. Aus diesen Situationen des freien Erkundens ergeben sich in der Regel Bewegungsanlässe des „Sich-im-Wasser-Fortbewegens", des „nicht-im-Wasser-Versinkens", des „im-Wasser-Versinkens", des „unter-Wasser-Fortbewegens" und des „ins-Wasser-Hineinkommens". Diese Bewegungsanlässe greife ich auf und wandele sie in Problemfragen um, wie z.B. „Wie kann man sich im Wasser antreiben?", „Wie kann man im Wasser versinken bzw. das Versinken verhindern?", „Wie kann man sich unter Wasser fortbewegen?", „Wie kann man den Unterwasseraufenthalt interessant gestalten?" u.a. (vgl. hierzu auch FRANKFURTER ARBEITSGRUPPE 1982, 104 und BIBA 1981).

In der Auseinandersetzung mit solchen Fragen erproben die Schüler die Gesetzmäßigkeiten des Wassers und wie sie bewegungsmäßig darauf einwirken können. Eine derartige Vorgehensweise ermöglicht es, physikalische Kategorien (Auftrieb, Vortrieb, Wasserdruck etc.) in subjektive Kategorien umzuwandeln, sodass der ursprüngliche Phänomen- und Entdeckungszusammenhang in das Blickfeld der Überlegungen und Handlungen der Lernenden rückt.

Ich werde im Folgenden die o.g. Bewegungsanlässe aufgreifen und an ihnen beispielhaft erläutern, was ich unter einer problemorientierten und erfahrungsoffenen Vorgehensweise verstehe.

3.1 „Sich im Wasser fortbewegen"

Für eine problemorientierte Inszenierung dieses Themas bieten sich Fangspiele im flachen Wasser an. Sie eignen sich hervorragend dazu, erste Wasserwiderstandsempfindungen bewusst zu machen. Schüler erfahren sehr schnell, dass man sich im Wasser bedeutend langsamer bewegen kann als auf dem Land. Bewegungen werden im Wasser gebremst. Sie erfordern einen größeren Kraftaufwand.

Beispiel
Bei einem Fangspiel mit nur einem Fänger schlagen die Schüler meist von selbst eine Regeländerung vor, weil das Spiel für den Fänger zu anstrengend und für die anderen zu langweilig wird. Die Zahl der Fänger wird erhöht. Aus dieser Grundsituation können verschiedene Formen des Fangspiels entwickelt werden.

Beispiele
- Fangspiel, bei dem der Fänger sich zu erlösen versucht, indem er einen anderen abschlägt und dieser dann zum Fänger wird.
- Kettenfangen: Die Abschlagenden bilden mit den Fängern eine oder mehrere Ketten.
- „Der Fischer und die Fische": Der Fischer hat einen Ring und will den Fisch damit fangen.
- Fangspiel, bei dem der abgeschlagene Spieler eine bestimmte Stellung einnehmen muss (Grätsche, Hocke) und erst dann weiterspielen darf, wenn er von seinen Mitspielern z.B. durch Handschlag o.ä. erlöst wird.
  Will man, dass auch die Gesichter in zunehmendem Maße Kontakt mit dem Wasser bekommen bzw. dass der Kopf vollständig unter Wasser getaucht werden soll, kann man den Kindern folgende Regelveränderung vorschlagen:
- Beim Fischerspiel: Wenn der Fisch nicht gefangen werden möchte, muss er den Kopf unter Wasser stecken.
- Beim letzten Fangspiel kann der abgeschlagene Spieler nur dann weiterspielen, wenn er von einem Mitspieler befreit wird, der durch seine gegrätschten Beine taucht.

Aus der Erkenntnis, dass das Im-Wasser-Laufen eine ungeeignete Bewegungsmöglichkeit ist, um im Wasser schnell vorwärts zu kommen, entwickeln sich Fragen nach besseren Fortbewegungsmöglichkeiten gegen den Wasserwiderstand und nach der Nutzung des Wasserwiderstandes bei der Fortbewegung.

In einem weiteren didaktischen Schritt kommt es darauf an, dass die Schüler die Gelegenheit erhalten, in gezieltem Suchen und Experimentieren die Widerständigkeit des Wassers und seine Nutzung für die Fortbewegung in Erfahrung zu bringen.

Nach TAMBOER (1979, 18) handelt es sich hier um den didaktischen Schritt der „erlernten Überschreitung".

Das gezielte Suchen nach Informationen zur Problemlösung „Wie ein Fisch gleiten" wird von mir durch Lernvorschläge in Form von Erfahrungssituationen unterstützt.

Beispiele
- Wie kann man nach dem Abstoßen vom Beckenrand/vom Partner in verschiedenen Körperlagen weit durchs Wasser gleiten/das Gleiten abbremsen?
- Wie kann (können) ich (mehrere Personen gleichzeitig) von einem Partner gehend/schwimmend leicht und bequem/unter großer Anstrengung durchs Wasser geschoben/gezogen werden? Wie kann man seinem Partner das Ziehen erleichtern/erschweren?
- Lass dich von einem am Beckenrand stehenden Partner an einem Tau hängend schnell durchs Wasser ziehen. Wie kannst du deinem Partner das Ziehen erleichtern/erschweren?
- Springe fuß- oder kopfwärts vom Beckenrand/Sprungturm durch einen Reifen in das Wasser. Versuche, beim Eintauchen glatt in das Wasser (wie in ein Loch) hineinzuschlüpfen.

Um die Wirkung des Abdrucks zu erfahren, eignen sich folgende Problemstellungen:
- Versuche Brustschwimmen rückwärts, zuerst die Arm-, dann die Beinbewegung (oder umgekehrt), dann die Koordination beider Bewegungen.
- Kraul- und Delfinschwimmen mit Hand- und Fußflossen, z.B. auch mit Monoflossen.

In der Auseinandersetzung mit solchen und anderen Erfahrungssituationen kommt es für den Schüler darauf an, die Brems- und Abdruckwirkung des Wassers zu erspüren, sich sozusagen immer mehr in die Frage zu verwickeln, wie er das Wasser zum Abdruck und Halt nutzen bzw. umgekehrt trotz der Bremswirkung des Wassers leicht und geschmeidig gleiten kann. Dabei geht es letztlich darum – und das ist charakteristisch für erfahrungsbezogene Lernprozesse – über einen zunehmend differenzierenden Dialog von Hinspüren und Bewirken ein „Passungs"-Verhältnis zum Wasser bewusst herauszuarbeiten (vgl. FRITSCH/MARAUN 1992).

3.2 Das Wasser trägt, ich bin leichter als Wasser und kann nicht im Wasser versinken

Im Zusammenhang der Auseinandersetzung mit dem Wasserdruck zentriere ich durch die Problemstellung „Wann trägt das Wasser? Ich bin leichter als Wasser und kann nicht im Wasser versinken", die Aufmerksamkeit auf das Auftriebsproblem. Damit gerät die Raumdimension der Wasseroberfläche in das Blickfeld der Informationssuche nach geeigneten Lösungen. Auch hier basieren meine Situationsangebote auf möglichen vorhandenen Erfahrungs- und Wahrnehmungsschemata der Kinder. Ich beobachte oft Kinder, die sich brustschwimmend fortbewegen und dabei eine starke Schräglage des Körpers im Wasser einnehmen. Eine Hauptursache scheint mir darin zu liegen, dass diese Kinder noch kein Vertrauen in die Tragfähigkeit des Wassers gewonnen haben und deshalb sowohl den Kopf verkrampft in den Nacken nehmen und angestrengt über Wasser halten als auch mit den Füßen nach dem sicheren Bodenkontakt suchen.

Wer noch keine Auftriebserfahrungen gemacht hat, für den hat Wasser nicht die Bedeutung, ein tragendes Element zu sein. Er wird Wasser dann auch nicht als ein solches Element wahrnehmen, so lange jedenfalls nicht, bis er diese Erfahrungen gemacht hat. Die Handlungen, in die eingebettet Wahrnehmungen unmittelbar Bedeutungen liefern, stehen ihrerseits unter dem Einfluss übergeordneter psychischer Bezugssysteme der Motivation und der Emotion. So ist es den beobachteten Schülern nicht möglich, sich der Tragfähigkeit des Wassers zu überlassen, weil sie Angst haben, in diesem Element unterzugehen. Das übergeordnete Bezugssystem „Im Wasser untergehen und keine Luft bekommen" steckt den Rahmen für mögliche Wahrnehmungen ab. In solchen Fällen ist es notwendig, zunächst das übergeordnete Bezugssystem zu verändern, um dem Lernenden den Weg zu den relevanten Wahrnehmungen zu öffnen. Dabei ist aber zu bedenken, dass die Auftriebseigenschaften des Wassers nur im tätigen Umgang, im auftreibenden Umgang mit ihm, wahrgenommen werden können. Sowohl diesen Kindern als auch jenen, bei denen ich nicht auf ein solches Bezugssystem zurückgehen muss, biete ich Erfahrungssituationen an, in denen sie die Tragfähigkeit des Wassers anschaulich mit solchen Materialien in Erfahrung bringen können, auf die man sich setzen, stellen, legen kann, ohne unterzugehen.

Hierzu eignen sich Pkw- oder Lkw-Schläuche, Wasserbälle, Luftmatratzen, Schwimmkörper aus Kunststoffschaum oder Styropor. Mit diesen Materialien (plus Wannen etc.) können Kinder eigene Boote oder Flöße bauen und Wettbewerbe veranstalten.

Foto 11.1

Das Problem „Wie kann man sich leichter als Wasser machen?" haben die Schüler beispielsweise dadurch gelöst, dass sie sich in eine Schwimmboje verwandelt haben. Sie haben sich mit Auftriebskörpern wie Schwimmweste, Pull-buoys, um die Hüfte gebundene Badematten etc. „verkleidet". In Experimenten haben sie erfahren, dass sie auch dann auf dem Wasser liegen bleiben, wenn ein Mitschüler versucht, die „Schwimmboje" unterzutauchen.

3.3 Sich im Wasser antreiben

Begibt man sich ohne Auftriebskörper ins Wasser, so ergibt sich die Notwendigkeit, sich im Wasser fortzubewegen, um über Wasser zu bleiben, wenn man nicht gerade untergehen will. Will man sich schwimmerisch fortbewegen, dann ist von der Sache her das Antreiben erforderlich.

Wie aber kann man das Antreiben so thematisieren, dass die subjektive Wahrnehmungsperspektive bedeutsam wird? Aus wahrnehmungstheoretischer Sicht geht es beim Antreiben um dreierlei: Die Schüler sollen ein Gespür dafür entwickeln,

* das Wasser mit Händen, Armen und Füßen wegdrücken bzw. sich mit Händen, Armen und Füßen vom Wasser abdrücken zu können,
* ihren Körper durch das Wasser ziehen zu können,
* ihren Körper durch Beinbewegungen durch das Wasser schieben zu können.

Auch zu dieser Thematik biete ich Erfahrungssituationen an, die es den Lernenden ermöglichen sollen, nach verschiedenen Antriebsbewegungen zu suchen und diese für sich wirksamer herauszuarbeiten. Vom Bewegungsreiz „Antreiben" geleitet, sollen sie sachgemäße, d.h. für das Vorantreiben förderliche Bewegungen und Bewegungshilfen finden und erproben.

Beispiele
* Schwimme mehrere Strecken mit verschiedenen Möglichkeiten, dich im Wasser anzutreiben.
* Ergreife beim Antreiben in verschiedenen Schwimmlagen mit den Händen und Armen möglichst viel/möglichst wenig Wasser. Wann hast du das Gefühl, viel/wenig Wasser wegzudrücken? Benutze hierzu auch verschiedene Handflossen (z.B. Handpaddles; selbst hergestellte Handflossen aus Gummihandschuhen mit auf Handflächengröße zurechtgeschnittenen und auf die Handschuhe geklebten Autoschlauchresten).
* Schiebe in verschiedenen Schwimmlagen deinen Körper durchs Wasser, indem du mit den Füßen das Wasser nach hinten peitschst. Benutze hierzu auch verschiedene Fußflossen (Flossen mit unterschiedlicher Länge; Monoflossen).

- Treibe dich so an, dass du dich möglichst schnell/langsam im Wasser fortbewegst.
- Kombiniere verschiedene Möglichkeiten des Sich-Antreibens (z.B. Kraularmzug mit Delfinbeinbewegung).

Selbstverständlich beobachtet der Lehrer den Übungsprozess der einzelnen Gruppen und begleitet ihn auch mit entsprechenden wahrnehmungsbezogenen Bewegungshinweisen. Erproben die Schüler z.B. die Kraulschwimmbewegungen, so können vom Lehrer entsprechende, wahrnehmungsbezogene Hinweise gegeben werden, die das gleitende Fortbewegen in dieser schwimmerischen Gestalt verbessern helfen. Solche Hinweise sind dann z.B.: Ergreife mit den Händen und Armen möglichst viel Wasser; ziehe dich durchs Wasser, indem du die Arme unter deinem Körper nach hinten drückst. LEIST verweist darauf, dass der entscheidende „Ansatzpunkt regulativ wirksamer Intentionen beim Bewegungshandeln 'phänomenale Gegebenheiten' sind" (o. J., 16). Mit „ergreife das Wasser mit den Händen und Armen" ist der phänomenale Angriffspunkt der Bewegungshandlung wiedergegeben, mit „unter dem Körper entlang nach hinten" die subjektbezogene Zielrichtung der Bewegungshandlung.

3.4 Im Wasser versinken: Wie komme ich unter Wasser und wie kann ich mich unter Wasser fortbewegen?

Um auch den Unterwasserraum interessant zu machen, biete ich den Schülern Problemstellungen an wie z.B.: „Wie gelange ich auf den Beckenboden?", „Was passiert, wenn ich bei solchen Versuchen vorher tief einatme? Komme ich dann leichter nach unten oder sogar schwerer?", „Gelingt es eher, wenn ich vorher ausatme?", „Wie kann ich den Unterwasseraufenthalt verlängern?", „Wir bauen eine Tauchlandschaft!"

Durch die Auseinandersetzung mit solchen grundlegenden Problemen wird einerseits der Unterwasserraum in einen Handlungsraum umstrukturiert, und andererseits werden bewusst Erfahrungen zu den Problemen der Atmung und des begrenzten Luftvorrats gesammelt.

Um sich mit Luft unter Wasser zu versorgen, kann man gemeinsam mit den Schülern nach Problemlösungen suchen und ausprobieren, ob man

Foto 11.2

- Luft aus Schläuchen „trinken" kann,
- Luftdepots anlegen (z.B. auf dem Wasser umgestülpte und nach unten gedrückte Plastikwannen) und dann einen neuen Tauchrekord aufstellen kann (bei diesen Lösungen muss auf die Gefahr der Vergrößerung des Totraumvolumens unbedingt geachtet werden).

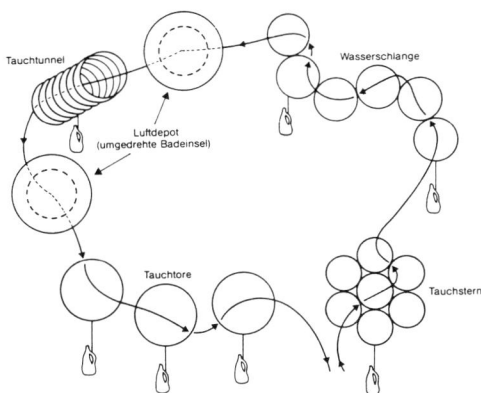

Abb. 11.1

Um abzutauchen, kann man sich an einem von der Wasseroberfläche schräg nach unten zum Beckenboden gespannten Seil hinabhangeln.

Um auf dem Beckenboden zu sitzen oder zu gehen, kann man sich durch Gewichte (z.B. mit Sand gefüllte Plastikflaschen) auf den Beckenboden ziehen lassen (Foto 11.2).

Um die Unterwasserraumdimension interessanter zu gestalten, können die Schüler sich aus Tauchtoren, Seilen, Stangen etc. eine Unterwasserlandschaft bauen. (vgl. Abb. 11.1)

Als Tauchtore verwenden wir Gymnastikreifen, Hula-Hopp-Reifen, Gummischläuche und Drainagerohre. Es hat sich gezeigt, dass die Tauchtore aus farbigen Drainagerohren die interessantesten Tauchmöglichkeiten eröffnen. Das liegt daran, dass sie unter Wasser gut zu sehen sind und einen großen Grad an Variabilität aufweisen. Beim Streckentauchen kann man dann versuchen, durch Tauchtore oder einen Tauchtunnel zu schwimmen, sich um „Slalomstangen" zu schlängeln, alle Tore einer „Wasserschlange" zu bewältigen oder einem markierten Tauchweg zu folgen.

Ich habe beobachtet, dass mit zunehmendem Können der Kinder und Jugendlichen sich die Tauchsituationen dahingehend verändern, dass das Tiefwasser in die Aktionen einbezogen wird und vermehrt Transport- und Unterwasserarbeiten ausgeführt werden. Dabei zeigte es sich, dass es nicht so sehr darauf ankam, die fertig gestellten Tauchparcours tauchtechnisch zu bewältigen. Viel interessanter war es, die Probleme des Aufbaus gemeinsam zu lösen und herausfordernde Tauchstationen zu erstellen.

3.5 Wie komme ich ins Wasser?

Man kann auf vielfältige Art ins Wasser gelangen: springend, schwingend, rollend, rutschend, schleudernd. Sollen diese Möglichkeiten wahrgenommen werden, dann müssen die Bewegungssituationen so gestaltet sein, dass sie solche vielfältigen Bewegungstätigkeiten und damit vielfältige Bewegungserlebnisse eröffnen.

Um ungewohnte Formen des Hineinkommens ins Wasser ausprobieren zu können, habe ich z.B. nach Absprache mit dem Badbetreiber bzw. in Zusammenarbeit mit ihm in einem Hallenbad eine Hangellandschaft über dem tiefen Teil des Beckens (2 m Wassertiefe) installiert. An quer über dem Becken verspannten Tragseilen sind Klettertaue, Schaukeln und „Schleudersitze" befestigt. Über eine schiefe Ebene, deren Neigungswinkel veränderbar ist, kann vom 3 m-Turm ins Wasser gerutscht werden (vgl. Abb. 11.2). Einfachere Situationen sind z.B. große Bademmatten, auf denen man vom Beckenrand ins Wasser rutschen kann oder aber Taue, an denen man ins Wasser schwingen kann. Weitere Erfahrungssituationen sind Kopf- und Fußsprünge gestreckt, gehockt, mit Drehungen bzw. Ziel-(weit)sprünge durch Reifen vom Beckenrand, Sprungbrett oder auch Sprungturm.

Selbstverständlich können bei allen genannten Wasserperspektiven auch engere Problemstellungen im Sinne des Erlernens schwimmerischer Bewegungen von den Schülern erarbeitet werden. So weist WILKE (1990, 40) ausdrücklich darauf hin, dass z.B. Tauchen, Wasserspringen und auch explorierende Formen des Sich-Antreibens Bewegungsabläufe bereit-

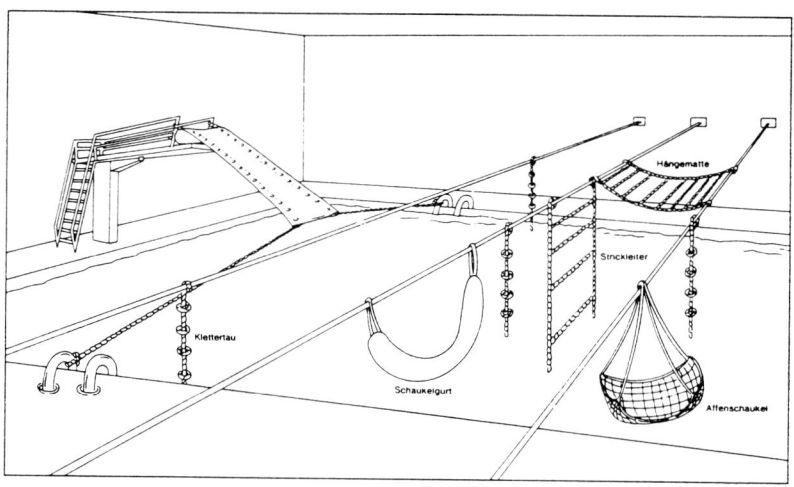

Abb. 11.2

stellen, welche die wesentlichen Bestandteile des sportschwimmerischen Bewegungsver-
haltens eindeutiger, schneller und wahrnehmungsintensiver zu fördern vermögen als das
Sportschwimmen selbst. „Vorausgesetzt ist allerdings dabei, dass jegliches derart erworbe-
nes Bewegungsverhalten möglichst unmittelbar und oft genug in diejenigen sportschwimmerischen Bewegungsabläufe integriert wird, die in der traditionellen Ausbildung häufig
die alleinigen Ziele und Bewegungsinhalte waren" (WILKE 1990, 40). Bei der Unterwasser-
perspektive könnten die Schüler z.B. nach ökonomischen Bewegungen suchen, um eine
längere Tauchstrecke zu bewältigen. Bei der Ins-Wasser-hinein-Perspektive könnte der Suchprozess auf eine Körperhaltung gerichtet sein, die es erlaubt, möglichst glatt und spritzer-
los oder umgekehrt, mit möglichst hohen Spritzern ins Wasser einzutauchen. Mit dieser
kontrastierenden Aufgabenstellung verbinde ich die Absicht, dass die Schüler durch das
nacheinander Eintauchen der Hände, Arme, des Kopfes, des Oberkörpers, der Hüfte, Beine
und Füße in ein durch einen Reifen symbolisiertes Loch eine strömungsgünstige, in diesem
Fall widerstandsarme Körperhaltung erfahren. Wie WILKE bin auch ich der Meinung, dass
z.B. durch das Experimentieren in solchen Erfahrungssituationen die Rückmeldung über
richtiges oder falsches Körperverhalten deutlicher ausfällt, als dies durch die Vielzahl von
Abstößen und Gleitübungen des Schwimmens überhaupt möglich ist (vgl. WILKE 1990,
40).

4. Zusammenfassung

Ich habe Schwimmen lernen als erfahrungsbezogene Auseinandersetzung des Subjekts mit
dem Element Wasser charakterisiert. Konstitutiv für diesen Auseinandersetzungsprozess ist
der Wechselzusammenhang zwischen Mensch und Welt, hier zwischen Mensch und Wasser, der sich in einer engen Verzahnung von Wahrnehmen und Sich-Bewegen festmacht.

  Aus didaktischer Sicht habe ich die Frage gestellt, wie dieser Auseinandersetzungsprozess zu gestalten ist. Meine Antwort: Er ist als Suchprozess im Sinne eines freien Bewe-
gungsdialogs zu gestalten. Methodische Rahmenbedingungen für diesen Dialog sind problemorientierte Lernsituationen, in denen die Schüler gezielt die verschiedenen Dimensionen und Perspektiven des Bewegungsraumes Wasser in Erfahrung bringen können.
Anhand von Beispielen habe ich erfahrungsbezogenes Lernen gekennzeichnet als

a) eine Einbindung in konkrete Situationen entsprechend dem Grundsatz, dass die Situa-
    tion lehrt und nicht die Instruktion (vgl. TREBELS 1990, 15) und

b) einen selbständigen experimentierenden Umgang mit dem Element Wasser auf der
    Grundlage gezielter Fragestellungen gemäß dem Grundsatz, den Dingen und den in
    ihrem So-Sein eingelagerten Gesetzmäßigkeiten zu entsprechen (vgl. TREBELS 1990,
    15).

Abschließend verweise ich auf ein Fazit, welches Loibl (1992) angesichts ähnlicher Überlegungen zu dem Thema „Im Lehren und Lernen – Räume erschließen" zieht: „Aufgrund der Funktionalität unterschiedlicher Verhaltensweisen sollten sich bei diesem Lernen zumindest grobe Formen aktueller ... Schwimmtechniken entwickeln ... Die vorschnelle Orientierung an solchen Bewegungsformen ist für die Ausprägung funktionaler Bewegungsaktionen, für die Entwicklung differenzierter Wahrnehmungs- und Aktionsschemata, für das Sammeln von Bewegungserfahrungen und das Entwickeln von Bewegungsgefühl (vgl. Leist/Loibl 1990) eher hinderlich."

Diese Überlegungen gelten auch dann, wenn im Sinne sportlichen Schwimmens eine Schwimmtechnik erarbeitet werden soll. Dem weit verbreiteten Vorurteil, eine nicht an idealen Bewegungsformen ausgerichtete Vermittlung führe zum Einschleifen falscher Bewegungsmuster, ist gerade unter dem Aspekt der Funktionalität in Verbindung mit einem „Wertbewusstsein im Tun" (Christian) die o.g. Argumentation entgegenzustellen (vgl. Leist/Loibl 1990). „Eine empirische Untersuchung der Auswirkungen einer statt an Formvorschriften an Bewegungserfahrungen orientierten Vermittlung wies dementsprechend keinerlei Leistungsdefizite bezüglich der Schwimmzeiten auf, gibt aber berechtigten Anlass zu der Annahme, ein breiteres Erfahrungsspektrum und eine tiefere kognitive Verarbeitung der beschriebenen Probleme im Sinne der Zusammenhänge von Aktionen, Aktionsvariationen und entsprechenden Wirkungen erreicht zu haben (vgl. Oesterle 1992)" (zit. nach Loibl 1992, 31).

Literatur

ANDREAS, P.: Schwimmen. Frankfurt 1963.

BIBA, W.: Schülerorientierter Schwimmunterricht. In: Sportpädagogik 5 (1981) 1, 16-31.

FRANKFURTER ARBEITSGRUPPE: Offener Sportunterricht – analysieren und planen. Reinbek 1982.

FRITSCH, U./MARAUN, H.-K.: Über die Behinderung von Lernen durch Lehrhilfen. In: Sportunterricht 41 (1992) 1, 36-43.

FUNKE, J.: Bewegungskünste und ästhetische Selbsterziehung – oder „Sieh mal! Kunst!" In: Sportpädagogik 11 (1987) 3, 11-19.

HILDEBRANDT, R.: Spürsinn für das Wasser entwickeln. In: Sportpädagogik 14 (1990) 3, 19-25.

HILDEBRANDT, R.: Den Bewegungsraum Wasser erschließen. In: Sportpädagogik 16 (1992) 4, 54-56.

HILDEBRANDT, R.: „Schwimmen lernen" als Erschließung des Bewegungsraumes Wasser In: Sportunterricht 42 (1993) 199-204.

JOHN, H.-G.: Vielfältige Bewegung. In: Sportpädagogik 14 (1990) 3, 42-45.

LANDAU, G.: Bewegungsraum Wasser. In: Sportpädagogik 9 (1985) 3, 18-24.

LANDAU, G.: Kurse. In: Sportpädagogik 5 (1981) 1, 8-13.

LEIST, K. H.: Vernachlässigte Bezugsgrundlagen für das Lehren und Lernen sportlicher Bewegungen. In: DIETRICH, K./LANDAU, G. (Hrsg.): Annäherungen, Versuche, Betrachtungen, Bewegung zwischen Erfahrung und Erkenntnis. Sonderheft der Zeitschrift Sportpädagogik. Velber o. J. 13-21.

LEIST, K. H./LOIBL: Vom gefühlvollen Sich-Bewegen und seiner Vermittlung. In: Sportpädagogik 14 (1990) 4, 19-25.

LOIBL, J.: Im Lehren und Lernen – Räume erschließen. In: Sportpädagogik 16 (1992) 4, 28-31.

TAMBOER, J.: Sich Bewegen – ein Dialog zwischen Mensch und Welt. In: Sportpädagogik 3 (1979) 2, 14-19.

TREBELS, A.: Bewegung sehen und beurteilen. In: Sportpädagogik 14 (1990) 1, 12-20, 1990a.

TREBELS, A.: Das dialogische Bewegungskonzept. Eine pädagogische Auslegung von Bewegung. In: Sportunterricht 41 (1992) 1, 20-29.

TREBELS, A.: Bewegungsgefühl: Der Zusammenhang von Spüren und Bewirken. In: Sportpädagogik 14 (1990) 4, 12-18. 1990b.

VOLCK, G.: Schwimmen heute. In: Sportpädagogik 14 (1990) 3, 12-18.

VOLCK, G./Wilke, K.: Aufbau und Erweiterung der Erlebnisfähigkeit im Wasser. In: VOLCK, G. (Hrsg.): Schwimmen in der Schule. Schorndorf 1982², 192-198.

WILKE, K.: Wie viel und welche Technik schulen? In: Sportpädagogik 14 (1990) 3, 38-41.

Bildnachweis

BEITRAG M. BRUCKMANN: Fotos Klaus Bruckmann/Abbildungen Almuth Rusteberg

BEITRAG U. VON GRABOWIECKI: Fotos und Abbildungen Udo von Grabowiecki

BEITRAG R. HILDEBRANDT: Fotos Reiner Hildebrandt

BEITRAG H. JANALIK: Fotos Heinz Janalik

BEITRAG C. KLEINKE: Fotos Renate Zimmer

BEITRAG B. OBERSCHACHTSIEK: Fotos Bernd Oberschachtsiek/Abbildungen (16-27): Andrea Oehler

BEITRAG S. SCHUR: Fotos Agentur Minkus, mit freundlicher Genehmigung der Deutschen Turnerjugend

BEITRAG TREUTLEIN/JANALIK/ULLMANN: Fotos Roland Ullmann

BEITRAG C. WOPP: Fotos Christian Wopp

BEITRAG R. ZIMMER: Fotos Renate Zimmer

Foto Seite 222: entnommen aus „Gerätturnen für alle – Freies Turnen an Geräten" (Bruckmann/ Dieckert/ Herrmann) mit freundlicher Genehmigung des Pohl-Verlages Celle.

Autorenverzeichnis

MARITA BRUCKMANN, Akad. Oberrätin an der Westfälischen Wilhelms Universität Münster

UDO VON GRABOWIECKI, Akad. Oberrat am Institut für Sportwissenschaft der Universität Stuttgart

PROF. DR. REINER HILDEBRANDT, Professor für Sportwissenschaft an der Hochschule Vechta

HEINZ JANALIK, Akad. Oberrat im Fachgebiet Sport der Pädagogischen Hochschule Heidelberg

CHRISTIANE KLEINKE, Lehrerin an der Landesturnschule Melle

BERND OBERSCHACHTSIEK, Dipl. Pädagoge und Grundschullehrer in Herford

DR. GUNTER A. PILZ, Akad. Direktor am Institut für Sportwissenschaft der Universität Hannover

SYBILLE SCHUR, Lehrkraft im Fachgebiet Sport/Sportwissenschaft an der Universität Osnabrück

PROF. DR. GERHARD TREUTLEIN, Professor für Sportwissenschaft der Pädagogischen Hochschule Heidelberg

ROLAND ULLMANN, FSR an der Pädagogischen Hochschule Heidelberg

PROF. DR. CHRISTIAN WOPP, Professor für Sportwissenschaft an der Universität Osnabrück

PROF. DR. RENATE ZIMMER, Professorin für Sportwissenschaft an der Universität Osnabrück

Zirkus spielen

Ein Handbuch für
Artistik, Akrobatik, Jonglieren, Äquilibristik und Clownspielen

Herausgegeben von Rudi Ballreich und Udo von Grabowiecki

**360 Seiten mit zahlreichen Abbildungen, gebunden
ISBN 3-7776-0486-0
Hirzel Verlag Stuttgart-Leipzig**